Die russische Schwarzmeerküste

Unterwegs zwischen Soči und Anapa
Aufgezeichnet von Andreas Sternfeldt und Bodo Thöns

Trescher
Reihe Reisen

1. Auflage 2005

Trescher Verlag
Reinhardtstraße 9
10117 Berlin
www.trescherverlag.de
post@trescherverlag.de

ISBN 3-89794-068-X

Trescher Reihe Reisen
Herausgegeben von Sabine Fach
und Bernd Schwenkros

Reihenentwurf: Robert Schumann
Redaktionelle Konzeption: Detlev von Oppeln
Satz und Bildbearbeitung:
Ulla Nickl, Bernd Chill
Lektorat: Corinna Grulich
Redaktionelle Mitarbeit:
Annette Helmrich v. Elgott,
Alice Gayler
Stadtpläne und Karten:
Johann-Maria Just, Bernd Schwenkros

Gedruckt auf chlorfrei gebleichtem Papier

Printed in Germany

КАФЕ НОВЫЙ
АФОН
Деревянные евроокна
ВИАТОР
62-28-12

Квас
КВАС
холодный

Vorwort

Die östliche Schwarzmeerküste vom Azovschen Meer bis zum Ort Adler an der Grenze zum heutigen Abchasien, das völkerrechtlich zu Georgien gehört, ist erst seit etwa 150 Jahren in russischer Hand. Ihre Erschließung für Kurgäste und Urlauber begann in den ersten Jahren des 20. Jahrhunderts. Die bolschewistische Regierung verankerte das Recht auf Erholung der Werktätigen als verfassungsrechtlichen Grundsatz. Beginnend mit den 20er Jahren des vorigen Jahrhunderts entstanden in der Gegend um Soči und weiter nördlich um Tuapse, Gelendžik und Anapa Sanatorien, Hotels, Herbergen und Campingplätze, die entweder Organisationen wie Partei, Gewerkschaften oder Großbetrieben gehörten oder von sowjetischen Reisebüros betrieben wurden. Daneben entfaltete sich, als ein Zweig der Schattenwirtschaft oder aber legal, die private Zimmervermittlung.

Für die DDR-Bürger war die sowjetische Schwarzmeerküste, vor allem der Kurort Soči, eines der begehrtesten Urlaubsziele. Bereits Ende des 19. Jahrhunderts galt die Gegend als ›russische Riviera‹. Vergleiche hinken, und das Leben bestätigte zunächst, daß die ehemaligen DDR-Bürger und mit ihnen auch die russischen Neureichen die wirkliche Riviera der russischen vorzogen. Das hat sich bis heute nicht geändert. Schade, muß man hinzufügen, denn längst bieten Soči, Gelendžik, Tuapse und Anapa neben einer atemberaubend schönen Natur auch die nötige touristische Infrastruktur.

Der Autoren kennen die Gegend seit langem. Als wir begannen, dieses Buch zu schreiben, wurden Erinnerungen an die Kindheit wach, als wir in Soči die ersten Palmen und die ersten auch im Sommer schneebedeckten Berge des Kaukasus sahen. Die Eindrücke vom Schwarzen Meer, vom Dendrarium, vom Panorama des Westkaukasus, das sich einem vom Berg Achun bietet, vom Rizasee, der heute in Abchasien liegt … wir haben sie nie vergessen. Um so dankbarer nahmen wir die Herausforderung an, diese in den letzten eineinhalb Jahrzehnten vom westeuropäischen Tourismus vergessene Gegend mit neuen Augen zu betrachten und alles Wissenswerte über sie zusammenzutragen.

Mit dem Ende der sowjetischen Ära sahen auch Soči und die anderen Urlaubs- und Kurorte am Schwarzen Meer dem Elend ins Gesicht. Die Urlauber blieben aus, Moskau zahlte nicht mehr zum Erhalt der Infrastruktur, der rechtliche Status der Sanatorien, Hotels und Herbergen war lange ungeklärt. Die Privatisierungen waren schmerzhaft, nach und nach erst floß neues Kapital in die Tourismus- und Kurindustrie. Was nicht niet- und nagelfest war, wechselte den Besitzer und Standort.

Diese Zeiten sind, scheint es, vorüber. Wenige Monate nach Beginn seiner ersten Amtszeit erklärte Putin Soči zu seiner Sommerresidenz. Im Winter fährt er

Ski in Krasnaja Poljana. Die großen Ölfirmen und andere Konzerne investieren ebenso wie ausländische Unternehmen, ›SAS Radisson‹ zum Beispiel. In den vergangenen Jahren stieg die Zahl der Urlaubs- und Erholungssuchenden wieder rapide an.

Das aber ist nur der äußere Rahmen für das, was die Natur, die eigentliche Schöpferin des Reichtums an der russischen Schwarzmeerküste, zu verschenken hat. Wo kann man heute noch am Tag in den Bergen wandern oder sogar bis in den Juni hinein skifahren und an den Abenden im warmen Wasser des Meeres baden? Die üppige Vegetation in den Überbleibseln der kolchischen Wälder, die zahllosen Wasserfälle und Höhlen in den Bergen, die botanischen Gärten, Bergseen, Teeplantagen und die von den Menschen längst vergangener Kulturen geschaffenen, rätselhaften Dolmen in den dichten Laub- und Nadelwäldern der Vorberge des Kaukasus – jeder Tag bietet neue Überraschungen sowohl für die, die sich nur erholen möchten, als auch für jene, die tiefer eindringen wollen in die Geheimnisse der Natur und Geschichte.

Daneben gehören zum Reichtum der Region zahllose Mineralquellen, die aus den Tiefen der Erde heilendes Wasser zutage befördern. Ihnen und den rund 300 Sonnentagen im Jahr verdanken Soči und Umgebung ihren Ruf als Kurort und Heilbad. Die Quellen von Macesta in Soči enthalten Schwefel, das natürliche Antibiotikum des Kaukasus. Die Schwefel- und Mineralbäder sind Balsam für Gelenke, verschiedene Erkrankungen des Nervensystems, bei Herz- und Kreislaufbeschwerden, Hautkrankheiten und vielen anderen Übeln.

Dieser Reiseführer, der erste seit fast 20 Jahren im deutschsprachigen Raum, enthält ein Kompendium von Tips zu Unterkünften und Anprechpartnern, nicht nur, um so viel wie möglich, sondern vor allem, um das Beste zu sehen und zu genießen. Wer des Russischen nicht mächtig ist, muß sich nicht scheuen. Die Informationen werden auch für den Individualtouristen ausreichend sein, um sich zu orientieren und enthalten Adressen, über die man sich mit deutsch- oder englischsprachigen Ansprechpartnern vor Ort in Verbindung setzen kann. Zu fast allen Ausflugszielen in und um die großen Kurorte organisieren zahlreiche Reisebüros preisgünstige Exkursionen. Einige Agenturen vermitteln für diese Touren auch Dolmetscher. Fast alle Ziele kann man auch individuell erreichen.

Das Hinweisschilder ›sdam komnatu‹ (Vermiete Zimmer) findet man auf Schritt und Tritt, in jeder Ortschaft. Je weiter von Soči und den anderen großen Orten – Tuapse, Gelendžik, Anapa – entfernt, desto billiger ist es in der Regel. Alles andere findet sich von selbst. Die Menschen sind gastfreundlich und geschäftsbewußt. Für die meisten ist der Fremdenverkehr die einzige oder zumindest wichtigste Einnahmequelle.

Immer wieder wurde uns während der Recherchen erklärt: »Tut etwas dafür, damit wieder ausländische Urlauber zu uns kommen.« Und niemand, mit dem wir

500 Kilometer Strände …

sprachen – ob Hotelmanager, Ärzte in den Sanatorien, Besitzer von privaten Pensionen, Vertreter von Reiseagenturen, Wissenschaftler und andere Einheimische – meinte damit, daß es ihnen allein um weitere Kunden ginge. Die Menschen sehnen sich nach internationalem Flair, nach dem Austausch mit Gästen aus anderen Ländern und Regionen. Und die Fremdsprachen? »Kein Problem! Kommen die ersten Ausländer, findet sich ein Weg!«, versicherte man uns.

Ein Urlaub in Rußland ist anders als der in Westeuropa oder in anderen ›traditionellen‹ Urlaubsländern. Die Unterschiede fallen ins Auge – auf den ersten Blick. Um die Chance zu geben, sie zu verstehen, haben wir dem eigentlichen touristischen Teil des Buches einen landeskundlichen vorangestellt, mit den wichtigsten Informationen zu Geschichte, Geographie, Klima, Flora und Fauna sowie ethnischen und kulturellen Besonderheiten.

Wir hoffen sehr, daß die Lektüre dieses Buches Neugier und Tatkraft wecken wird. Wer sich zu einer Reise an die russische Schwarzmeerküste entschließt oder schon entschlossen hat, dem wünschen wir einen erholsamen, spannenden und an Erlebnissen reichen, unvergeßlichen Urlaub. Für kritische Hinweise und Ergänzungen sind Ihnen die Autoren und der Verlag dankbar.

Andreas Sternfeldt
Bodo Thöns

Hinweise zur Benutzung

Der erste Teil dieses Buches widmet sich der Annährung an Land und Leute, hier finden sich allgemeine Informationen zu Bevölkerung, Klima, Flora und Fauna der Schwarzmeerküste und des Kaukasus. Im Reiseteil werden die einzelnen Reiseziele ausführlich beschrieben, Angaben zu Hotels, Restaurants und anderen touristischen Anlaufstellen sind jeweils am Ende des Kapitels in Infokästen zusammengefaßt. Das Kapitel ›Groß-Soči auf einen Blick‹ führt alle Reiseagenturen auf, die Unterkünfte, Exkursionen, Wanderungen und Sportliches im gesamten Rajon Soči anbieten. Im dritten Teil soll ein kleiner deutsch-russischer Sprachführer helfen, die ersten Sprachbarrieren zu überwinden. In den ›Reisetips von A bis Z‹ finden sich alle wichtigen Informationen zu Einreise, Reisen im Land, Nahverkehr und anderen für Reisende wichtigen Themen.

In diesem Buch wird die wissenschaftliche Transliteration der russischen Eigennamen verwendet, da nur sie eine eindeutige Übertragung ins Kyrillische ermöglicht. Die Karten sind sowohl kyrillisch als auch transliteriert beschriftet. Zahlen in eckigen Klammern [1] geben die Position von Hotels und Restaurants auf den Stadtplänen an.

Die Zimmerpreise gelten, sofern nicht anders angemerkt, für ein Doppelzimmer in der Hauptsaison. Alle Preise sind in Euro angegeben und stellen natürlich nur ungefähre Richtwerte dar. Grundsätzlich läßt sich sagen, daß die Preise im Durchschnitt um 20 Prozent pro Jahr ansteigen.

Die Öffnungszeiten der Museen, Vergnügungsparks und anderer Sehenswürdigkeiten beziehen sich auf die Hauptsaison, in der Nebensaison kann es zu Einschränkungen kommen.

Häufig verwendete Abkürzungen

ul. ulica (Straße)
per. pereulok (Gasse)
bul. bul'var (Boulevard)
all. alleja (Allee)
pr. prospekt

Zeichenlegende

- Vorwahl, Post, Banken, allgemeine Informationen
- Internetcafés
- Flughäfen, Flugverbindungen
- Bahnhöfe, Verbindungen mit Zug und ėlektrička
- Busbahnhöfe, Bus- und maršrutka-Verbindungen
- Taxistände, Tarife
- Hotels, Pensionate, Sanatorien
- Campingplätze
- Restaurants
- Weinlokale, Degustationen
- Cafés
- Bars, Nachtleben
- Einkaufsmöglichkeiten
- Museen
- Veranstaltungen, Theater
- Vergnügungsparks, Delphinarien, Aquaparks
- Sportangebote
- Wassersport
- Ausflüge, Anbieter von Exkursionen
- Wintersport

An der russischen Schwarzmeerküste und im Vorkaukasus leben mehr als 50 verschiedene Völker. Griechen, Römer, venezianische und Genueser Kaufleute haben ihre Spuren hinterlassen. Zwischen wild zerklüfteten Berglandschaften und subtropischen Küstenstreifen findet sich außerdem eine beeindruckende Tier- und Pflanzenwelt.

Rußlands sonniger Süden

Geschichte der Schwarzmeerküste

Die ältesten menschlichen Siedlungsspuren belegen, daß sich in der Steinzeit die Völkerwanderung aus Vorderasien über den Kaukasus nach Norden bewegte und der Mensch dieses Gebiet für sich etwa 500 000 Jahre vor Christus eroberte. Das Schwarze Meer war ursprünglich ein gewaltiger Binnensee, der erheblich kleiner war als heute und vermutlich vor knapp 8000 Jahren geflutet wurde. Nach neueren Theorien hatte die Eisschmelze nach der letzten Eiszeit den Wasserspiegel der Ozeane und Meere ansteigen lassen, was die schmalste Landenge am nordöstlichen Mittelmeer zunächst überspülte und dann dammbruchartig die heutige Meerenge des Bosporus entstehen ließ. Aus dem Binnen- und Süßwassersee wurde das Schwarze Meer. Möglicherweise sind diese Ereignisse ein Hintergrund der verschiedenen Sintflutlegenden der Weltreligionen.

In der Bronzezeit, im 3. Jahrtausend vor Christus, entstanden Ackerbau und Viehzucht. Mit der Majkopkultur, benannt nach den archäologischen Funden um die Hauptstadt der Adygeischen Autonomen Republik Majkop, erreichen Kultur, Kunst und Kultus eine frühe Blüte in der Region. Ein Rätsel aus der europäischen Bronzezeit geben bis heute die auch an der Schwarzmeerküste anzutreffenden sogenannten ›Dolmen‹ auf.

Rätselhafte Hinterlassenschaften früherer Kulturen sind die vielerorts zu findenden Dolmen

Im 7. Jahrhundert vor Christus kamen griechische Kaufleute an die Küsten. Fast in jeder Bucht bis zur nördlichen Halbinsel Taman' errichten die griechischen Seefahrer ihre Kolonien, die vor allem vom Handel profitierten. Die in ihren Chroniken auftauchenden Städte Germonassa und Bata sind das heutige Taman' und Novorossijsk. Hinter Dioskurias verbirgt sich Suchumi in Georgien. Um 500 vor Christus entstand daraus das die heutige russische und ukrainische Schwarzmeerküste umfassende Staatswesen ›Bosporus‹ mit der Hauptstadt Pantikapej, dem heutigen Kerč' auf der Krim. Der Bosporusstaat brachte der Region eine kulturelle und architektonische Blüte und bestand etwa 400 Jahre. Im Jahr 107 vor Christus stürzte ein Aufstand der Skythen und Sarmaten König Mithridates. Die Aufständischen verloren ihre Macht schon bald an das Pontische Königreich, das im 1. Jahrhundert nach Christus von den Römern erobert wurde. Der Bosporusstaat erlebte mit seiner neuen Hauptstadt Fanagorija auf der Halbinsel Taman' eine zweite Blüte, bevor die Übergriffe der Goten im 3. und der Hunnen im 4. Jahrhundert das Schicksal des Reiches besiegelten. Mit dem Rückzug der Hunnen eroberten zunächst die Bulgaren das Gebiet und machten Fanagorija zu ihrer Hauptstadt, bevor sie sich dem Steppenvolk der Chasaren geschlagen geben mußten. Die Küste des Schwarzen Meeres stand vornehmlich unter dem Einfluß von Byzanz.

Die ersten slawischen Siedler kamen im 10. Jahrhundert mit dem Kiever Fürsten Mstyslav, der auf der Halbinsel Taman' sein Fürstentum mit dem merkwürdigen Namen Tmutarakan schuf. Der Begriff Tmutarakan wird bis heute ohne konkreten Regionalbezug in der russischen Sprache als Inbegriff für tiefste, hinterwäldlerische Provinz verwendet, aber das Fürstentum dieses Namens hat es hier wirklich knapp 200 Jahre lang gegeben. Zunächst eroberte dann im 12. Jahrhundert Byzanz das Gebiet, aber im 13. Jahrhundert überrannte der Sturm der Tataren und Mongolen auch diesen Landstrich. Mit dem neuen Aufbruch der Schiffahrt erhielten genuesische und venezianische Kaufleute die Erlaubnis, in verschiedenen Orten ihre Niederlassungen zu begründen, wodurch verschiedene Beschreibungen der Orte Mapa, heute Anapa, oder Mavrolako, heute Gelendžik, überliefert sind. Nachdem die Goldene Horde die Krim in ein tatarisches Fürstentum umgewandelt hatte, eroberte das Osmanische Reich die gesamte Schwarzmeerregion und machte auch die Krim zu ihrem Vasallen. Die Häfen der Schwarzmeerküste wurden zu Zentren des Sklavenhandels. Im 18. Jahrhundert begannen die Auseinandersetzungen zwischen dem türkischen Sultan und dem russischen Zaren, die in den folgenden zwei Jahrhunderten insgesamt sechs Kriege nach sich zogen. Die Häfen der Schwarzmeerküste, insbesondere Tuapse und Gelendžik, wurden zu Zentren des Sklavenhandels, für die Osmanen eine wichtige Einnahmequelle. Noch im späten 19. Jahrhundert blühte der Handel, wie von dem französischen Militärberater Fonville überliefert ist.

Rätselhafte Dolmen

Eines der faszinierendsten Zeugnisse früher Kulturen im Westkaukasus sind die Dolmen. Dolmen gibt es in Westeuropa, im Kaukasus, Indien, Japan, Korea und Nordafrika. Am ältesten sind die in Portugal. Die Dolmen im Westkaukasus werden der Majkopkultur zugerechnet, sind also um die 5000 Jahre alt. Das Wort stammt aus dem bretonischen und bedeutet ›steinerner Tisch‹. Gebaut wurden die Dolmen in der Zeit des Megalithikums, des Steinzeitalters an der Schwelle zur nachfolgenden Ära der Metallverarbeitung. Dolmen sind Bauten aus zusammengesetzten Steinquadern, die in der wissenschaftlichen Literatur auch als Hünengräber bezeichnet werden. Die Adygeer, die ›Ureinwohner‹ an der Küste des Schwarzen Meeres zwischen Soči und Anapa, erzählen sich ihre Legende über die Entstehung der kaukasischen Dolmen: Einst sei die Erde von Zwergen und Riesen bewohnt gewesen. Während die Zwerge auf ihren Hasen ritten, liebten es die Riesen in ihrem kraftstrotzenden Übermut, riesige Felsbrocken und entwurzelte Bäume durch die Gegend zu werfen. Die listigen Zwerge nun überzeugten die kindischen Riesen, ihnen steinerne Behausungen zu bauen. So entstanden die Dolmen mit ihren kreisrunden Öffnungen. Eine der Lieblingsbeschäftigungen der Zwerge war es, im Hasengalopp an ihren Behausungen vorbeizureiten und mit dem Pfeil die Öffnung zu treffen …

An einigen Dolmen findet man linienförmige Gravuren und brustähnliche Auswölbungen. Die Linien sehen hethitischen Zeichnungen ähnlich, wie man sie in Persien im Zusammenhang mit Fruchtbarkeitskulten findet. Einen Zusammenhang mit Fruchtbarkeitsritualen lassen auch die phallusförmigen Bolzen erkennen, mit denen die an der Vorderseite befindlichen Öffnungen verschlossen werden konnten. Eine kleine Sammlung von ihnen befindet sich im Museum von Lazarevskoe.

Im Zentrum der Dolmenforschung aber stehen vor allem die Herkunft und mehr noch der Zweck, den diese eigenartigen Bauwerke erfüllten. Die Existenz von Dolmen in so verschiedenen Erdteilen entkräftet die These von einer einheitlichen megalithischen Kultur. Älter als die Dolmen im Kaukasus sind die in Portugal, die jedoch den kaukasischen am ähnlichsten sehen. Die megalithischen Konstruktionen in England, Irland, der Bretagne, in Deutschland und Dänemark unterscheiden sich wesentlich. Zu den Relikten des Megalithikums gehören außerdem Menhire – einzeln stehende steinerne Monolithe, Steinkreise, steinerne Throne und Stelen. Man

Dolmen im Flußtal der Žane

vermutet, daß sich die Dolmenkultur durch Handelsbeziehungen oder die Migration ganzer Volksgruppen über die Kontinente verbreitete. Denkbar ist aber auch, daß sie parallel in den verschiedenen Erdteilen entstand.

Die Dolmen, die man während eines Urlaubs am Schwarzen Meer allerorten besichtigen kann, sehen Steinhäusern ähnlich. Sie bestehen entweder aus zusammengesetzten, grob behauenen Quadern, die exakt paßgerecht zusammengefügt wurden oder sind – viel seltener – Monolithe, aus denen der Innenraum herausgeschält wurde. Der Sandstein für die Herstellung der Quader oder Monolithe befindet sich oft Dutzende Kilometer entfernt, was die Frage aufwirft, wie die tonnenschweren Quader von einem Ort an den anderen gerieten. In der Nähe der Dolmen gibt es zumeist erzhaltiges Gestein und Quellen.

Oft weisen die Öffnungen einer Dolmengruppe auf einen bestimmten geographischen Punkt oder in eine gemeinsame Himmelsrichtung.

Lange nahm man an, daß es sich bei den Dolmen um Begräbnisstätten handle, ähnlich steinernen Sarkophagen. Doch fand man in den wenigsten Dolmen menschliche Überreste. Die meisten wurden in den zurückliegenden Jahrtausenden geplündert oder zerstört, so daß Rückschlüsse auf eventuelle

Opfergaben oder ähnliches kaum mehr möglich sind. Die Vorfahren der Adygeer kannten und praktizierten die Rituale der Doppelbestattung. Möglich, daß die Toten bis zu einem bestimmten Zeitpunkt in den Dolmen beerdigt und dann ihre sterblichen Überreste an einen anderen Ort überführt wurden – oder umgekehrt. Unwahrscheinlich ist auch nicht, daß im Umfeld der Dolmen, insbesondere der Dolmengruppen, Rituale abgehalten wurden. In der Umgebung von Tuapse wurde in den 70er Jahren ein Dolmen unter einem Hügel entdeckt, der mit astronomischen Beobachtungen in Zusammenhang gebracht wird.
Der erste Wissenschaftler, der mit den Dolmen in Berührung kam, war der Deutsche Peter Simon Pallas (1741–1811), der in den 90er Jahren des 18. Jahrhunderts eine Expedition in den Nordkaukasus unternahm und die von ihm entdeckten Megalithe beschrieb. Auch in den folgenden Jahrzehnten waren es vor allem Ausländer in russischen Diensten, die sich mit den eigenartigen Konstruktionen befaßten und ihre Aufzeichnungen veröffentlichten. Diese blieben unbeachtet, bis man sich ab der Mitte des 19. Jahrhunderts auch in Westeuropa für die Dolmen zu interessieren begann. Seitdem wurden Generationen von Wissenschaftlern und Laien in ihren Bann gezogen. Die sowjetischen und russischen Dolmenforscher verfaßten einige grundlegende Monographien zu diesem Thema, aber erschöpfende Antworten konnten auch sie nicht geben.
Seit einigen Jahren stehen die Dolmen im Zentrum der esoterischen Öffentlichkeit Rußlands. ›Schuld‹ daran trägt der Autor Vladimir Megre, ein sibirischer Geschäftsmann. Er ist der Verfasser einer Reihe von Büchern über seine Begegnungen mit Anastasija, einer sibirischen Zauberfrau, die ihn in die Geheimnisse der übersinnlichen Welterfahrung eingeweiht habe.
In einem der bisher veröffentlichten sechs Bände erzählt er auch von Anastasijas Sicht der Dolmen. Seitdem sind sie Pilgerort zahlreicher Menschen. Megres Anastasija-Bücher wurden auch ins Deutsche übersetzt.
Besonders sehenswert für Dolmeninteressierte sind die Dolmenanlagen Psynako I und II bei Tuapse und die Umgebung von Gelendžik, in der sich zahlreiche Domen und Dolmengruppen finden. Es gibt sogar schon Reiseagenturen, die sich auf den Besuch der Anlagen spezialisiert haben und viel Interessantes zu erzählen wissen.
Im Internet findet sich eine gute Übersicht über die Dolmen an der Schwarzmeerküste unter www.megalith.ru, die Texte sind auch auf Englisch.

Russisches Reich

1783 eroberte Rußland unter Zarin Ekaterina, der Großen, zunächst die Krim; es folgten erbitterte Kämpfe um die Steppen nördlich des Kaukasus, wo auch die moslemischen Bergvölker Widerstand leisteten.

Nach dem gewonnenen Krieg gegen die Türken begann ab 1792 die zielgerichtete Eroberung und Besiedlung im Rahmen der Südexpansion des Russischen Reiches. Die Zarin schenkte den Kosaken, die sich im Krieg ausgezeichnet hatten, umfangreiche Ländereien und konnte sich darauf verlassen, daß die Besiedlung und Verteidigung der eroberten Landstriche durch diese sichergestellt wurde. Nach einem weiteren Krieg besiegelte Zar Nikolaj I. im Jahr 1829 mit dem Friedensvertrag von Adrianopel (heute Edirne in der Türkei) auch völkerrechtlich den vorläufigen russischen Sieg über das Osmanenreich in der Schwarzmeerregion und im Kaukasus. In den Jahren bis 1842 errichteten russische Truppen an der Küste eine Befestigungslinie mit 17 Forts. Der sogenannte Kaukasuskrieg zur Unterwerfung der ansässigen Bergvölker dauerte aber noch bis 1864. Mindestens 400 000 Adygeer, die ›Ureinwohner‹ in den Bergen an der Küste des Schwarzen Meeres zwischen Anapa und Soči, wurden zur Emigration in die Türkei gezwungen. Das neue Gouvernement im Süden Rußlands war dank seiner natürlichen und klimatischen Bedingungen als Neuland für potentielle Siedler attraktiv, so daß in den Steppen und an der Küste die Bevölkerung schnell wieder wuchs.

Entlang der Küste begann 1866 die Schiffahrt, 1892 wurde die 530 Kilometer lange Straße von Novorossijsk bis nach Suchumi in Abchasien fertiggestellt, und in vielen Orten wurde begonnen, mit Sanatorien, Hotels und Pensionen den Grundstein für Kururlaube und Tourismus zu legen.

Im 19. Jahrhundert übernahmen die Kosaken die Nationaltracht der Adygeer als Uniform

Die Kosaken

Das Wort ›Kosake‹ ist türkischen Ursprungs und meint in seiner ursprünglichen Bedeutung ›freier Krieger‹ oder ›Vagabund‹ zunächst die russischen und ukrainischen Bauern, die im 16. Jahrhundert an den löchrigen Grenzen des Zarenreichs vor der Leibeigenschaft flüchteten und sich in den russischen Randgebieten an den Flüssen Dnepr, Don und Volga in freien Gemeinschaften niederließen.
Die Kosakendörfer hießen ›Stanica‹, die Truppe wurde als ›Vojsko‹ bezeichnet und der gewählte Führer hieß ›Hetman‹ oder ›Ataman‹. Ihren Lebensunterhalt bestritten die Kosaken ebenso mit Raub wie mit Landwirtschaft. Ihr Verhältnis zum Zaren und zu den örtlichen Machthabern gestaltete sich unterschiedlich. Häufig arrangierte man sich und agierte als Söldner im Staatsauftrag sowohl bei der Sicherung als auch bei der Ausdehnung der Grenzen. Mit der gesetzlichen Verankerung der Leibeigenschaft im Jahr 1647 erhielten die Kosaken viel Zulauf. Im Rahmen der russischen Expansionspolitik wurde ihr Status ab 1720 institutionalisiert und zugleich instrumentalisiert.
Sie erhielten Sonderrechte, eigene Uniformen und Waffenordnungen und wurden zur entscheidenden Stütze der Eroberung und Besiedlung der neuen Gebiete in Sibirien, am Schwarzen Meer und im Kaukasus. Aus den kriegerischen Vagabunden wurden mehr oder weniger staatstreue Grenzbauern, die bei bewaffneten Konflikten in armeeähnlichen Strukturen kämpften. Insbesondere die Steppengebiete am Don und das Vorland des Kaukasus wurden zu Zentren des Kosakentums.
Mit der bolschewistischen Revolution konnten sie sich folgerichtig nicht anfreunden und schlugen sich im blutigen Bürgerkrieg fast ausnahmslos auf die Seite der weißgardistischen Armeen. Die Konsequenz nach dem Sieg der Sowjets war die Auflösung aller Organisationsstrukturen. Doch die romantische Vorstellung von den kämpferischen und freiheitsliebenden Kosaken blieb auch zu sowjetischer Zeit im Bewußtsein der Menschen vor allem in Südrußland präsent und wurde auch in der Gemeinschaft der Exilrussen im Westen gepflegt.
Die Perestrojka und der Umbruch brachte eine Wiederbelebung der alten Traditionen, die vorher offiziell nur Folklorecharakter trugen. Da ab 1990 auch die Fragen der inneren Sicherheit vor dem Hintergrund der ethnischen Konflikte im Kaukasus an Schärfe gewannen, war die Wiedergeburt des Kosakentums zur Verteidigung russischer Interessen eine zwangsläufige Konsequenz.

Der Kuban'

Die Region Krasnodar wird auch häufig Kuban' oder Kuban'-Region genannt. Der gleichnamige Fluß prägt die Landschaft und trennt ihre beiden typischen Landschaften. Nördlich des Kuban' ist das Steppenland flach wie ein Spiegel, südlich des Flusses schieben sich die Ausläufer des gewaltigen Kaukasusgebirges in die Landschaft. Der 870 Kilometer lange Strom war im 19. Jahrhundert mit vielen Forts befestigt und hat sich als Name für das Vorland der majestätischen Berge des Kaukasus eingebürgert. Die Ähnlichkeit zu Kuba schafft hier manchmal begrifflichen Wirrwarr. Wenn also, vor allem in aus dem Englischen übertragenen Texten über Rußland häufig anzutreffen, von kubanischem Vodka, kubanischen Pferden oder was auch immer die Rede ist, meinte der Autor mit Sicherheit Vodka und Vierbeiner oder was auch immer aus dem Kuban'-Gebiet. Im Russischen heißt das Attribut zwar wirklich ›kubanskaja‹, aber wenn es um Kuba ginge, würde es ›kubinskaja‹ heißen.

Die heutige Verwaltungsstruktur der Kuban'-Region mit der Hauptstadt Krasnodar besteht seit 1937, als das Verwaltungsgebiet Azov-Schwarzmeer in die Gebiete Rostov und Krasnodar geteilt wurde. In ihren alten Grenzen verblieb das Autonome Gebiet der Adygeer. Die in jenem Jahr vollzogene verwaltungstechnische Unterteilung in Regionen (Kraj) wie Krasnodar und Gebiete (Oblast') wie Rostov ist bis heute gültig. Während die meisten der 89 russischen Verwaltungsbezirke Gebiete sind, bestehen daneben noch Republiken wie die benachbarten Republiken der kaukasischen Bergvölker und Regionen, deren Besonderheit darin besteht, daß in den Grenzen der Region nationale Minderheiten mit entsprechen-

Berge und Meer prägen die südliche Region des Kuban'

dem Autonomiestatus leben. Das Gebiet des Kuban' umfaßt 76 000 Quadratkilometer und ist damit etwas größer als Bayern und etwas kleiner als Österreich. Hier leben 4 880 000 Menschen, davon 640 000 in der Hauptstadt. Prägend für die Region sind in erster Linie die Küstenlandschaften des Schwarzen Meeres sowie im Nordwesten des flacheren Azovschen Meeres. Im Norden und Nordosten grenzt die Region an das Gebiet Rostov, im Osten an das Gebiet Stavropol', im Südosten an die zu Rußland gehörenden Republik Karačaj-Čerkes und im Süden an die Republik Georgien.

Wirtschaft des Kuban'

Die Wirtschaft der Kuban'-Region ist vor allem durch die vielseitige Landwirtschaft von Viehzucht und Getreide bis hin zu exotischen Kulturen wie Reis, Tee und Wein, die in Rußland nur hier angebaut werden, geprägt. Daneben gibt es auch eine entwickelte Industrie, die neben der Lebensmittelverarbeitung vor allem durch den Maschinenbau, die Bauwirtschaft und das Verkehrswesen geprägt wird. Die Infrastruktur ist vergleichsweise gut ausgebaut. Die milden Winter ziehen die Straßen nicht so sehr in Mitleidenschaft. Die acht Häfen an der Küste sind wichtige Exportportale für die gesamte russische Wirtschaft. Ein wich-

Novorossijsk ist der größte Hafen an der russischen Schwarzmeerküste

tiger Wirtschaftsfaktor ist ohne Zweifel der Tourismus am Schwarzen Meer, denn keine andere Küste Rußlands bietet so lange Strände, soviel Sommer und Sonne. Das Gebiet Krasnodar gilt heute als eine der dynamischsten Wirtschaftsregionen Rußlands. Hier kann man allerdings nicht mit den landestypischen Rohstoffklassikern Öl und Gas oder Erz und Holz wuchern. Zwar wurde das erste Erdöl Rußlands 1864 in der Region gefördert, die Quellen sind aber im Vergleich zu den großen Fördergebieten in Sibirien vollkommen unbedeutend. Die wirklichen Reichtümer des Kuban' sind seine exzellenten natürlichen und klimatischen Voraussetzungen für eine erfolgreiche Landwirtschaft, der direkte Zugang zum Meer und das durchaus mit mediterranen Maßstäben zu messende Lebensflair.

In den letzten Jahren hat auch die lokale Politik unter dem seit 2000 amtierenden Gouverneur Aleksandr Tkačëv begonnen, die Zeichen der neuen Zeit besser zu verstehen. Man spürt, wie die Region die Ärmel hochkrempelt und vielerorts neue Unternehmen entstehen. Wirtschaftsförderung und Investorensuche stehen auch bei der Administration an vorderster Stelle. Neben einer stärkeren Zusammenarbeit mit den Anrainerstaaten rund um das Schwarze Meer ist man auch an einer Vertiefung der Zusammenarbeit vor allem mit Deutschland sehr interessiert. Seit drei Jahren präsentiert sich die Region regelmäßig mit eindrucksvollem Engagement auf einem dreitägigen Wirtschaftstag in Hannover. Bei der Investorensuche in Deutschland wurden die Verträge für die ersten Leuchtturmprojekte bereits unterschrieben. Der westfälische Landtechnikhersteller ›Claas‹ investiert beispielsweise bei Krasnodar über 20 Millionen US-Dollar in eine Mähdrescherfertigung.

Völkerfreundschaft in neuen Grenzen

Die Kuban'-Region war immer ein ethnischer Schmelztiegel der verschiedensten Völker. Heute leben hier Angehörige von über 50 Völkerschaften aus drei Sprachfamilien. Die ›Ureinwohner‹ der Region waren und sind die Adygeer. Östlich von Adygeja lebten und leben die anderen nordkaukasischen Völker wie Osseten (Alanen), Inguschen und Tschetschenen, von denen auch viele im Kuban' zu Hause sind. Im und nach dem Kaukasuskrieg siedelten sich im Kuban' und an der Schwarzmeerküste Kosaken, Russen, Ukrainer, Weißrussen, Esten, Moldawier, Tschechen und Deutsche an. Überdurchschnittlich groß ist der Anteil von Griechen und Armeniern an der Bevölkerung. Die Vorfahren der Griechen stammen überwiegend aus Kleinasien. Das gleiche trifft auf die Armenier zu, die zu verschiedenen Zeiten vor der Unterdrückung im Osmanischen Reich und in der Türkei nach Rußland flohen. Außerdem trifft man im Kuban' auf Georgier und Aserbaidschaner.

Der Mythos der großen sowjetischen Völkerfamilie verblaßte nach der Wende schnell entlang des bis dato von Odessa bis Batumi einheitlichen Urlaubsgebietes Schwarzmeerküste. Die Einschnitte in Form der neuen Grenzen tangierten zwangsläufig auch den Tourismus am Schwarzen Meer. Für einen Urlaub in der Region stehen anstelle eines Staates nunmehr drei verschiedene zur Auswahl: Rußland, die Ukraine und Georgien. Die Krim gehört zur Ukraine. Soči bildet das südliche Zentrum der zu Rußland gehörenden Küste. Altbekannte Urlaubszentren wie Pizunda und Suchumi gehören zu Georgien und wurden 1993 vom Bürgerkrieg in diesem Land stark in Mitleidenschaft gezogen. Die Bemühungen der zu Georgien gehörenden Nordprovinz Abchasien an der Grenze zu Rußland um ihre staatliche Unabhängigkeit haben zwar kaum Aussichten auf Erfolg, sind aber

Der Raum der Kuban'-Kosaken im Zentrum der Kulturen in Lazarevskoe

nach mehreren Jahren Bürgerkrieg bis heute trotz relativer Ruhe und UNO-Friedenstruppen das größte Konfliktpotential an der Küste. Die georgisch-abchasischen Urlaubsorte wurden als Reiseziele ausgestrichen, und auch für Soči-Urlauber sind beliebte Ausflugsziele wie der Ricasee oder das Kloster und die Höhlen von Novyj Afon heute unerreichbar. Russische Staatsbürger können zwar seit einigen Jahren wieder Exkursionen nach Abchasien unternehmen, und in Abchasien entwickelt sich langsam und stetig das Geschäft mit dem Kurbetrieb, aber Ausländer werden an der Grenze abgewiesen.

Multikulti an der russischen Schwarzmeerküste bedeutet heute in erster Linie, sich darauf einzustellen, daß es hinsichtlich Sprache, Religion, Tradition und Mentalität nicht unbedingt typisch russisch zugeht. Zwar sind die meisten Einwohner Russen, aber eben längst nicht alle. Es wäre Schönfärberei, zu behaupten, daß die Beziehungen zwischen den Bevölkerungsgruppen spannungsfrei seien, aber alle sind sich darüber im klaren, daß die wirtschaftliche Blüte der Küstenregion mit dem Tourismus steht und fällt, so daß die Urlauber davon kaum etwas mitbekommen.

Die Adygeer

In der Sowjetunion wurde die Geschichte der Adygeer – in Europa ist der Name Tscherkessen gebräuchlicher – aus dem geschichtlichen Kanon weitgehend ausgeblendet oder ideologisch stilisiert. Die Wiederauflage des Kaukasuskrieges in Tschetschenien hat erneut Diskussionen um die Folgen der militärischen Eroberung des Kaukasus' durch Rußland entfacht.

Die Spuren der Adygeer lassen sich bis in die Steinzeit verfolgen. Über ihre Herkunft existieren verschiedene Theorien. Die einen verbinden sie mit hethitischen Einwanderern aus Kleinasien; andere setzen auf eine autochthonische, das heißt rein kaukasische Herkunft.

Der Kaukasus war seit Urzeiten ein Schmelztiegel verschiedener Völker. Die Griechen nannten die adygeischen Stämme Meothen, die im Austausch standen mit den aus dem Iran eingewanderten indogermanischen Skythen, Sarmaten und Alanen. Den Indogermanen aus dem Süden folgten ab dem 5. Jahrhundert turksprachige Völker: Hunnen, Awaren, Bulgaren, Chasaren, Kiptschaken und im 13. Jahrhundert die Mongolen. Dem äußeren Druck hielten die Adygeer mit wechselndem Erfolg stand und assimilierten zugleich fremde Einflüsse. Sie wurden immer weiter in die Berge gedrängt, wo die natürlichen Gegebenheiten Schutz boten vor Eroberern.

Ab dem 5. Jahrhundert nach Christus setzte sich in griechischen und römischen Quellen die Bezeichnung ›Sikh‹ für die Adygeer durch, die schon zuvor für eine der meothischen Stammesgruppen gebräuchlich gewesen war. Das Stammesbündnis der Sikh stand im Austausch mit Byzanz und den nördlichen Reichen der Steppennomaden. Die von Byzanz und später auch von Rom gesteuerten Versuche, sie zu christianisieren, zeitigten wenig Erfolg. Die Sikh wurden aufgerieben in den Kämpfen gegen die Mongolen. Unter deren Druck zog sich der Stamm der Kabardiner nach Osten in die Berge des Großen Kaukasus zurück. Im 1. Jahrtausend vollzog sich die Herausbildung feudaler Herrschaftsstrukturen ohne Zentralmacht.

›Adygeer‹ ist der Begriff, mit dem sich die Westkaukasier selbst bezeichnen. Über die Bedeutung des Wortes besteht keine Klarheit; eine mögliche Übersetzung lautet: ›Kinder der Sonne‹. Der Name ›Tscherkessen‹ geht auf mongolische Quellen aus dem 13. Jahrhundert zurück. Die tatarischen Worte ›tscher‹ und ›kes‹ bedeuten ›Weg‹ und ›abschneiden‹. Persische Quellen beziehen sich auf das Farsiwort ›tchirakes‹, was ›Kopfabschneider‹ bedeutet. Andere Philologen vermuten griechische oder arabische Wurzeln des Namens.

Als die Genueser ihre Handelskolonien am Schwarzen Meer und im Kuban' gründeten, waren neben Fisch, Getreide, Wein und Holz eines der wichtigsten Handelsgüter Sklaven, die nach Europa, vor allem aber in die islamischen Länder exportiert wurden. Zweimal jährlich brachten Schiffe des Sultans gefangene Adygeer auch nach Ägypten. Dort machten viele Tscherkessen in den Mamelucken-Armeen – Mameluck bedeutet Unfreier – Karriere und übernahmen als Burdijten-Dynastie (1381–1517) die Macht.

Auch für die Osmanen und die mit ihnen verbündeten Krimtataren war der Sklavenhandel eine wichtige Einnahmequelle. Mit ihrer Kaukasuspolitik verfolgten sie das Ziel, den Nordkaukasus unter ihre Kontrolle zu bringen. An Eroberun-

Adygeer im Ornat und in Rüstung

gen hatten sie kein Interesse. Die Tribute der Adygeer und anderer kaukasischer Völker sowie die von Zeit zu Zeit unternommenen Raubzüge waren darüber hinaus wichtige Einnahmequellen.

Im großen und ganzen bewahrten die Adygeer/Tscherkessen bis zum 19. Jahrhundert ihre Eigenständigkeit. Sie waren dem Krimkhanat und der Pforte tributpflichtig, aber keine Untertanen. Der Kaukasus trennte die russischen Gebiete von Georgien, das 1801 seine staatliche Unabhängigkeit an Rußland verloren hatte. Die Expansion Englands und Frankreichs in Asien schaffte neue Kräfteverhältnisse. Ziel der Politik des Zaren war die Eroberung des Kaukasus' und der Ostküste des Schwarzen Meeres – um jeden Preis. Durch die Eroberung wollte Rußland nicht nur seine Glaubwürdigkeit als europäische Großmacht unter Beweis stellen; es ging auch um den direkten Zugriff auf die Handelswege nach Indien und in den Vorderen Orient. Im russisch-osmanischen Friedensvertrag von Adrianopel (1829) trat die Pforte ihre westkaukasischen Gebiete an Rußland ab. Da sie die aber nie besessen hatten, geriet Rußland zwar in den Besitz eines gewichtigen völkerrechtlichen Arguments, aber de facto brach Nikolaj I. den Krieg gegen mehrere Völker vom Zaun. Dieser ist als Kaukasuskrieg in die Geschichte eingegangen. Am erbittertsten war der Widerstand der Tschetschenen im Osten, unter der Führung des Imam Schamil (1797–1871), und der Adygeer im Westen.

Traditionell gekleidete Adygeer

Das von 18 adygeischen Stammesgemeinschaften bewohnte Territorium erstreckte sich Anfang des 19. Jahrhunderts vom Schwarzen Meer bis zum Terek.

Es ist schlichtweg falsch, wenn die russische Propaganda behauptet, daß es sich bei den Adygeern um ein kulturell zurückgebliebenes, einzig an Raubzügen interessiertes Volk handelte. Sie besaßen keine Schriftsprache, keine Archive, keine Hauptstadt. Ihr Leben vollzog sich in Großfamilien. Auf einem Hof, dem ›Juné‹ oder ›Wine‹, lebten zwischen 20 und 100 Personen. Fest verankert unter den Adygeern war der Ahnenkult und der Kult des Mannes. Vor der Heirat mußte die zukünftige Gattin aus dem elterlichen Haus geraubt werden, mit Einverständnis der Frau. Die Hochzeitsrituale wurden von Generation zu Generation weitergegeben; das Fest für die Großfamilie und den gesamten Aul dauerte oft Tage.

Gastfreundschaft gehörte zu den höchsten Tugenden. Berühmt waren die Adygeer auch für ihre Silberschmiedekunst. Obwohl vom Islam beeinflußt – in seiner sunnitischen Auslegung –, bewahrten sie heidnische Traditionen. Ein mündlich überlieferter Kodex von Gesetzen, die Adate oder Chabse, regelte das

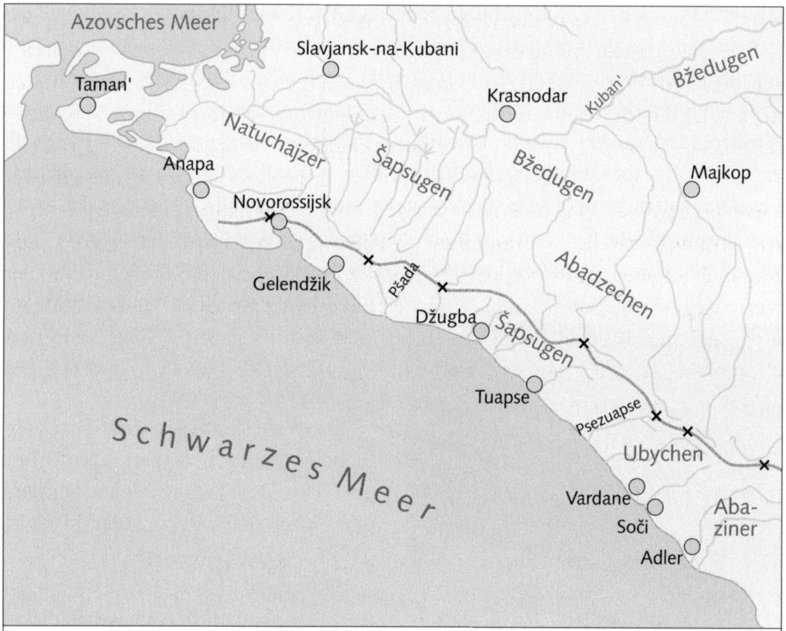

Siedlungsgebiete der Adygeer

Zusammenleben eines Stammes; die Rechtsprechung nach der Scharia hatte nur wenig Einfluß. Ein weitverbreiteter Brauch war die Erziehung der Söhne in fremden Familien. Vor allem Adlige gaben ihre Sprößlinge an Pflegeeltern, gezielt aus ärmeren Verhältnissen. Dort schlossen die Jungen Freundschaft mit jenen, die später zu ihrer Gefolgschaft gehören würden, und erlernten alles für das Leben Wichtige: Selbstbeherrschung, Würde und Respekt vor den Älteren, zum Beispiel. Neben dem Kriegshandwerk war die Kunst der Rede sehr wichtig, die Poesie der Sprache galt als die höchste Kunst. Berühmt waren die Adygeer für ihre Tänze und die adygeischen Frauen für ihre Schönheit. Ihr hoher und schlanker Wuchs wurde bei jungen Mädchen durch enganliegende Lederkorsetts erreicht, die das Wachstum der Brust verhinderten. Zu feierlichen Anlässen trugen sie gold- und silberdurchwirkte Kleider, samtene rote Mützen und wertvolle Gürtel. Die Männer verließen das Haus nie ohne einen Dolch am Gürtel. In vielen Stammesgemeinschaften galt das Gesetz der Blutrache; die Adate regelte, wie man ihr ein Ende setzte.

An der Küste des Schwarzen Meeres lebten von Norden nach Süden die Natuchajzer, die Šapsugen, die Abadzechen und die Ubychen. Manche Forscher zählen die Ubychen, die in der Gegend des heutigen Soči siedelten, nicht zu den Adygeern; in ihrem Alltag und der Sprache aber unterschieden sie sich nur wenig von ihren nördlichen Nachbarn. Natuchajzer, Šapsugen und Abadzechen hatten in den Jahrhunderten zu einer Form des Zusammenlebens gefunden, die man demokratisch nennen könnte. Ihre Fürsten und der Adel hatten im Gegensatz zu dem der anderen adygeischen Stammesgemeinschaften keine Privilegien oder Machtbefugnisse. Alle stammeswichtigen Fragen wurden von der Chase, einer Art parlamentarischer Versammlung in einem heiligen Hain, entschieden. Die Angaben darüber, wie viele Adygeer vor der Eroberung durch die Russen in der Küstenregion des Schwarzen Meeres lebten, schwanken zwischen 300 000 und mehr als einer Million Menschen. Sie lebten in Auls in den Tälern, betrieben Landwirtschaft und Viehzucht. Berühmt waren die tscherkessischen Gärten. Die Adygeer bauten Wein an und züchteten Bienen.

Krieg und Vertreibung

Mit der Errichtung von Forts an der Küste beabsichtigte die russische Armee, den florierenden Handel zwischen den Adygeern und den Osmanen mit einem Schlag zu unterbinden. Die Šapsugen und Natuchajzer hatten es abgelehnt, sich dem Zaren zu unterwerfen. Osmanen und Engländer weckten vage Hoffnungen auf Unterstützung, und Rußland bereitete Schritt für Schritt die Annektierung vor. Vorläufig waren die Armeen im Ostkaukasus gegen Schamil gebunden. Die Adygeer boten Frieden an für den Fall, daß die Russen ihre Forts an der Küste aufgäben; die russischen Generäle verlangten den bedingungslosen Eid auf ihren Zaren. Der Hungerwinter 1839/40 endete mit einem ersten großen Aufstand an der Küste, dem etliche Garnisonen zum Opfer fielen.

Der Imam Schamil hatte in Dagestan und Tschetschenien die Stämme unter dem Banner des Islam gegen die Russen zusammengeführt. Das gleiche geschah nun auch im Westkaukasus. Als einigendes geistiges Moment gegen die Russen bot sich der Islam geradezu an, und von nun an hatte der Krieg auch eine religiöse Komponente. Schamil schickte einen seiner engsten Vertrauten nach Adygeja, wo dieser in den 50er Jahren das Schariat durchzusetzen versuchte, auch mit Gewalt. Insbesondere Šapsugen und Ubychen und ein großer Teil der Abedzechen widersetzten sich der Islamisierung, aber die Mission des Mohammed-Amin heizte die Emotionen an und einte die bis dato mehr oder weniger für sich agierenden Stammesgemeinschaften.

1860 konzentrierte die russische Armee insgesamt 200 000 Soldaten und Offiziere gegen die Adygeer. Šapsugen, Abadzechen und Ubychen gründeten 1861 eine Stammesversammlung, die Medžlis, und unternahmen eine letzte außenpolitische Offensive. Zugleich setzte sich die russische Generalität mit ihrer Forderung durch, die Bergvölker aus ihren Siedlungsgebieten zu vertreiben und entweder im Landesinnern anzusiedeln oder sie zur Emigration in die Türkei zu zwingen. Humanitäre und politische Bedenken seitens höchster Regierungsstellen wurden beiseite geschoben. Die Türkei erklärte sich bereit, eine begrenzte Anzahl von Flüchtlingen aufzunehmen und dafür Armeniern und Griechen die Übersiedlung nach Rußland zu erlauben. Im September 1861 traf eine Abordnung der Adygeer mit Zar Aleksandr II. zusammen. Ihre Vertreter boten an, sich der russischen Krone zu unterwerfen, unter der Bedingung, in ihrer historischen Heimat bleiben zu dürfen. Der Imperator lehnte ab. Das Schicksal der Adygeer war besiegelt. Der russischen Übermacht und brutalen Kriegführung hatten sie nichts mehr entgegen zu setzen. Viele der nordkaukasischen Adygeer verließen 1861/62 ihr Land in Richtung Türkei. Die Überlebenden des Krieges an der Küste, geschwächt von Hunger und Epidemien, emigrierten 1863 und 1864. Die Angaben über die Zahl der Vertriebenen gehen weit auseinander. Wahrscheinlich ist, daß es fast eine Million Menschen waren. Die Hälfte von ihnen starb auf dem Weg oder in den türkischen Auffanglagern. Nur etwa zehn Prozent der Adygeer verblieben in den Kuban'-Ebenen. Bitten der Adygeer, in ihre Heimat zurückkehren zu dürfen, lehnte der russische Zar ab. Die Russen kostete dieser Krieg etwa ein Sechstel des jährlichen Budgets und mehr als 200 000 Soldaten und Offiziere das Leben. Die Grausamkeiten des Krieges beschrieb Lev Tolstoj in seinem Roman ›Hadži Murat‹.

Erst in den 20er Jahren kehrten viele Adygeer in ihre Heimat zurück. Die Mehrzahl der Adygeer lebt heute in drei autonomen Republiken: Adygeja mit der Hauptstadt Majkop (von 450 000 Einwohnern sind etwa 95 000 Adygeer), Karačaj-Čerkessija mit der Hauptstadt Čerkessk (431 000 Einwohner, 50 000 Adygeer) und Kabardino-Balkarien mit der Hauptstadt Nal'čik (780 000 Einwohner, 364 000 Adygeer). Am Schwarzen Meer leben etwa 40 000 Adygeer. Die ausländische Diaspora, vor allem in der Türkei, Syrien, Israel und Deutschland wird auf etwas über eine Million Menschen geschätzt. In Deutschland gibt es etwa zehn tscherkessische Kulturvereine, unter ihnen einen mit Sitz in Köln, www.tscherkessen-koeln.de.

Das Schwarze Meer

Das Schwarze Meer ist ein Nebenmeer des östlichen Mittelmeeres und nimmt eine Fläche von etwa 424 000 Quadratkilometern ein. Es hat in der oberen Wasserschicht einen relativ niedrigen Salzgehalt von etwa 17 Promille. In den tieferen Schichten des Meeres, unter etwa 150 Metern, ist der Salzgehalt etwas höher. Die tiefste Stelle mißt 2244 Meter, im zentralen Becken beträgt sie etwa 1830 Meter. Die Senke, in der es sich befindet, entstand zeitgleich mit dem Kaukasus.

Für die Entstehung des Namens ›Schwarzes Meer‹ gibt es verschiedene Theorien. Die alte griechische Bezeichnung lautete ›pontos euxeinos‹ (gastfreundliches Meer), ein Euphemismus, denn gemeint war das Gegenteil: ›pontos axeinos‹ (unwirtliches Meer).

Der türkische Name lautet ›Kara dengiz‹ und bedeutet schwarzes, unwirtliches Meer. Vielleicht bezogen sich die Türken damit ebenso wie die Griechen auf die ihnen nicht immer freundlich gesonnenen Bewohner in den Küstenregionen oder aber sie meinten damit die häufigen Stürme, die besonders im Winter toben und während derer sich das Wasser dunkelviolett, fast schwarz färbt. Selbst bei leichter Brise kann ein beträchtlicher Wellengang entstehen. Hydrologen bestehen darauf, daß sich im Namen die Eigenschaft des Meerwassers widerspiegelt, versenkte metallene Gegenstände schwarz zu verfärben. Und letztendlich haben auch die

Wenn sich ein Sturm zusammenbraut, trägt das Schwarze Meer seinen Namen zu Recht

Araber ein Wort mitzureden: Bei ihnen bedeutet der Begriff für ›schwarz‹ zugleich auch ›Norden‹. Demzufolge wäre das Schwarze Meer das Nördliche Meer, was aus ihrer Sicht nachvollziehbar ist.

Das Schwarze Meer ist mit seinem Alter von geschätzt maximal 8000 Jahren eines der jüngsten Meere. Nicht nur der Argonauten-Mythos bezieht sich auf die von den ›Barbaren‹ bevölkerten Nordostküsten, sondern eine ganze Reihe weiterer bemerkenswerter Legenden wie jene über die Amazonen, Demeter und ihre Tochter Persephone sowie Medea (Kolchis). Das Schwarze Meer kreuzten schon im Altertum die Nord-Süd- und Ost-West-Handelsstraßen. Im 19. Jahrhundert war es der Schauplatz europäischer Großmachtkonflikte. Die Meerenge des Bosporus (Konstantinopel/Istanbul) besitzt als einzige Verbindungsstraße zu den Weltmeeren strategische Bedeutung.

Vor der Flutung des Binnensees durch die hereinbrechenden Wassermassen aus dem Mittelmeer floß auch die Volga, die heute in das Kaspische Meer mündet, ins Schwarze Meer. Die Versalzung des Schwarzen Meeres war eine ökologische Katastrophe von ungeheurem Ausmaß. Nicht nur daß sich binnen Kürze der Meeresspiegel hob; die Fauna und Flora des Süßwassers starb ab und wurde erst allmählich durch das salzige Meerwasser bevorzugende Arten ersetzt. Riesige Mengen bioorganischer Überreste sanken auf den Meerboden, wo sie Bakterien in einfache organische Verbindungen zersetzten. Im Meerwasser bilden diese Verbindungen freie Schwefelwasserstoffe, die jedes Leben im Keim ersticken. Zwischen den oberen Wasserschichten, die sich zwar im Sommer erwärmen, aber im Winter nie unter sechs Grad abkühlen, und den unteren Wassermassen besteht so gut wie kein Austausch. Damit gelangt auch kein Sauerstoff in die Tiefen des Meeres. Ab einer bestimmten Tiefe gibt es deshalb im Schwarzen Meer kein organisches Leben, bis auf einige primitive Lebewesen. Die Genesis der schwefelhaltigen Mineralwasser von Soči-Macesta erklärt sich aus dieser Eigenart des Schwarzen Meeres.

Flora und Fauna

Die Pflanzen- und Tierwelt im Schwarzen Meer ist vielfältig, unter ihnen 150 Algenarten. In Ufernähe wächst das mit den Laichkräutern des Süßwassers verwandte Seegras; getrocknet ist es ein ausgezeichnet wärmeisolierendes Material. Mehr als 1500 verschiedene Tiere sind im Schwarzen Meer beheimatet, unter ihnen die Mollusken: Austern, Mies- und Kammuscheln und die Rapane, ein in den 60er Jahren aus dem Fernen Osten eingeschlepptes Weichtier. Die Rapane ernähren sich von Austern und Miesmuscheln und bedrohen deren Bestände. Mit einigem Glück trifft man auf Ohrenquallen, Seeschildkröten und drei Arten von

Krabben, die bis zu 20 Zentimeter groß werden. Zu den 180 Fischarten gehören der Hausen (Beluga), Stör, Sternhausen, Hering, Anchovis, Meeräsche, Meerbarbe, Stockfisch, Makrele, Flunder und Thunfisch. Letzterer gehört mit Spitzengeschwindigkeiten von bis zu 75 Stundenkilometern zu den schnellsten Fischen der Meere. Überholt wird er im Schwarzen Meer nur von den Schwertfischen. Diese erreichen bis zu fünf Meter in der Länge und wiegen ausgewachsen etwa 350 Kilogramm. Der Schwertfisch legt bis zu 100 Kilometer in der Stunde zurück. Mit seinem schwertähnlichen Schwanz ist er in der Lage, die Bordwände kleinerer Schiffe zu durchstoßen.

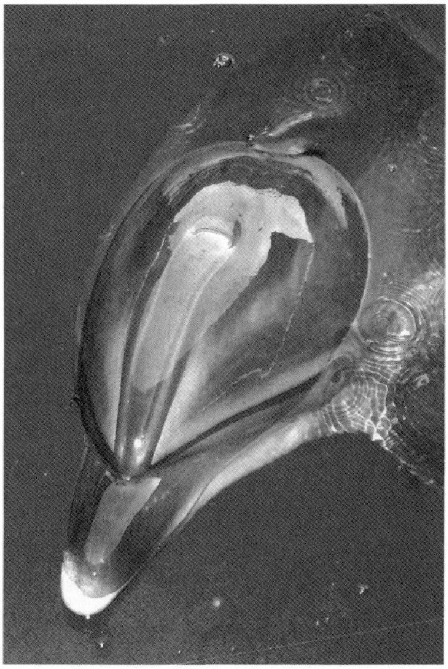

Auch Delphine tummeln sich im Schwarzen Meer, zu sehen sind sie nicht nur in den Delphinarien

Beliebt ist das Schwarze Meer bei Naturfreunden für seine Delphine. Insgesamt 22 Gattungen und 50 Arten gibt es weltweit; nur drei davon im Schwarzen Meer. Der große Tümmler mißt erwachsen drei bis vier Meter und wird bis zu 300 Kilogramm schwer. Der kleine Tümmler, auch Braunwal genannt, wird maximal einen Meter lang und wiegt bis zu 30 Kilogramm. Am weitesten verbreitet ist der gewöhnliche Delphin, der ein Gewicht von bis zu 60 Kilogramm erreicht. Begehrt wegen seines Trans und seiner Haut wurden in manchen Jahren so viele Tiere gefangen, so daß sich die Populationen, besonders des großen Tümmlers, bis zu einem kritischen Punkt verkleinerten. Seit Ende der 80er Jahre stehen Delphine unter Naturschutz. Das gleiche trifft auf den Hausen zu, der wegen seines Geschmacks und des Kaviars einer der beliebtesten Fische ist. Er ist vom Aussterben bedroht. In Adler, Nebug, Gelendžik und bei Anapa gibt es Delphinarien.

Vor allem im Norden des Schwarzen Meeres und am Azovschen Meer trifft man auf große Vogelkolonien, vor allem Möwen, Enten, Pelikane und Kormorane. Zugvögelschwärme nutzen diese Gegend als Rastpunkt.

Im Schwarzen Meer gibt es kaum Inseln. Die größte von ihnen ist die Schlangeninsel, einige Kilometer vor der Donaumündung. Sie gilt als der Geburtsort des Achilles, eines der Helden der Ilias.

Der Kaukasus

Der Kaukasus ist ein Faltengebirge und Altersgenosse des Himalaja und der Alpen. Seine Entstehung und Hebung aus dem Urmeer Thetis begann vor etwa 100 Millionen Jahren und war vor etwa 20 Millionen Jahren im wesentlichen abgeschlossen. Die höchsten Gipfel, unter anderem der mit 5633 Metern größte Berg Ėl'brus, waren einmal aktive Vulkane. Im Westen ist das Gebirge stark bewaldet; der Osten ist waldlos. Die nördliche Kette bildet den sogenannten Großen Kaukasus. Etwa 100 Kilometer südlich davon liegt der Kleine Kaukasus, der sich von der Türkei über Georgien und Armenien bis Aserbaidschan zieht. Der

Bergdorf im Westkaukasus

Kaukasushauptkamm ist die Grenze zwischen Rußland einerseits und Georgien und Aserbaidschan andererseits. Der Hauptkamm hat eine Länge von 1100 Kilometer und verbindet das Schwarze mit dem Kaspischen Meer. Die Gebiete nördlich werden in der Fachliteratur als Ciskaukasien bezeichnet, die südlich als Transkaukasien. Die Berge steigen im Norden allmählich an und fallen nach Süden schroff und abrupt ab.

In den Überlegungen über die Grenze zwischen Europa und Asien spielte der Kaukasus als natürliche Barriere stets eine entscheidende Rolle. Schon für die Griechen endete am Kaukasus ihre Welt. Der schwedische Offizier Philip Johan von Strahlenberg (1676–1747) zog die Grenze zwischen den beiden Kontinenten entlang des Ural und der Manyčniederung nördlich des Kaukasus. 1730 wurde sie vom Zarenhaus akzeptiert und von der Wissenschaft übernommen. Demnach liegt der Hauptkamm des Großen Kaukasus mit seinen höchsten Gipfeln bereits in Asien. Das gleiche träfe, geologisch gesehen, auf die russische Schwarzmeerküste zu.

Der Kaukasus gilt seit jeher als ›Berg der Sprachen‹, insbesondere der seit dem 19. Jahrhundert zu Rußland gehörende Nordkaukasus. Dort trifft man auf indoeuropäische (russisch, ossetisch) und nordkaukasische Sprachen mit zahlreichen Untergruppen sowie auf turksprachige (aserbaidschanisch, balkarisch) Gebiete. Die Sprache der Adygeer gehört zur nordkaukasischen Sprachgruppe, ihrem westlichen Zweig. Zu dieser Gruppe gehört auch die Sprache der Abchasier. Die vierte kaukasische Sprachgruppe ist Kartvelisch, die Sprache der Georgier. Die Dutzenden verschiedenen kleinen und großen Völker haben trotz Eroberungen und Kriegen über die Jahrtausende ihre Kultur und ethnischen wie kulturellen Eigenarten weitestgehend bewahrt. Mit der Eroberung Dagestans im Osten durch die Araber Ende des 7. Jahrhunderts und die folgende Dominanz der Perser und Osmanen im Kaukasus wurde der Islam vor allem im Ostkaukasus zu einem wichtigen Moment kultureller Identität.

Das kaukasische Biosphärenreservat

In der Hochgebirgslandschaft des Westkaukasus auf dem Territorium der Adygeischen Autonomen Republik und des Verwaltungsbezirks von Krasnodar befindet sich das weltweit bekannte Staatliche Kaukasische Biosphärenreservat. Es wurde 1924 zum ›Erhalt der Gebirgswälder und des alpinen Gürtels mit den dort vorkommenden Tieren und Pflanzen‹ als Naturschutzpark gegründet. Ende der 70er Jahre erfolgte die Aufnahme in das UNESCO-Programm ›Mensch und Biosphäre‹. Was das Biosphärenreservat auszeichnet, ist die enorm große Artenvielfalt der Fauna und Flora. Nur in dieser zum Teil als Totalreservat bewahrten Umwelt konnte sich die Natur des Kaukasus in ihrer ursprünglichen Form erhalten. Sie beherbergt Hunderte von Relikten, Endemiker und einmalige Pflanzengesellschaften sowie Dutzende Tierarten, die in den Roten Büchern Rußlands beziehungsweise der Welt vermerkt sind.

Das Westkaukasische Biosphärenreservat erstreckt sich auf etwas weniger als 300 000 Hektar über die Hochgebirgslandschaften bis 3360 Meter über dem Meeresspiegel. Die ausgedehnten Wälder gehen in den Hochgebirgsregionen in Alpenwiesen und Gletscher, insgesamt 18 Quadratkilometer, über. Am Hang des Berges Fišt, des westlichsten der Hochgebirgsgipfel, liegt in 1980 Metern Höhe einer der niedrigsten Gletscher Europas. An den Berghängen im Reservat entspringen einige der wichtigsten Nebenflüsse des Kuban' sowie die Mzymta, die Soči und die Šache, die ins Schwarze Meer münden. In den Bergen findet man Dutzende Wasserfälle mit bis zu 100 und mehr Metern Fallhöhe. Viele Flüsse fließen stellenweise durch wilde Bergschluchten. Einige sind nur Forschergruppen zugänglich, andere liegen außerhalb des Totalreservats und sind beliebte Ausflugsziele. Die Kalkmassive im Biosphärenreservat sind reich an Karstbildungen und Höhlen, in deren Tiefen unterirdische Seen, Wasserfälle, riesige Säle, Korallenstöcke, Stalagmiten und Stalaktiten Teil einer vor dem Auge verborgenen Zauberwelt sind. Die meisten der Höhlen sind erforscht; einige auch zugänglich. Die Spiegelaugen der Landschaft sind die 130 von blühenden Blumenteppichen und den wilden Büschen des Kaukasischen Rhododendron eingefaßte Bergseen. Ihre Farbe ändert sich im Verlauf des Tages von türkis zu dunkelblau und grauschwarz. Einer der größten und schönsten ist der Kardyvač im Osten von Krasnaja Poljana.

Der Hauptkamm des Großen Kaukasus ist eine Klimascheide zwischen den feuchten und warmen, vom Schwarzen Meer einströmenden Luftmassen und den trockenen, kühleren, im Winter eisigen Winden aus den nordöstlichen Steppen. Die Luft ist deshalb südwestlich des Hauptkammes bedeutend feuchter und die Niederschlagsmenge fast doppelt so hoch – bis zu 3000 Millimeter – wie in den

Bergpfad im Biosphärenreservat

nordöstlichen Gegenden. Im Winter steigt die Schneedecke mancherorts auf bis zu sieben Meter. Der letzte Schnee auf den Almen taut erst im Juni. Auf Firnschneefelder trifft man auch im Hochsommer.

Für Geologen und Mineralogen besitzen die Berglandschaften des Westkaukasus den Ruf eines Museums unter freiem Himmel. Die Gebirgsrücken sind aus Kristallschiefer, Granit, Gneis, Kalk, Mergel, gerundeten Konglomeraten, Marmor und Sandstein zusammengesetzt. Auf einer Strecke von 200 bis 300 Kilometern von Nord nach Süd kann man fast alle Gesteinsschichten aus drei Milliarden Jahren Erdgeschichte erleben. In den Tälern finden sich Kies-, Lehm- und Kalkablagerungen, die von den Urmeeren stammen. Der Fišt mit seinen rosa Felsen war ein riesiges Korallenriff.

Wilde Schluchten und Wasserfälle sind typisch für die Landschaft des Biosphärenreservats

Tier- und Pflanzenwelt

Von beeindruckender Artenvielfalt und teilweise außerordentlicher Schönheit ist die Pflanzenwelt. Man trifft im Biosphärenreservat auf bis zu 3000 verschiedene Arten. Dieser Reichtum erklärt sich daraus, daß der Kaukasuskamm die Scheide zwischen zwei in der Botanik als phytogeographische Provinzen bezeichneten Ökosystemen bildet. Das sind im Norden der Kuban' und im Süden die Kolchis. Zur Hochgebirgsflora gehören fast 1000 Farn- und Gefäßpflanzen. Mehr als ein Drittel sind kaukasische Endemiker, die nirgends sonst auf der Erde vorkommen. In den Wäldern gibt es fast 900 Pflanzenarten, wobei zu ihnen auch jene gezählt werden, die in den subtropischen kolchischen Vorgebirgen beheimatet sind. Die Laubwälder der unteren Regionen gehen ab 1500 Meter in Mischwälder über, in denen Nordmanntannen und Fichten überwiegen, manche mehr als 60 Meter hoch und mit Stämmen, deren Durchmesser zwei Meter überschreiten. In Höhenlagen zwischen 1500 und 1700 Metern treten immer mehr Lichtungen auf. Auf ihnen wachsen hochwüchsige Stauden, in denen ein Mensch zu Pferde zwischen

Glockenblumen, Kreuzblütengewächsen, Eisenblüten, Herkuleskeulen und Blaubeersträuchern verschwinden würde. Auf den Wiesen, die von hier bis in 2500 Meter Höhe anzutreffen sind, wechseln sich Dutzende von Pflanzenarten im Blühen ab: Anemonen, Kornblumen in gelb, himmelblau und violett, rosa Kremulariellen und Schwertlilien. Gemeinsam bilden sie einen wunderschönen Blumenteppich. Ein Teil der Hänge ist mit am Boden liegendem Wacholder und Rhododendron bedeckt. Im alpinen Wiesengürtel sind die Pflanzen sehr klein und an die Erde gedrückt. Hier wachsen unter anderem Enzian, Bergveilchen und Alpenastern, die große, grelle Blüten treiben.

So artenreich wie die Pflanzenwelt ist auch die der im Biosphärenreservat heimischen Tiere. Sie gehören zu drei zoogeographischen Unterregionen: der des Mittelmeers, der europäisch-sibirischen und der zentralasiatischen. Zu den 74 Säugern zählen Hirsche, Wisente, Gemsen, Braunbären, Wölfe, Schakale, Stein- und Waldmarder, Dachse und Füchse – jeweils mit ihren spezifisch kaukasischen Besonderheiten.

Auch die Vogelwelt ist abwechslungsreich. Mit viel Glück kann man sie über den Felsen einen der ganz seltenen Gänsegeier kreisen sehen. Die Flügel dieser äußerst scheuen Nekrophagen haben eine Spannweite von bis zu 2,5 Metern. Etwas kleiner sind der Bart- und der Schmutzgeier. Auch der Steinadler und seine Verwandten reichen nicht an die Ausmaße des Gänsegeiers und des noch imposanteren Mönchsgeiers heran. Durch die Flußtäler führen die Vogelzugrouten der Wachteln, Schwalben und Segler. An manchen Tagen bekommt man Hunderte Bienenfresser und Schwarzmilane zu Gesicht. In den Wäldern und Rhododendronbüschen dominieren Mönchsgrasmücken, Rotkehlchen, Türkenkleiber, Fichtenkreuzschnabel, Mäusebussarde, Sperber und Waldkauze.

Außerdem leben in der Region neun Arten Amphibien und 19 Arten Reptilien. Einige von ihnen sind im Roten Buch Rußlands verzeichnet; zwei Drittel der Reptilien sind endemisch. Das Gift der seltenen kaukasischen Viper kann auch für den Menschen gefährlich werden.

Der König unter den Tieren im Biosphärenreservat ist der kaukasische Wisent. Der ausgewachsene Wisentbulle hat eine Widerristhöhe von 1,60 bis 1,95 Metern und ein Gewicht von 430 bis 1000 Kilogramm. Einst lebten Wisente und die mit ihnen verwandten, aber ausgestorbenen Auerochsen überall in Europa; heute sind sie allein im Kaukasus und in den Bjelowescher Urwäldern in Ostpolen anzutreffen. Zum Schutz des kaukasischen Wisents als Edelwild hatte die Zarenfamilie Ende des 19. Jahrhunderts den Westkaukasus zum kaiserlichen Jagdgebiet erklärt. Der Bürgerkrieg dezimierte die Herden, denn das Fleisch der Tiere war begehrt. 1927 wurde der letzte Bulle geschossen. Die kaukasischen Wisente galten als ausgestorben, aber das letzte Wort in ihrer Geschichte war noch nicht gesprochen. 1908 hatte der Zar dem Gründer und Direktor des Hamburger Zoos, Carl Hagen-

Die Flora in den Bergen ist außerordentlich vielfältig

beck, einen kaukasischen Wisentbullen mit Namen Kazan geschenkt. Er starb 1925. Einige seiner Nachfahren und andere Wisente mit ›kaukasischem Blut‹ aus den Bjelowescher Urwäldern sind die Urahnen der heute in den Bergen lebenden Wisente. Mittels selektiver Züchtung gelang es sowjetischen Wissenschaftlern ab Ende der 30er Jahre, aus ihnen die kaukasische Rasse zu ›rekonstruieren‹. In den 60er Jahren besaßen die neugeborenen Wisente bereits fast alle Merkmale ihrer ausgerotteten Vorväter und -mütter. Die ersten Herden wurden in die Wälder entlassen, wo sie sich schnell vermehrten. Ende der 80er Jahre sollen es bereits rund 900 Tiere gewesen sein.

Ökologie

Ein neues Kapitel in der Geschichte des Biosphärenreservats begann mit den Ereignissen in Rußland Ende der 80er und Anfang der 90er Jahre. Generell scherte sich die sowjetische Führung wenig um ökologische Probleme. Diese Feststellung schmälert nicht die Verdienste unzähliger Wissenschaftler und Waldhüter, die mit ihrem Engagement dem Naturschutz unschätzbare Dienste erwiesen. Geforscht, experimentiert und bewahrt wurde auch im Biosphärenreservat des Westkaukasus, wobei die Neuzüchtung der Wisente nur einer der Erfolge war. Der ›wilde Kapitalismus‹ der 90er Jahre stellte die Stabilität des Naturreservats auf eine harte Probe. Die von höchsten Amtspersonen sanktionierte Wilderei erreichte Ausmaße, die die Bestände zu gefährden begann. Dazu kam, in ihren Dimensionen noch bedrohlicher, die Wilderei der ansässigen Bevölkerung aus Hunger oder wiedererwachter Tradition. Hunderte Wisente und anderes Großwild fielen ihr zum Opfer. Die staatlichen Zuwendungen für das Reservat wurden auf ein Minimum zusammengestrichen, so daß von einer systematischen wissenschaftlichen Betreuung und vom Schutz der Umwelt kaum noch die Rede sein konnte. In den letzten Jahren hat sich die Situation stabilisiert, aber der Natur drohen andere Gefahren: die zwischen Adygeja und der Küste geplante Straße zum Beispiel, die teilweise durch das Reservat führen würde, und einige touristische Großprojekte in der Umgebung des Kurortes Krasnaja Poljana. Ende der 90er Jahre hatte sich der Ort um die Austragung der Olympischen Winterspiele beworben; ein Indiz dafür, daß sich die Tourismusindustrie große Ziele setzt, die mit den Intentionen der Naturschützer nicht immer konform gehen.

Dennoch kann man sich der Schönheit der Berglandschaften nicht entziehen. Der Bergsteiger Andreas Fischer aus der Schweiz schrieb 1913 über den Westkaukasus: »Er erinnert mich an die Westalpen, aber die Schönheit und der Reichtum an Gletschern, die prachtvollen Wälder und die Blumen übersteigen alles, was es in den Alpen zu sehen gibt.« Die größte Sorge aller im Reservat engagierten Mitarbeiter ist, daß den Westkaukasus das gleiche Schicksal ereilen könnte wie die Alpen – seine Zerstörung durch Zersiedelung und Tourismus. Reinhold Messners Buch ›Rettet die Alpen‹ ist deshalb die ›Bibel‹ aller wissenschaftlichen Mitarbeiter des Reservats.

Der deutsche Naturschutzbund (NABU) ist ein enger Partner des Westkaukasischen Biosphärenreservats. Gemeinsame Projekte gibt es seit mehr als einem Jahrzehnt im Bereich Forschung, Jugendaustausch und sanfter Tourismus. Weitere Informationen darüber erhält man beim NABU, www.nabu.de.

Der Nationalpark Soči

Das gesamte Gebiet von Soči außerhalb der Ortschaften gehört zum gleichnamigen Nationalpark, der im Hochgebirge in das Biosphärenreservat übergeht. Zu den Aufgaben der Parkverwaltung zählen der Schutz der Natur, die begrenzte und ökologisch sinnvolle Nutzung der Ressourcen und sanfter Tourismus sowie Aufklärung über die überaus reiche Fauna und Flora des Gebiets.

Seinen Reichtum und seine unvergleichliche Schönheit verdankt die Natur um Soči dem subtropischen Klima zwischen der Küste des Meeres und den Hochgebirgslandschaften des Westkaukasus. In den wild zerklüfteten Berglandschaften haben wärme- und feuchtigkeitsliebende vorpleistozäne Pflanzen überlebt. Nicht nur im zum Biosphärenreservat gehörenden Eiben- und Buchsbaumwald von Chosta findet man moosbewachsene, efeu- und lianenumrankte Bäume des kolchischen Waldes, sondern auch anderswo in den schwer zugänglichen Tälern. Zu den beeindruckendsten Gewächsen gehören neben den Eiben und Buchsbäumen die iberischen Eichen und Stechpalmen, Hagebuchen, Eßkastanien, Stiel- und Traubeneichen sowie vielerlei Sträucher und Kriechpflanzen. Die Wälder sind wildreich – Bären, Hirsche, Wildschweine, Dachse, Luchse, Waldmarder, kaukasische Wildkatzen –, und ebenso vielfältig ist die Vogelwelt: Reiher, Rohrdommeln, Kormorane, Wachteln, Eichelhäher, Seeadler, Ziegenmelker und viele andere.

Die in der näheren Umgebung der zu Soči gehörenden Ortschaften befindlichen besonders schönen Schluchten und Wasserfälle sind gegen einen Obolus (in den meisten Fällen weniger als ein Euro pro Person) zugänglich. Dutzende Reiseagenturen bieten Exkursionen an. Die Wege dort sind gut ausgebaut und erleichtern ein Erleben der Natur. Die Einnahmen aus dieser Art des ›gelenkten Tourismus‹ sind die wichtigste Quelle der für die eigentlichen Aufgaben des Nationalparks vorgesehenen Mittel. Des weiteren erteilen die Behörden Genehmigungen für den Bau von touristischen Objekten, privaten Häusern und für einen begrenzten Holzeinschlag, deren ökologischer Nutzen – so kritische Stimmen – nicht immer nachzuvollziehen ist.

Wer mehr von der einzigartigen Natur des Nationalparks sehen möchte, muß sich jedoch auf anstrengende Wanderungen oder Exkursionen mit dem Jeep einstellen, für die man auf jeden Fall durch einmalige Naturerlebnisse belohnt wird.

In den letzten Jahren nimmt ein Projekt immer mehr Gestalt an, das für die Existenz der Natur in ihrem heutigen Reichtum eine Gefahr darstellen wird: der Bau einer neuen Eisenbahnlinie im Landesinnern. Der in den 40er Jahren fertiggestellte Schienenweg führt direkt am Meer entlang und schränkt in gewisser Hinsicht die Badenden ein. Eine Verlegung der Strecke ins Landesinnere jedoch würde ernsthafte Einschnitte in das hydrogeologische und ökologische Gleichgewicht bedeuten, weshalb Naturschützer Sturm laufen. Ob sie sich gegen die kommerziellen Interessen durchsetzen können, ist zweifelhaft.

Im Nationalpark Soči

Essen und Trinken

Am ehesten zu Relief, Klima und Atmosphäre paßt die kaukasische Küche – ein weitgefaßter Begriff, der spezifisch georgische, abchasische und nordkaukasische Gerichte meint, die vieles gemeinsam haben. Wirkliche kaukasische Spezialitätenrestaurants, die nur die Küche einer Region bieten, gibt es nur wenige. Auch die russische und ukrainische Küche sind an der Schwarzmeerküste vertreten.

Natürlich gibt es an der Küste auch viel Fisch: Forellen, Stör (osetrina), Lachs (losos'), Schwarzmeerscholle (kambala), Zander (sudak). Ausschließlich auf Fisch setzende Restaurants jedoch sind selten. Das ›Canon‹ an der Forellenzucht bei Adler ist das wohl beste. Der Fisch hier ist garantiert frisch, wenn auch aus der Retorte. In Krasnaja Poljana bekommt man auch gebratene wilde Forellen.

In der Sowjetunion galt: Der Kaiser ist der Kellner – mit allen daraus folgenden Konsequenzen. Ein Echo dieser Tradition hallt bis in die Gegenwart nach. Selbst in auf den ersten Blick hervorragenden Lokalen kann es einem passieren, daß die Belegschaft den Eindruck zu erwecken vermag, sie täten dem Kunden einen unschätzbaren Gefallen damit, ihm ihre Aufmerksamkeit zu schenken. Sich darüber zu echauffieren ist nicht nur vergeblich, sondern schädlich. Eine Zurechtweisung wird einen Schmollmund hervorrufen, keinesfalls aber die gewünschten Konsequenzen. Generell aber bekommt man überwiegend freundliche Gesichter zu sehen und stößt fast überall auf großes Entgegenkommen mit seinen Wünschen.

Die kaukasische Küche

Der unumstrittene König der kaukasischen Küche ist der Schaschlik. Das Fleisch kann vom Rind, Schwein, Hammel, Huhn oder Stör sein. Das Geheimnis eines guten Schaschlik ist nicht allein die Qualität des Fleischs, sondern zuallererst die Marinade. Und das Geheimnis einer guten Marinade sind die Kräuter oder die Art des Essigs, des Weines oder des Sauerrahms. Jeder Mann in Rußland, der etwas auf sich hält, weiß, wie man Schaschlikfleisch mariniert. Ein guter Schaschlik gehört zu einem Urlaub in Soči dazu, Vegetarier natürlich ausgenommen. Am besten schmeckt er in Soči im ›Staryj Bazar‹, im ›Ėlvira‹, in den ›Vody Lagidze‹ und im ›Kavkazkij Aul‹ am Zugang zur Schlucht der Agura.

Sehr schmackhaft, als Vorspeise oder Hauptgericht, sind die georgischen Chačapuri. Sie bestehen aus Teig mit eingelassenem Käse. Die länglichen adscharischen Chačapuri werden mit einem in einer Mulde gebratenen Ei serviert. Im Volksmund heißen sie ›lodka‹ (Boot).

Čučchreloverkäufer auf dem Markt in Tuapse

Ebenfalls zu empfehlen sind zwei georgische Suppen, Charčo und Chaš. Charčo ist eine Fleischsuppe, zumeist scharf, die mit Reis und verschiedenen Kräutern gekocht wird. Sie ist in der Regel recht fett und eignet sich vor allem an kühleren Tagen als Energiespender. Der Aufmunterer schlechthin aber ist Chaš. Am Morgen gegessen, vertreibt sie jeden Kater. Ihr Geheimnis ist das Knochenmark und die durch den Fleischwolf gedrehten Innereien. Zu einem guten Chaš gehört Knoblauch – in großen Mengen. Früher war es das Gericht der Armen, heute ist die Suppe eine Rarität.

Allerorts sieht man Verkaufsstände, an denen Einheimische verschiedenfarbige Flüssigkeiten in kleinen, länglichen Flaschen anbieten. In ihnen ist meist Tkemali. Diese Sauce wird aus einer pflaumenartigen Frucht gewonnen, die der Tkemali ihre Säure gibt. Dem Saft und pürierten Fleisch der Früchte sind Kräuter und Gewürze beigemengt. Ihr Bouquet variiert zwischen sauer, süß und scharf. Tkemali paßt zu allem: Fleisch, Fisch und sogar Brot oder Teigtaschen. Ein anderes, nicht weniger schmackhaftes Gewürz ist Adžika, eine Paste aus gestoßenen Kräutern, die meist sehr scharf ist. Am besten paßt Adžika zu Fleischgerichten.

Überall auf den Straßen werden Nüsse, Rosinen, Sonnenblumenkerne und seltsame unförmige, längliche Gebilde verkauft, Čučchrelo, eine georgische Spezialität. Was so bunt ausschaut, ist Gelee aus dem Saft der Aprikose (orange), Kirsche (rot), Feijoa (grün) oder Weintraube (dunkelrot). Das Gelee umschließt auf eine Schnur aufgefädelte Nüsse.

Adygeische Rezepte

Čebureki
Es gibt diese Teigtaschen mit Käse und Fleisch.

Mit Käse:
Zutaten:
1 Liter Milch, 1 Teelöffel, Salz, 3 Eßlöffel Zucker, Mehl, ein halber Teelöffel Soda oder Backpulver, Pflanzenöl.
Zubereitung:
Die Milch erwärmen, mit einem EL Pflanzenöl verrühren, Salz, Zucker und Backpulver dazugeben. Die Flüssigkeit mit Mehl verrühren, bis ein fester Teig entsteht. Den Teig ausrollen, Taschen formen, mit einer Käsemischung nach eigenem Geschmack füllen und an den Rändern zudrücken.
Die Čebureki werden in einer Pfanne mit heißem Öl, das die Teigtaschen völlig bedeckt, zwei bis drei Minuten bei großer Hitze gebraten.

Mit Fleisch:
Statt des einen Liters Milch nimmt man die gleiche Menge Wasser und statt drei Eßlöffel Zucker nur einen. Die Fleischfüllung (Gehacktes) wird je nach Geschmack kräftig gewürzt, mit Zwiebeln, Knoblauch, verschiedenem Pfeffer und Salz.

Mamalyga
Dieser Maisbrei ist ähnlich dem Couscous eine hervorragende Beilage zu Fleischgerichten, besonders gedünstetem Fleisch. In einem Liter kochendem Wasser werden mindestens 350 Gramm Maismehl etwa 30 Minuten auf kleiner Flamme gekocht. Salz gibt man je nach Geschmack dazu. Damit der Brei eine gewisse Konsistenz erhält, ergänzt man das Ganze mit etwa 100 Gramm Grieß, in Abhängigkeit von der gewünschten Dichte des Breis.

Čipsy
Diese Sauce paßt zu Fleischgerichten, vor allem Geflügel. Ihre Grundlage ist eine Hühnerbrühe; die Menge hängt von der Anzahl der speisenden Personen ab.
In einer Pfanne werden Zwiebeln in Butter gebräunt. Dazu gibt man Weizenmehl, frisch gemahlenen roten Pfeffer (Chili) und nach Möglichkeit die georgische Gewürzmischung Chmeli Zuneli. Auf kleiner Flamme kurz anbraten, dann aus drei Zehen gepreßten Knoblauch dazu geben und sofort unter ständigem Rühren mit der Brühe bis zur gewünschten Konsistenz auffüllen. Die Sauce darf weder zu zähflüssig noch zu dünn sein.

Diese Gerichte wurden aufgeschrieben nach den Beschreibungen der hervorragenden Köchin Napso aus Aše.

Die russische und ukrainische Küche

Das Entrée heißt im russischen ›zakuska‹. Damit bezeichnet man jede Art von Vorspeisen und/oder einen kalten Imbiß zum Bier oder Vodka: Heringe, Sardinen, Sprotten, geräucherter Lachs, Schinken, Wurst, Käse, Salate, Gurken, Tomaten, Kraut oder Kaviar. Der am weitesten verbreitete Salat ist der ›stoličnyj‹ (der Hauptstädtische). Er besteht aus Rind- oder Hühnerfleisch, Kartoffeln, Erbsen, Eiern, Gurke und Mayonnaise oder Sauerrahm (smetana). Ebenfalls zu empfehlen ist ›vinegret‹ aus roter Beete, Gurke und Kartoffeln, in Öl, Smetana oder Mayonnaise. Schmackhaft ist auch der Salat ›svëkla‹ aus roter Beete und Walnüssen. Ein ukrainisches Sprichwort besagt, daß eine Geschichte, die mit der Roten Beete anfängt, mit dem Teufel endet.

In Vareniki können sich verschiedenste Füllungen verbergen

In fast jedem Restaurant bekommt man Boršč, der auf tausenderlei Arten zubereitet werden kann. Als seine Heimat gelten die Ukraine und der Süden Rußlands. Die Grundlage des Boršč ist eine Fleischbrühe, in der Rote Beete – sie gibt dem Boršč ihre Farbe –, Kartoffeln, Weiß- oder Rotkohl, Zwiebeln, Tomatenmark, Möhren und anderes Gemüse gekocht werden. Zum Boršč und Šči, einer weiteren berühmten Suppe, gehört unbedingt ein Löffel Sauerrahm. Der Šči wird aus Weiß- oder Sauerkraut gekocht, in einer Fleisch- oder Pilzbrühe. Dazu kommen junge Brennesseln und Sauerampfer, Fleisch- oder Wurststücke oder Frikadellen. Außerdem werden in Rußland kalte Suppen gegessen. Am beliebtesten ist die kalte Kvassuppe (okroška). Sie wird aus Bratenresten oder Wurststücken, gekochten Kartoffeln, Eiern und sauren Gurken zubereitet, die in Kvas serviert wird. Berühmt ist die russische Küche auch für ihre Fischsuppen, ›ucha‹.

Wohl in keinem Land der Welt kennt man so viele Grützarten (kaša) wie in Rußland. Die Königin ist die Buchweizengrütze (grečnevaja kaša), die man sowohl zum Frühstück mit einem Stück Butter essen kann als auch als Beilage zu Fleischgerichten.

Eine der russischen Nationalspeisen sind die Piroggen, ein pastetenartiges Gebäck. Der Mantel besteht entweder aus einem Hefe- oder Blätterteig; die Füllungen aus Fleisch-, Fisch-, Kraut-, Eier-, Pilz- und Kartoffelkreationen oder

Mischungen aus ihnen. Wirklich gute Piroggen bekommt man selten zu kaufen; sie sind das Prärogativ des heimischen Herdes.

Vareniki (von ›varit'‹, kochen) sind ebenfalls Teigtaschen mit verschiedenen Füllungen: Fleisch, Käse, Quark, Beeren. Die klassische Füllung ist eine Masse aus Kartoffeln und Pilzen. Diese Vareniki werden mit in Butter gebratenen Zwiebeln, winzigen Speckstücken und fein gehacktem Dill serviert. Ein Tip für Vareniki-Liebhaber ist ein kleines Etablissement am Abzweig von der Küstenstraße nach Mamajka. Hier werden phantastische Vareniki (ukrainisch: galušky) in allen Variationen angeboten.

Getränke

Überall in Soči und auch in anderen russischen Städten sieht man kleine gelbe Kübelwagen mit der Aufschrift ›Квас‹, aus denen ein Getränk verkauft wird. Das, was auf dem Bauch der Kübelwagen steht, ist auch drin: Kvas, das Nationalgetränk der Russen seit mehr als 1000 Jahren. Es gibt hunderte Rezepte für Kvas – aus Honig, Obst, Beeren und anderem. Die klassische Variante ist der Brotkvas. Er schmeckt süß-säuerlich, ist ein hervorragender Durstlöscher und enthält darüber hinaus wertvolle Nährstoffe.

Eine Köstlichkeit ist der auf dem Markt von Soči-Stadt frischgepreßte Saft des Granatapfels. Die meisten Händler haben zwar Pressen vor ihren Ständen stehen,

Weingeschäft an der Küste

aber das heißt noch nicht, daß der Saft auch wirklich frisch gepreßt und nicht doch verdünnt ist. 100 Gramm kosten 50 bis 70 Cent. Ein weiteres leckeres Getränk ist der Honigmet.

Eine klassische Spezialität des Südens, ein türkisches Erbe, ist der Kaffee. Fast in jedem Restaurant wird nach dem Essen ›kofe po vostočnomu‹ angeboten, das heißt: ›auf orientalische Art‹. Der Kaffee wird in speziellen Gefäßen auf kleinem Feuer langsam zum Kochen gebracht. Dabei bildet sich der charakteristische Schaum, und das Aroma des Kaffees kann sich allmählich entfalten. Leider hat sich die eigentliche Tradition, als Wärmequelle heißen Sand zu verwenden, in Soči nur an wenigen Orten erhalten. Eine gute Adresse für diesen Kaffeegenuß ist das Café ›Praga‹ in Soči.

Bier wird viel getrunken an der Schwarzmeerküste, wie in ganz Rußland. Seit 1999 stieg der Bierkonsum der Russen jährlich um 20 Prozent. Die russischen Biere schmecken. Zu den beliebtesten Sorten gehören ›Baltika‹, ›Tinkov‹, ›Nevskij‹, ›Sibirskaja Korona‹ (Sibirische Krone), ›Jantarnoe‹ (Bernstein).

In fast allen guten Restaurants bekommt man auch einen guten Wein. Vor allem die georgischen sind in der Regel vorzüglich, wenn auch unverhältnismäßig teuer. Preiswerter sind die Kuban'-Weine, die man vielerorts in Degustationsrestaurants oder an Ständen direkt aus dem Faß bekommt. Bis auf den Merlot, den Pontijskij und den Cabernet sind die angebotenen Sorten halbtrocken oder süß. Nicht jedermanns Sache, obwohl dem Aroma des Südens durchaus ein schwerer Tropfen in den warmen, duftenden Abendstunden entspricht. Die Kuban'-Weine sind insgesamt bedeutend besser als ihr Ruf und ihr kommerzieller Erfolg. Die Keltereien sind auch nicht so groß, als daß sie mehr als die Region und einige ausgewählte Geschäfte in Rußland versorgen könnten. Auf dem Markt und in der Umgebung verkaufen ›Private‹ ihre eigenen Weine, vornehmlich aus Abchasien. Die am meisten an der Küste verbreitete Traubensorte ist ›Izabella‹. Generell empfiehlt es sich nicht, die an den Ständen in der Sommerhitze angebotenen Weine aus den Plastikflaschen zu kaufen.

Der interessanteste Ort für eine Weinverkostung in Soči ist das Restaurant ›Arkadija‹ im Rivierapark. Zum ›Arkadija‹ gehören ein Saal für Degustationen und ein gutsortiertes Geschäft mit Weinen ausschließlich aus dem Kuban'. Der Besitzer, Sergej Sedleckij, ist ein charmanter Erzähler und Autor einer kleinen Broschüre über die Heilwirkung der Weine und mit einigen Tips zum Weinkauf in Rußland. Verschiedene Reiseagenturen bieten Verkostungen im ›Arkadija‹ an; man kann sich aber auch vor Ort einer degustierenden Gruppe anschließen. Das kostet etwa vier Euro, inklusive eines Snacks. Ein Dolmetscher empfiehlt sich. Zu den Verkostungen werden sieben Weine aus verschiedenen Keltereien angeboten, unter anderem Sorten aus Cabernet, Traminer, Chardonnay, Izabella, Tokajer, Muskat und der berühmte Kagor.

Kleine Weinprobe

Zu den besten Weinen, die im Restaurant ›Arkadija‹ (und nicht nur dort) angeboten werden, gehören:

Semfira und Lidija
Die schweren und süßen Weine aus der Kelterei ›Lazurnaja Dolina‹ (himmelblaues Tal) werden aus der Izabellarebe gewonnen.

Ulybka (Das Lächeln)
Ein legendärer Dessertwein aus der Rebe Tokajer-Muskat. Dem Wein werden während des Gärungsprozesses Rosinen beigesetzt, die ihm seine natürliche Süße verleihen. Etwa 80 Prozent der auf dem freien Markt anzutreffenden Flaschen sind Fälschungen. Im ›Arkadija‹ bekommt man das echte ›Lächeln‹.

Malinovyj zvon (Himbeerläuten)
Ein halbtrockener Wein aus der Umgebung von Anapa, der erstmals von deutschen Kriegsgefangenen gekeltert wurde.

Čërne glaza (Schwarze Augen)
Der mit zehn internationalen Goldmedaillen berühmteste Wein aus der Kelterei von Gelendžik.

Muskat
13 Goldmedaillen.

Južnaja noč' (Nacht des Südens)
Angeblich ein Aphrodisiakum.

Muskat belyj (Weißer Muskat)
Der mit 18 Goldmedaillen und zweimal mit dem Grand Prix ausgezeichnete höchstdotierte Wein der russischen Schwarzmeerküste, von dem jährlich nur etwa 2000 Flaschen für den Verkauf produziert werden. Mit ungefähr 20 Euro hat er auch seinen Preis.

Massandra
Die berühmtesten Massandraweine stammen von der Krim. In Rußland bezeichnet man diesen Wein wegen seines hohen Alkoholanteils (20 Prozent) auch als Damenkognak.

Čërnyj doktor (Schwarzer Doktor)
Schwer und süß, aber sehr bekömmlich. Nach zwei bis drei Gläschen fühlt man sich beschwingt und zu allem in der Lage; nach der doppelten Menge möchte man nur noch schlafen. Dieser Rotwein zählt zu den meistgekauften Souvenirs an der Schwarzmeerküste. Dementsprechend hoch ist der Anteil von Fälschungen.

Kagor No. 32
Kagor wird verdünnt in den Klöstern und als Kirchenwein getrunken. Die Herstellung geht auf ein usbekisches Verfahren zurück, wobei der Wein auf eine Temperatur von 80 Grad erhitzt wird. Er gilt als einer der heilsamsten Weine.

Groß-Soči ist mit seinem subtropischen Klima, üppigen Wäldern, zahlreichen alten Villen, Sanatorien und Heilbädern seit über 100 Jahren der beliebteste Bade- und Kurort Rußlands. Die ›russische Riviera‹ zieht auch heute wieder viele Erholungsuchende an.

Der Süden von Groß-Soči

Der längste Kurort der Welt

In einem der zahllosen in Rußland über Soči erschienenen Bücher vergleicht der Autor den berühmtesten Kurort der russischen Schwarzmeerküste mit einer schwierigen, gepflegten, feinsinnigen, ein wenig gelangweilten und deshalb kapriziösen Dame, die sich ihrer Reize bewußt ist und mit ihnen spielt. Man solle von ihr nicht erwarten, daß sie all ihre Gaben und Geheimnisse sofort offenbart. Eine nähere Bekanntschaft mit ihr verlange einen erheblichen Aufwand an Zeit und finanziellen Mitteln. Die Dame möchte sich überzeugen können, daß sie ihrem potentiellen Verehrer zumindest ebenbürtig ist. Um so interessanter ist ein Flirt mit ihr, mit seinen Andeutungen und überraschenden Offenbarungen, wie beiläufig entdeckten Geheimnissen und Schätzen, welche die Lady auf einer Länge von 145 Kilometern entlang der Schwarzmeerküste verstreut hat.

Eine Bahnfahrt entlang der Küste: Aussicht auf das Schwarze Meer ...

Diese Charakteristik ist verblüffend exakt. Die ›Dame‹ Soči ist der längste Kurort der Welt und man braucht Zeit und Geduld, ihre Schätze zu erkunden. Ursprünglich war Soči nur das heutige eigentliche Stadtzentrum. Der Name war und ist aber der Inbegriff für Urlaub am Schwarzen Meer, so daß 1961 ein Regierungsbeschluß entschied, das Einzugsgebiet des Markennamens auf knapp 150 Kilometer Küste zu vergrößern. So entstand aus 15 mehr oder weniger eigenständigen Ortschaften am Meer und dem Dorf Krasnaja Poljana im Westkaukasus die neue Großgemeinde Bol'šoj Soči (Groß-Soči). Einerseits träumte fast jeder Sowjetbürger von einem Urlaub in Soči, so daß es ein Erfolg war, daß sich die Zahl derer, die von einem Urlaub in Soči schwärmen konnten, auf einen Schlag vervielfachte. Andererseits war es im Interesse der koordinierten Küstenentwicklung von Vorteil, eine Verwaltungseinheit dieser Dimension zu kreieren. Die nördlichste Siedlung von Groß-Soči ist Magri, die südlichste Adler an der Grenze zu Abchasien, wo sich auch der internationale Flughafen befindet. In Bol'šoj Soči leben heute rund 400 000 Menschen. Mehr als die dreifache Zahl an Menschen verbringt jährlich hier ihren Urlaub oder läßt sich in einem der zahlreichen Sanatorien behandeln. Es gab Zeiten, in denen die Zahl der Erholungsuchenden die Einwohnerzahl um das Zehnfache überstieg, und an diese Jahre möchte man gern wieder anknüpfen.

... und auf die Berge

Wer mit dem Zug anreist, kann den Bezirk Groß-Soči (Bol'šoj Soči) in seiner ganzen Länge an sich vorbeiziehen lassen. Die Bekanntschaft mit dem Meer beginnt hinter Tuapse, einer Hafenstadt und Zentrum einer weiteren Urlaubsregion am Schwarzen Meer. Hinter Tuapse schlängelt sich der Zug auf einer einspurigen, elektrifizierten Strecke entlang der Küste südwärts. Nach etwa 15 Kilometern beginnt Groß-Soči. In der Nähe der Ortschaften sind die steinigen Strände bunt gesprenkelt von badenden Touristen. Alle paar hundert Meter ragen wellenbrechende Molen aus an den Rändern bröckelndem Beton ins Meer. Der Blick geht über Bootshäuser, die Terrassen von Strandcafés und über die weite Wasserfläche des Schwarzen Meers, das zumeist grünlich, an manchen Tagen azurblau, schimmert, fast immer sonnenbeschienen. Linker Hand schmiegen sich die hügligen, dicht bewaldeten Ausläufer des Westkaukaus, mancherorts von Tunneln für die Eisenbahn durchbrochen, bis ans Wasser. Zwischen ihnen öffnen sich Täler, in denen Bäche und Flüsse, die im Sommer fast oder ganz austrocknen, zum Meer streben. In den Mündungen dieser Täler liegen die zu Groß-Soči gehörenden Ortschaften: Aše, Lazarevskoe, Loo, Dagomys; jede mit ihrem eigenen Flair.

Unternähme man die gleiche Reise mit dem Schiff entlang des Ufers, würde man bei klarem Wetter beobachten können, wie sich von Tuapse in südlicher Richtung das Relief und die Natur verändern. Wo im Norden nur Hügel das Meer und den schmalen Küstenstreifen begrenzen, wachsen die Berge nun im unmittelbaren Hinterland zu Felsenketten, von denen die höchsten Gipfel auch im Sommer noch von Schnee bedeckt sind. Sie bilden eine imposante Kulisse. Die Vegetation an den Berghängen wird immer üppiger.

Wer mit dem Flugzeug einfliegt, hat einen phantastischen Blick auf die sich am Ufer erhebenden Ausläufer des Kaukasus mit Blick auf seine höchsten Gipfel, bevor die Maschine im großen Bogen am südlichsten Zipfel von Groß-Soči im 90-Grad-Winkel zur Küste auf die Landebahn schwebt.

Geschichte Sočis

Man vermutet, daß die ersten Menschen, die sich in der Gegend von Soči niederließen, vor etwa 350 000 Jahren aus Kleinasien eingewandert sind. In den Höhlen entlang der Gebirgsflüsse haben sie ihre Spuren hinterlassen: Faustkeile, Knochenreste, Schabstöcke und anderes. Die größte und archäologisch ergiebigste ist die Höhle von Achtyrsk (Achtyrskaja peščera), in unmittelbarer Nähe des heutigen Kurorts Adler.

In der Antike trieben die Vorfahren der Adygeer regen Handel mit den Griechen und Römern. Die Menschen ernährten sich von Viehzucht, Landwirtschaft und Handel. Die Spuren zahlreicher Siedlungen, kleiner Städte, Festungen und Kultstätten lassen auf ein reges Leben schließen. Vom 15. bis 18. Jahrhundert geriet der Kaukasus in den Strudel des Interessenkonflikts zwischen Persern, Osmanen und dem Zarenreich.

Die Geschichte der russischen Kolonialisierung begann mit der Anlandung von Marineinfanteristen am 7. Juni 1832 unter dem Kommando von Admiral Lazarev in der Konstantinov-Bucht bei Adler. Die russische Armee errichtete dort das Fort des ›Heiligen Geistes‹. Sechs Jahre später, am 6. April 1838, landeten 20 Kilometer nördlich weitere Truppen an der Mündung des Flusses Soči. Die von ihnen befestigte Siedlung hieß zunächst nach der russischen Zarin Aleksandra Aleksandrovka und erhielt ein Jahr später den Namen Navaginskoe.

Die Bewohner der Region um Soči, die adygeischen Ubychen, widersetzten sich der russischen Kolonialisierung. Nach den für Rußland verlustreichen Kämpfen des Krimkrieges (1853–1856) gründete sich in der Nähe des heutigen Ortes Soči 1861 eine adygeische Stammesversammlung, die Medžlis. Ein Jahr später entsendete sie ihren Vertreter, Izmail-Ba-ipa Dsiash, mit einer diplomatischen Mission nach Istanbul, Paris und London. Er warb um Unterstützung für den ungleichen Kampf der Adygeer gegen das russische Imperium, besonders gegen die drohende Umsiedlung der Bergbewohner in die Ebenen des Nordens. Umsonst: Die russische Regierung blieb hart. Der Kaukasuskrieg endete mit der Verödung der einst dicht besiedelten Region entlang der Schwarzmeerküste. Die Ubychen und anderen an der Küste beheimateten adygeischen Stämme emigrierten in die Türkei. Die während des Krimkrieges geschliffene Festung Navaginsk wurde 1864 wiedererrichtet, unter dem Namen Dachovsker Posten.

Ein Jahrzehnt später erhielt der militärische Posten eine zivile Verwaltung. Die ersten Menschen, die sich hier ansiedeln, waren ehemalige Soldaten und Matrosen mit ihren Familien. Ihnen folgten die Neusiedler: Russen, Deutsche, Armenier, Weißrussen, Ukrainer, Esten und Moldawier. Der Bau der Straße zwischen

Weißrussische Neusiedler Ende des 19. Jahrhunderts

Novorossijsk und Suchumi entlang des Schwarzen Meeres Anfang der 90er Jahre des 19. Jahrhunderts bedeutete die Anbindung der Region an das wirtschaftliche Leben Rußlands. 1896, als der ehemalige Militärposten das Stadtrecht erhielt und in Soči umbenannt wurde, lebten hier 1309 ›Seelen‹ in 145 Gebäuden. Zum Ort gehörten eine russisch-orthodoxe Kirche und vier Betriebe.

Woher stammt der Name Soči? Der Ort ist nach dem Fluß benannt, der unweit des heutigen Hafens ins Meer mündet. Das Wort ›Soči‹ ist, so wird vermutet, der Sprache des Stammes der Ubychen entlehnt. Wahrscheinlich leitet sich ›Soči‹ ab von den Worten ›Šatša‹ oder ›Sšatche‹, dem Namen der Ubychen für ihre Heimat. Das Wort trägt verschiedene Bedeutungen in sich, ›Ort am Meer‹ oder ›Fluß ohne Bruder‹ – der Fluß Soči hat so gut wie keine Nebenflüsse.

Die russische Riviera

Die eigentliche Geschichte Sočis begann mit der Entdeckung der schwefelhaltigen Quellen in Macesta, einem kleinen Ort südlich der Stadt. Eine Mission angesehener Wissenschaftler hatte Ende des 19. Jahrhunderts die Schwarzmeerküste in Augenschein genommen und das aus den Quellen von Macesta stammende Wasser als von ›außerordentlicher Heilwirkung‹ befunden. Auf einer Sitzung der Russischen Geographischen Gesellschaft Ende des 19. Jahrhunderts fiel das Wort von der ›russischen Riviera‹, und die Geburtsstunde des balneologischen Tourismus an der Schwarzmeerküste hatte geschlagen. Noch einmal zehn Jahre vergingen, und am 14. Juni 1909 öffnete an der Mündung der Soči ins Schwarze

Das Luxushotel ›Kaukasische Riviera‹ wurde 1909 eröffnet

Meer der erste Hotelkomplex, ›Kaukasische Riviera‹. Zwei vierstöckige Bettenhäuser mit fließend warmem und kaltem Wasser, Restaurant, Theater, eigener Kanalisation und Stromversorgung – ein Hotelbau der Superlative im Jugendstil südlicher Prägung.

Die Familie des Zaren und vermögende Herrschaften aus Moskau, St. Petersburg und anderen russischen Großstädten hatten bereits früher in der Gegend um Soči Land erworben und ihre eigenen Villen errichtet. Ihnen folgten nun weitere, auch weniger vermögende Landsleute. 1915 schrieb die ›Schwarzmeer-Gazette‹ über Soči und das heute in Abchasien liegende Gagra: »Diese beiden Orte sind die am besten ausgestatteten, heilsamsten und darum attraktivsten und verführerischsten Kurzentren am Schwarzen Meer... Und all das nur für die Auserwählten... sowohl hinsichtlich ihrer sozialen Reputation als auch des Umfangs ihrer Geldbörsen...«

Der zweite Teil dieser Aussage war binnen weniger Jahre überholt. Per Dekret gingen 1919 alle in Soči bereits bestehenden Sanatorien und Hotels in staatliches Eigentum über. 1925 erhielt die Stadt den Status eines Kurorts von gesamtstaatlicher Bedeutung, und 1933 wurde sie zur Großbaustelle erklärt. Ende der 30er Jahre erholten sich bereits mehr als 100 000 Menschen jährlich in Soči und Umgebung, unter ihnen Iossif Stalin. Die Sanatorien und Hotels im neoklassizistischen Stil, mit Elementen der kaukasischen Baukunst oder aber im Stil der Moderne bis hin zu Bauhauselementen prägen Soči auch heute noch.

In den Jahren des Zweiten Weltkrieges war Soči ein riesiges Lazarett mit mehr als 40 000 Betten. Mehr als eine halbe Million Soldaten und Offiziere kurierten hier ihre Verwundungen aus. Nur wenige Kilometer entfernt, in den Bergketten, die das Tal von Krasnaja Poljana gegen den bereits von deutschen Truppen besetzten Kuban' abschirmten, tobten unterdessen erbitterte Kämpfe um den Zugang zu den Bergpässen. Im Schwarzen Meer lieferten sich die deutsche und sowjetische Marine Scharmützel.

Mit dem Bau der Bahnstrecke zwischen Tuapse und Batumi im äußersten Südwesten der Sowjetunion (heute Georgien) war in den 20er Jahren begonnen worden; Mitte der 40er Jahre wurde sie fertiggestellt.

Nach dem Krieg erlangte Soči seine Bedeutung als Urlaubsort zurück. Mit der Bildung der Großgemeinde im Jahr 1961 trat ein auf 25 Jahre bemessener Generalplan zur Entwicklung von Groß-Soči in Kraft. Der Neubau von Sanatorien, Hotels und Kureinrichtungen wurde gezielt und mit erstaunlichem Tempo betrieben. Soči gab sich zunehmend modern und experimentierte mit architektonischen Finessen des Betonzeitalters. Ende der 80er Jahre waren die Kapazitäten so weit ausgebaut, daß sich jährlich bis zu vier Millionen Touristen und Kurgäste, vor allem aus den nördlichen Regionen der Sowjetunion, an den Stränden des Schwarzen Meeres zwischen Magri und Adler erholten. Dazu kamen Zehntausende Ausländer, nicht nur aus den sozialistischen Bruderländern, sondern auch aus dem kapitalistischen Westen. Im Agententhriller ›Die Liebenden von Soči‹ (1984) von Heinz Konsalik verführt ein sowjetischer KGB-Offizier in Soči eine westdeutsche Mikrobiologin.

Heute beklagen die älteren Einwohner von Soči den Verlust des sowjetischen Gesichts ihrer Stadt. Wenn es denn je ein Bild für das Ideal des Kommunismus gegeben hat, dann, sagen sie, kam ihm Soči am nächsten. Die vielstöckigen Hotelneubauten kündeten von den Segnungen modernster Technologien. Die Parks waren gepflegt, die steinigen Strände mit Meersand geglättet. In den Theatern und auf den Freilichtbühnen gastierten die besten sowjetischen Ensembles und internationale Gäste. Und all das kostete buchstäblich Kopeken.

Man mag zu Rußland stehen, wie man will; daß der Untergang des sowjetischen Imperiums eine Zeit schmerzhafter und tiefgreifender Umwandlungen eingeleitet hat, darf nicht außer acht lassen, wer heute nach Rußland reist. Der erste Eindruck von Soči ist der von gewöhnlichem Massentourismus. Wie aber war das noch mit der ›schwierigen und kapriziösen Dame‹? Sie möchte erobert werden! Die Krise, als die jährlichen Besucherzahlen unter eine Million sanken, ist zwar noch nicht überwunden, aber Soči hat in den letzten Jahren seine Attraktivität wiedergewonnen. Mögen sich auch die älteren Bewohner über den Verlust ihres Soči ärgern – es besteht doch weiter: in den schattigen Alleen, im Dendrarium, in den ruhigen Parks der Sanatorien, jenseits der überlaufenen Hotel- und Stadtstrände. Mögen sie auch die fliegenden und anderen kleinen Händler allerorten kritisieren – die Menschen wollen leben. Und zuguterletzt haben findige russische Unternehmer und Enthusiasten das Angebot an touristischen Attraktionen erheblich erweitert.

Soči 1980

Klima

Soči ist der einzige Ort in Rußland und der nördlichste auf dem Planeten mit subtropischem Klima. Auf einem Breitengrad mit Varna, Venedig, Nizza und New York, ist die Grande Dame eine Ausnahmeerscheinung. Ihr besonderes Klima und Flair verdankt sie der seltenen, unmittelbaren Abfolge von Meer und Hochgebirge. Hinter Tuapse endet der Vorkaukasus und geht in Hochgebirgsketten über, die im Hinterland auf bis zu 3200 Meter ansteigen. Die Bergketten halten die kalten und trockenen Luftmassen, die im Winter aus den Steppen von Volga und Don nach Westen strömen, zurück. Zugleich stauen sie die vom Schwarzen Meer landeinwärts strebende feuchte Luft. Die Niederschlagsmengen sind deshalb erheblich höher als an der nördlichen Schwarzmeerküste (1500 bis 1700 Millimeter). Das gleiche trifft auf die Luftfeuchtigkeit zu. Dennoch sind die Sommer in Soči sonnig, die Winter dagegen regenreich, wobei die Temperaturen selbst an den kältesten Tagen selten unter den Gefrierpunkt sinken und sich das Wasser des Schwarzen Meeres nie unter acht Grad Celsius abkühlt. Die intensive Sonneneinstrahlung – mehr als 2000 Stunden jährlich –, das warme Meer und die erfrischenden Winde, in der Nacht aus den Bergen und tags vom Meer, machen Soči von Ende Mai bis Oktober zu einem der beliebtesten Badeorte Rußlands. Die Wassertemperaturen steigen von 16 Grad im Mai auf bis zu 27 Grad im August.

Der trockenste und sonnenreichste Wintermonat ist der Dezember mit durchschnittlich 90 Stunden Sonneneinstrahlung und einer Luftfeuchtigkeit knapp unter 70 Prozent. Bei klarem Sonnenwetter können die Temperaturen in den Mittagsstunden auf 15 bis 17 Grad ansteigen. Der Frühling beginnt in Soči im März mit wechselhaftem Wetter. Er ist kühler und regnerischer als der Herbst und dauert bis Ende Mai. Ab Anfang Juni sinken die Tagestemperaturen bis in den Oktober hinein nicht mehr unter 20 Grad. Die heißesten Monate sind der Juli und der August mit 25 bis 28 Grad Celsius. Neben den Temperaturen steigt vor allem im August auch die Luftfeuchtigkeit, in den Nachtstunden auf bis zu 80 bis 90 Prozent, was den Hochsommer für Menschen mit Herz- Kreislauferkrankungen problematisch macht.

In den letzten zehn Jahren haben sich auch in Soči die globalen Klimaveränderungen bemerkbar gemacht. In manchen Sommern klettert die Quecksilbersäule auf über 40 Grad, wenn auch selten für mehr als ein paar Tage. Wem es zu heiß wird, der kann in die Berge des Vorlandes oder um Krasnaja Poljana ausweichen. Außerdem sind viele Hotels und private Pensionen bereits mit Klimaanlagen ausgestattet. Auch in den Winter- und Frühjahrsmonaten schlägt das Wetter Kapriolen. Im April 2004 sanken die Temperaturen erstmals seit mehr als 100 Jahren im Frühjahr unter den Gefrierpunkt, und es fiel Schnee. Die Vegetationsperiode hatte längst begonnen; die Frostschäden an den Palmen und Magnolien waren offensichtlich.

Die beste Zeit für einen Urlaub oder eine Kur in Soči ist der warme und sonnige Herbst. Die Badesaison dauert bis Ende Oktober. Die meisten Touristen sind abgereist; in Soči wird es gemütlich. Die Wälder der umliegenden Berge färben sich herbstlich. Die Wasserfälle sind imposanter und sehenswerter als in den

Palmen und üppiges Grün, wohin man sieht

niederschlagsarmen Sommermonaten. Reichlich Früchte, Beeren und Pilze überschwemmen die Märkte. Die Preise für Kuren und touristische Dienstleistungen fallen, vor allem ab Oktober, um mehr als die Hälfte. In Rußland nennt man diese Zeit die barchatnyj (samtige) Saison. Die Luftfeuchtigkeit beträgt ungefähr 73 Prozent, und erst Ende November sinken die Tagestemperaturen auf etwa zehn Grad. Jedoch setzen mit dem September sogenannte frontale atmosphärische Prozesse ein, die Luftdruckschwankungen nach sich ziehen. Für Hypertoniker und Menschen mit Herzbeschwerden ist diese Zeit deshalb problematisch. Von November bis April hält Soči zwar Winterschlaf, aber die Preise für eine Kur sinken noch weiter und ihr medizinischer Effekt ist der gleiche, wenn nicht gar größer.

Der balneologische Kurort Soči

Seinen Ruf, als einer der besten und effizientesten Kurorte in Rußland verdankt Soči dem glücklichen Umstand, daß Meer, Sonne, Luft, Relief und die mineralischen Quellen sich zu einem Konglomerat von heilungsfördernden Faktoren zusammengefunden haben. Zu ihnen hat sich der Mensch gesellt, mit seinem medizinischen Wissen und technischem Instrumentarium. Die großen Sanatorien von Soči sind mit modernstem Gerät zur Diagnostik und Behandlung ausgestattet, die Ärzte in der Regel qualifiziert und erfahren. Ein wissenschaftliches Institut betreibt weitere Forschungen.

Die in Soči angebotenen Therapien nutzen sowohl das Klima (Sonnen- und Luftbäder) als auch balneologische Methoden (Schwefelbäder, Jod-Brom-Bäder, Bäder mit Karbonsäure und Schlamm sowie Duschen); außerdem sportmedizinische Anwendungen (an speziellen Geräten, Wandern, Schwimmen und Rudern). Dazu kommen Trinkprozeduren, Diäten, Atmungstherapien, Massagen; in einigen Sanatorien Akupunktur und andere Methoden der östlichen Medizin.

Gemäß seiner offiziellen Charakteristik ist Soči ein balneologisch-klimatischer Kurort zur Heilung von Herz-Kreislaufkrankheiten, bei Erkrankungen des Nervensystems, des Bewegungs- und Stützapparates und gynäkologischen Beschwerden. Eine wichtige Rolle spielt die Behandlung von Kindern und Jugendlichen.

Wer in Soči eine Kur verbringen möchte, der kann sich heute auf dem freien Markt der Anbieter und Vermittler in Deutschland oder vor Ort umtun. Die einzigen Beschränkungen sind die Qual der Wahl und die Fremdsprachenkenntnisse des behandelnden Personals. Ein ausführliches, lateinisch verfaßtes Gesundheitszeugnis vom Arzt in Deutschland genügt jedoch, um den Medizinern vor Ort ein Bild zu vermitteln. Für die ersten Prozeduren mag sich ein qualifizierter Dolmetscher vor Ort empfehlen, den die meisten Agenturen vermitteln können.

Einige Sanatorien bieten Kuren mit höchstem Komfort an und können sich im internationalen Wettbewerb durchaus mit vergleichbaren Einrichtungen in anderen Ländern messen. Für eine dreiwöchige Kur in den Sommermonaten bezahlt man zwischen 600 und 1200 Euro, inklusive aller medizinischen Prozeduren und Verpflegung.

Die Schwefelbäder von Macesta

›Macesta‹ bedeutet in der Sprache der Adygeer ›brennendes Wasser‹. Die Mineralquellen im Tal des gleichnamigen Bergflusses sind das eigentliche Geheimnis von Soči. Das Wasser weist einen hohen Gehalt von Schwefelwasserstoffen auf, in einmaliger Zusammensetzung und Konzentration: Jod, Brom, Radon, Fluor

Sanatorium in Soči

und andere Mikroelemente. Bei der Berührung des Wassers mit der Haut rötet sie sich leicht, und man fühlt ein leichtes Prickeln. Die Wasser von Macesta gelten als Jungbrunnen, und in den ersten Jahren ihrer Erschließung sah man in ihnen ein Allheilmittel gegen alle erdenklichen Krankheiten.

Eine entscheidende Rolle bei der Erschließung von Macesta spielte der seit 1898 amtierende junge Gebietsarzt, Dr. W.F. Podgurski. Ihm war aufgefallen, daß die Einheimischen Wege gefunden hatten, sich der Heilkräfte des ›brennenden Wassers‹ zu bedienen. Sie gruben Mulden in die Erde, füllten diese mit dem Wasser aus der Quelle, das sie mit erhitzten Steinen wärmten.

Auf Initiative des Mediziners wurde der Gesellschaft zur Unterstützung der Armen erlaubt, die erste Holzbaracke mit zwei Wannenbädern zu bauen. Die feierliche Einweihung fand am 15. September 1902 statt. Die Anlage wurde in den folgenden Jahren um ein Hotel und weitere Badehäuser erweitert und die Wirkung des Wassers auf den menschlichen Organismus erforscht.

Die von Dr. Podgurski und seinem Schwiegervater M. Sensinov, einem Duma-Abgeordneten und Teehändler, gegründete Aktiengesellschaft ereilte das gleiche Schicksal wie die übrigen privaten Institutionen Sočis – sie wurde 1919 nationalisiert. Wenige Jahre später drohte das Wasser aus den ursprünglichen Quellen zu versiegen. Nach fast zwei Jahrzehnten systematischer und nur durch den Krieg unterbrochenen Probebohrungen wurden in den 50er Jahren in 1500 Meter Tiefe riesige Reservoirs mit schwefelwasserstoffhaltigem Mineralwasser gefunden. Heute wird das Mineralwasser von Macesta aus 30 artesischen Brunnen und einer Tiefe von 70 bis 3000 Metern gefördert, täglich etwa 4500 Kubikmeter.

Im alten Macesta gibt es gegenwärtig vier Badehäuser, früher waren es neun. Stalin hatte sich ein eigenes bauen lassen, das mit der Nummer 6; Chruščëv und vor allem Brežnev waren ständige Besucher in Macesta.

Die Skulptur ›Macesta‹

Wer sich mit dem ›brennenden Wasser‹ von Macesta behandeln lassen möchte, kommt nicht umhin, dies vor Ort zu tun. Innerhalb von weniger als zwei Stunden nach Austritt des Wassers verändert sich seine chemische Zusammensetzung, und die Heilkraft sinkt gen Null. Deshalb ist der Ort Macesta so etwas wie ein Wallfahrtsort für Menschen aus der ganzen russischen Föderation und zunehmend wieder aus dem Ausland, vor allem Israel, Deutschland und Finnland, geworden. Während in den 80er Jahren etwa 600 000 Menschen jährlich in den Genuß einer Behandlung kamen, waren es 1999 nur noch etwa ein Zehntel. Einige Anlagen konnten deshalb nicht aufrechterhalten werden. Die Quellen von Macesta gehören den Gewerkschaften; die Stadt Soči hat sich lange Zeit aus der Förderung des Kurbetriebs von Macesta herausgehalten und mehr auf die Entwicklung des kommerziellen Tourismus gesetzt. Erst in letzter Zeit hat ein Umdenken begonnen.

Bäderkuren

Mit dem Schwefelwasser von Macesta können mehr als 150 Krankheiten erfolgreich behandelt werden. Die jüngste Errungenschaft der hiesigen Ärzte sind Behandlungen von schweren Verbrennungen. Auch andere Hauterkrankungen wie Neurodermitis lassen sich heilen. Vor allem aber für Knochen und Gelenke sind die Bäder Balsam. In der Regel werden 10 bis 15 Prozeduren verschrieben, die entweder alle zwei Tage oder im Rhythmus von zwei Tagen Bäder, einen Tag Pause, genommen werden. Die Bäder in den Badewannen dauern 15 Minuten. Je kühler das Wasser, desto besser die Aufnahme der Mineralien über die Haut und die Atemwege. Außerdem werden Trinkkuren, Inhalationen und Duschen verschrieben. Menschen, die den Schwefel nicht vertragen oder an einer Herz-Kreislaufschwäche leiden, können auf Jod-Brom-Bäder ausweichen, die in ihrer Wirkung ähnlich, aber von geringerer Intensität sind.

Die Bäder sind jung und alt gleichermaßen zuträglich. Kinder können ab sechs Jahren behandelt werden. Dennoch ist vor einer Behandlung der Besuch beim Arzt obligatorisch. Wer eine Kur in einem der Sanatorien gebucht hat, bekommt die Prozeduren vom behandelnden Arzt verschrieben und wird täglich mit dem Bus nach Macesta gefahren. Wer eine individuelle Behandlung vorzieht, kann direkt nach Macesta fahren. Man gelangt dorthin aus dem Zentrum von Soči mit den maršrutki 3A, 3M und 28. Die Nummer 3A endet am Gebäude des Bades. Die 3M und 86 fahren weiter. Der Orientierungspunkt ist der riesige, halbrunde neoklassizistische Palast mit den sechs Säulen vor dem Eingangsportal. Aus der Vogelperspektive betrachtet, hat er die Form des kyrillischen Buchstaben ›Ж‹ – der erste Buchstabe des russischen Wortes ›žizn'‹ (Leben). Der Bau stammt aus den 60er Jahren und wurde 2003 einer Innenrenovierung unterzogen.

Vor einer Behandlung konsultiert man in der Poliklinik, dem kleinen weißen Haus auf der gegenüberliegenden Flußseite, den Arzt. Daraufhin erhält man eine ›Anweisung‹ für die Bäder, die an der Kasse bezahlt wird. Neugierige, die nur einmal schnell ein Schwefelbad probieren wollen, werden in der Regel abgewiesen.

Sind alle Formalitäten erledigt, geht es ins Bad. Hat man den Palast mit dem tempelähnlichen Zentrum betreten, ist man bereits in den Händen des Personals. Die Badewannen stehen in voneinander isolierten Räumen. Nach der Prozedur empfiehlt sich ein Glas Saft an dem Stand rechts vom Eingang (50 Cent). Das Mineralwasser aus dem Brunnen im Zentrum des Saales ist das ›Plastunskaja‹.

Man sollte ohne einen Dolmetscher den Weg zum Arzt nicht gehen: 150 Krankheiten – das sind 150 verschiedene Prozeduren. Nicht jeder verträgt die Wirkung des ›brennenden Wassers‹. Und auch die Ärzte fühlen sich sicherer, wenn sie wissen, daß sie verstanden werden. Um sicher zu gehen, daß man der Beschwerden wirklich Herr geworden ist, sollte man möglichst nach einem halben Jahr wiederkommen, spätestens aber nach einem Jahr, und das so lange, bis man über einen längeren Zeitraum beschwerdefrei ist.

In den letzten Jahren, so die Ärzte von Macesta, habe sich leider in einigen Sanatorien die Praxis breit gemacht, den Kurgästen zu suggerieren, daß die Schwefelbäder unwirksam seien. Die Kosten für die Behandlung kommen nicht den Sanatorien zugute, sondern der Stadt. Sie würden also den Preis einer Kur erhöhen, ohne daß sie Gewinn brächten. Man sollte sich deshalb erkundigen, ob Macestabäder im Angebotspaket des Sanatoriums enthalten sind.

i Informationen zum Kurbetrieb, www.matsesta.ru (engl./dt. in Planung). Poliklinik, Mo–Sa 8–12 Uhr, Konsultation 5 Euro, Zyklus von 10 Bädern 50 Euro, Rückenmassagen 6 Euro (20 Minuten).

Die Mineralwasser von Soči

Der Kaukasus ist reich an Bäderkurorten. Zu ihnen gehören Kislovodsk, Pjatigorsk, Essentuki im Nordkaukasus sowie Boržomi im Kleinen Kaukasus und Zchaltubo zu Füßen des Großen Kaukasus. Die beiden letztgannten Orte liegen in Georgien. Die Mineralwasser Narzan, Essentuki und Boržomi gehören zu den besten der Welt. Wie sich herausstellte, sind die in Soči in den letzten Jahren erschlossenen Quellen von nicht geringerer Qualität.

Die Sočinsker Mineralwasser sind:

Plastunskaja
Ein hydrokarbonat- und natriumhaltiges Wasser mit einem hohen Anteil von Fluor. Eine im Sanatorium ›Stavropol'e‹ entwickelte und erprobte Behandlungsmethode für an Diabetes erkrankte Kinder hat zu überraschenden Heilerfolgen geführt. Auf internationalen Ausstellungen und Wettbewerben erhielt dieses Mineralwasser insgesamt acht Goldmedaillen. Es ist vergleichbar mit dem georgischen Boržomi.

Lazarevskaja
Ein hydrokarbonat- und chloridhaltiges Mineralwasser mit einem hohen Anteil von Fluor und Jod, Brom und Silizium. Es wird in der Umgebung von Lazarevskoe im Norden von Soči gefördert und eignet sich für die Behandlung von Magen-Darmkrankheiten, der Galle und Harnwege, bei Erkrankungen der Lunge und Bronchien, Stoffwechselstörungen und Vergiftungen durch schwere Metalle sowie bei allergischen Hautreakionen infolge von Magen-Darmanomalien bei Kindern. Längere Kuren stabilisieren das Immunsystem.

Sočinskaja
Ein hydrokarbonat- und chloridsowie natriumhaltiges Mineralwasser mit einem hohen Anteil von Fluor und Jod, Brom, Silizium und Eisen. Neben den auch für die beiden

oben genannten Mineralwasser typischen allgemeinen Wirkungen ist das ›Sočinskaja‹ vor allem für die Kariesprophylaxe und die aktive Ausscheidung von Radionukleiden und Pestiziden aus dem Organismus geeignet. Es ist vergleichbar mit dem Mineralwasser von Bad Tölz.

Psezuapse
Schwach mineralisiert, eignet sich mit seinem leicht säuerlichen Geschmack hervorragend als Trinkwasser und Durstlöscher sowie zur Zubereitung von Speisen.

Čvižepse
Die Quellen dieses Mineralwassers liegen unweit von Krasnaja Poljana. In seiner Wirkung ist es vergleichbar mit dem Narzan und Boržomi und dem ebenfalls arsenhaltigen Mineralwasser von Bad Dürheim. 1999 erhielt das Čvižepse in Köln eine Goldmedaille. Eine Kopie des Zertifikats befindet sich im Museum von Chosta.

Des weiteren befinden sich im Angebot der Geschäfte und Restaurants folgende Mineralwasser:

Essentuki Nr. 17
Ein im Geschmack recht salziges, aber nicht unangenehmes Wasser aus den Quellen von Železnovodsk im Nordkaukasus. Das Original ist in grünen Glasflaschen abgefüllt.

Merkurij
Ein leicht mineralisiertes Wasser aus der Umgebung des berühmten nordkaukasischen Kurorts Dombai. Angenehm im Geschmack, erfrischend.

Novoterskaja Tselebnaja
Eines der schmackhaftesten Wasser im Angebot der meisten Geschäfte von Soči aus einem Naturreservat im Nordkaukasus.

Vor dem Trinken vor allem hochmineralisierter Mineralwasser sollte man unbedingt einen Arzt konsultieren, denn sowohl die Menge, Temperatur und der Zeitpunkt haben großen Einfluß auf alle organischen Funktionen. Außerdem sind viele Fälschungen im Umlauf. Vor

ihnen kann man sich kaum schützen. Es ist wenig wahrscheinlich, daß gefälschte Flaschenetiketten zur Vergiftung mit dem Inhalt führen. Schlimmstenfalls bekommt man Leitungswasser, das im Gebiet von Soči und den anderen Orten am Schwarzen Meer ohne Bedenken als Trinkwasser benutzt werden kann.

Die Stadt Soči

Das Zentrum von Groß-Soči ist die Stadt Soči (Сочи). Von hier aus lassen sich alle anderen Orte im Norden und Süden bequem mit dem Bus, den maršrutki (Kleinbus) oder der ėlektrička (Vorortzug) erreichen.

Soči-Stadt besteht aus drei Bezirken: Neu-Soči – der nördliche Stadtteil von Mamajka bis zum Fluß Soči; der zentrale Bezirk – vom Fluß Soči bis zum Flüßchen Vereščaginka; der Chostinsker Bezirk – von der Vereščaginka bis einschließlich Chosta.

Die Stadt Soči selbst besitzt so viele sehenswerte Orte, daß man allein einen ganzen Urlaub hier verbringen könnte, sich alles in Ruhe anzuschauen und vor allem zu genießen. Denn zu Soči gehört auch, daß man sich von Streß und Hektik verabschiedet, es versteht, sich treiben zu lassen.

Soči-Stadt, Überblick

Der Rivierapark

Der Rivierapark (park Riv'era) liegt in Neu-Soči, gleich hinter der Mündung des Flusses. Der Eingang befindet sich in der ul. Egorova 1. Er ist das ganze Jahr über geöffnet, der Eintritt ist frei. Das Denkmal in der Paradeallee links neben dem Eingang ist den sowjetischen Ärzten, Krankenschwestern und Feldschern gewidmet, die während des Zweiten Weltkriegs in Soči ihren Dienst taten.

1896 gegründet, ist der Rivierapark die älteste Grünanlage der Stadt. Den Grundstein legte V.A. Chludov, ein Moskauer Unternehmer, der hier eine Villa besaß. Der Park ist wegen der Karussels, des Reitponys und der vielen kleinen

Attraktionen vor allem für Kinder attraktiv. Beliebt bei Einheimischen und Touristen, herrscht hier bis in die späte Nacht lautstarkes Treiben. Der eigentliche Reichtum aber sind die 240 verschiedenen Pflanzenarten, die dem Park sein Kolorit verleihen.

Denkmal für die Ärzte und Krankenschwestern im Zweiten Weltkrieg

Anfang der 60er Jahre des 20. Jahrhunderts wurde eine Tradition begründet, die den Park mit jedem Besuch einer ›bedeutenden‹ Persönlichkeit um einen weiteren Magnolienbaum bereicherte. Wer von den Stadtvätern für würdig befunden wurde, durfte in der ›Allee der Freundschaft‹ einen solchen Baum pflanzen. Der erste ›Auserwählte‹ war der Präsident der DDR, Otto Grotewohl. Seiner Magnolie gegenüber steht das verkümmerte Bäumchen des ersten Kosmonauten der Welt, Jurij Gagarin. Die prächtigste Magnolie, mit vier wuchtigen Stämmen, wurde von einem Generalsekretär der KP Frankreichs gepflanzt. Die Namen der ›Pflanzer‹, meist Kosmonauten und Politiker aus aller Welt, stehen auf kleinen grünen Täfelchen zu Füßen der Bäume. Das Bäumepflanzen aber scheint aus der Mode gekommen zu sein, denn als Gerhard Schröder und Jacques Chirac im August 2004 mit Putin in Soči zusammentrafen, stand ein Besuch im Rivierapark nicht auf dem Programm.

Der Magnolienpark liegt links vom Beginn der Hauptallee. Hält man sich weiter links, gelangt man zu den Ruinen der Chludov-Villa. Mitte der 90er Jahre war sie einem der russischen ›Oligarchen‹ abgetreten worden. Er wollte die Villa in ein Hotel für gutbetuchte Besucher verwandeln. Stadtväter und Oligarch müssen sich mißverstanden haben, denn ein Hotel sollte dort unter keinen Umständen entstehen. Seitdem verfällt das Gebäude.

An der Chludov-Villa vorbei gelangt man zu einem kleinen Platz, auf dem Souvenirs verkauft werden. Das gelbgestrichene Gebäude weiter nördlich beherbergt einen künstlerischen Salon und das ›Arkadija‹, in dem Weinverkostungen stattfinden. Das nächste Gebäude ist das Museum mit einem Reliefmodell des Parks und historischen Fotografien. Das Museum besteht aus nur einem Raum, dem Vestibül. Im zentralen Raum hängen Bilder neuzeitlicher Künstler aus Soči, es werden wechselnde Ausstellungen gezeigt.

Zum Museum führt, den Park auf einer Ost-West-Achse durchquerend, eine Palmenallee. Zwischen den Palmen stehen die Büsten russischer Schriftsteller des 19. Jahrhunderts wie Lomonosov, Puškin, Čechov, Tolstoj und Nekrasov.

Wo die Palmenallee den in nord-südlicher Richtung verlaufenden Hauptweg schneidet, befindet sich das ›Grüne Theater‹. Noch weiter nördlich sind das Riesenrad und andere Rummelbuden zu sehen.

Im Rivierapark gibt es sieben Sommercafés. Das empfehlenswerteste ist das ›Ėl'vira‹, rechts vom Haupteingang, hinter einem kleinen Bambuswäldchen. Sitzgelegenheiten gibt es im Freien und im klimatisierten Innenraum. Die Küche ist kaukasisch, der Schaschlik sehr gut. Einziger Nachteil ist der Lärm der sich über die ul. Egorova wälzenden Autokolonnen.

Links vom südlichen Haupteingang führt ein Weg zum Meer, zum städtischen Strand ›Riv'era‹. Dort, wo man zum Wasser gelangt, linker Hand, stand einst das erste Hotel der Stadt, das ›Kaukasische Riviera‹. Zeitgleich mit der Chludov-Villa hatte es den Besitzer gewechselt, und wie die Chludov-Villa verfiel der Bau. In der Ruine ließen sich Obdachlose nieder, und 2003 wurden ihre Überreste gesprengt. Eines der schönsten Denkmale der russischen Kurortarchitektur war vernichtet worden.

Das moderne Strandareal vor der Ruine mit Café, Duschkabinen, überdachten Liegeplätzen und Rasenflächen gehört zu einem Hotel. Daran schließt sich nördlich der öffentliche Riv'erastrand an, an dem sich an heißen Sommertagen tausende Urlauber niederlassen. In unmittelbarer Nähe befinden sich auch hier, wie überall, Restaurants und Imbißbuden.

Im Rivierapark

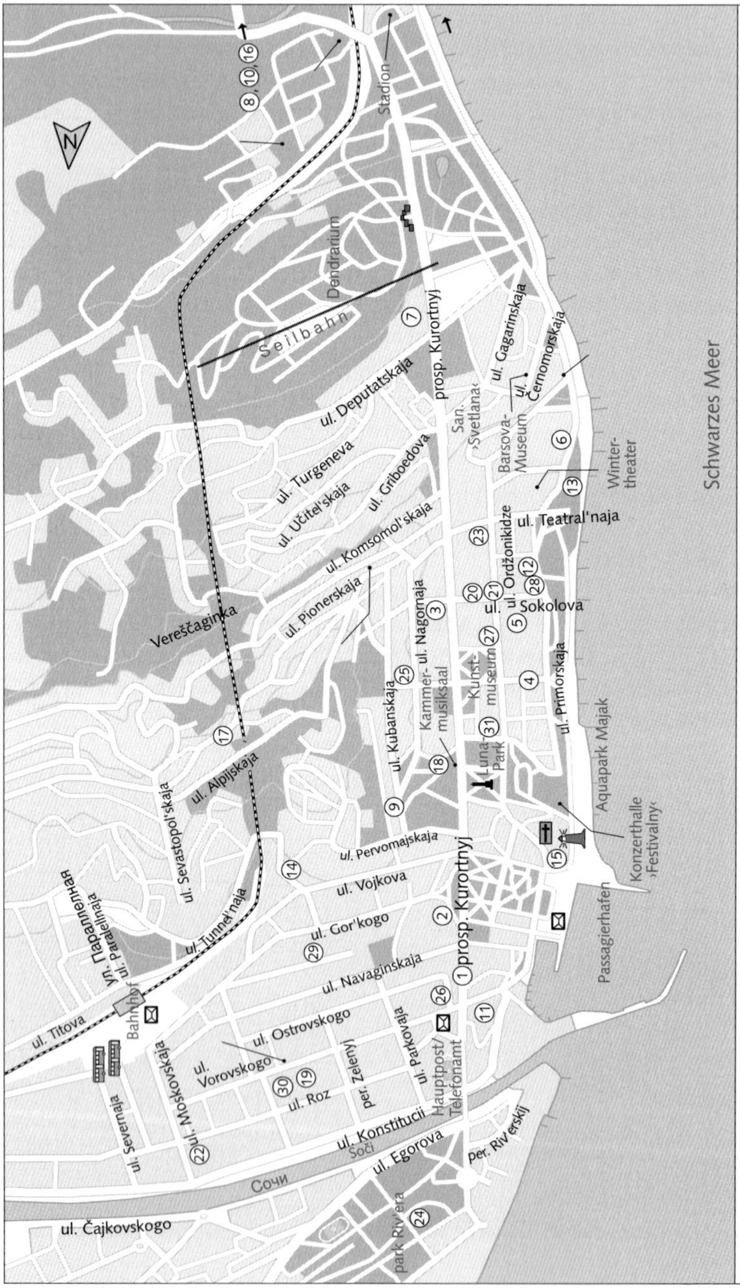

Soči, zentraler Bezirk

Der Fluß Soči

Vom Rivierapark südwärts gelangt man über die Brücke ›Riv'era‹ in den zentralen Teil von Soči. Am rechten Flußufer befinden sich im Schatten riesiger Kastanien viele gute Restaurants. Von der Brücke bietet sich bei klarem Wetter ein phantastischer Blick auf den Großen Kaukasus. Die Soči entspringt in 1313 Metern Höhe am Berg Čura (2249 Meter). Ein gemächliches Flüßlein im Sommer, verwandelt sie sich im Frühjahr in ein reißendes Gewässer. Die Uferpromenaden sind von Kastanienalleen gesäumt. Am Zusammenfluß der Soči mit der Bezumenka (die Ungebärdige) befindet sich der imposanteste in unmittelbarer Nähe Sočis, zwei Kilometer von der Siedlung Plastunka entfernt, gelegene Wasserfall. Der Fluß stürzt hier aus 14 Metern Höhe in die Tiefe. Der Wasserfall mit dem Namen Orechovskij hat seinen Namen von einem in der Nähe befindlichen Nußbaumhain.

Gleich hinter der Brücke beginnt die Platanenallee, die längste in ganz Rußland und zugleich der Beginn des Kurortnyj prospekt. Die Platanen wurden bereits zu Beginn des 20. Jahrhunderts gepflanzt. Gleich hinter der Brücke führen zu beiden Seiten der Straße Treppen hinunter zum Fluß. Geht man von hier aus in Richtung Hafen und biegt dann nach links in die zu Füßen der Platanenallee gelegenen Parkanlage, befindet man sich im gemütlichen Komsomolpark mit vielen seltenen Pflanzen und einem Denkmal für die Opfer von Tschernobyl.

Legende

1 Internetcafé
2 Hotel ›Moskva‹
3 Hotel ›Soči-Magnolija‹
4 Hotel ›Radisson Park‹
5 Hotel ›Primorskaja‹
6 Hotel ›Žemčužina‹
7 Hotel ›Soči-Briz‹
8 Hotel ›Radisson Lazurnaja‹
9 Pensionat ›Panorama‹
10 Pensionat ›U Adama‹
11 Restaurant ›Staryj Bazar‹
12 Restaurant ›Vody Lagidze‹
13 Restaurant ›Vostočnyj Kvartal‹
14 Restaurant ›Sokol‹
15 Restaurant ›Calypso‹
16 Restaurant ›Katjuša‹
17 Restaurant ›Vidovaja Bašnja‹
18 Restaurant ›Menton‹
19 Sushirestaurant ›Sakura‹
20 Sushirestaurant ›Fudshijama‹
21 Sushirestaurant ›Mama Japan‹
22 Pizzeria ›Mama Rosa‹
23 ›Art-Pizza‹
24 Restaurant/Weinverkostung ›Arkadija‹
25 Café ›Praga‹
26 Café ›Mon-Pari‹
27 Cafeteria/Nachtclub ›Vos'moe Nebo‹
28 Konditorei ›Biskvitnaja‹
29 Café ›Dorija‹
30 Spielhalle/Billardsalon ›Bombardir‹
31 Bar/Restaurant ›Lakomka‹

Am Hafen

Durchquert man den Komsomolpark diagonal, ist man schon fast am Hafen. Von hier aus verkehren die Schiffe nach Poti, Batumi und Trabson (Türkei), hier legen die Kreuzfahrtschiffe an, und von der Anlegestelle Nr. 10 kann man entweder mit der kleineren ›Gagra‹ oder der größeren ›Dagomys‹ einen einstündigen Ausflug entlang der Küste Richtung Süden unternehmen. Die Schiffe fahren bis etwa in Höhe von Chosta und kehren dann zurück. Das Panorama von Ufer und Hinterland mit den schneebedeckten Bergen am Horizont ist einmalig und unbedingt die etwa 100 Rubel (drei Euro) wert, die der kleine Ausflug kostet. Die Tickets für die Rundfahrten erhält man entweder an der Kasse in dem kleinen Häuschen am Hafenbecken oder bei Betreten des Schiffes. Auf den Molen des Passagierhafens angeln jung und alt.

Das imposante Gebäude des ›Meerbahnhofs‹ (morskoj vokzal) mit seiner 70 Meter hohen Spitze aus rostfreiem Stahl ist eines der Wahrzeichen von Soči. Die vage Ähnlichkeit mit der St. Petersburger Admiralität ist kein Zufall. Mit dem Bau des Hafens wurde 1936 begonnen. Die 600 Meter ins Meer reichende wellenbrechende Mole war 1938 fertiggestellt. Nachdem der Krieg die weiteren Bauarbeiten unterbrochen hatte, entstand Anfang der 50er Jahre das eigentliche Gebäude des Meerbahnhofs, das zur Zeit – und das schon seit Jahren – rekonstruiert wird. Ende der 50er Jahre war das Hafenbecken so weit ausgebaut, daß in Soči große Kreuzfahrtschiffe anlegen können.

Der ›Meerbahnhof‹ von Soči

Gegenüber dem Hafen, versteckt in einem kleinen Hain, liegt eines der besten kaukasischen Restaurants in der Stadt – der ›Staryj Bazar‹ (Alter Basar) [11]. Auch hier kann man zwischen Tischen im Freien und im Innenraum wählen. Gleich am Eingang brutzeln über offenem Feuer die Schaschliks aus Schwein, Fisch und Hammel. Die Speisekarte ist umfangreich und auch auf englisch. Besonders zu empfehlen sind neben dem Schaschlik die adscharischen Chačapuri. Die Weinkarte bietet russische, moldawische und georgische Sorten. Die Weine, vor allem die aus Georgien, sind verhältnismäßig teuer, aber von exzellenter Qualität.

Zwischen Hafen und Bahnhof

Der Bezirk zwischen Kurortnyj prospekt und Bahnhof besteht aus einem Gitter von parallelen Straßen, die von der ul. Gor'kogo im Süden, der ul. Moskovskaja im Osten, der Uferpromenade an der Soči und dem Kurortnyj prospekt umschlossen werden. Das Hotel ›Moskva‹ [2] an der Ecke Platanenallee und ul. Gor'kogo ist der beste Orientierungspunkt. Durch einen Fußgängertunnel unter der Platanenallee vor dem Hotel ›Moskva‹ gelangt man zum Hafen. Parallel zur ul. Gor'kogo und zum Fluß verlaufen fünf Straßen. Die palmenbestandene Allee an der Nordseite vom Hotel ›Moskva‹ ist die ul. Navaginskaja. Nach gut 100 Metern öffnet sie sich nach rechts zu einem Platz, an dessen Stirnseite das Gebäude der Stadt- und Gebietsverwaltung von Groß-Soči liegt. Linker Hand das moderne Gebäude ist die Universität für Tourismus. Geht man die ul. Navaginskaja weiter in Richtung Bahnhof und biegt vor dem Haus Nr. 12 nach rechts, gelangt man in die ul. Sovetskaja. Geradezu, auf einer Terrasse befindet sich das Café ›Dorija‹ [29], wo ein exzellenter Kaffee bereitet wird. Die ul. Sovetskaja führt nach links zum Bahnhof.

Die linke Straßenseite der ul. Navaginskaja ist zugebaut mit Ladenpassagen. Näher zum Bahnhof geht sie in eine Gasse aus Läden über, die bis zum ehemaligen Hotel ›Čajka‹ gegenüber dem Bahnhof reicht, das seit Herbst 2003 geräumt ist und renoviert werden soll.

Von der Ladenpassage zweigen Durchgänge in die ul. Ostrovskogo ab. Hier ist es ruhiger und schattig. Zu ihr parallel verläuft die ul. Vorovskogo, benannt nach einem sowjetischen Diplomaten der Gründerjahre. Sie beginnt an einem kleinen Platz an der Platanenallee gegenüber dem Kino ›Sputnik‹. Hier befindet sich die Hauptpost. In einem der ersten Gebäude auf der rechten Straßenseite ist das Telefonamt untergebracht, zu dem rechts vom Eingang ein kleines Internet-Areal gehört. Ein weiteres Internetcafé [1] befindet sich in einigen Metern Entfernung vom Beginn der ul. Vorovskogo, die Platanenallee Richtung Hotel ›Moskva‹, im ersten Geschoß einer Villa. Geht man die ul. Vorovskogo Richtung Bahnhof, gelangt man nach 400 Metern zum Städtischen Museum.

Das Museum für Geschichte

Gegründet wurde das Museum 1920. Der kleine Hof mit seinen Palmen, der Skulptur eines Mädchens mit Wasserkrug, Kanonenrohren und einem Dolmen ist eine Oase in der lärmenden Stadt. Das Museum selbst, untergebracht in einer alten Villa, wird zur Zeit erneuert. In dem langen Gang befinden sich Fotogalerien mit historischen Ansichten aus den Zeiten der Gründung des Ortes, Aufnahmen von Umsiedlern aus Estland und Moldawien, von Sanatorien der 30er Jahre, aus der Zeit des Krieges. Des weiteren vom Zahn der Zeit angenagte Modelle einiger Bewohner des Schwarzen Meeres: das des Sternhausen, einer Thunfischart, das eines Delphins, der hierzulande auch als ›Meeresschwein‹ bezeichnet wird, das eines Delphinbabies aus der Familie der Afuline und das eines lebendgebärenden Hais, des Katran. Außerdem gehören zur Kollektion eine Reliefkarte von der Region um Soči, historische Karten vom Schwarzen Meer, Ausgrabungsfunde von der Steinzeit bis zum Mittelalter. In einem eigenen Saal stehen ausgestopfte Tiere des Kaukasus und lustige Fabeltiere. Für Kinder oder das Kind im Erwachsenen mag auch der kleine Kosmossaal rechts vom Vestibül interessant sein. Neben Fotografien der berühmtesten sowjetischen Kosmonauten ist die Krönung das Modell einer Landekaspel, in der die ersten Kosmonauten zur Erde zurückgelangten.

Schräg gegenüber dem Museum befindet sich eines der besten Sushi-Restaurants der Stadt, das ›Sakura‹ [19]. Rechter Hand das protzige Gebäude ist das sogenannte ›Bombardir‹ [30], mit Bowling, Billard, Kegelbahn und Spielautomaten. Am Eingang wird jeder Besucher nach etwaig mitgebrachten Waffen und Eßwaren untersucht.

Wie auch die ul. Ostrovskogo mündet die ul. Vorovskogo in die ul. Moskovskaja, die nach links zum Markt führt, nach rechts zum Bahnhof. Der Bahnhof, gebaut Anfang der 50er Jahre, gab der Stadt Soči ebenso wie das Hafengebäude und die in den 20 Jahren zuvor entstandenen Sanatorien für kurze Zeit sein architektonisches Gepräge. Der von einer Säulengalerie begrenzte Innenhof, der Turm mit Uhr, die Blumenrabatten und Palmen vermitteln eines: Laßt alle Sorgen fahren, der Urlaub hat begonnen, für jeden ist gesorgt. Das unlängst restaurierte Bahnhofsgebäude ist das zu Stein gewordene ästhetische Credo des Goldenen Zeitalters der sowjetischen Kurortarchitektur. Das Servicezentrum befindet sich im rechten Eingangsbereich, in einem Innenhof. Hier erhält man Fahrkarten in alle Richtungen zu einem Aufpreis von ungefähr vier Euro und spart sich Wartezeit an den regulären Schaltern im gegenüberliegenden Kassenraum. Außerdem werden Flugtickets verkauft. Auf dem Bahnhofsvorplatz warten zu jeder Tages- und Nachtzeit Dutzende Taxis auf Kundschaft, vor allem auf jene gerade Angereisten, die sich in den Preisen noch nicht auskennen. Einige Taxifahrer nehmen

Der Bahnhof von Soči

ihre potentiellen Klienten bereits direkt am Zug in Empfang. Das gleiche trifft auf Wohnungsvermittler zu. Von den Haltestellen zu beiden Seiten der ul. Gor'kogo fahren Busse und maršrutki in alle Richtungen.

Rechter Hand befindet sich in etwa 150 Meter Entfernung das Gebäude des Busbahnhofs. Die maršrutki und Busse Richtung Süden, nach Chosta, Kudepsta, Adler, fahren vom Vorplatz, die Richtung Norden, nach Dagomys, Loo, Lazarevskoe, und die Fernbusse von dem Platz hinter dem Gebäude.

Vom Hafen Richtung Süden

Vom Hafen führt entlang des Meeres eine Promenade südwärts. Sie beginnt am Aquapark ›Majak‹, benannt nach dem Leuchtturm, zu dessen Füßen er liegt.

An den Aquapark schließt sich der städtische Strand ›Majak‹ an. Längs des Uferweges liegen bis zum Hotel ›Žemčužina‹ [6] dicht gedrängt Café an Café, Restaurant an Restaurant. Auf etwa der Hälfte des Weges befindet sich in einer kleinen Nische eine öffentliche Toilette. In den Nachtstunden verwandelt sich die Promenade in eine Vergnügungsmeile. Man trifft hier Karikaturisten, Zauberkünstler, Musiker, die Besitzer von Affen und anderem exotischen Getier, Jugendliche mit Fernrohr, Hüpfburgen und ein von dem ganzen Rummel genervtes Kamel, mit dem man sich in morgenländischer Verkleidung fotografieren lassen kann. Aus jedem der Restaurants und Imbißbuden dröhnt andere Musik.

Die Promenade oberhalb des Strandes ist das genaue Gegenteil dessen, was sich zu ihren Füßen abspielt, sowohl tags als auch in den Abendstunden. Man gelangt zu dieser zweiten Linie auf verschiedenen Wegen. Die direkt vor dem Hafen bergan führende Straße passiert nach nur wenigen Metern die Kirche des Erzengels Michael. Sie wurde von 1874 bis 1891 gebaut und 1993/94 restauriert. Hinter ihr befindet sich der Eingang zum in alle Richtungen hin offenen Konzertsaal ›Festival'nyj‹.

Zwischen Kirche und ›Festival'nyj‹ zweigt ein betonierter Pfad ab, auf dem man bis zu einem Plateau zu Füßen des alten Leuchtturms gelangt. Von hier aus hat man einen guten Blick auf den Strand, das Hafengebäude und den Aquapark.

Das ›Festival'nyj‹ liegt, von der Straße aus gesehen, die von hier ab nach Ordžonikidze, einem Leninvertrauten aus Georgien, benannt ist, in einer Mulde. Hat man diese Mulde, der Straße folgend, seitlich passiert, empfiehlt es sich, nach rechts auf den Pfad einzuschwenken. Auf ihm gelangt man zur Promenade oberhalb des Strandes, die inmitten von Oleander, Nadelbäumen, Kamelien, Palmen und Magnolien bis zum Hotel ›Žemčužina‹ führt. Zum und vom Strand gelangt man über Treppen. Linker Hand liegen zwei der heute luxuriösesten Hotels, das ›Radisson Park‹ [4] und das renovierte ›Primorskaja‹ [5], ein Bau aus den 30er Jahren. Auf Höhe des ›Radisson Park‹ befindet sich ein kleines Denkmal aus Anker und Kanone. Der Anker mit einem Gewicht von 2880 Kilogramm wurde 1719 gegossen und stammt von der russischen Fregatte ›Penderaklija‹, die in den 40er Jahren des 19. Jahrhunderts in der Nähe von Lazarevskoe gesunken ist.

Am Hotel ›Primorskaja‹ verbindet eine kurze Straße, die ul. Sokolova, die Promenade mit der ul. Ordžonikidze. An der Stelle, wo die ul. Sokolova auf den kleinen Park vor dem Hotel ›Primorskaja‹ stößt, befindet sich rechter Hand eine der teuersten Konditoreien Sočis, mit dem prosaischen Namen ›Biskvitnaja‹ [28].

Die Promenade führt weiter, vorbei an einem weiteren exzellenten Restaurant, dem ›Vody Lagidze‹ [12], zum Wintertheater. Der Name des Restaurants leitet sich ab von dem Erfinder der Lagidzewasser, mit Kräuterkompositionen angereicherte Mineralwasser, die vor mehr als 100 Jahren in Tbilissi, der Hauptstadt Georgiens, kreiert wurden. In den ›Vody Lagidze‹ kann man sowohl sehr nobel als auch recht bescheiden speisen. Die Schaschlikpreise liegen hier über denen des ›Staryj Bazar‹, aber die vielen georgischen Gäste lassen auf ihre Qualität schließen. Sehr angenehm ist die englische Speisekarte.

Etwas weiter, rechter Hand, auf halber Höhe zwischen Strand und Uferpromenade befindet sich ein weiteres originelles Restaurant, das ›Vostočnyj Kvartal‹ (Orientalisches Viertel) [13]. Von der Terrasse hat man einen phantastischen Blick auf das Meer. Hier gibt es vor allem usbekische Küche, Plov und Manty, Teigtaschen mit Fleischfüllung. Die Preise liegen über dem Durchschnitt, sind aber akzeptabel. Die Köche arbeiten im Freien. Auf einer kleinen Bühne wird ab

19 Uhr Livemusik geboten. Eine englische Speisekarte ist ebenso vorhanden wie eine reichhaltige Weinkarte.

Der zum ›Vostočnyj Kvartal‹ führende Pfad zweigt direkt gegenüber dem Eingang des Wintertheaters Richtung Strand ab. Einige Schritte weiter endet die über dem Ufer verlaufende Promenade und vereint sich vor dem Hotel ›Žemčužina‹ mit der Strandpromenade, die am Hotel vorbeiführt und dann noch etwa einen Kilometer entlang des Ufers verläuft. Hier ist es ruhiger. Die Wellen sind nun endlich laut und deutlich zu vernehmen; es riecht nicht mehr nur nach Essen, sondern vor allem nach Salz und Tang.

Hinter der belebten Strandanlage des ›Žemčužina‹ führt eine Treppe in einen oberhalb vom Ufer gelegenen kleinen, gemütlichen Park, der den Namen eines weiteren Revolutionärs, Frunze, trägt. Hier befindet sich das Sommertheater, eine Freilichtbühne für 1500 Zuschauer. Auf dem kleinen Platz vor dem Theater stehen Büsten von drei Komponisten, Čajkovskij (Tschaikowski), Glinka und Rimskij-Korsakov.

Das Barsovamuseum

Die den Frunzepark landeinwärts begrenzende Straße ist die ul. Černomorskaja. Folgt man ihr Richtung Süden, gelangt man nach wenigen Schritten zum Haus Nr. 8. In diesem Häuschen lebte von 1947 bis 1967 eine der beliebtesten russischen Opernsängerinnen, Valerija Barsova. Die Solistin des Bol'šoj Theaters in Moskau hatte hier nach Beendigung ihrer Karriere vorgehabt, eine Musikschule für begabte Kinder zu gründen. Der Wunsch war ihr versagt worden. Für private Initiativen, selbst so berühmter Persönlichkeiten, war die Zeit noch nicht reif. Die Barsova vererbte die erste Etage ihres Hauses – die zweite hatte sie verkauft – an die Stadt Soči mit der Auflage, dort die von ihr erträumte Musikschule unterzubringen. Eine solche aber gab es unterdessen bereits, und so wurden die Wohnräume der Sängerin zunächst als Kunstschule für Kinder genutzt. Seit 1988 ist das architektonisch originelle Haus mit dem kleinen gemütlichen Garten ein

Valerija Barsova

Museum. Die Einrichtung ist nicht überfrachtet mit kultischen Informationen: einige Fotos, ein Bechsteinflügel, Erinnerungsstücke. Opernliebhaber können die Arien der Diva auf CD erleben. Einmal monatlich finden hier kleine Konzerte statt.

Weiter entlang der ul. Černomorskaja gelangt man dort, wo der pr. Puškina die Straße schneidet, zu einem kleinen Platz, der 2004 restauriert wurde. Von hier, den pr. Puškina landeinwärts, sind es bis zum Kurortnyj prospekt nur wenige Meter. Links befindet sich der Zirkus, rechts der Eingang zur Schwebebahn in den oberen Teil des Dendrariums. Hier endet die Uferpromenade. Hinter der Ecke ul. Černomorskaja/pr. Puškina, gegenüber dem unteren Teil des Dendrariums, befindet sich in dem länglichen Gebäude eine städtische ambulante Kureinrichtung mit eigenem Strand. Der Strand ist in den Sommermonaten bis 20 Uhr geöffnet, der Eintritt kostet 2 Euro. Im gleichen Gebäude befindet sich ein Fitnessraum, die Benutzung kostet zwei Euro pro Stunde.

Entlang der Ordžonikidzestraße

Zurück zum ›Festival'nyj‹. Folgt man der ul. Ordžonikidze, der dritten dem Strand folgenden Linie, passiert man zunächst einen zwischen Kurortnyj prospekt und ul. Ordžonikidze liegenden Platz mit dem monumentalen Denkmal für den Schriftsteller Nikolaj Ostrovskij, der weiten Schrittes zum Meer strebt. Dem pl. Ostrovskogo folgt, ebenfalls linker Hand, das Kino ›Stereo‹, hinter dem sich ein kleiner Lunapark anschließt. Im hinteren rechten Teil des Rummelplatzes befindet sich das Restaurant ›Lakomka‹ [31], das bis in den frühen Morgen geöffnet ist. Das Essen ist schmackhaft, die zumeist männliche Bedienung streng zuvorkommend. Bekannt ist das ›Lakomka‹ vor allem als Treffpunkt von Schwulen und Lesben.

Auf der rechten Seite der ul. Ordžonikidze befinden sich die Zufahrten zum Sanatorium ›Maurice Thorez‹ und zu den Hotels ›Radisson Park‹ und ›Primorskaja‹ sowie etwas weiter zum neuerbauten, wuchtigen Sanatorium ›Černomore‹ im neoimperialen Stil der neurussischen Geldelite. Gegenüber dem Bettenhaus des Hotels ›Primorskaja‹, ul. Ordžonikidze 24, befindet sich der Nachtclub ›Vos'moe Nebo‹ (Achter Himmel) [27]. Zum Club gehört neben einem französischen, italienischen und japanischen Restaurant die ›Römische Cafeteria‹, in der es den wohl besten Espresso in Soči gibt. Vor dem klimatisierten Café nimmt ein bizarr als Römer verkleideter Portier die Gäste in Empfang. Das Publikum ist, wie man in Rußland sagt, ›modnaja‹ – modisch.

Das Hotel ›Žemčužina‹ am Strand von Soči; Strandpromenade in Adler
Uferpromenade in Soči am Hotel ›Primorskaja‹; Meerbahnhof in Soči

КРАСНАЯ ПОЛЯНА
БЕЗ КАНАТКИ – НЕ ЭКСКУРСИЯ!

ГОСТИНИЦА
ПРИМОРСКАЯ

Kunstmuseum und Wintertheater

Im sowjetischen Neoklassizismus errichtet, beherbergt dasKunstmuseum eine beachtliche Sammlung russischer und sowjetischer Kunst des 19. und 20. Jahrhunderts. Das Gebäude wurde in den 30er Jahren gebaut und diente zunächst als Verwaltungszentrum. Seit 1976 ist es Museum. Im Erdgeschoß befinden sich ständig wechselnde Ausstellungen zumeist zeitgenössischer russischer Künstler. In der einen der beiden oberen Etagen hängen die Gemälde aus der Sammlung des Museums, gefällige Arbeiten aus der zweiten Hälfte des 19. Jahrhunderts bis in

Das Wintertheater

die sowjetischen Spätjahre, Kinderbuchillustrationen und einige Skulpturen. Von den bekannteren russischen Malern sind Ajvazovskij – berühmt für seine Marinemalereien – mit zwei kleineren Bildern sowie Burljuk und Petrov-Vodkin mit je einem Bild vertreten. Ein Spaziergang durch die drei Säle bereitet ein entspannendes Vergnügen.

Auf der gegenüberliegenden Seite befindet sich ein weiterer Saal für wechselnde Ausstellungen.

Nach etwa 400 Metern mündet die ul. Ordžonikidze in die ul. Teatral'naja, die zum Wintertheater führt. Der monumentale Bau mit seiner um das gesamte

Sanatorium in Soči; Bäderpalast in Macesta
Strand von Lazarevskoe

Gebäude führenden Säulengalerie ist nicht zu übersehen. Der Hauptsaal des Theaters bietet bis zu 900 Zuschauern Platz, das Musikzimmer 150 Personen. Im Wintertheater finden die wichtigsten kulturellen Veranstaltungen statt, unter ihnen das Filmfestival ›Kinotaurus‹, das in Soči seit 1993 jährlich in der ersten Junihälfte russische und internationale Produktionen präsentiert. Auf dem Platz vor dem Theater können etwa 5000 Zuschauer die Filme des Wettbewerbs genießen.

Das Wintertheater ist auch die Heimat der Philharmonie von Soči. Diese vereint unter ihrem Dach vier musikalische Kollektive: den Kammerchor, das Kammerorchester, das Rachmaninov-Streichquartett und ein Folkloreensemble. Das Streichquartett hat auch international einen hervorragenden Ruf und ist oft im Berliner Schauspielhaus zu Gast.

Der Kurortprospekt

Wendet man sich vor dem Hotel ›Moskva‹ nach links und unterquert die ul. Gor'kogo, gelangt man auf den hier zunächst leicht bergan steigenden, parallel zum Strand verlaufenden Kurortnyj prospekt, der vierten vom Meer aus gesehenen Linie. Es ist dies die meistbefahrene Straße von Soči, und deshalb ist es umso angenehmer, daß der Prospekt zu beiden Seiten geradezu überbordet von subtropischem Grün. Auf der linken Straßenseite, deren Fußgängerweg von Hecken geschützt ist, gelangt man nach 200 Metern Richtung Süden zu einem kleinen, modernen Gebäude, dem Kammermusiksaal. In dem Konzertsaal mit 400 Plätzen ermöglicht seit 1986 eine Orgel tschechischer Bauart regelmäßige Orgelkonzerte. Eine Perle ist der winzige rückseitige Außenhof mit einem Amberbaum, einem Pitus Porum mit intensiv duftenden Blüten und der Skulptur eines flötespielenden Knaben.

Soči hat einige hervorragende Musiker hervorgebracht. Hinter dem Kammermusiksaal befindet sich die Kunst- und Musikschule der Stadt. In der letzten Maiwoche finden hier die Konzerte der jungen Absolventen statt. Wer irgendwo in der Stadt ein Plakat entdeckt, das ein Konzert von Alëna Afanas'eva ankündigt, sollte es sich nicht entgehen lassen. Die junge Frau, geboren 1987, beherrscht das Akkordeon vollendet. Bach, Vivaldi, Scarlatti, Paganini und russische Romanzen gehören zu ihrem Repertoire.

Hinter dem Kammermusiksaal befindet sich ein Fichtenhain. Der Straßenlärm dringt nur gedämpft bis hierher. Die Luft ist rein und selbst an heißen Sommertagen erträglich kühl. Hier befindet sich ein winziges Restaurant, das ›Menton‹ [18]. Vor allem Lehrer und Schüler der Musikschule besuchen das Lokal mit den moderaten Preisen, nur wenige Touristen finden den versteckten Ort. Die Musik ist ohrenverträglich und die Küche gut.

Durchquert man den Fichtenhain diagonal, gelangt man zu einem der ältesten Gebäude von Soči, der Villa ›Vera‹, in der sic heute ein Kindergarten befindet.

Weiter dem Kurortnyj prospekt auf der linken Seite folgend, passiert man einen winzigen, zu Ehren der russisch-japanischen Freundschaft angelegten Park mit fernöstlichen Stilelementen. Er wird heute nur noch sporadisch gepflegt und wirkt deshalb etwas verfallen.

Hinter dem Park zweigt eine Seitenstraße, der Morskoj pereulok, nach links ab. Er mündet nach 200 Metern in die ul. Kubanskaja. Dort befindet sich am rechten Straßenrand das wohl beste Café an der russischen Schwarzmeerküste mit den besten Kuchen- und Tortenkreationen, das ›Praga‹ [25]. Hier gibt es auch den berühmten Orientkaffee, der in heißem Sand zum Kochen gebracht wird.

Das Ostrovskijmuseum

Zurück zum Kurortnyj prospekt. Auf der linken Straßenseite passiert man nach wenigen Schritten das Hotel ›Soči-Magnolia‹. Nach nochmals rund 250 Metern gelangt man zu einer Bauruine. Hier schneidet die ul. Teatral'naja den Kurortnyj prospekt. Man folge ihr nach links, passiere ein rechter Hand gelegenes Gebäude aus den 80er Jahren – das Hautquartier des russischen Geheimdienstes FSB in Soči –, nehme den nächsten Abzweig nach rechts und dann wieder links, und steht vor dem Eingang des Ostrovskijmuseums. Der Weg vom Kurortnyj prospekt bis zum Museum ist mit rot-blauen Hinweisschildern markiert.

Das Museum besteht aus zwei Häusern, einem einfachen unteren und einem neoklassizistisch-monumentalen oberen. Das untere Gebäude war das Wohnhaus Nikolaj Ostrovskijs, das obere entstand in den 50er Jahren zur Bewahrung des literarischen und ideologischen Erbes Ostrovskijs sowie als Forschungszentrum des schriftstellerischen Lebens in Soči.

In der ersten Etage des oberen Gebäudes ist eine Ausstellung über verschiedene Schriftsteller und ihre Beziehung zu Soči untergebracht. In nur zwei Sälen erfährt man vieles über das literarische Leben im Kurort. Selbst wer des Russischen nicht mächtig ist, kann hier anhand der Fotografien und Ausstellungsstücke die Atmosphäre nachempfinden, die Soči in den 20er und 30er Jahren des vorigen Jahrhunderts so einmalig gemacht hat.

Im Ostrovskijmuseum erfährt man viel über das literarische Leben in Soči

Wie der Stahl gehärtet wurde

Es gibt wohl nur wenige im Westen Deutschlands, die mit dem Romantitel ›Wie der Stahl gehärtet wurde‹ etwas anfangen können. Im Osten Deutschlands aber war der Roman Pflichtlektüre.

Als Nikolaj Ostrovskij das Manuskript verfaßte, war er bereits vom Tode gezeichnet – gelähmt, taub und blind. Das in weiten Zügen autobiographische Buch schildert das Leben des am 16. September 1904 im ukrainischen Dorf Vilija geborenen Autors. Dort ging Ostrovskij zwei Jahre zur Schule, verdingte sich mit elf als Küchenjunge in einer Bahnhofskneipe, arbeitete abwechselnd als Heizer und Elektrikergehilfe. Gerade 15 Jahre alt, schloß er sich der Roten Armee an. Nach einer schweren Verwundung wurde er 1920 demobilisiert und arbeitete als Elektromonteur im Kiever Eisenbahndepot. Im Herbst 1921 bewarb er sich beim Bau einer neuen Eisenbahnlinie im Steinkohlegebiet der Ukraine. Die Arbeiten in Wind und Wetter verzehrten ihn.

Sein weiteres Leben bestand aus Operationen, Krankenhäusern, Kuren und dem erbitterten Kampf gegen das Siechtum seines Körpers.

Der Held des Romans, Pavel Korčagin, kämpft gegen die Gegner der Revolution und vor allem gegen die Versuchungen eines bequemen Lebens. Aus diesem unbedingten Lebenswillen bezieht der Roman seine Kraft. Was einem heute pathetisch erscheinen mag, war für Korčagin/Ostrovskij das Leben selbst. Einer der berühmtesten und als Aufsatzthema vielstrapazierten Sätze des Romans lautet: »Mein ganzes Leben, meine ganze Kraft habe ich dem Herrlichsten auf der Welt – dem Kampf für die Befreiung der Menschheit – geweiht.«

1928 fuhr Ostrovskij erstmals zur Kur nach Soči. Die Macestabäder taten ihm wohl; er beschloß zu bleiben. Zwei Jahre später begann er seinen Roman, den er 1933 fertigstellte. Zum Schreiben benutzte er Schablonen oder er diktierte die Texte. Die Veröffentlichung machte ihn im ganzen Land berühmt. Die sowjetische Propaganda benutzte Korčagin/Ostrovskij als Idol des neuen Menschen. Er erhielt den Leninpreis und das Haus in Soči. Im Dezember 1936 starb er in einer Moskauer Klinik und wurde auf dem Novodeviče-Friedhof mit großem Pomp beigesetzt.

Der französische Romancier André Gide, der im August 1936 Soči besucht hatte, war von Nikolaj Ostrovskij zutiefst beeindruckt: »Wären wir nicht in der UdSSR, würde ich sagen: Er ist ein Heiliger.«

In dem original erhaltenen Wohnhaus Ostrovskijs hat der Schriftsteller nur ein halbes Jahr, von Mai bis Oktober 1936, gelebt. Man betritt es von Osten. Nach links gelangt man in die Wohnräume. Ostrovskij beendete hier den ersten Teil seines Buches ›Die im Sturm Geborenen‹. Zu sehen sind das Bett, das er nur mit fremder Hilfe verlassen konnte, seine Bibliothek, eine Vorrichtung, die ihm das Schreiben ermöglichte, und die Schreibmaschine, auf der seine Frau und eine Sekretärin die Manuskripte abtippten. Der mit Zypressen und Kirschlorbeer bepflanzte kleine Garten lädt zum Lesen und Nachdenken ein. Der Blick öffnet sich ins Tal der Vereščaginka und weiter aufs Meer. Der Name ›Vereščagin‹ stammt von einem der ersten russischen Siedler in Soči, der am Hügel auf der linken Flußseite Land erworben hatte. Das elegante Viadukt entstand mit dem Ausbau des Kurortnyj prospekt in den 30er Jahren.

Hinter dem Viadukt, auf der rechten Straßenseite, befindet sich das Territorium des Sanatoriums ›Svetlana‹, eines der größten in Soči. Ihm gegenüber wurde 2004 ein Einkaufszentrum eröffnet. Die nach links abzweigende Straße führt in ein dichtbesiedeltes Wohngebiet, in dem sich auch zahlreiche kleinere Hotels befinden. Den Berg hinauf fährt eine maršrutka, die Haltestelle befindet sich an der nächsten, nach rechts abzweigenden Gasse. An der Straßenkreuzung warten auch ständig Taxis, die einen für etwa 1,50 Euro an einen beliebigen Ort im Wohngebiet bringen.

An der Ecke pr. Puškina und Kurortnyj pr. befindet sich der Zirkus von Soči. Die Architekten J. Schwarzbein und W. Edemskaja wurden 1971 für den Bau des kreisrunden, einem Zirkuszelt nachempfundenen Gebäudes mit einem hochdotierten Architekturpreis bedacht. Der Saal faßt 2000 Zuschauer. Im Zirkus finden regelmäßig Vorstellungen bekannter russischer Artisten statt.

Gegenüber dem Zirkus befindet sich der Eingang zur Seilbahn, die bis zum höchstgelegenen Punkt im oberen Teil des Dendrariums schwebt.

Das Dendrarium

Etwa 200 Meter weiter Richtung Süden liegt am Kurortnyj pr. der Eingang zum Dendrarium. Das Wort leitet sich ab vom griechischen ›dendron‹ (Baum). Ein Spaziergang durch die Anlage ist eines der größten Geschenke, die man sich in Soči machen kann. Nirgends auf der Welt wachsen so viele Pflanzenarten aus ganz verschiedenen klimatischen und geographischen Zusammenhängen wie hier – und das in freier Natur.

Das Dendrarium besteht aus zwei Teilen, die durch einen unterirdischen Gang miteinander verbunden sind. Zusammen mit der Eintrittskarte erhält man einen Lageplan der wichtigsten Sehenswürdigkeiten. Zum Dendrarium gelangt man aus dem Zentrum mit praktisch jeder maršrutka Richtung Süden, zum Beispiel mit der 123, 124, 125, 3M, 95, 96, 6, 23 oder 28.

Den Grundstein für den Park und die botanische Sammlung legte ein russischer Geschäftsmann und Journalist, der Herausgeber der ›Petersburger Zeitung‹, Sergej Chudekov. Dem Landadel entstammend, studierte Chudekov in Moskau Jura, nahm am Krimkrieg (1854–1856) teil und erwarb später die Zeitung. Dank seiner Initiative und seinem literarischen Geschmack wurde sie innerhalb weniger Jahre zu einem der führenden hauptstädtischen Blätter. 1885 publizierte Chudekov eine der ersten Erzählungen Anton Čechovs, ›Die letzte Mohikanerin‹.

Die Villa ›Nadežda‹ ließ Sergej Chudekov für seine Frau bauen

Außerdem sammelte er Fotografien und Zeichnungen der besten Ballerinen und Tänzer Rußlands und schrieb, nachdem er sich zur Ruhe gesetzt hatte, eine dreibändige Geschichte des russischen Balletts.

Ende des 19. Jahrhunderts kaufte Chudekov 50 Hektar Land in Soči, auf denen er sich seinen Jugendtraum, seiner Ehefrau Nadežda einen Park und in dessen Zentrum eine Villa zu bauen, erfüllte. Schon zuvor hatte er auf seinem Gut Äpfel, Birnen sowie eine frostresistente Rosenart gezüchtet. In seinem Park in Soči nun wollte er die interessantesten und ungewöhnlichsten Pflanzen aus allen klimatisch passenden Gegenden der Welt mit der heimischen Flora vereinen. Die Stecklinge und der Samen kamen aus den Botanischen Gärten von Jalta, Gagra, Berlin, Leipzig und Dresden. Dabei überwogen Nadelbäume, um die Luft der seinerzeit noch malariaverseuchten Gegend zu reinigen. Die wichtigsten Arbeiten waren 1892 abgeschlossen. Den Rest seines Lebens kümmerte sich Chudekov, der seinen Posten als Chefredakteur aufgegeben hatte, persönlich um die Erweiterung und Pflege seines Parks. Einmal im Monat stand das Dendrarium allen Besuchern, unabhängig von Herkunft und Stand, zur Besichtigung offen.

Bei der Projektierung des Dendrariums nahmen seine Schöpfer Anleihe bei den Traditionen der italienischen Terrassen und der englischen Naturparks, was besonders im oberen, größeren Teil des Parks deutlich wird. Botanische Inseln vereinen verschiedene Pflanzen ganzer Regionen: des Mittelmeers, Chinas,

Der mauretanische Pavillon im oberen Teil des Dendrariums

Japans, Australiens, des Himalaja, des Kaukasus und Mexikos. Diese Inseln gehen kunstvoll ineinander über. Insgesamt sind im Dendrarium heute 1700 verschiedene Pflanzenarten heimisch. Botaniker mehrerer Generationen bereits pflegen sie und experimentieren.

Einmalig ist die Kollektion verschiedener Kiefern. 80 von 120 auf der Erde gedeihenden Arten sind im Dendrarium vertreten; daneben 60 verschiedene Eichen, mehr als 20 Arten Zypressen, Dattel-, chinesische Fächer- und Washingtonpalmen, australischer Eukalyptus, mexikanische Agaven, chilenische Araukarien (Andentanne), Bambus, Bananenstauden, Akazien und Buchsbäume. Zu den allerschönsten blühenden Arten gehören die Granatapfelbäume und die Magnolien.

Ein Spaziergang durch das Dendrarium

Ein Spaziergang durch den Park ist zu jeder Tages- und jeder Jahreszeit ein Vergnügen, auch der Skulpturen und architektonischen Ensembles wegen, die über das gesamte Territorium verteilt sind. Im oberen Teil sind dies vor allem der mauretanische Pavillon und das Sommerhaus, dem Chudekov den Namen seiner Frau gegeben hat, und weiter den Berg hinauf der Märchenbrunnen. Verbunden sind die drei architektonischen Kleinode durch Treppenensembles, die vornehmlich zwischen dem mauretanischen Pavillon und der Villa ›Nadežda‹ zu beiden Seiten von Kopien antiker Vasen und Skulpturen gesäumt sind. Die auf der Veranda des Sommerhauses thronende Figur des jungen Gladiators mit Netz und Dreispitz stammt aus Paris, ebenso wie die sich links zu Füßen der Villa befindende Skulptur einer Tänzerin. Die übrigen Skulpturen wurden von russischen Meistern nach Kopien antiker oder späterer Vorbilder geschaffen.

Der Märchenbrunnen mit den drei steinernen Schwänen, die ihn umgeben, ist ein Denkmal an die Figuren der russischen Märchenwelt aus Puškins ›Märchen vom Zaren Saltan‹: die Schwanenprinzessin, Fürst Gvidon, das Eichhörnchen, die von Černomor (Schwarzmeer) angeführten Recken…

Im unteren, subtropischen Teil des Parks mit seinen Bambuswäldern und Teichen ziehen vor allem die Skulptur des Jungen am Wasser, halblinks in der Nähe des Eingangs, und die Komposition ›Adam und Eva‹ eines georgischen Bildhauers, links auf einer Freifläche, die Aufmerksamkeit auf sich. Der Junge, fast immer im Schatten, scheint vor Kälte zu zittern, weshalb der Volksmund die Skulptur ›Armer Bursche – blau vor Kälte nach dem Baden‹ benannt hat. ›Adam

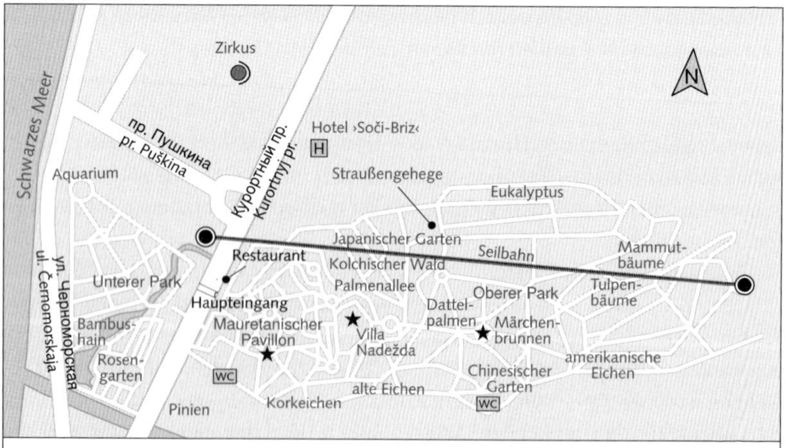

Das Dendrarium

und Eva‹ dagegen sind von monumentaler, in einer russischen Quelle heißt es von ›brutaler‹ Schönheit. Das Aquarium war 2004 geschlossen.

Insgesamt sollte man für einen Spaziergang durch beide Teile des Dendrariums nicht weniger als drei bis vier Stunden einplanen. Man kann mit der Seilbahn bis zum höchstgelegenen Punkt des Parks fahren und von dort aus gemächlich nach unten laufen.

Aber auch der Aufstieg vom Kurortnyj prospekt ist unbeschwerlich. Der mauretanische Pavillon ist die erste Station für fast alle Besucher, nach welchem man sich nach und nach die Pflanzenwelt, die Skulpturen und Pavillons erschließt, bis zum japanischen Garten, zum Märchenbrunnen und auf die zu Füßen der Seilbahn gelegenen Almen. Im oberen Teil des Parks befindet sich eine 1973 angelegte Palmenallee; außerdem ein Straußengehege mit dem Pärchen Ivan und Boleslavna.

Sehr zu empfehlen ist das links vom halbrunden Eingangsgebäude gelegene kleine Restaurant.

Der Baum der Freundschaft

Geht man den Kurortnyj prospekt noch einige hundert Meter weiter in südlicher Richtung, befindet sich linker Hand die Auffahrt zum Sanatorium ›Zolotoj Kolos‹ (Goldene Ähre). Neben ihr führt eine Treppe auf das Gelände des Sanatoriums. Steigt man diese kleine Treppe hinauf und hält sich dann links, gelangt man zum Baummuseum ›Freundschaft‹.

Der Name ›Museum‹ ist irreführend. Auf dem Territorium dieses kleinen Parks befindet sich zwar ein Gebäude, in dem Exponate ausgestellt sind; die eigentliche Attraktion aber ist der Garten. Bezaubert das Dendrarium durch seine Artenvielfalt und das großzügige Parkensemble, ist es hier die Konzentration seltener und wunderschöner Pflanzen auf engstem Raum, die den Reiz der Anlage ausmacht. Über 200 Pflanzenarten aus aller Welt auf gerade einmal einem Hektar – das ist selbst für Soči nicht übel. Neben einer blühenden afrikanischen Aloe knospen mexikanische Opuntien, einen Schritt weiter indischer Lotos, Bananenstauden, ein Bambushain, Rosen, Palmen, Feijoa, Granatäpfel, Feigen, Oliven, Gingko, Myrte, seltene Farne, Avocado, eine Eibe. Viele der Pflanzen wurden von Gästen als Geschenk mitgebracht.

1894 zu landwirtschaftlichen Forschungszwecken angelegt, sollte der Garten dazu dienen, die Subtropen für die neuen Siedler zu erschließen. Die ursprüngliche Bevölkerung hatte das Wissen um viele in den Jahrhunderten erworbene Geheimnisse der Natur mitgenommen. Die Gärten der Adygeer waren verwildert oder abgeholzt. Die Umsiedler hatten es schwer, sich den ungewohnten klimatischen Bedingungen anzupassen. Ihre mitgebrachten Kulturen vertrugen das

Klima nicht; sie erbrachten nur geringe Ernten. Nie zuvor waren die russischen Botaniker mit subtropischer Vegetation im eigenen Land in Berührung gekommen. Die Forschungsstation sollte dazu beitragen, die Wissenslücke zu schließen.

Der berühmteste russische und sowjetische Botaniker war Ivan Mičurin (1855–1935). Einer seiner Schüler und Mitarbeiter, Fëdor Sorin (1904–1967), kam Anfang der 30er Jahre nach Soči, wo er sich mit der selektiven Züchtung von Zitruspflanzen, Feigen und Zwetschgen beschäftigte. Zu seinen Verdiensten gehörte die Entwicklung neuer, frostbeständiger Zitrusbäume aus wilden Zitronen, die Fröste von bis zu 25 Grad vertragen, aber so gut wie keine Früchte tragen.

Am Baum der Freundschaft kann sich verewigen, wer einen Zweig aufpfropft

Sorin propfte einem Zitrusbaum mehr als 40 verschiedene Arten auf, unter anderem Apfelsinen, Zitronen, Pampelmusen, Mandarinen. Wenn dieser Baum im Mai blüht und im Herbst Früchte trägt, dann hat man das Gefühl, nicht vor einem einzigen Baum, sondern vor einem ganzen Garten zu stehen. Dieser Baum wurde in zwei Jahrzehnten von einem wissenschaftlichen Experiment zu einer Sehenswürdigkeit von Soči. Den ersten Schritt dazu tat Ende Oktober 1940 der sowjetische Polarforscher Otto Schmidt, der den Wissenschaftler bat, selbst einen Zweig aufpfropfen zu dürfen. Ihm folgten weitere Gäste. Ende der 50er Jahre wurde Sorins Schöpfung ›Baum der Freundschaft‹ getauft. Seitdem haben ihn mehr als 600 Menschen aus 167 Ländern durch eigene ›Pfropfungen‹ bereichert. Um den Baum zu stärken, wurden ihm jüngere Stämme zur Seite gepflanzt; er besitzt heute 14 Wurzelsysteme.

In einer kleinen Plantage stehen weitere 65 Zitrusbäume, die zu bestimmten Anlässen geflanzt und später von Vertretern verschiedener Berufsgruppen – Künstlern, Journalisten, Ärzten, Diplomaten – mit aufgepfropften Zweigen versehen wurden und werden. Um in den Genuß einer solchen Ehre zu kommen, muß man entweder als offizieller Gast der Stadt Soči das Baummuseum besuchen oder aber man zahlt die bescheidene Summe von ungefähr 100 Euro. Als Erinnerung erhält man ein Diplom als ›Gärtner der Freundschaft‹.

Mit dem ›Aufpfropfen‹ begründeten die Gäste des kleinen Gartens eine Tradition, die bis heute lebendig ist: kleine oder auch große Geschenke mitzubringen und sich im Gästebuch des Museums zu verewigen. Für diese Geschenke und die mittlerweile 65 Bände Dankesworte wurde 1981 das Museum gegründet.

Die letzten Gäste aus Deutschland waren Polizisten des Polizei-Motorradclubs, die 2001 an einer internationalen Sternfahrt nach Soči teilnahmen.

Die Meile der Sanatorien

Zurück zum Kurortnyj prospekt: Gegenüber dem ›Zolotoj Kolos‹ befindet sich die Einfahrt zu einem der renommiertesten Sanatorien von Soči, dem ›Frunze‹. Einige Schritte weiter überquert der Prospekt die Eisenbahnlinie nach Adler und das Tal eines kleines Flusses. Rechter Hand im Tal befinden sich die Plätze eines Tennisclubs, weiter das Stadion und hinter dem Stadion am Meer der staatliche Yachtclub von Soči.

Hinter dem Stadion zieht sich der Kurortnyj prospekt noch einige Kilometer bis zur Macesta. Zunächst folgen rechter Hand das Erholungsheim ›Kamelija‹ und die Ruine des Hotels ›Inturist‹.

Gegenüber diesem führt eine Treppe zum Sanatorium ›Metallurg‹, das – der Name verrät es – einst dem Ministerium für Schwerindustrie gehörte. Auf seinem Territorium befindet sich eine Meerwasserschwimmhalle mit einer 25-Meter-Bahn. Zum Schwimmbad gehört auch eine Sauna.

Mit der Zahnradbahn geht es an den Strand

Der Abzweig hinter dem Hotel führt auf den Berg Bytcha. Das adygeische Wort bedeutet ›Berg Gottes‹. Die maršrutki Nummer 90 und 98 fahren bis auf den Gipfel. Einst gab es auf dem Berg ein beliebtes Restaurant, ›Die Mühle‹, welche aber nicht mehr betrieben wird.

Dafür befindet sich an der Ecke Kurortnyj prospekt/Abzweig Bytcha eine weitere Sehenswürdigkeit von Soči – ein Zeittunnel. Wer essen möchte wie ein gewöhnlicher sowjetischer Mensch vor zwanzig oder mehr Jahren, der tue das hier. Die Spezialität des Selbstbedienungsrestaurants sind Čebureki. Dazu kann man einen Salat wählen und als Kompott eingemachte Früchte, wie es sie in jeder sowjetischen Speisehalle gab. In der Regel wird man unfreundlich und rüde behandelt, wenn man nicht gleich weiß, was man möchte oder sonstwie aus der Reihe tanzt. Man nehme das keinesfalls persönlich; dahinter steckt Tradition. Sind die Köchinnen und Kassiererinnen gut gelaunt, ist das ein ›prazdnik‹, ein Feiertag. Salat, zwei Čebureki, scharfe Sauce, Brot und Kompott kosten insgesamt etwa einen Euro. Schaschlik ist teurer, aber im Vergleich zu den Preisen andernorts immer noch spottbillig. Man sitzt auf einer überdachten Terrasse an einer befahrenen Straße, deren Lärm von russischer Popmusik noch übertönt wird – c'est la vie!

Den Kurortnyj prospekt hinter dem Abzweig zum Berg Bytcha kann man nur befahren. Ein Spaziergang ist angesichts des Verkehrs riskant. Links und rechts liegen die Sanatorien und Hotels, ›Ordžonikidze‹, ›Iskra‹, ›Pravda‹, ›Radisson Lazurnaja‹, ›Junost'‹ und ›Zarja‹, in gemütlichen Parks. Die links des Prospekts gelegenen Sanatorien sind über Tunnel, Seil- oder Zahnradbahnen mit dem Meer verbunden. Wer findig ist, sucht sich einen Weg durch die ineinander übergehenden Gelände und wird einige interessante Entdeckungen machen.

Vorwahl: 8622.

Telefonamt in der Hauptpost, ul. Vorovskogo; rund um die Uhr geöffnet.

Internet-Areal in der Hauptpost; 9–20 Uhr, 50 Cent/30 Minuten.

Internet-Point im Servicezentrum des Bahnhofs (ein Computer, der selten funktioniert); tägl. 8–20 Uhr.

Internetcafé [1], einige Meter vom Beginn der ul. Vorovskogo entfernt, die Platanenallee Richtung Hotel ›Moskva‹; 9–24 Uhr.

Ėlektrički von Soči-Stadt Richtung Tuapse, 9 x tägl., Richtung Adler, 6 x tägl. Über die aktuellen Abfahrtzeiten sollte man sich vor Ort oder im Internet, www.poezda.net (russ., engl.), informieren.

Juli und August fährt in der Regel auch 1 x tägl. eine durchgehende Expreß-ėlektrička zwischen Soči und Krasnodar, 4 Euro bis Tuapse.

Servicezentrum des Bahnhofs; tägl. 8–20 Uhr.

Die Busse im Bereich von Soči-Stadt können vernachlässigt werden, da die maršrutki das bequemere und schnellere Transportmittel sind.
Überlandbusse vom Busbahnhof Soči-Stadt fahren nach Tuapse, Gelendžik, Novorossijsk, Anapa, Majkop, Krasnodar, Rostov am Don und Stavropol'. Eine Fahrt nach Krasnodar kostet ca. 5 Euro.

Mit nicht-offiziellen Taxis kommt man innerhalb von Soči-Stadt an fast jeden beliebigen Ort für 3–4 Euro. In den späten Abendstunden, wenn keine Busse und maršrutki mehr unterwegs sind (etwa ab Mitternacht in der Saison), bezahlt man mehr. Von Soči nach Adler zahlt man nachts mindestens 15 Euro.

Hotel ›Moskva‹ [2], Kurortnyj pr. 18, gegenüber dem Meerbahnhof, Tel. 608010, 608020, reservation@moskva-chaika.ru, www.moskva-chaika.ru; DZ 15–50 Euro/Pers. Ehemals stattlicher Bau mit Restaurant, Bar und Sauna, der nicht mehr ganz den internationalen Standards entspricht.
›Soči-Magnolija‹ [3], Kurortnyj prospekt Nr. 50, Tel. 621987, lo@mail.sochi.ru, www.sochi-magnolia.ru; ›Magnolija‹ EZ 35 Euro, DZ 50 Euro/2 Pers., ›Soči‹ EZ 13, DZ 26 Euro/2 Pers. Das Bettenhaus ›Magnolija‹ wurde unlängst restauriert, das Bettenhaus ›Soči‹ bietet weniger Komfort.
›Radisson Park‹ [4], Morskoj per. 2, Tel. 693000, www.rslparkhotel.ru; EZ ab 120, DZ ab 135 Euro.
Die erste Adresse im Stadtzentrum, nur wenige Schritte vom Strand, direkt an der Promenade. Sauna, Fitnessraum und Businesszentrum.
›Primorskaja‹ [5], ul. Sokolova 1, Tel. 925743, primor@mail.sochi.ru, www.primorskaya.ru; EZ im modernen Bettenhaus 15 Euro, DZ 7 Euro/Pers., Zimmer im mit der Fassade zum Meer gelegenen ›klassischen‹ Korpus (Luxuskategorie) 25 Euro/Pers. Das ›Primorskaja‹ vereint den Vorteil des Standorts mit moderaten Preisen. Sauna, Businesszentrum, eigenes Reisebüro.
›Žemčužina‹ [6], Tel. 661188, 661288, zhem@sochi.comstar.ru, www.pearl.all-hotels.ru, www.pearl.sochi-online.ru; EZ/DZ 45 Euro. Direkt am Meer, mit eigenen Strand und Bassin mit erwärmtem Meerwasser (auch im Winter).
›Soči-Briz‹ [7], Kurortnyj pr. 72, Tel. 663830, breeze@sochi.ru, www.sochibreeze.ru; EZ 35, DZ 50 Euro/2 Pers. (mit Frühstück). Modernes Hotel gegenüber dem Zirkus, direkt am Dendrarium.
›Radisson Lazurnaja‹ [8], Kurortnyj prospekt 103, Tel. 663333. www.radissonsas.ru. Dieses 1993 eröffnete piekfeine Hotel zählt zu den besten in Rußland: mehrere Restaurants, eine kleine Konditorei, zwei Nachtbars, eigener Strand

mit Sportangeboten, Reisebüro, Autoverleih (mit Fahrer), Businesszentrum, zwei Schwimmbecken, überaus freundliches, mehrsprachiges Personal. Auf den ersten Blick das teuerste Hotel vor Ort, räumt das ›Radisson Lazurnaja‹ örtlichen Reiseagenturen und internationalen Anbietern verschiedene Rabatte ein, z. B. Olympia-Reisen und Merk-Reisen Berlin. Zur Radisson-Gruppe gehört neben dem Hotel ›Park‹ das ›Peak-Hotel‹ in Krasnaja Poljana.

▶ Erholungsheime (Pensionate):
›Panorama‹ [9], ul. Kubanskaja 2, hinter dem Kammerkonzertsaal, vom Café ›Menton‹ bergaufwärts, Tel. 623309; Zimmer 25–35 Euro. Kleines Hotel in armenischem Familienbesitz, überwiegend Stammgäste. Entsprechend familiär ist die Atmosphäre im Haus. Die Zimmer sind einfach, aber sauber und hell; Dusche und Toilette auf dem Flur. Die Küche ist allen Gästen zugänglich, oft wird gemeinsam gekocht. Vor dem Haus befindet sich ein überdachter Pavillon. Wer Ausflüge unternehmen möchte, kann sich mit dem Auto des Besitzers zu weiter entfernt gelegenen Orten bringen lassen.

›U Adama‹ [10], an der Straße nach Macesta, in einem kleinen Hain versteckt, Tel. 971387, 372533; 14–28 Euro/Pers. (inkl. Verpflegung und Exkursionen). Dieses kleine, Ende der 90er Jahre gebaute Hotel eignet sich bestens, um einen Aufenthalt in Soči mit einer Bäderkur in Macesta zu verbinden.
DZ für insgesamt 60 Pers., Bad und Toilette im Zimmer oder auf dem Flur. Sauna, Billard und Tischtennis, für Kinderbetreuung kann gesorgt werden. Der Strand befindet sich in einigen hundert Metern Entfernung.

Zahlreiche Reiseagenturen vermitteln Unterkünfte und Kuren in und um Soči-Stadt (siehe Seite 216).

Zu essen und zu trinken gibt es in Soči an jeder Straßenecke. Die Küche ist kaukasisch, russisch, ukrainisch, usbekisch, griechisch, italienisch, japanisch. Unter den Angeboten ist viel Fast Food, nicht so sehr McDonald's, obwohl es auch den in Soči gibt (in der Nähe des Hafens), sondern eher bezüglich der Zubereitung und dem Plastikdesign.

Restaurant ›Staryj Bazar‹ [11] ul. Nezerbskaja 4, Tel. 622205. Der wohl beste Schaschlik der Stadt, im Juli/Aug. sollte man abends einen Tisch reservieren.

›Vody Lagidze‹ [12], oberhalb der Uferpromenade; Gerichte 3–20 Euro.

›Vostočnyj Kvartal‹ [13], unweit des Hotels ›Žemčužina‹. Usbekische Küche.

›Sokol‹ [14] (Falke), per. Gor'kogo 22, Tel. 920306, 696737. Wer exklusiv essen gehen möchte, ist hier richtig. In diesem Restaurant stimmt alles, von der Atmosphäre – eine Art dunkler Rittersaal innen und Parkatmosphäre auf der Terrasse – bis hin zur sehr aufmerksamen Bedienung. Die Speisekarte ist lang, mit kulinarischen Höhepunkten, wie zum Beispiel gefülltes Spanferkel (Vorbestellung mind. 1 Tag vorher).

›Calypso‹ [15], in der Nähe des Hafens, am Anfang der Uferpromenade, das moderne Gebäude auf der linken Seite. Freundliche englischsprachige Bedienung, gutes Essen, sehr guter Cappucino und leckere alkoholfreie Cocktails für 6 Euro. Im Restaurant kann man für 50 Euro/Std. eine Limousine oder einen Oldie-Opel-Cabrio mieten.

›Katjuša‹ [16], Kurortnyj pr. 94a, hinter der Auffahrt auf den Berg ›Bytcha‹, Tel. 975349, 978849. Gute Küche, abends Livemusik und Tanz. Neben dem Restaurant befindet sich das gleichnamige Hotel.

›Vidovaja Bašnja‹ [17], ul. Alpijskaja 18, Tel. 919546. Kleines Restaurant in der Filiale des Stadtmuseums von Soči im Aussichtsturm, 2. Etage, Bezirk Areda. Das Essen ist gut, der Blick auf den Hafen und das Meer romantisch, und man kann den Barmann bitten, die Musik etwas leiser zu stellen, ohne daß er gleich beleidigt ist. Die Anfahrt ist etwas kompliziert. Am besten, man nimmt ein Taxi (max. 3 Euro) oder man überquert hinter dem Bahnhof die Fußgängerbrücke und läuft etwa 25 Min. bergan, bis man die ul. Alpijska erreicht, in die man nach rechts einbiegt.

Restaurant ›Menton‹ [18], hinter dem Kammermusiksaal; tägl. 10–22 Uhr.

Weitere Restaurants mit guter und exzellenter Küche zu den entsprechenden Preisen befinden sich in den Hotels, vor allem im ›Radisson Lazurnaja‹ sowie im und um das Hotel ›Žemčužina‹.

▶ In den letzten Jahren hat sich die Mode der kleinen Sushirestaurants auch in Soči durchgesetzt. Im Stadtzentrum von Soči gibt es das ›Sakura‹ [19], ul. Vorovskogo 41, und in der ul. Ordžonikidze gibt es gleich drei ›Japaner‹: im Club ›Vos'moe Nebo‹ [27] und nur wenige Häuser weiter, an der Ecke ul. Sokolova und ul. Ordžonikidze das ›Fudžijama‹ [20] und das ›Mama Japan‹ [21].

▶ Die italienische Küche erfreut sich in Soči einiger Beliebtheit:

Pizzeria ›Mama Roza‹ [22], ul. Moskovskaja 19, gegenüber dem Markt, Tel. 622872; 11–23 Uhr. Die Pizzen sind nicht vergleichbar mit italienischen, aber schmecken.

›Art-Pizza‹ [23], ul. Teatral'naja 9, Ecke ul. Ordžonikidze; 9–24 Uhr.

In der Einkaufspassage ul. Navaginskaja, etwa 100 Meter hinter dem Springbrunnen, befindet sich im Obergeschoß eine weitere Pizzeria.

›Arkadija‹ [24], im Rivierapark, Tel. 624559; 12 Uhr bis zum letzten Gast, Degustationen 4 Euro. Weinverkauf und Degustationen (siehe auch Seite 50), Restaurant mit einem schattigen Innenhof und recht guter Küche.

Café ›Praga‹ [25], ul. Kubanskaja 7, Ecke Morskoj per., Tel. 624333; tägl. 11 Uhr bis zum letzten Gast. Café mit Konditorei, Kaffeespezialitäten, Torten, französische Leckereien, Kaffeecocktails mit und ohne Alkohol, Piroggen, Pizza, Croissants, Eis- und Milchshakes, Tees.

›Mon-Pari‹ [26], ul. Vorovskogo 4, Tel. 624069; 10–2 Uhr. In einem Souterrain im Stadtzentrum. Guter Kaffee und leckerer Kuchen, Imbiß, warme Speisen. Keine laute Musik, so gut wie keine Strandtouristen, angenehme Atmosphäre.

Cafeteria im Nachtclub ›Vos'moe Nebo‹ [27], ul. Ordžonikidze 24/2. Espresso, Capuccino, Kaffee mit Alkoholmixturen, Tees, Sushi.

Konditorei ›Biskvitnaja‹ [28], an der Uferpromenade.

Café ›Dorija‹ [29], ul. Sovetskaja. Exzellenter Kaffee.

Spielhalle/Billardsalon ›Bombardir‹ [30], ul. Vorovskogo; rund um die Uhr geöffnet, Kegelbahn 9–20 Euro/Std., Billard 5–7 Euro/Std.

Bar/Restaurant ›Lakomka‹ [31] im Lunapark, ul. Ordžonikidze; Eintritt nach 22 Uhr 1,50 Euro. An den Wochenenden nach Mitternacht Show lokaler Stars, sonst Tanz.

Bar ›Zolotoj Petušok‹ (Goldenes Hähnchen), Ecke ul. Krasnoarmejskaja/ul. Vinogradnaja; tägl. 11–23 Uhr. Eine der ältesten Bierbars des Ortes, auf dem Gelände der Bierbrauerei von Soči.

Museum im Rivierapark; tägl. 10–13 und 14–18 Uhr.

Barsovamuseum, ul. Černomorskaja 8; Di–Sa 10–17 Uhr.

Museum für Geschichte; Juni–Sept. Di–So 8–20 Uhr, Sept.–Mai Di–So 9–18 Uhr, 50 Cent.

Kunstmuseum, per. Pavel Korčagina; tägl. 10–18 Uhr, ca. 1 Euro.

Literaturmuseum und Ostrovskijmuseum; 50 Cent, Eintrittskarten für beide Museen am Eingang im oberen Gebäude.

Dendrarium; 9–20 Uhr, 1,50 Euro, Kinder die Hälfte. Das Ticket ist den ganzen Tag gültig.

Baummuseum ›Freundschaft‹; Sept.–Mai tägl. 9–17 Uhr, 1 Euro.

Kammermusiksaal, Kurortnyj pr. 32; Orgelkonzert So 17 Uhr, Fr Kammerkonzerte verschiedener Ensembles; 2–4 Euro.

Lunapark, ul. Ordžonikidze; Juni–August 10–22.30 Uhr.

Zirkus; 3–6 Euro.

Aquapark ›Majak‹, am Leuchtturm; Ende Mai–Okt. tägl. 10–19 Uhr, 15–25 Euro (Juni/Aug.) für einen halben Tag, Kinder die Hälfte.

Meerwasserschwimmbad im Hotel ›Žemčužina‹; Gäste 2 Euro/Tag.

Meerwasserschwimmhalle im Sanatorium ›Metallurg‹, Kurortnyj pr.; Nov.–Mai, 1,50 Euro/Std. Man braucht eine Bescheinigung vom Hautarzt, Kurgäste nur den Kurschein.

Macesta

Wo eine Brücke das Tal der Macesta (Мацеста) überspannt, zweigt eine Chaussee in den gleichnamigen Ort zu den Heilbädern ab. Am Abzweig befindet sich eine Felsenskulptur. Das Relief eines weiblichen Kopfes mit wehendem Haar versinnbildlicht die heilenden Kräfte der Natur.

Die Straße ist eine Allee und nach einer der Partnerstädte Sočis, dem englischen Cheltenham, benannt. Die Ruinen im Tal sind die eines 1979 errichteten Badehauses, Novaja Macesta (Neu Macesta), das in den 90er Jahren aufgegeben wurde. Nach etwa zwei Kilometern das Tal der Macesta flußaufwärts endet die Cheltenhamallee (alleja Čeltenchema) am Bäderpalast von Macesta. Begibt man sich dort auf das gegenüberliegende linke Ufer, gelangt man nach 100 Metern zu einem originellen Denkmal. Es besteht aus ineinander verschachtelten Quadern und preist die Heilkräfte des Macestawassers. Die Komposition stammt von der gleichen Bildhauerin, die auch die ›Macesta‹-Skulptur am Abzweig vom Kurortnyj prospekt erschaffen hat. Es ist dies der Ort, an dem ursprünglich die Schwefelquellen aus dem Erdinnern zutage traten. Auch heute riecht es noch penetrant nach verfaulten Eiern. Unmittelbar neben dem Denkmal befindet sich der vergitterte Eingang zu einer Höhle. Viele Menschen, die hier Linderung erfahren haben, hinterlassen an den Stäben Stoffetzen als Zeichen der Dankbarkeit.

Der Zugang zur Höhle ist erst seit einigen Jahren verschlossen. Trotz der Warnungen von Medizinern und Fremdenführern gab es immer wieder Leichtsinnige, die sich weit in die Höhle vorwagten und den Dämpfen aussetzten. Als Ende der 90er Jahre ein kleines Mädchen seine Großeltern nicht finden konnte und auch nur wußte, daß es aus Moskau stammt, sendete das Fernsehen einen Hilferuf. Die Mos-

Die Küstenstraße am Abzweig nach Macesta

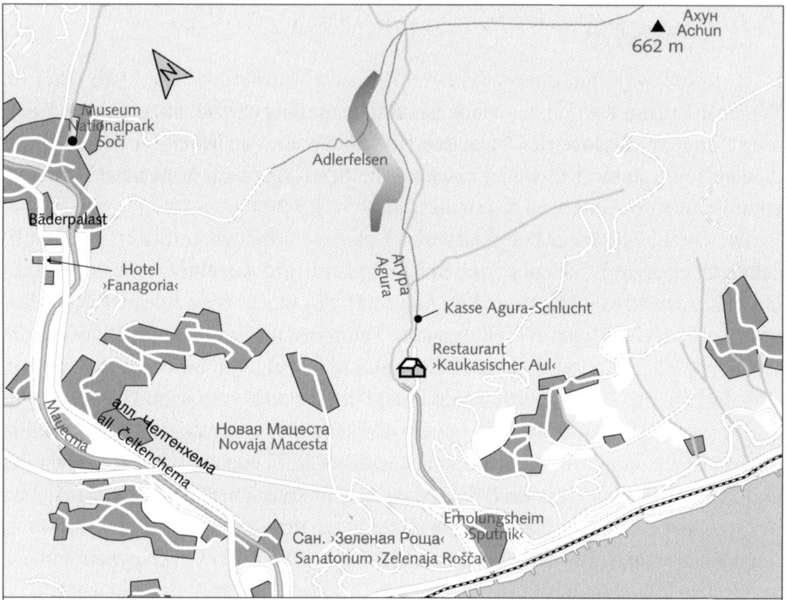

Macesta und das Tal der Agura

0 500 1000 m

kauer Eltern erkannten ihre Tochter und eilten herbei. Wie sich herausstellte, waren die vermißten Großeltern an den Schwefelgasen in den Höhlen erstickt. Viele Einheimische hält das Wissen um die Gefahren nicht davon ab, auf eigene Faust das Heil von ›wilden‹ Schwefelbädern zu suchen.

Einige Schritte weiter schwenkt der asphaltierte Weg längs des Flusses nach rechts ab in die Berge. Auf ihm gelangt man nach eineinhalb Stunden Fußmarsch zu den Adlerfelsen oberhalb der Aguraschlucht. Auf dem ersten Teilabschnitt zweigen zwei ebenfalls asphaltierte Straßen nach rechts ab. Später gelangt man zu einer Lichtung, die sich im Frühjahr, wenn die gemeine Kamille blüht, in einen weiß-gelben Teppich verwandelt. Von hier aus ist es nicht mehr weit bis zu den Adlerfelsen, wo unter freiem Himmel Schaschlik, Getränke und andere Gerichte angeboten werden.

Zurück zum Bäderpalast von Macesta: Links von der Haltestelle der maršrutka befindet sich das kleine Hotel ›Fanagorija‹ mit Restaurant. Hier hat man die Gelegenheit, Weine aus der gleichnamigen Kelterei bei Taman, an der Grenze zwischen Schwarzem und Azovschem Meer, zu degustieren. Besonders der ›Kagor Balzamnyj‹, ein süßer, aber nicht schwerer Tropfen mit einem exzellenten Bouquet, der von den beigemengten Kräutern stammt, ist sehr zu empfehlen.

Das Museum des Nationalparks von Soči

Lohnenswert in Macesta ist auch ein Besuch im Museum des Nationalparks von Soči. Man gehe, vor dem Gebäude des Badepalastes stehend, nach links in Richtung des Dorfes, folge der Chaussee 500 Meter ins Landesinnere bis zu einem Abzweig, der nach rechts über die Macesta führt. Auf dem gegenüberliegenden Ufer ist es die erste rechte Seitenstraße, gekennzeichnet durch die geschnitzte Figur eines Waldhüters, auf der man nach 300 Metern zu diesem kleinen Museum gelangt. Es befindet sich in der Försterei, die den Teil des Nationalparks betreut, in dem Macesta, die Schlucht der Agura und der Berg Achun liegen. Nur zwei kleine Räume hat das 2000 gegründete Museum zu bieten, aber auch ohne des Russischen mächtig zu sein, erkennt man, mit welcher Anteilnahme die Waldhüter hier Wissen zusammengetragen haben: Anschauungstafeln mit maximal komprimierten Informationen, Fotos von Tieren, Pflanzen, Bergen, in die Wände eingelassene Kompositionen von Landschaften mit zahlreichen ausgestopften Tieren. Man gewinnt einen winzigen Eindruck von dem, was das Leben der etwa 15 in diesem Forst tätigen Waldhüter ausmacht. Ihr größtes Problem, erzählen sie, seien die Menschen, die ihren Schmutz überall hinterlassen, ebenso die Wilderer und Holzdiebe.

Das Tal der Macesta bietet noch eine weitere Sehenswürdigkeit – die Zmejkovskie Wasserfälle. Man gelangt zu ihnen mit der maršrutka Nummer 28. Von der Endhaltestelle sind es nur einige Minuten Fußweg.

Das Grüne Wäldchen

Auf der gegenüberliegenden Seite des das Tal der Macesta überspannenden Viadukts befindet sich linker Hand die Zufahrt zum Sanatorium ›Zelënaja Rošča‹ (Grünes Wäldchen). Auf dem Gelände des Sanatoriums hatte Josif Visarënovič Stalin einst seine Datscha, im oberen Teil des Sanatoriumparks. Es wird heute als Hotel genutzt, neben dem modernen Bettenhaus, und einigen anderen Gebäuden, den Datschen Molotovs, des langjährigen sowjetischen Außenministers, und Marschall Vorošilovs, des Verteidigungsministers.

Das Territorium gehörte im vorrevolutionären Rußland Michail Sensinov, der die Quellen von Macesta betrieb. Der von ihm angelegte, mit vielen seltenen Bäumen bepflanzte Park ging über in die Verfügung der Kurverwaltung des Kreml.

Seit 1928 erholte sich Stalin regelmäßig am Schwarzen Meer. Er besaß außer in Soči Datschen bei Gagra, Pizunda und am Ricasee. Immer häufiger entschied er sich für Soči. Stalin plagte der Hexenschuß, und die Kuren mit dem Schwefelwasser von Macesta halfen ihm, den eisigen Moskauer Winter zu überstehen.

Seine Tochter Svetlana Allilueva erinnert sich in ihren Memoiren an die Anfang der 30er Jahre in Soči verbrachten Sommermonate:

»Zu seinem Vergnügen schoß Vater manchmal mit einem Doppelläufer auf Geier oder nachts auf im Scheinwerferlicht auftauchende Hasen. Billard, Kegeln, Gorodki (ein Knüttelspiel) – Vater liebte alle Sportarten, die ein scharfes Auge erforderten. Geschwommen ist er nie – er war Nichtschwimmer. Auch die Sonne mochte er nicht. Das einzige, was ihm wirklich gefiel, waren Spaziergänge im Schatten des Waldes.«

Mitte der 30er Jahre wurde unter den besten Architekten ein geheimer Auftrag ausgeschrieben: Für Stalin sollte eine neue Villa im Park gebaut werden. Als Sieger ging das Projekt eines jungen Architekten aus Kislovodsk im Nordkaukasus, Miron Meršanov, hervor. 1937 war die Villa bezugsbereit. Die Wände und Dekken in den Zimmern sind mit wertvollen Hölzern verschalt. Im Zwischengeschoß befindet sich ein winziges Schwimmbad. Das Nebenhaus war für das Arbeitszimmer, den Billardraum und einen kleinen Kinosaal vorgesehen. Stalin liebte Filme, verstand ihren agitatorischen Wert. Er schaute sie sich fast immer allein an – damit ihn niemand beobachten konnte, wenn er Gefühle zeigte. Zwischen den Gebäuden befindet sich ein kleiner Innenhof, für den der Architekt zunächst einen Springbrunnen hatte bauen lassen. Dieser mußte zugeschüttet werden, weil Stalin Springbrunnen nicht ausstehen konnte.

Zunächst mit weiteren prestigeträchtigen Aufträgen bedacht, sank Meršanovs Stern schneller als er gestiegen war. ›Meide des Zaren Liebe ebenso wie seinen Groll‹ – dieses russische Sprichwort war auch im Falle des Architekten zutreffend. Er fiel in Ungnade und verbrachte sieben Jahre in den Lagern des GUlag.

Ein trauriges Kapitel in der Geschichte der Sowjetunion, die Zeit des Großen Terrors, nahm im ›Grünen Wäldchen‹ ihren Anfang, mit einem von Stalin und Ždanov, dem damaligen Parteichef in Leningrad, unterzeichneten Telegramm an die engsten Vertrauten in Moskau: »Aus Soči, 25.09.36 … Halten es für absolut notwendig und äußerst dringend, Genossen Ešov auf den Posten des Volkskommissar für Inneres zu setzen. Jagoda ist seiner Aufgabe, den trotzkistisch-sinovevschen Block zu zerschlagen, offensichtlich nicht gewachsen. Vier Jahre wurden umsonst vertan …« Im folgenden Jahr wurden in der Sowjetunion 350 000 Todesurteile vollstreckt.

Noch einmal, 1947, weilte Stalin in Soči-Macesta. Nach seinem Tod tat sich lange nichts auf dem Gelände. Im ›Grünen Wäldchen‹ verbrachten hohe Parteifunktionäre ihren Urlaub. Die Erinnerungen an Stalin waren peinlich, seine Präsenz wurde verdrängt. Ein mehrgeschossiger Neubau für Kurgäste entstand, von dem man mit einem Fahrstuhl zum hauseigenen Strand gelangte. Mitte der 80er Jahre erhielten die ersten ›Fremden‹ Zutritt zu Sanatorium und Pensionat. Zugleich entsann man sich des musealen Wertes der Stalinschen Villa. Von den ursprünglichen Einrichtungsgegenständen sind nur noch ein ledernes Sofa, ein silbernes Schreibtischset, ein Geschenk Maos, und der Billardtisch erhalten. Sie befinden sich in Stalins Arbeitszimmer. An seinem Schreibtisch sitzt er immer noch, als Wachsfigur. Das lederne Sofa mit den hohen Seitenlehnen ist eine mit Roßhaar gepolsterte Spezialanfertigung. Das Roßhaar besitzt die Eigenschaft, Kugeln zu stoppen. Hinter den hohen Seitenlehnen konnte sich der nur 1,62 Meter große, unter Verfolgungswahn leidende Stalin verstecken.

Die Villa Stalins ist kein Museum, aber eine Besichtigung ist dennoch möglich. Einige Reiseagenturen organisieren Touren mit einer Führung durch die Räume.

Stalins Datscha im ›Grünen Wäldchen‹

Ohne vorherige Anmeldung geht es nicht, da das Territorium bewacht wird, obwohl man sich mit etwas Geschick auch an den Wachen vorbeidrücken kann. Das ›Grüne Wäldchen‹ passieren alle maršrutki Richtung Chosta, Kudepsta und Adler, Nummer 123, 124, 125 zum Beispiel. Die erste Einfahrt, 500 Meter hinter dem Viadukt über die Macesta linker Hand, ist die zum ›Grünen Wäldchen‹.

Gegenüber der Einfahrt zur ›Grünen Lichtung‹ liegt hinter Hecken in einem Garten ein Häuschen, das mit seinem kleinen Portikus an neoklassizistische Architektur erinnert. Auch dieses Gebäude stammt aus den 30er Jahren. In ihm residierten die Chefs von Stalins Leibgarde. Das Gebäude gehört heute der Russischen Geographischen Gesellschaft. Sehr schön ist das mit Edelhölzern getäfelte Kaminzimmer. Rechts vom Eingang befindet sich ein kleines Museum mit Exponaten aus dem Nationalpark. Geöffnet ist es nur auf speziellen Wunsch und wenn die Mitarbeiter Zeit für eine kleine Führung haben. Der Vorsitzende, Aleksandr Solodko, hat in jahrelanger Kleinarbeit alle vom Aussterben bedrohten Pflanzen im Westkaukasus fotografiert und katalogisiert und mit Unterstützung eines Abgeordneten des Stadtparlaments von Soči als ›Rotes Buch‹ veröffentlicht. Es ist hier für etwa sieben Euro erhältlich, leider nur mit russischem Text, aber sehr guten Aufnahmen.

Stalin-Datscha, Anmeldung Tel. 97 02 83, 69 56 00; russische Führung 3 Euro/Person. Einige der Appartements im Wohnhaus kann man für ca. 130 Euro die Nacht mieten.

Die Schlucht der Agura

Der dem ›Grünen Wäldchen‹ folgende Abzweig von der Küstenstraße führt auf den Berg Achun und zum ›Kavkazskij Aul‹ (Kaukasischer Aul), einem der beliebtesten Restaurants in der unmittelbaren Umgebung von Soči und Ausgangspunkt für Wanderungen in die Schlucht der Agura, zu den Adlerfelsen und den Berg Achun. Das Tal der Agura wird auch von der Soči umgehenden Fernverkehrstraße überquert. Etwa 200 Meter hinter dem Abzweig von der Küstenstraße erhebt sich im Tal das etwa 20geschössige ehemalige Jugendhotel ›Sputnik‹, das heute ein Erholungsheim ist und nach Umbau und Renovierung wieder Gäste empfängt. Man läßt das Hotel rechts liegen. Die Straße auf den Achun passiert die Agurabrücke und unterquert dann die Umgehungsstraße. Ist das Ziel der ›Kavkazskij Aul‹, folge man dem vor der Brücke am rechten Ufer des Bergflusses entlangführenden asphaltierten Fahrweg. Nach 15 Minuten Fußweg ist man fast am Ziel. Vor der Brücke über die Agura befindet sich ein Parkplatz. Hinter der Brücke links liegt das kleine Gestüt eines Kosakenatamans, der auf Wunsch Reiterkunststücke und die Kriegstechnik der Kosaken präsentiert. Man kann auch selbst reiten; zehn Minuten kosten etwa drei Euro.

Der ›Kavkazskij Aul‹ liegt auf einer Lichtung inmitten von Wäldern am Zugang zur Schlucht der Agura. Zu beiden Seiten der Straße befinden sich die erst vor wenigen Jahren restaurierten Restaurants. Ihr Besitzer ist der Sohn des ehemaligen Direktors. Er sagt, er sei es seinem Vater schuldig, den ›Aul‹ wieder zu dem zu machen, was er in den 80er Jahren war: das beliebteste Ausflugsrestaurant von Soči. Die Architektur des Neubaus auf der rechten Seite paßt sich harmonisch in die Berglandschaft ein. Viel Holz wurde verbaut, und ein wenig fühlt man sich schon wie in Georgien, der Heimat des Besitzers. Überwiegend georgisch ist auch die Küche. Zudem gibt es hausgekelterte georgische Weine (domašnoe vino). Der Gast sitzt im Freien oder bei schlechtem Wetter in den Innenräumen. Einige Reiseagenturen verbinden Ausflüge in die Schlucht der Agura und zu den Adlerfelsen oder zur Stalin-Datscha mit einem Essen im Restaurant, oft mit Folkloreprogramm.

Nach einigen Metern geht der von der Küste kommende Fahrweg in einen Pfad über, der zu einem Schlagbaum führt. Das kleine gelbgestrichene Gebäude rechter Hand wurde für Stalin gebaut, bevor die luxuriösere Anlage in Macesta fertiggestellt war. In der Umgebung des ›Kavkazskij Aul‹ treten auch heute noch schwefelwasserstoffhaltige Mineralwasser an die Erdoberfläche. Einige Bewohner von Soči nehmen hier Bäder auf eigene Faust.

Hier befindet sich der Eingang zur Aguraschlucht. Da sie zu den besonders geschützten Territorien des Nationalparks gehört, wird ein Eintrittsgeld von einem halben Euro erhoben. Der Pfad in die Schlucht zu den Wasserfällen wurde 1911 von Angehörigen des Bergklubs von Soči in das Gestein geschlagen. Er ist an den gefährlichsten Stellen mit metallenen Geländern gesichert und für kaukasische Verhältnisse gut ausgebaut. Auf festes Schuhwerk sollte man dennoch nicht verzichten, denn man kann aus der Schlucht einen recht steilen, aber unbedingt lohnenden Aufstieg auf die Adlerfelsen unternehmen oder den Achun erklimmen.

Der ›Kaukasische Aul‹ ist ein beliebtes Ausflugsrestaurant

An wenigen Orten nur vereinen sich Wildheit und Anmut so harmonisch wie in dieser Schlucht. Zunächst führt der Pfad entlang des rechter Hand gelegenen Berghangs zu Füßen des Achuns. Die erste Sehenswürdigkeit ist das ›Teufelsloch‹. Die Agura schnellt hier aus einem tiefen, an der schmalsten Stelle gerade einmal eine Armspanne breiten Canyon und ergießt sich in eine tiefe Mulde. Etwas oberhalb befindet sich der Eingang zu einer Höhle gleichen Namens.

Der Pfad steigt nun in Serpentinen mäßig steil bergan. Kurz nachdem der höchste Punkt auf diesem Wegabschnitt erreicht ist, öffnet sich der Blick auf das Massiv der Adlerfelsen, die sich auf der anderen Flußseite mehr als einhundert

Der entfesselte Prometheus auf dem gleichnamigen Felsen

Meter über das Tal erheben. Kolchische Wälder mit lianenumrankten, moosbewachsenen Buchen, Linden und Eschen und dichte Kirschlorbeerbüsche wachsen im Tal und auf den Berghängen. Hoch auf den Adlerfelsen wachsen Pizundakiefern, die sich an die Felsvorsprünge klammern. Auf einem der Felsen sieht man die riesige Statue des Prometheus.

Der Grieche soll an dieser Stelle für seine Insubordinanz gegenüber Zeus von Hephaistos, dem Gott der Schmiede und des Feuers, an den Felsen gekettet worden sein. Um den zweifelhaften Ruhm, der Ort gewesen zu sein, an dem Prometheus leiden mußte, streiten verschiedene Orte im Kaukasus. Nicht nur die Griechen kennen die Legende; auch die kaukasischen Völker erzählen sich ähnliches. In der viel älteren georgischen Amaranisaga, der adygeischen Legende vom Recken Nasijren und in der der Abchasen vom Helden Abrskil ertönt das gleiche Grundmotiv des Helden, der leiden mußte, weil er den Menschen wohlwollte.

Prometheus soll an einem der Adlerfelsen angekettet gewesen sein, gegenüber dem Berg Achun, auf dem der Gott Achyn zuhause war. Achyn wurde von Zeus die Bewachung des Prometheus befohlen, und Arlaf, der Lieblingsadler des Berggottes, fraß täglich dessen Leber. Viele Jahre gingen ins Land, bis endlich das Mädchen Agura den Mut hatte, sich Prometheus zu nähern. Sie brachte ihm täglich Essen und wusch seine Wunden. Einmal sah sie den riesigen Adler die Leber des Griechen verschlingen. Schreiend warf sie sich auf den Vogel und versuchte, ihn vom Körper des wehrlosen Prometheus zu verjagen. Arlaf ergriff Agura und brachte sie auf den Berg. Der wütende Achyn warf das Mädchen ins Tal. Dort verwandelte es sich in einen reißenden und doch anmutigen Bergfluß, dem die Menschen später den Namen Agura gaben.

Weiter führt der Pfad zum ersten Wasserfall, wo sich die Agura in zwei Kaskaden, aus etwa 30 Metern Höhe in einen Felsenkessel stürzt. Das sieht vor allem im Frühjahr beeindruckend aus. In den sehr trocknen Sommern rinnt es nur spärlich den Fels hinab. Trotzdem tummeln sich hier fast immer Dutzende Ausflügler. Etwas ruhiger wird es oberhalb des ersten großen Wasserfalls. Der Pfad überquert den Bergbach und windet sich nun relativ steil am rechten Ufer bergan. Nach langen Regenfällen sollte man vorsichtig sein, da der lehmige Boden kaum Halt gibt. Man passiert den zweiten Wasserfall (23 Meter) und kommt zum dritten und letzten mit 21 Metern Fallhöhe.

Hinter dem dritten Wasserfall geht das Tal in ein Hochplateau über. Gemächlich fließt der Bergbach und bildet kleine Teiche. Hier befindet sich der Zusammenfluß der Agura mit ihrer kleineren Schwester, der Agurčik. Geradezu, hinter einer Baumgruppe, liegt eine sanft ansteigende Lichtung, ein beliebter Ort für ein Picknick. Der Weg endet am Fluß. Man kann nun entweder auf die Adlerfelsen steigen – der Pfad links, den Berghang hinauf – oder aber man durchquert den Fluß an einer Furt und erklimmt den Achun. Die erste Route überwindet gut 100 Meter Höhenunterschied, die zweite mehr als 400. In beiden Fällen geht es steil bergan. Von den Adlerfelsen gelangt man über einen bequemen, in den letzten Kilometern asphaltierten Weg zu Fuß nach Macesta.

Restaurant ›Kavkazskij Aul‹, Tel. 970877. Berühmt ist der Aul für seine Lammschaschliks, serviert mit viel Grün: Dill, Petersilie und vor allem Koriander. Trotz seiner exquisiten Lage sind die Preise moderat. Zu den empfehlenswerten Vorspeisen gehören Adžapsandali, ein Gemüseragout, Sazivi, Hühnchen in Nußsauce, und die Maisfladen Mchadi. Hervorragend ist auch der Käse Sulguni.

Der Berg Achun

Der Berg Achun ist nach dem Gott Achyn benannt. Eine andere Version führt den Namen des Berges auf das abchasische Wort ›achu‹ zurück, was ›Hügel‹, ›Erhebung‹ bedeutet. Eigenartig ist dieser Berg, denn unvermittelt erhebt er sich über alle anderen Berge des Vorgebirges an der Schwarzmeerküste. Er erinnert an einen schlafenden Vulkan, ist 663 Meter hoch und ganz von Wald bewachsen. Durch diesen Wald führt ein schmaler, kaum erkennbarer Pfad im rechten Winkel zur Agura, biegt dann nach rechts entlang des Berghangs ab und windet sich am Ende des Bogens halblinks bergauf. Mitunter trifft man am Zusammenfluß von

Agura und Agurčik auf Reiter, die Pferdetouren auf die Adlerfelsen oder den Achun anbieten. Der Pfad ist deshalb an den Hufspuren im Laub recht gut auszumachen. Hat man nach etwa 20 Minuten einen Rastplatz erreicht, mit Bank und menschlichem Müll, ist man auf dem rechten Weg. Hier befindet sich eine rote Markierung an den Bäumen, der man von nun an bis auf den Achun folgen kann. Der Aufstieg ist mühsam, wird aber belohnt durch das wunderbare Gefühl, es vom Meer bis hierher zu Fuß geschafft zu haben. Vom Zusammenfluß der Agura und der Agurčik bis auf den Gipfel des Berges benötigt man gemächlichen Schrittes etwa eineinhalb Stunden. Irgendwann taucht hinter den Baumkronen die Silhouette eines grauweißen Gebäudes auf, der Weg ist nun bereits mit einer Betonschicht überzogen, und nach einigen Metern ist man am Ziel.

Der Aussichtsturm auf dem Achun

Seit Urzeiten hat der Achun Menschen angezogen. Das Panorama zu genießen aber war nur im Winter möglich, wenn die Bäume ihr Laub abgeworfen hatten. Dank an jene, die in den 30er Jahren die Idee hatten, eine Straße auf den Berg und den Aussichtsturm bauen zu lassen! Innerhalb von nur 100 Tagen war der zwölf Kilometer lange asphaltierte Weg gelegt und wenig später der Turm fertiggestellt. Wer den Aufstieg per pedes scheut, kann eine von allen Reiseagenturen in Soči angebotene Exkursion buchen.

Auf dem Gipfel erwarten den Besucher neben dem Aussichtsturm auch zwei Restaurants. Die Bänke im Gebäude sind mit Schafsfellen bedeckt, auch im Freien gibt es genügend Sitzgelegenheiten. Viele Einwohner von Soči und auch viele Urlauber kommen hierher, um zu feiern.

Der wie eine Synthese aus mittelalterlicher Ritterburg und georgischem Wehrturm anmutende Aussichtsturm ist das ganze Jahr rund um die Uhr geöffnet. Manche Enthusiasten kommen im Morgengrauen hierher, um die Sonne hinter den schneebedeckten Bergen des Kaukasus aufgehen zu sehen. Aber auch zu den übrigen Tageszeiten ist das Panorama phantastisch: das Schwarze Meer, im Süden Adler, im Norden die Stadt Soči und vor allem die Bergketten des Westkaukasus im Osten. Die Tafel auf dem Aussichtsturm mit den Namen aller Gipfel ist leider verschwunden.

Das Panorama des Westkaukasus

Der westlichste Gipfel ist der des Berges Autl (1855 Meter) in 45 Kilometern Entfernung. Rechts von ihm sind der Sacharnaja (Zuckerberg) (1550 Meter) und der Amuko (1918 Meter) auszumachen. Zwischen diesen beiden Berggipfeln lugt der felsige Kamm des Fišt (2867 Meter) hervor, dessen Massiv sich noch einmal etwa 20 Kilometer hinter diesen beiden Bergen erhebt. Betrachtet man den Kaukasus von West nach Ost, so ist er der erste Vorbote des Hochgebirges, der erste Gipfel, der über 2000 Meter ansteigt und das erste Bergmassiv, dessen Hänge von Gletschern bedeckt sind. Der größte Gletscher am Nordhang ist mit dem Fernglas an klaren Tagen von der Rivierabrücke aus zu erkennen. Wegen seines wechselhaften und tückischen Klimas ist der Berg gefürchtet. Es ist vorgekommen, daß Expeditionen, die bei strahlendem Sonnenschein zu seinen Füßen landeten, tagelang im eiskalten Nebel ausharren mußten, bis sie von einem Hubschrauber geborgen werden konnten. Dennoch ist eine Wanderung oder ein Ausflug mit dem Hubschrauber auf den Fišt ein beeindruckendes Erlebnis.

Die Gipfel des Amuko und des Sacharnaja sind durch einen 3,5 Kilometer langen Bergkamm verbunden. Dieser ist so dicht von Krumm- und Unterholz bewachsen, daß der Pfad ›Weg der Unerschrockenen‹ genannt wird. Bei Wanderern ist der Amuko wegen des phantastischen Ausblickes sehr beliebt.

Vom Amuko nach Osten erstreckt sich bis zum Fuß des Großen Čura (2250 Meter) der gleichnamige Gebirgskamm. Der Große Čura erhebt sich hinter der bewaldeten Bergkette des Iegoš (1789 Meter). Vom Achun bis zum Gipfel des Großen Čura sind es 30 Kilometer. An seinem Südosthang befindet sich in 1850 Metern Höhe die Quelle des Flusses Soči; am Nordosthang entspringt die Šache, die bei Golovinka ins Schwarze Meer mündet.

Rechts vom Iegoš erhebt sich das Felsmassiv des Čuguš (3238 Meter), der erste Dreitausender im Westkaukasus. Seine elf Gletscher liegen am Nordhang und sind vom Achun aus nicht auszumachen.

Der Gipfel rechts von ihm, etwa zehn Kilometer näher zum Achun, ist der Ačišcho (2391 Meter), dessen

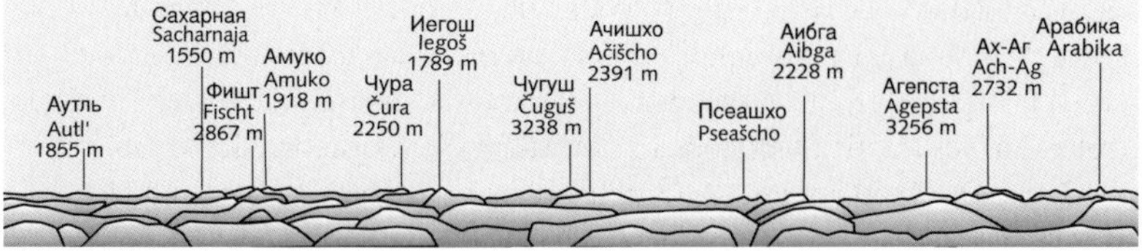

Kamm vier Kilometer in der Länge mißt. Ist der Fišt schon bekannt für seine Wetterkapriolen, so übertrifft ihn der Ačišcho noch. Er gilt als der feuchteste Ort Rußlands. Mehr als 3000 Millimeter Niederschlag fallen hier jährlich, und in manchen Wintern ist die Schneedecke bis zu neun Meter dick.
Das nächstfolgende Bergmassiv trägt den Namen Pseašcho. Elf seiner Gipfel übersteigen 3000 Meter. An den steilen und schwer zugänglichen Hängen dieses Bergmassivs befinden sich mehrere Gletscher, unter ihnen der mit 3,1 Kilometern Länge und einer Fläche von 1,8 Quadratkilometern größte im Gebiet von Krasnodar.
Rechts vom Pseašcho, dem Achun näher, erstreckt sich das vierköpfige Bergmassiv des Aibga.
Der schroffe und felsige Agepsta (3256 Meter) ist der folgende Gipfel des Panoramas. Seitdem einheimischen Bergsteigern 1935 erstmals der Aufstieg über die Nordwand gelang, existieren einige Routen auf den Gipfel, die aber nur von erfahrenen Bergsteigern zu bewältigen sind. Bekannt ist der Agepsta vor allem für die Hochgebirgsseen in seinem Einzugsgebiet; zwölf Kilometer nordöstlich von ihm liegt der Kardyvač und acht Kilometer südöstlich der nicht weniger bekannte, heute zu Abchasien gehörende Ricasee.
Dem Agepsta folgt der Uzlovaja (Knotenberg, 3118 Meter), zu dessen Füßen sich ein Bergsee befindet. Rechts von ihm ragt ein weiterer Gipfel wie ein Zahn aus der Berglandschaft, der Efremovberg (3114 Meter). Jurij Efremov, ein angesehener Geograph, Schriftsteller und Dichter, war in den 60er und 70er Jahren des 20. Jahrhunderts einer der bedeutendsten Erforscher der Region. Sein Buch ›Auf den Bergpfaden am Schwarzen Meer‹ gilt auch heute noch als einer der besten Texte, die je über diese Gegend geschrieben wurden. Eine Neuauflage ist geplant.
Der nächste Berg, der in seinen Umrissen dem Ėl'brus – mit 5633 Metern der höchste Gipfel des Kaukasus – verblüffend ähnlich sieht, in 36 Kilometern Entfernung vom Achun, ist der bereits in Abchasien befindliche Ach-Ag (2732 Meter).

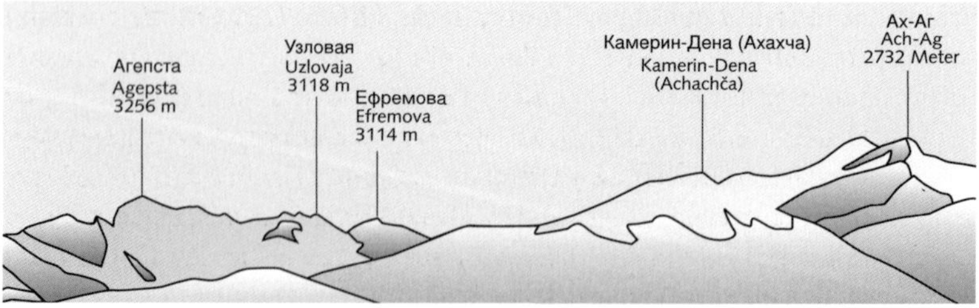

Wie nun aber wieder hinunterkommen? Zwölf Kilometer Straße sind kein Vergnügen. Auf dem Berg warten stets Taxis, die einen für zehn Euro ins Tal bringen. Wer sich für den Fußweg entscheidet, kann etwas abkürzen: Die spitzen Winkel der Serpentinen werden an manchen Stellen von querwaldein führenden Pfaden abgekürzt, die man recht gut ausmachen kann, der erste nur gut hundert Meter hinter dem Schlagbaum zum Parkplatz. Ein auf halber Höhe in den Wald führender Fahrweg ist jedoch keine Abkürzung; er führt auf einen Bergrücken. Nach etwas mehr als eineinhalb Stunden zügigen Schritts hat man das Restaurant und kleine Hotel ›1001 Nacht‹ erreicht, von der die maršrutka Nr. 2 bis ins Zentrum von Soči fährt. In dem Sanatorium gegenüber dem Hotel befindet sich das ›Institut für Kurortologie‹. Von hier aus ist es nur noch etwa ein Kilometer bis zum Hotel ›Sputnik‹ und zur Straße Soči–Adler, über die weitere maršrutki verkehren.

Restaurant im Aussichtsturm; 10–18 Uhr. Selbstbedienungslokal.

Aussichtsturm; durchgehend geöffnet, 70 Cent.

Chosta

Das Stadtzentrum von Chosta (Хоста) liegt 14 Kilometer vom Bahnhof Soči entfernt, und ist von dort mit den maršrutki Nr. 105, 122 und 143 zu erreichen. Die anderen maršrutki Richtung Adler passieren den Ort auf der Schnellstraße, die das ›Sichtbare Kap‹ (Mys Vidnyj) aus Richtung Soči-Zentrum untertunnelt und das gesamte Chostatal über dem Stadtzentrum auf einem hohen Viadukt überquert.

Chosta, benannt nach dem Fluß, in dessen Mündung der Ort liegt, ist das Zentrum der russischen Subtropen. Geschützt von den bis ans Meer reichenden dicht bewaldeten Bergen, sind die Sommer hier milder und die Winter um durchschnittlich ein bis zwei Grad wärmer als in den übrigen Orten von Soči. Das Meer in der gleichnamigen Bucht spielt wie ein Chamäleon mit Farben, zwischen blau, grün und anthrazit. Von Mai bis Oktober ist der kleine Aquapark ›Briz‹ (Brise) geöffnet. Im Juli und August ist Chosta ebenso überlaufen wie die anderen Urlaubszentren an der Küste. Aber der Ort im Flußtal und entlang der Hänge ist deutlich kleiner und kompakter. Dank der eingeschränkten Ausbreitungsmöglichkeiten und Nähe der Berge zur Ortsmitte ist Chostas Charme zurückhaltender und provinzieller, wenn es auch an den Abenden und in den Nächten genauso geräuschvoll zugeht wie in den anderen Urlaubszentren an der Küste. Die Stadt selbst badet im Grün der Bäume und Hecken.

Bereits antike Quellen erwähnen den Ort. Im Mittelalter unterhielten die Genueser hier eine ihrer Handelskolonien. Nach dem Kaukasuskrieg verließen die im Tal der Chosta ebenso wie im Tal der Soči beheimateten Ubychen den Ort. In den 70er Jahren des 19. Jahrhunderts kamen die ersten Zuwanderer, und 1899 erhielt Chosta den Status einer Stadt. Um die Jahrhundertwende begann der gezielte Zuzug von Siedlern aus dem russischen Imperium und wenig später der Kurbetrieb, der – unterbrochen vom Zweiten Weltkrieg – bis heute anhält. Nachdem Chosta 1961 administrativ Groß-Soči eingegliedert worden war, setzte auch hier ein Bauboom ein.

Die Sanatorien ›Golubaja Gora‹ (Blauer Berg), ›Volna‹ (Welle) und ›Mys Vidnyj‹ (Sichtbares Kap) am Hang des gleichnamigen, steil ins Meer fallenden, dicht bewaldeten Bergvorsprungs, von dem man mit einem Fahrstuhl zum eigenen Strand gelangt, gehören zu den besten und schönsten in Soči. Sie sind spezialisiert auf Herz- und Kreislaufbeschwerden sowie Erkrankungen des Stütz- und Bewegungsapparats. Chosta verfügt über ein eigenes Badehaus für Behandlungen mit dem schwefelhaltigen Wasser von Macesta.

Die Vergnügungsmeile in Chosta ist die ul. Platanovaja. Sie beginnt am Bahnhof und endet am Kosakenmarkt, gegenüber dem Badehaus. Hier liegen Cafés, Restaurants, eine Disco, ein Kino und der Rummelplatz. Am Bahnhofsvorplatz befindet sich der Busbahnhof, von dem die Busse ins Tal der Chosta fahren, und hier warten auch immer maršrutki nach Adler und Kudepsta. Die Unterführung neben dem Bahnhofsgebäude führt direkt zum Strand.

Die wichtigste Sehenswürdigkeit in Chosta ist eines der größten Naturwunder an der kaukasischen Küste – der Eiben- und Buchsbaumhain (Tiso-Samšitovaja Rošča), Reste eines uralten kolchischen Waldes.

Ferien in Chosta

Museen

Das winzige Museum zur Geschichte Sočis als Kurort am linken Flußufer der Chosta existiert erst seit 2002. Es ist untergebracht in einem einstöckigen lehmfarbenen Gebäude, das noch vor 1917 als ›Volkshaus‹ genutzt wurde, eine Art öffentlicher Konzert- und Theatersaal. Hier traten unter anderem der berühmte russische Baß Fëdor Šaljapin (1873–1938), der futuristische Dichter Vladimir Majakovskij (1893–1930) und während des Krieges eine der beliebtesten sowjetischen Schauspielerinnen, Ljubov' Orlova (1902–1975), auf.

Das eigentliche Museum besteht aus nur einem Raum. Es soll in Zukunft, wenn sich Sponsoren dafür finden, um zwei weitere Räume erweitert werden. Die Ausstellungsgegenstände an den wellenförmig gestalteten Wänden sind, ohne daß man ihre Geschichte und Bedeutung kennt, wenig aussagekräftig.

Durch eine Führung erhält man einen unbedingt lohnenden Einblick in alle Aspekte des Kurbetriebes, von der Geschichte bis in die Gegenwart, und erfährt eine Vielzahl von Geschichten. So sieht man Fotografien der beiden russischen Staatsmänner, die sich am meisten um Soči verdient gemacht haben: der Senator N.S. Abasa (1837–1901) und der Minister für Landwirtschaft und Staatseigentum A.S. Ermolov (1846–1917). Daneben gibt es Zeichnungen von Bergbewohnern in ihren traditionellen Kostümen und das Porträt Fëdor Tornaus, des berühmtesten russischen Forschungsreisenden in der Region, der zugleich Kundschafter im Auftrag des Zaren war. Seine Erinnerungen sind eines der wenigen authentischen Zeugnisse vom Leben der Ubychen während des Kaukasuskrieges.

Zu den Exponaten gehören außerdem Ansichtskarten und Fotos von den Anfängen des Kurortes bis in die Gegenwart: die ersten Hotels, Parks, Kurein-

Der Kurortprospekt in Soči, als er noch Stalinprospekt hieß

richtungen, der Bürgerkrieg, Zöglinge aus der Kolonie von Anton Makarenko – Makarenko führte schwererziehbare, oft kriminelle Jugendliche durch Arbeit und das Leben in der Kommune zurück in ein geregeltes Leben –, der Bauboom in den 30er Jahren.

Zu sehen sind auch die Lazaretts während des Krieges, der legendäre Doktor Šukov, der durch Hypnose heilte, Paul Robeson in Soči, der produktivste, im Sanatorium ›Rus'‹ praktizierende und forschende Arzt, Prof. N.A. Gavrikov – mehr als 200 Patente über Behandlungsmethoden und medizinische Geräte gehen auf ihn zurück –, die Entwicklung Macestas und die Mineralwasser von Soči.

Im Vestibül finden wechselnde Ausstellungen einheimischer Künstler statt.

Eine weitere Sehenswürdigkeit in Chosta ist ein kleines privates Museum, das Pëtr Sapel'kin, ein Nachfahre der Kosaken, die sich in dieser Gegend angesiedelt haben, auf eigene Initiative betreibt. Es besteht aus nur einem Raum – Erweiterungen sind geplant – und befindet sich in der ul. Platanovaja, nur einige Schritte entfernt vom Bahnhof. Neben Gemälden, einer Ikone, Bildern und Fotos aus dem Leben der Kosaken, alten Dolchen und Kostümen sowie dem Original eines Erlasses von Peter dem Großen aus dem Jahre 1699 befindet sich hier eine kleine Münzsammlung, von denen die älteste aus der Zeit Aleksandr des Großen, der in Rußland Aleksandr Makedonskij genannt wird, stammt. Die Ornamentierung einer Zwei-Pfennig-Münze ist kunstvoll aus dem Metall geschnitten, die Arbeit eines GULag-Häftlings unbekannter Herkunft.

Vorwahl: 86 22.

Die wichtigste Agentur zur Vermittlung von Unterkünften im Ort Chosta ist ›Otdych-Chosta‹.

Museum zur Geschichte Sočis als Kurort, Führungen Tel. 65 34 85; Mai–Okt. tägl. 9–19, Nov.–April Mo–Fr 9–17 Uhr, 50 Cent.

Kosakenmuseum, ul. Platanovaja 41, Tel. 39 57 13; tägl. 9–23 Uhr.

Der Eiben- und Buchsbaumhain

Zum Hain gelangt man aus dem Zentrum von Chosta, dem kleinen Platz vor der Brücke, auf der am nördlichen Ufer der Chosta in die Berge führenden Straße. Einen Kilometer flußaufwärts befindet sich der Eingang. An der Waldgrenze weist eine Hinweistafel nach rechts zum Hain. Das Denkmal vor dem Eingang ist den sowjetischen Helden des Zweiten Weltkriegs gewidmet.

Botanische Vielfalt im Reliktwald

Der Eiben- und Buchsbaumhain auf einer Fläche von 301 Hektar gehört zum Biosphärenreservat und befindet sich als Weltnaturerbe unter der Ägide der UNESCO. Geschützt wird er seit 1931. Touristen haben in den zurückliegenden Jahren viel Unheil dort angerichtet, so daß der Zugang begrenzt ist und die markierten Wege nicht verlassen werden dürfen. Das Gelände wird von Waldhütern bewacht.

Das Einzigartige des Hains am Südwesthang des Achun besteht darin, daß sich im feuchten und warmen Küstenklima, geschützt von den Bergketten des Westkaukasus, eine subtropische Waldflora bewahrt hat, die in Mitteleuropa längst ausgestorben ist. Vor etwa 20 Millionen Jahren glich das Klima dort dem an den Hängen des Kaukasus um Soči heute. Üppige Wälder bedeckten den Kontinent. Dann veränderten die Eiszeiten Fauna und Flora in Europa grundlegend.

Mehr als 70 verschiedene Bäume und Sträucher, insgesamt über 400 Pflanzenarten, sind hier beheimatet, davon mehr als dreißig, die vom Aussterben bedroht sind. Etwa 70 Prozent gehören zu den Immergrünen. Zu den imposantesten Bäumen zählen neben Eibe und Buchsbaum die kaukasische Linde, die Orientbuche, die georgische Eiche und Stechpalmen. Diese Bäume erreichen ein Alter von 500 bis zu 800 Jahren.

Eines der wichtigsten Merkmale des kolchischen Waldes ist das dichte Unterholz, die Sträucher und die immens vielseitige Bodenvegetation. Zu den Arten, die im Roten Buch der Russischen Föderation aufgeführt sind, gehören kolchische Schlehen und die karische Feige, beides Relikte. Eine weitere Besonderheit des Waldes sind die Lianen, Moose, Baumfarne und der von den Zweigen herabhängende Efeu, die ihm die üppige Fülle verleihen.

Im Hain gibt es eine durch Verwitterung und Ausspülung des Kalksteins entstandene Schlucht. Ihren Namen, Labyrinth, verdankt sie der Zick-Zack-Form. Überquert wird die Schlucht an unzugänglicher und nicht einsehbarer Stelle von einem Korridor, der durch ein Erdbeben entstanden ist.

Die Eibe ist weltweit vom Aussterben bedroht und deshalb im Roten Buch der UNESCO vermerkt. Weltweit gibt es acht verschiedene Arten, die in Europa, Ostasien und Nordamerika beheimatet sind. Die im Kaukasus vorkommende Art ist eine sogenannte Beereneibe, benannt nach den kleinen roten Beeren, die im Herbst reifen. Ihre Vorfahren stammen aus dem Tertiär. Die Eibe wächst sehr langsam, wird aber bis zu 3000 Jahre alt. Im Hain von Chosta gibt es Bäume, die lange vor Christi Geburt hier standen, sie liegen aber weitab vom Rundweg. Die älteste Eibe am Wegrand ist über 1000 Jahre alt.

Die Eibe ist der einzige Nadelbaum, der keine Zapfen und kein Harz bildet. Die Jungtriebe, Nadeln und Samen enthalten das giftige Alkaloid Taxin. Das dunkelrote, feinfasrige Holz der Eibe ist hart, elastisch, wasserabweisend und fault nicht. Erzeugnisse aus Eibenholz überdauern Jahrhunderte. Es eignet sich aufgrund seiner Konsistenz und seiner roten Färbung hervorragend zum Bau von Musikinstrumenten, für Möbel und wertvolle Schnitzereien. Man findet Paneele aus Eibenholz in Eisenbahnwaggons, Schiffen, Flugzeugen und als Armaturen von Limousinen.

Im Vergleich zu den Eiben stirbt der strauchartige Buchsbaum jung – im Alter von rund 600 Jahren. Er ist ebenfalls ein Relikt aus vortertiärer Zeit und wächst am Kaspischen Meer und am Mittelmeer, in Nordafrika und in Japan. Er liebt den Schatten und fühlt sich am wohlsten unter den dichten Kronen hochstämmiger Laubbäume. Man findet ihn in tiefen Schluchten mit feuchtwarmer Luft und an steilen Hängen. Der Buchsbaum hält den Rekord unter den Langsamwachsenden, er wächst nicht mehr als drei bis vier Zentimenter im Jahr in die Höhe; im Umfang des Stammes nur einen Millimeter jährlich. Er blüht nur alle 20 Jahre. Seine Blüten sind klein und gelb, die Früchte grün. Noch nicht ausgereift, sondern sie einen zuckerhaltigen Nektar ab – der köstlichste Honig überhaupt, wie Kenner behaupten.

Buchsbäume sind immergrün. Sie verlieren ihre Blätter zwar alle zwölf Jahre, aber Ent- und Wieberbelaubung geschehen allmählich.

Das Holz des Buchsbaums gehört zu den teuersten Sorten und wird nicht in Kubikmetern, sondern nach Gewicht – nicht in Tonnen, sondern in Kilogramm – verkauft. Das Buchsbaumholz ist mattgelb, außergewöhnlich fest und läßt sich leicht polieren. Im von magnetischen Störungen heimgesuchten hohen Norden ersetzt das Holz metallische Teile in hochpräzisen Uhren und Meßinstrumenten. Im Buchdruck wird es für die Druckstöcke besonders wertvoller Bücher verwandt.

Das wichtigste Kennzeichen für einen gesunden kolchischen Wald sind die an den Bäumen wachsenden Moose. Sie schützen die Bäume vor zu großer Ausdünstung in den trockenen Jahreszeiten und extremen Temperaturschwankungen. Als während des Krieges das Verbandmaterial in den Lazaretten von Soči knapp wurde, schnitten die Menschen das Moos von den Bäumen, mit dem sie dann die Wunden der Soldaten bedeckten. Die Moose wirken desinfizierend und schenken

Feuchtigkeit. Um so bedenklicher ist es, daß sie an den Bäumen in den letzten Jahrzehnten ihre Kraft zu verlieren scheinen. An vielen Stellen sind die früher von dichtem Pelz bedeckten Stämme heute kahl; das Moos fühlt sich trocken und schlaff an, selbst nach regenreichen Wochen. Auch dieser Wald ist also durch die zunehmende Urbanisierung der Küste und globale Klimaveränderungen in Gefahr.

Der Rundgang durch den Hain nimmt, ohne große Pausen, etwas mehr als eine Stunde in Anspruch. In der Hochsaison drängen sich die Touristengruppen auf dem betonierten, nur an wenigen Stellen natürlichen Pfad. Die wichtigsten Arten sind auf Tafeln mit ihren russischen und lateinischen Namen benannt. Es bedarf einer Sondergenehmigung, wenn man auch die anderen Teile des Waldes besichtigen möchte. In den 70er Jahren war ein weiterer, natürlicher Pfad angelegt worden, der aber bald wieder aufgegeben wurde, da die Besucher zu viele Schäden angerichtet hatten. Es ist ein beschwerlicher, teilweise in den Fels gehauener und weitgehend wieder verwachsener Weg, der an den Ruinen einer 1500 Jahre alten Festung vorbeiführt. Die mächtigsten und ältesten Bäume des Hains wachsen hier: eine 2000 Jahre alte Eibe, 400 bis 500 Jahre alte, von noch immer dichten smaragdgrünen Moosen bewachsene Buchsbäume, Linden von bis zu neun Metern Umfang.

Am offiziellen Zugang zum Hain befindet sich ein kleines Museum zur Tierwelt des Biosphärenreservats.

Eiben- und Buchsbaumhain, Tel. 65 00 97, Fax 44 52 65; 1,50 Euro, tägl. 9–18 Uhr, Einlaß bis 18 Uhr.

Die Voroncovhöhlen

Mit dem Bus 128 vom Bahnhof oder von der Haltestelle vor der Brücke gelangt man aus Chosta in die Tiefe des Tales. Die Straße schlängelt sich entlang von Gärten, Wein- und Teeplantagen. Der Bus endet in dem Ort Kalinovoe Ozero (Калиновое Озеро, 400 Meter über dem Meer). Die Straße führt weiter nach Voroncovka (Воронцовка). Hinter dem Denkmal für während des Krieges gefallene sowjetische Piloten befindet sich ein Parkplatz, an dem ein Pfad beginnt, der zu den Voroncovhöhlen führt. Sie liegen an den Hängen des Bergmassivs des Alek (1050 Meter), das sich in 16 Kilometern Entfernung vom Meer parallel zu diesem erhebt. An den Hängen des Alek haben die Flüsse Psacho, Macesta, die östliche und die westliche Chosta sowie die Kudepsta ihren Ursprung. Die Berghänge sind verkarstet und durchzogen von Dutzenden Höhlenmassiven mit einer

Tiefe von bis zu 500 Metern und einer Länge bis zu 6,5 Kilometern. Die Höhlen sind zum großen Teil erforscht und mit ihren Schächten, Gängen, unterirdischen Wasserfällen und Sälen ein Mekka für Höhlenforscher und Speläologen. Die wenigsten von ihnen sind ohne alpinistische Ausrüstung und entsprechende Erfahrung zugänglich. Aber einige Reiseagenturen bieten Touren durch die Höhlenmassive auch für Anfänger an.

Die obere Etage der Voroncovhöhle ist für Touristen erschlossen und ausgeleuchtet. Exkursionen werden überall in Soči angeboten.

Ebenfalls mit dem Bus 128 gelangt man zum Dorf Krasnaja Volja (Красная Воля, Roter Wille). An der Haltestelle ul. Lesnaja befindet sich der Ausgangspunkt für Wanderungen entlang der Weißen Felsen (Belye Skaly) und zum Navališinskij Canyon, der sich zu Füßen des Felsmassivs in das Gestein gegraben hat. An seiner engsten Stelle ist die Schlucht nicht mehr als drei Meter breit; die die Chosta hier einzwängenden Felswände steigen bis zu 100 Meter in die Höhe. Benannt ist der Canyon nach einem der russischen Umsiedler, der auch dem in seiner Nähe gelegenen Dorf den Namen gegeben hat.

Ein etwa 500 Meter langer Fußweg führt durch einen Wald aus Eiben, Buchsbäumen, Buchen, kaukasischen Linden, Hagebuchen und Ulmen in die Tiefe des Canyons. An warmen sonnigen Tagen kann man hier baden, in der Sonne liegen oder mit einem Boot den Canyon erkunden.

Eine andere etwa zwei Kilometer lange Route, führt landeinwärts, parallel zur Chosta, über einen von den ersten Umsiedlern benutzten Fahrweg, an dem Höhlen, Mineralquellen und eine türkische Brücke liegen. Man kann diesen Weg zu Fuß, auf dem Rücken eines Pferdes oder aber mit dem Auto zurücklegen.

Die Korkeichenplantage

Die Korkeichenplantage befindet sich in der Nähe eines kleinen Ortes, den die Einheimischen ›Probka‹ nennen, nach dem russischen Namen der Korkeiche (probkovyj dub), der aber eigentlich Dubravnoe heißt. Man gelangt zu ihr mit dem Bus 129, der etwa stündlich vom Bahnhof und von dem kleinen Platz vor der Brücke verkehrt. Die Straße führt steil in die Berge, vorbei am Sanatorium ›Progress‹ und erreicht dann den Kamm des südlich von Chosta gelegenen Bergmassivs. Man verläßt den Bus an der zweiten Haltestelle in ›Probka‹ und läuft ein paar Schritte entgegengesetzt der Fahrtrichtung. Hinter dem Haus Nummer 36 zweigt ein schmaler Pfad nach links Richtung Meer ab. Diesen nehme man und gelangt in einen Laubwald. Wenn man ungefähr die Richtung hält, stößt man nach etwa zehn Minuten auf den geheimnisvollen Opferstein, der in Form eines aus einem riesigen Felsbrocken geschlagenen Thrones auf eine geheimnisvolle Vergangenheit verweist.

Man vermutet, daß es sich bei diesem Felsgebilde um einen Zeitgenossen der Dolmen aus dem Megalith handelt. Ob hier wirklich Opfer gebracht wurden, wie die Wissenschaft vermutet, oder aber die Ähnlichkeit mit einem Thron nicht ganz zufällig ist, darüber wird viel spekuliert. Dem Stein gegenüber befinden sich die Überreste eines unter Laub verborgenen Schmelzofens aus der gleichen Epoche.

Die kleine Lichtung um den Ort wird von Pyramidenpappeln und anderen exotischen Baumarten umrahmt. Einst befand sich hier ein Park, der als Testplantage für die Adaption verschiedener Pflanzen aus aller Welt gedacht war. Der Park ist heute von der ursprünglichen Vegetation des Kaukasusvorlandes überwuchert. Eine Allee aus Zypressen längs eines Teiches, Pyramidenpappeln, Bambushaine, die aus Südamerika stammende Korkeiche, Haine aus Mammutbäumen (Sequoia), die es an der Küste nur hier und im Dendrarium von Soči gibt, sibirische Zedern, Mimosen, und viele andere exotischen Pflanzen, wie Inseln inmitten des ›gewöhnlichen‹ Waldes, schaffen eine wahrhaft atemberaubende Atmosphäre. Sie zu finden, braucht es etwas Geduld und das Glück des Suchenden. Einheimische findet man im Wald fast immer, und es wäre verwunderlich, würden sie einem nicht den Weg zeigen. Außerdem kann man sich an einen Waldhüter wenden, der in gebrochenem Deutsch für ein kleines Entgelt eine Führung anbietet. Er heißt Roman Lasjuk und wohnt in der Siedlung im Haus Nr. 37.

Nach Kudepsta gelangt man auf einem bequemen Fußweg, wobei man sich rechts des den Hang herabfließenden Baches hält. Der Abstieg endet an einem Betonwall an den zwei letzten Häusern von Kudepsta, ganz in der Nähe der Endhaltestelle der zwischen Soči und Kudepsta verkehrenden maršrutka 122 und der von Adler kommenden maršrutka 61. Wählt man den unbeschwerlichen, etwa eine halbe Stunde dauernden Aufstieg aus Kudepsta, so ist auch dieser nicht schwer zu finden. Mit dem Rücken zum Meer, stehen rechts von der Straße zwei Hochhäuser. Man gehe links an ihnen vorbei, steige über die Betonbrüstung und folge dem Weg den Hang hinauf. Der geradezu gelegene Gebäudekomplex, an dem der Pfad vorüberführt, ist ein Internat für Kinder aus den umliegenden Ortschaften und im Sommer ein Ferienlager.

Kudepsta

Kudepsta (Кудепста) liegt zwischen Chosta und Adler im Tal des gleichnamigen Bergflusses. Vom Bahnhof in Soči bis Kudepsta sind es 17 Kilometer. Bis oder über Kudepsta verkehren die maršrutki 122 und 143. Die Stadt ist ein Park, in dem mehrstöckige Wohnhäuser eine Stimmung zwischen Stadt- und Landleben schaffen. Es geht hier ruhiger zu als in den umliegenden Orten; in Nähe des Meeres wird jedoch viel gebaut. An der Mündung der Kudepsta ins Schwarze Meer befin-

Am Strand des Kindersanatoriums in Kudepsta

det sich eine kleine Werft. Auf der gegenüberliegenden, nördlichen Seite liegen zunächst der städtische Strand, dann der des Kindersanatoriums, hinter welchem man auf einem schmalen Pfad zu Füßen der Eisenbahnlinie zu einem mit Restaurant, Liegen und Schattenspendern gut ausgestatteten weiteren Bad gelangt. Die großen Erholungsheime in Kudepsta, ›Kudepsta‹ und ›Burgas‹, bieten vor allem zwei- bis dreiwöchige Urlaubsaufenthalte mit Vollpension an.

Am Strand von Adler

Adler

Kudepsta geht fließend in den südlichsten Ort von Groß-Soči, Adler (Адлер) über. Vom Bahnhof Soči bis zum Bahnhof Adler, an dem alle interregionalen Züge nach Soči enden, sind es 22 Kilometer. Zudem befindet sich in Adler der einzige Flughafen der Region. Er wird zur Zeit ausgebaut. Wie lange dieses ›zur Zeit‹ noch dauern wird, ist nicht absehbar. Einer der Gründe, warum Flüge, innerrussische und internationale, an die russische Schwarzmeerküste noch immer so immens teuer sind, hat mit seiner begrenzten Aufnahmekapazität zu tun. Die Landebahn liegt in einer von Bergen umrahmten Ebene. Die einzige Einflugschneise führt vom Meer hinein und auf das Meer hinaus.

Wer sich entschließt, in Adler seinen Urlaub zu verbringen, der zieht die flache Küste des Ortes dem hügligen Soči vor. Mehr noch aber ist es die Nähe zum einzigen Tor in den Kaukasus, der Straße nach Krasnaja Poljana, die die Urlauber anzieht.

Der Fluß, an dessen rechtem Ufer Adler gelegen ist, heißt Mzymta, was im Adygeischen die ›Rasende‹, ›Schäumende‹ bedeutet. Die Mzymta nimmt ihren Ursprung in 2980 Metern Höhe an den Südhängen des Großen Kaukasus. Relief und Wasserreichtum machen sie zum begehrtesten Ort für Abenteuertourismus, wie er von Agenturen in Soči angeboten wird: Floß- und Katamaranfahrten verschiedener Länge und Adrenalinausstoß.

Ein Geheimnis ist bis heute die Herkunft des Ortsnamens. ›Adler‹ hat nichts mit dem Raubvogel zu tun. Eine der ethymologischen Theorien bezieht sich auf das abchasische ›artlar‹, was ›Anlegestelle‹ bedeutet. Eine andere Theorie leitet den Namen des Ortes vom Namen des abasinischen Adelsgeschlechts der Aredba ab. ›Ardlij lar‹ bedeutet in der Sprache der Einheimischen ›die Leute Aredbas‹. Aus der für die russische Zunge komplizierten Wortverbindung wurde ›Adler‹.

Geschichte

Ungefähr im Einzugsgebiet der Flüsse Chosta und Kudepsta befand sich die Grenze zwischen den Siedlungsgebieten der Ubychen im Norden und der Szadsen (Abasiner) im Süden. Anfang des 19. Jahrhunderts befand sich im Tal der Mzymta eine der größten Siedlungen der Aredba, Ardijkuadž, mit 430 Höfen. Die Menschen betrieben Gartenbau und Landwirtschaft und handelten mit den Türken. Die von der Mzymta gebildete Landzunge wurde von den Einheimischen Liasch oder Liesch genannt.

Die Geschichte des russischen Adler beginnt 1837 mit der Anlandung russischer Marineinfanteristen, die sich mit den Einheimischen ein blutiges Gemetzel lieferten. Die 44 Kanonen des Landungsschiffes, der Fregatte ›Anna‹, entschieden die Schlacht. In ihr fiel eine der berühmtesten Persönlichkeiten Adlers, der Dekabrist und Dichter Aleksandr Bestužev-Marlinskij. Er gehörte zu jenen Adligen, die sich im Dezember 1825 gegen die Thronfolge Nikolaj I. erhoben hatten, den Dekabristen. Der Aufstand wurde niedergeschlagen; Hunderte Verschwörer verbannt. Viele von ihnen beteiligten sich als gemeine Soldaten am Kaukasuskrieg. Als Patrioten wollten sie sich einerseits rehabilitieren und hegten als Aufklärer andererseits die Illusion, den Bergvölkern Kultur und Bildung bringen zu können.

Die Russen gründeten an der Mündung der Mzymta ein Fort, dem sie den Namen ›Heiliger Geist‹ gaben; 1854 wurde es nach der Niederlage im Krimkrieg für zehn Jahre aufgegeben. Nach der Vertreibung der Adygeer vollzog sich die Neubesiedlung schleppend. Die südlich der Mzymta gelegenen Sümpfe waren ein idealer Brutplatz für die Anopheles, eine Mückenart, die Malaria überträgt. Lange Zeit galt Adler deshalb als für eine Kur nicht nur keinesfalls geeignet, sondern sogar gefährlich. Die Menschen hier nannten die Gegend südöstlich des Ortes ›Tal des Todes‹.

In den Sümpfen hatte sich aber auch eine einmalige Flora erhalten, unter ihnen gigantische Baumfarne, direkte Nachkommen der Riesenfarne aus dem Steinkohlezeitalter. Die letzten Exemplare dieser Art im Gebiet von Adler verschwanden in den 60er Jahren des vorigen Jahrhunderts als Folge langwieriger Meliorationsarbeiten.

Der Kampf gegen die Malaria wurde in den 20er Jahren aufgenommen und dauerte mehr als 30 Jahre. Einer der Protagonisten in dieser Bataille war der Arzt Sergej Sokolov, nach dem auch eine Straße in Soči-Stadt benannt ist. Im Umkreis der Sümpfe wurden Trauerweiden und Eukalyptusbäume angepflanzt, die den Boden entwässern. Zudem sondern die Eukalyptusbäume ätherische Substanzen ab, die wie ein natürliches Antibiotikum wirken. In der Uferzone ließ Sokolov fleischfressende Pflanzen anbauen, die sich von den Larven der Malariamücke ernähren. In den Sümpfen und stehenden Gewässern setzte man lebendgebärende Fische, Gambusen, aus, ein weiterer natürlicher Antagonist der Anopheles. Die für die Vermehrung der Mücke günstigsten Gräben und Bäche wurden mit Erdöl ›versiegelt‹. Der auf dem Wasser sich bildende Film gab den Insekten keine Überlebenschance, aber die Radikalkur vernichtete auch andere Lebewesen, weshalb sie von vornherein umstritten war. Im Herbst 1956 war der Kampf gegen das Sumpffieber entschieden. Die Botaniker bedauern bis heute den Verlust der einmaligen Flora, zumal auch weiter südlich, in der georgischen Provinz Imeretien, die sumpfigen kolchischen Wälder trockengelegt wurden und auch dort die einzigartige präpleistozäne Pflanzen- und Tierwelt unwiderruflich verlorengegangen ist.

Ende der 50er Jahre gab es in Adler 300 Betten für Urlauber und Kurgäste. So viele gibt es heute in fast jeder Straße am Meer. Seit 1961 ist Adler Teil des Kurortes Groß-Soči. In den folgenden 20 Jahren entstanden die großen Bettenhäuser für Hotels und Sanatorien entlang der Küste, das Delphinarium, die touristische Infrastruktur und vor einigen Jahren der Aquapark ›Amfibius‹.

Ein Stadtrundgang

Nach Adler gelangt man von Soči mit der ėlektrička, dem Vorortzug, oder aber mit den maršrutki 100, 105, 123 und 124, 143, 187. Die maršrutka 105 fährt bis zum Flughafen und von dort aus weiter zur Forellenzucht.

Um den nördlichen Teil von Adler zu erkunden, fährt man mit einer beliebigen maršrutka bis zur Haltestelle des Delphinariums und sieht sich dort um: Sanatorien, Hotels, Erholungsheime, kleine Parks, der Strand und der Aquapark ›Amfibius‹ am Erholungsheim ›Vesna‹ (Frühling) [2].

Das Delphinarium von Adler befindet sich an der Kreuzung der Straßen ul. Allejnaja und der ul. Prosveščenija. Die amüsanten Vorstellungen der Delphine und Meerkatzen sind im Juli und August in der Regel ausverkauft. In den verschiedenen Orten von Soči bieten Reiseagenturen Exkursionen ins Delphinarium an. Der Preis liegt nur wenig über dem für die Eintrittskarte.

Händlerinnen vor dem Markt in Adler

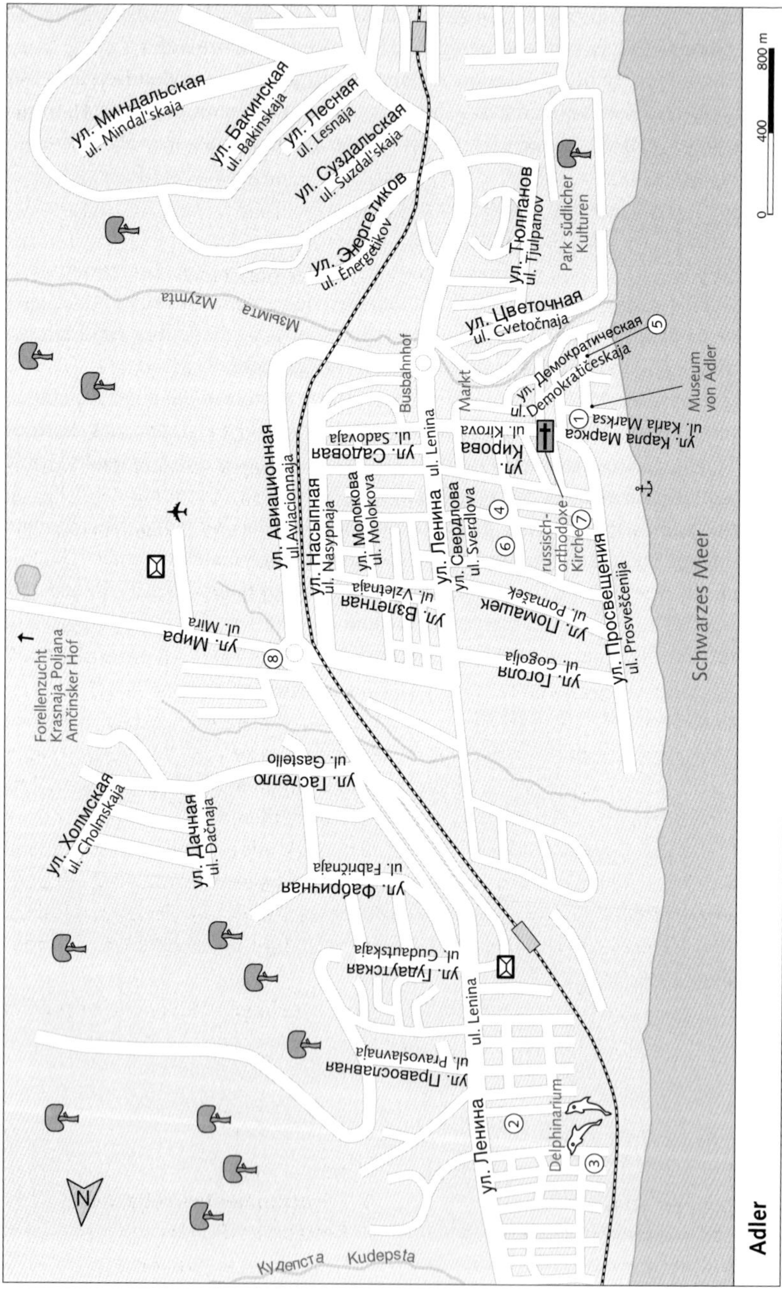
Adler
ул. Миндальская
ul. Mindal'skaja
ул. Бакинская
ul. Bakinskaja
ул. Лесная
ul. Lesnaja
ул. Суздальская
ul. Suzdal'skaja
ул. Энергетиков
ul. Ėnergetikov
ул. Тюлпанов
ul. Tjulpanov
Park südlicher Kulturen
ул. Цветочная
ul. Cvetočnaja
ул. Демократическая
ul. Demokratičeskaja
Museum von Adler
ул. Карла Маркса
ul. Karla Marksa
Мзымта
Mzymta
Busbahnhof
Markt
ул. Кирова
ul. Kirova
ул. Садовая
ul. Sadovaja
ул. Авиационная
ul. Aviacionnaja
ул. Насыпная
ul. Nasypnaja
ул. Молокова
ul. Molokova
ул. Ленина
ul. Lenina
ул. Свердлова
ul. Sverdlova
russisch-orthodoxe Kirche
ул. Просвещения
ul. Prosveščenija
Schwarzes Meer
ул. Взлетная
ul. Vzletnaja
ул. Помашек
ul. Pomašek
ул. Мира
ul. Mira
ул. Гоголя
ul. Gogolja
Forellenzucht
Krasnaja Poljana
Amčinsker Hof
ул. Гастелло
ul. Gastello
ул. Холмская
ul. Cholmskaja
ул. Дачная
ul. Dačnaja
ул. Фабричная
ul. Fabričnaja
ул. Гудаутская
ul. Gudautskaja
ул. Православная
ul. Pravoslavnaja
Delphinarium
Кудепста
Kudepsta
N
0
400
800 m

In der Umgebung der drei Bettenhäuser des Hotelensembles ›Adler-Kurort‹ [3] befindet sich ein Kinderspielplatz. Sein Schöpfer ist der georgische Künstler Surab Zereteli, der in den 90er Jahren für einige künstlerische Untaten in Moskau, unter anderen das Flottendenkmal auf der Moskva, überschwengliches Lob und harsche Kritik zugleich bekam. Hier in Adler hat er den Kindern ein künstlerisches Phantastikon hinterlassen, das in den letzten Jahren restauriert wurde.

Das Gelände von Bahnhof und Hafen unterbricht die Strandpromenade, aber nicht die ul. Lenina, die unbeirrt die ganze Stadt durchzieht. Adler ist zu groß, als daß ein Spaziergang von Nord nach Süd entlang der stark befahrenen Straße reizvoll wäre. Deshalb kann man auch mit den maršrutki 100, 125 und 187 bis zum Markt vor der Brücke über die Mzymta fahren und sich von dort aus den gemütlichen, älteren Teil des Ortes anschauen, dessen Strandpromenade 2003 restauriert wurde.

Auf dem kleinen, ländlichen Markt bekommt man fast alles und zu Preisen, die unter denen von Soči-Stadt liegen, unter anderem Honig aus Abchasien, Gewürze aus Georgien, frisches Obst und Gemüse. Am Eingang warnt ein Schaukasten vor Fälschungen. Die Preise zu vergleichen, zu probieren und zu handeln lohnt die kleine Mühe, wenn man nicht als Ausländer und Greenhorn Geld und Ansehen verlieren möchte. Einige Händler bieten Kognak und hausgekelterte Weine aus Georgien an.

Vom Marktplatz zum Meer gelangt man über die ul. Demokratičeskaja. Nach etwa 300 Metern zweigt halbrechts die ul. Karla Marksa ab, die unlängst zu einer Fußgängerzone ausgebaut wurde. Hier befinden sich das Museum von Adler und im gleichen Gebäude die Verwaltung des Biosphärenreservats. Schräg gegenüber hat 2004 in der zweiten Etage eines Wohnhauses ein Internetcafé [1] eröffnet. Die Schautafeln entlang der Fußgängerzone stellen verdienstvolle Persönlichkeiten von Adler vor. Linker Hand liegt der Bestuževpark mit mächtigen Platanen und dem Denkmal für den Dekabristen, an dessen Rand sich die armenische Kirche des Ortes befindet. Dort wo die ul. Karla Marksa von der ul. Demokratičeskaja abzweigt, entdeckt man eine andere kleine Parkanlage mit einer russisch-orthodoxen Kirche.

Geradezu gelangt man zur Uferpromenade. An einigen Stellen, besonders im südlichen Teil, ist der Sand sehr fein. Tagsüber wird hier gebadet, abends gefeiert.

Legende

1 Internetcafé
2 Erholungsheim ›Vesna‹
3 Hotelensemble ›Adler-Kurort‹
4 Hotel ›Korcar‹
5 Hotel ›Vakir‹
6 Privatzimmer bei Tëtja Sonja
7 Restaurant ›Pontos‹
8 Restaurant ›Ostrovok‹

Entlang der gesamten Uferanlage befinden sich Restaurants und Cafés. Nach Norden hin wird es Schritt um Schritt ruhiger. Hier wird noch gebaut; die Baustellen gehen in Ruinen über, die von den desaströsen Zeiten des Umbruchs erzählen und an die häufigen Herbst- und Winterstürme gemahnen.

Das Museum von Adler

Das Heimatmuseum von Adler in der ul. Karla Marksa 8 existiert seit 15 Jahren. Zu seinen Schätzen gehören mehr als 17000 Exponate, von denen zum Bedauern der sehr freundlichen Mitarbeiter wegen des Platzmangels nur ein Bruchteil ausgestellt werden kann.

Ein Spaziergang durch die Räume des Museums ist ein Ausflug in die Geschichte: von den ersten Menschen über Dolmen und Opfersteine zu den Adygeern und von diesen zum Kaukasuskrieg und den Umsiedlern.

Einiges Wissenswertes erfährt man über die im Tal der Mzymta ausgegrabenen Überreste der Apšinsker Festung im Oberlauf des Flusses sowie über die Ruinen einiger lange vor dem Kaukasuskrieg aufgegebener orthodoxer Klöster.

An der linken Wand des zweiten Raumes hängt eine Ikone aus dem 17. Jahrhundert, die Spuren eines Brandes aufweist. Sie wurde vor einigen Jahren auf dem Dachboden eines Hauses in der Nähe von Adler gefunden. Wie Expertisen ergaben, ist das Holz, auf dem die Farbe aufgetragen wurde, Kastanie. Die Ikone war für kirchliche Zwecke gedacht. Ein Restaurateur, der die Brandspuren beseitigen sollte, meinte, daß dies nicht nötig sei, da sich die Ikone von selbst regenerieren würde. Seit zwei Jahren hängt sie im Museum, und die Worte des Restaurateurs bewahrheiten sich.

Der nächste Raum beginnt mit dem Bürgerkrieg und endet 1940. Rechts neben dem Eingang hängt ein Gemälde, das eine türkische Haremszenerie darstellt. In einer Vitrine daneben stehen ein wertvoller, auf vielen internationalen Ausstellungen preisgekrönter Samovar neben emaillebeschichtetem Metallgeschirr, das auf Schiffen benutzt wurde. Die drei Stücke stammen vom Zoll und wurden irgendwann in den 90er Jahren als Schmuggelgut beschlagnahmt. Im Falle des teuren Samovars und des historischen Bestecks eine nachvollziehbare Entscheidung; aber das kitschige Gemälde?

Die jüngste Erwerbung des Museums ist ein acht Kilogramm schweres Knochenfragment, das Jungen beim Spielen in einem Tal im Mai 2004 fanden. Die endgültigen Ergebnisse der Expertise stehen noch aus, aber wahrscheinlich handelt es sich dabei um die Überreste eines Dinotheriums, eines Zeitgenossen der Dinosaurier, mit einem Alter von ungefähr 150 Millionen Jahren. Dinotherien waren mittel- bis elefantengroße Rüsseltiere mit rückwärts gebogenen Stoßzähnen.

Der Park südlicher Kulturen

Die Uferpromenade und der gesamte Stadtbezirk zwischen Markt und Schwarzem Meer liegt am rechten Ufer der Mzymta. Biegt man, kurz bevor die ul. Demokratičeskaja in die Fußgängerzone der ul. Karla Marksa übergeht, in eine der Nebenstraßen Richtung Süden ein, gelangt man auf einen großzügigen Platz, auf dem sich ein Kriegsdenkmal befindet. Die pathetische überzogene Pose der drei Figuren des Monuments rief die Spötter auf den Plan, weshalb der Ort von den Jugendlichen als ›Platz der drei Junkies‹ bezeichnet wird. Hinter dem Denkmal quert eine Fußgängerbrücke die Mzymta, von der man bei klarem Wetter einen großartigen Blick auf die Bergketten des Kaukasus hat.

Nimmt man hinter der Brücke den betonierten Pfad, der nach rechts abzweigt, gelangt man auf eine Straße längs des Strandes, an der sich, ein wenig versteckt, nach 500 Metern der Eingang zum Park der südlichen Kulturen befindet. Er ist einer der schönsten Parks in Soči, obwohl oder gerade weil er Anfang des Jahrtausends von einem Wirbelsturm heimgesucht wurde, der in nur einer Minute bis heute nicht vollends behobenen Schaden angerichtet hat. Es ist dies nicht nur, aber vor allem ein Park für Verliebte. Auf Pfaden und Wegen wandelt man unter Bäumen, durch Alleen, entlang von Rosenhecken und Blumenrabatten durch eine bezaubernde Parklandschaft.

Im östlichen Teil des Parks befindet sich eine Erhebung; das übrige Gelände ist eben. Ungeachtet einiger Elemente im französischen Stil ist dies vor allem ein Landschaftspark. Zwei kleine Teiche und der Wechsel zwischen offenen und immergrünen waldähnlichen Teilen verleihen ihm sein unverwechselbares Gesicht. Ursprünglich auf einem Territorium von zwölf Hektar gelegen, wurde er in den beiden letzten Vorkriegsjahren um fünf weitere Hektar erweitert. Der Kauf der Pflanzen wurde aus dem Verkauf der sowjetischen Anteile an der Ostchinesischen Eisenbahn finanziert. Zu den Pflanzen gehörten japanischer Ahorn, japanische Kirsche (sakura), japanische Sicheltannen (Cryptomeria) sowie eine immergrüne fernöstliche Magnolie, eine beeindruckende baumhohe Pflanze. In den 50er Jahren wuchs der Park um einen Eukalyptushain mit verschiedenen Sorten dieses in Australien beheimateten Baumes.

Leider befindet sich auch dieser Park in Gefahr. Dafür verantwortlich sind die Abgase der Flugzeuge, die häufigen Stürme, die in manchen Wintern unter minus zehn Grad sinkenden Temperaturen sowie die betonierte Straße am Ufer, die den Wasserkreislauf behindert.

Neben dem westlichen Ausgang zum Meer gibt es noch zwei weitere Möglichkeiten, den Park zu betreten. Der Haupteingang befindet sich im Osten, in Richtung der Straße von Adler nach Psou, dem Grenzort zu Abchasien, die man nach nur wenigen Metern Fußweg durch eine Siedlung aus Einfamilienhäusern

Feijoablüte im Park südlicher Kulturen

erreicht. Von dort aus verkehren die maršrutki Richtung Adler und weiter nach Soči. Oder aber man nimmt den Ausgang Richtung Norden, der zur Fußgängerbrücke über die Mzymta führt, und gelangt über diese zurück nach Adler.

Forellenzucht und Amčinsker Hof

Eine der Sehenswürdigkeiten von Adler, zu der wohl alle Tourismusagenturen von Soči Exkursionen anbieten, ist die Forellenzucht. Zu dieser an der Straße nach Krasnaja Poljana gelegenen Anlage gelangt man aus Soči mit der maršrutka Nummer 105.

Die ersten Forellenzuchtbetriebe in Rußland entstanden in den 40er Jahren des 18. Jahrhunderts. Mit der Entdeckung von Methoden zur künstlichen Befruchtung der Fische wurde die Forellenzucht zu einem modischen Industriezweig.

Der Zuchtbetrieb von Adler besteht seit den 30er Jahren des 20. Jahrhunderts. Die Wasser der Mzymta, ihrer Nebenflüsse und die vielen kleinen von den Gebirgshängen fließenden Bäche sind das Reservoir, das für die Forellenzucht unbedingt vonnöten ist. Die Tiere können nicht in stehenden Gewässern gehalten werden; die Wassertemperatur darf zwölf Grad nicht übersteigen. Da die Mzymta bei starken Regenfällen große Mengen Schlamm führt, wird das für die Forellenproduktion benötigte Wasser aus einer Tiefe von 40 Metern in die 80 Teiche gepumpt.

An einem Teich auf dem Territorium der Zuchtanlage können bequeme Angler ihren Fisch aus dem Wasser ziehen und zubereiten lassen oder mitnehmen. Diese Art des ›Angelns‹ ist überall an der Küste beliebt. Im griechisch geprägten Fischrestaurant ›Kan'on‹ werden die gemästeten Forellen zubereitet. Es gehört zu den beliebtesten Ausflugszielen. In den Abendstunden finden oft Konzerte mit griechischer Folklore statt.

In der Nähe von Adler, unweit der Forellenzucht, an der Chaussee nach Krasnaja Poljana befindet sich ein armenisches Kulturzentrum, der Amčinsker Hof (Amčinskij Dvor). Es ist untergebracht in einem einer Arche nachempfundenen Schiff auf dem Trockenen und erinnert so an den Ruhm der Armenier, den Berg ihr eigen zu nennen, auf dem Noahs Schiff gestrandet ist. Der Ararat liegt heute auf türkischem Staatsgebiet. Mit gutem Recht kann man Adler als armenische Enklave bezeichnen, denn der Anteil der Armenier an der Gesamtbevölkerung ist bedeutend. Die meisten kleinen Hotels, Cafés und Restaurants zwischen Markt und Uferpromenade gehören Armeniern. Das Kulturzentrum erzählt von der Besiedlung der Region durch armenische Flüchtlinge – die letzten kamen im Zuge der militärischen Auseinandersetzungen im benachbarten Abchasien –, von ihren Sitten, Gebräuchen und ihrer Kultur. Zum Kulturzentrum gehört ein

Restaurant mit armenischer Küche, das sehr zu empfehlen ist. An den Abenden finden Folklorekonzerte statt.

Zum Amčinsker Hof fährt der Bus 130 vom Busbahnhof hinter dem Markt und die maršrutka 105 aus Soči.

Neben der armenischen ist auch die griechische Diaspora in Adler präsent. In der ul. Prosveščenija befindet sich das Griechische Kulturzentrum. Im gleichen Gebäude hat vor einigen Jahren ein Restaurant geöffnet, das ›Pontos‹ [7], zu dem auch zwei Cafés gehören. Die Küche ist hervorragend; viele kommen hierher zu Familienfeiern und Geschäftsessen. In den Abendstunden gibt es Livemusik, und es wird getanzt.

Auf dem Weg von Adler zur Forellenzucht

Internetcafé [1], ul. Karla Marksa; täglich bis 24 Uhr.
Privathotels: Hotel ›Korcar‹ [4], ul. Sverdlova/ ul. Bogdana Chmel'nickogo, Tel. 441146, Tel./Fax 446869, www.korsarug.narod.ru; EZ 18–24 Euro, DZ 20–40 Euro. ›Vakir‹ [5], ul. Bestuževa 20, zwischen Bestuževpark und Mzymta, Tel. 441183; die Preise liegen hier unter dem Durchschnitt, 13 Euro/Pers., mit Verköstigung. Diese Adressen in Nähe des Stran-

des sind nur Beispiele; daneben gibt es Dutzende, ja hunderte anderer Unterkünfte in allen Preislagen.
In den parallel zur Uferpromenade verlaufenden Straßen werden in fast allen Häusern Unterkünfte angeboten; auch im Hochsommer ist fast immer noch ein Zimmer zu haben. In der Vorsaison kann man hier für 6 Euro/Pers., im August zum doppelten Preis unterkommen.
Privatzimmer bei Tëtja (Tante) Sonja [6], ul. Bogdana Chmel'nickogo 66, Tel. 44 34 11; 6–12 Euro/Person. Tante Sonjas Sohn spricht etwas deutsch.
Adlerskij Otdych, Tel. 44 53 91, info@adlerkurort.ru, kurortadler@mail.sochi.ru, adlerkurort.ru (russ.) Die Agentur vermittelt Zimmer vor allem in kleinen, privaten Hotels und Appartements. Shuttleservice von und zum Flughafen. Englischsprachige Betreuung.

Fischrestaurant ›Kan'on‹, an der Forellenzucht; 10 Uhr bis zum letzten Besucher. Das wohl beste Fischrestaurant an der Küste.
›Pontos‹ [7], ul. Prosveščenija 46, Tel. 44 50 79. Die Preise im Restaurant liegen über dem Durchschnitt, entsprechen aber dem Service.
Restaurant ›Kon Koronel‹, etwas außerhalb der Stadt, in der Siedlung Orël-Izumrud (Adler-Smaragd), ul. Petrozavodskaja 34, Tel. 45 48 41; 12–24 Uhr. Das Restaurant ist zugleich ein Ausflugszentrum. Zur Anlage gehört ein Teich, aus dem man Fische fangen und zubereiten lassen kann. Das Essen ist hervorragend, aber nicht billig. Vor allem, wenn es etwas zu feiern gibt, ist dies die richtige Adresse. Zum ›Kon Koronel‹ fahren so gut wie keine öffentlichen Verkehrsmittel. Für eine Taxifahrt sollte man nicht mehr als 4 Euro veranschlagen.
Restaurant ›Ostrovok‹ [8] (Inselchen), am Kreisverkehr, von dem die Straße zum Flughafen und nach Krasnaja Poljana abzweigt. Dicke Mauern schützen vor dem Straßenlärm. Der Innenhof, um den unter einer Galerie die Tische stehen, ist eine eklektische Mischung aus Spanien, Nordafrika und Mexiko mit kaukasischen Elementen. Es ist gemütlich, schattig und kühl. Die Innenräume sind im Stil von Jagdzimmern getäfelt. Das ›Ostrovok‹ ist vor allem bei den Einheimischen beliebt, weshalb sich die sehr freundlichen Kellnerinnen um so mehr über Touristen freuen. Auch die Preise sind erträglich.

Museum von Adler, ul. Karla Marksa 8 (Eingang in der Nebenstraße), Tel. 44 54 28; Di–So 9–18.

Delphinarium, ul. Allejnaja/ ul. Prosveščenija, Tel. 45 27 98; Kinder bis 6 Jahre frei. Vorstellungen tägl. 10.30, 16 und 18 Uhr.

Durch den bereits vor Jahrtausenden besiedelten Kaukasus führte der Weg vieler Handelskarawanen. Mit seinen Bergketten, Höhlen und Schluchten ist das Gebiet um Krasnaja Poljana ein Wander- und Wintersportparadies. Auch Liebhaber von Extremsport kommen hier auf ihre Kosten.

Die Hochgebirgswelt des Kaukasus'

Von Adler nach Krasnaja Poljana

Eine der ehemals malerischsten Straßen an der Küste führt von Adler entlang der Mzymta in die Berge des Kaukasus, zum Dorf Krasnaja Poljana. Diesen Weg nahmen seit Jahrtausenden Karawanen und Reisende, die vom Schwarzen Meer in den Nordkaukasus unterwegs waren. Griechen, Römer und später die Genueser erwarben dort den begehrten kaukasischen Honig, Pelze, Rauchwaren, Wachs und wertvolle Hölzer.

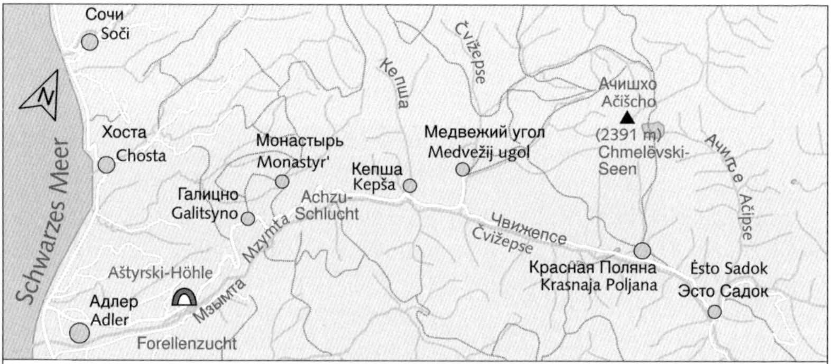

Von Adler nach Krasnaja Poljana 0 5 10 km

Mit dem Bau der 59 Kilometer langen ersten Straße vom Meer nach Krasnaja Poljana wurde 1897 begonnen. Zwei Jahre später bereits rollte der Verkehr. Mit den damals gebräuchlichen Arbeitsinstrumenten haben die Erbauer eine grandiose Arbeit geleistet. Das Tal der Mzymta ist von Felsen gesäumt, und einige Abschnitte mit engen Kurven, über hundert Meter tiefen Abgründen zur einen und überhängenden Felswänden zur anderen Seite waren wahrhaft halsbrecherisch. An manchen Stellen ist die Straße so schmal, daß sich entgegenkommende Fahrzeuge nur mit Mühe aneinander vorbeizwängen. Wer den Fahrstil der russischen Chauffeure zu schätzen weiß, hatte hier einst sein besonderes, die Nerven kitzelndes Vergnügen; für alle anderen war es ein Albtraum.

Heute ist die Straße durch Tunnelbauten nicht nur um rund zehn Kilometer kürzer als vor 100 Jahren, sie wird auch seit 1994 weiter ausgebaut. Nur ein Abschnitt von ungefähr zehn Kilometern ist noch so romantisch wie einst, aber auch hier wird bereits gebaut.

Vom Stadion in Adler verkehren fast stündlich Busse der Linie 135 nach Krasnaja Poljana. Die maršrutka 125 aus Soči endet direkt am Stadion. Wer mit den anderen Linien (100, 125 und 187) bis zum Markt fährt, unterquert die Straße durch einen Fußgängertunnel, der direkt zu dem kleinen Busbahnhof führt. Die Tickets, die bis Krasnaja Poljana etwa einen Euro kosten, erwirbt man in dem kleinen Häuschen neben den Haltestellen. Dort warten auch Taxifahrer auf Kundschaft, die Fahrt kostet 15 bis 20 Euro.

Zunächst führt die Straße vorbei am Flughafen und der Forellenzucht. Hinter der Forellenzucht zweigt die alte Straße ab in die Berge, die neue bleibt im Tal. Folgt man dem ursprünglichen Fahrweg, öffnet sich nach einigen hundert Metern ein reizvoller Blick auf das Felsmassiv am südlichen Ufer der Mzymta. Von der kleinen Aussichtsplattform führt ein Pfad zur Aštyrskajahöhle, deren Eingang 100 Meter über dem Fluß liegt. Die Höhle ist 270 Meter lang, etwa zwei Meter breit und mißt vier Meter in der Höhe. In ihr wurden die ältesten Spuren menschlicher Besiedlung in der Region gefunden. Die Höhle ist ein beliebtes Ausflugsziel, eine Exkursion nimmt etwa eine Stunde in Anspruch. Zur Höhle führt auch ein Pfad direkt von der Forellenzucht, über den man sie in ungefähr 20 Minuten erreicht.

Folgt man der alten Straße, gelangt man zu den Dörfern Kamenka (Каменка) und Galicyno (Галицыно). Unweit von Galicyno, am Kilometer 28 der alten Straße, befinden sich die Ruinen des Dreifaltigkeitsklosters und einer Festung. Etwas weiter vereint sich die alte Chaussee mit der neuen.

Der nächste Ort ist Monastyr' (Монастырь/Kloster). Von hier aus schlängelt sich die Straße durch den engsten Teil des Tals der Mzymta. Nach dem felsigen,

Manchmal wird es (noch) eng auf dem Weg nach Krasnaja Poljana

steil abfallenden Bergrücken am rechten Flußufer wird dieser Teil die Achcuschlucht genannt. Sie ist ungefähr drei Kilometer lang und 800 Meter tief. Der Abstand zwischen den Felswänden beträgt nicht mehr als 30 Meter. ›Achcu‹ bedeutet ›weißes Wasser‹, nicht deshalb, weil das Wasser der Mzymta hier besonders rein wäre – im Gegenteil. Das Bergmassiv besteht aus Kalkstein, und während der Schneeschmelze oder nach heftigen Regenfällen verwirbelt der hier rasende Fluß den Kalk und färbt sich grau. Abstrahiert man von den Narben, die der Bau der neuen Tunnel in der Landschaft hinterlassen hat, bekommt man eine Vorstellung von der Schönheit dieser einst kaum berührten Natur. Sie war die Kulisse für eine Episode eines berühmten sowjetischen Films, ›Der Brillantenarm‹ (Brilliantovaja Ruka).

Noch 2004 wurde dieser Teilabschnitt der alten Straße befahren. Die Straße war einspurig. Der Verkehr wurde durch eine Ampel geregelt, die Wartezeit betrug maximal 30 Minuten. Ein Tunnel ist seit langem im Bau und soll bis 2005 seiner Bestimmung übergeben werden. Nicht mehr lange, dann ist auch dieser letzte wilde Straßenabschnitt zivilisiert und die Reise von Adler nach Krasnaja Poljana nicht mehr als eine Autofahrt wie viele andere – sieht man einmal ab von den teilweise wunderschönen Ausblicken auf die immer näherrückenden Berge.

In der Mitte etwa dieses Straßenabschnitts entlang des Canyons, kurz nachdem die Chaussee ihren höchsten Punkt erreicht hat, neigen sich die Felsen über den in das Gestein gehauenen Weg. Man nennt diese Stück ›Pronesi, Gospodi!‹ (Bring mich hier vorbei, Gott!). Es folgen ein alter Tunnel und ein Denkmal, das hier seit 1965 steht, zur Erinnerung an einen Trupp ›Rotarmisten‹, der während des Bürgerkriegs eine Divison der ›Weißen‹ aufgehalten hat. Die gefangenen Männer, so die Legende, wurden enthauptet und ihre Leichen in die Schlucht geworfen.

Im Tal der Kepša befindet sich der Ausgang des im Bau befindlichen Tunnels. Am Kilometer 37 hat man den Abzweig nach Medvežij ugol (Медвежий угол/Bärenecke) erreicht. Aus dem kleinen Ort führt ein Bergpfad auf den Ačišcho (2391 Meter), zur metereologischen Station und zum Berghotel ›Edel‹. Medvežij ugol liegt am Bergfluß Čvižepse (Чвижепсе). Die Mineralwasser in ihrem Einzugsgebiet sind von großer Heilkraft. Bereits in den 80er Jahren war mit dem Bau eines Sanatoriums begonnen worden, doch bevor es in Betrieb ging, hörte die Sowjetunion auf zu existieren. Es ist deshalb bis heute nicht fertiggestellt. Seit kurzem befindet es sich in der Hand der Verwaltung des russischen Präsidenten, so daß dort wohl bald die ersten Gäste einziehen werden.

Hinter der Čvižepse windet sich die alte Chaussee wieder in die Berge. Die Strecke ist für den Verkehr gesperrt, die neue Straße führt entlang der Mzymta direkt nach Krasnaja Poljana. Geht man von hier aus über die alte Chaussee zurück, gelangt man zum Wasserfall ›Devič'i slëzy‹ (Jungfrauentränen).

Krasnaja Poljana

Sein mildes Klima verdankt Krasnaja Poljana dem Kaukasus und der Nähe des Meeres. Von Westen, Norden und Süden schützen die Bergketten den Ort vor kalten Winden. Vom Meer ziehen feuchte Luftmassen landeinwärts, die sich allmählich abkühlen. 1800 Millimeter Niederschlag fallen im Jahr. Die Winter sind reich an Schnee, die Sommer ebenfalls nicht trocken. Die Durchschnittstemperatur im Januar beträgt etwa ein Grad über Null, die im Juli 20 bis 22 Grad. Die niedrigsten bisher gemessenen Werte lagen bei 22 Grad Frost, die höchsten bei 38 Grad Hitze.

Dichte Wälder in der Umgebung von Krasnaja Poljana

Dichte Laubwälder wachsen auf den Hängen um Krasnaja Poljana bis in 1800 Meter Höhe. Dort gehen sie in Nadelwälder über, dann in einen von Krummhölzern bewachsenen Gürtel und noch höher in subalpine Wiesen und Matten sowie in alpine Fels- und Gletscherlandschaften. In den Wäldern, im Hochgebirge und in den Lüften ist eine artenreiche Tierwelt beheimatet, die im Biosphärenreservat geschützt wird.

Der in 550 bis 600 Meter Höhe gelegene Ort versinkt im Grün. Fast alle Häuser sind von Gärten umgeben. Besonders schön ist es hier im Frühjahr, wenn im Tal der Mzymta die Magnolien, Azaleen, die Äpfel-, Kirsch- und Granatapfelbäume blühen, und im Herbst, wenn sich das Laub der Bäume färbt und die Einheimischen ihr Obst ernten. Von Mitte Dezember bis April ist Hochsaison, dann verwandelt sich Krasnaja Poljana in einen Wallfahrtsort für Skibesessene aus ganz Rußland und in den letzten Jahren auch aus dem Ausland.

Wer Krasnaja Poljana sehen möchte, kann sich für einen überall in Soči angebotenen Tagesausflug entscheiden. Die Kosten dafür belaufen sich auf etwa sechs Euro pro Person ohne Dolmetscher. Man erhascht einen Blick auf die Berge, lernt die interessantesten Stätten im Ort kennen und kann sich mit dem Sessellift in 2000 Meter Höhe auf den Bergrücken des Aibga transportieren lassen. Oder man entschließt sich, ein paar Tage hier zu bleiben und einige Ausflüge in die schönsten Gegenden der Bergwelt zu unternehmen – zu Fuß, mit dem Jeep oder auf Pferderücken.

Geschichte

Die Menschen haben sich Schönheit und Nutzen des Ortes bereits vor Tausenden von Jahren zugänglich gemacht. In der unmittelbaren Umgebung von Krasnaja Poljana befinden sich einige Dolmen aus der Zeit des Megalith. Über die Pässe des Ačišcho und Pseašcho führten die wichtigsten Karawanenwege zwischen dem Schwarzen Meer und dem Nordkaukasus. Wenig ist aus diesen Zeiten überliefert, denn die Besitzer dieses Landes im 19. Jahrhundert kannten keine Schrift, keine Archäologie und Archive.

Bis 1864 war Krasnaja Poljana ein adygeischer Aul mit dem Namen Kbaadé. Mehrere Dutzend Familien lebten hier, die zum Stamm der Ačipsou gehörten. Sie betrieben Acker- und Gartenbau, hielten Schaf- und Rinderherden und züchteten Bienenvölker. In den Wäldern befinden sich bis heute die Überreste jahrhundertealter Obstplantagen, vor allem die berühmten adygeischen Birnen und Äpfel.

Im Mai 1864 vereinten sich in Krasnaja Poljana die Truppen von vier russischen Armeen. Am 21. Mai 1864 nach alter Zeitrechnung wurde auf einer Lichtung, dort, wo sich heute der Park befindet, ein Gottesdienst zu Ehren der russischen Waffen abgehalten. Großfürst Michail Nikolaevič, ein Bruder des Zaren Aleksandr II., unterzeichnete das Manifest über das Ende des Kaukasuskrieges. Die Einheimischen packten ihr Hab und Gut und verließen ihre Heimat. Per Dekret des Zaren erhielt der Ort den neuen Namen Romanovsk.

Ende der 70er Jahre tauchten die ersten Griechen aus dem Gebiet von Stavropol' im Nordkaukasus hier auf. Sie hatten Kunde erhalten von den brachliegenden Ländern im Tal der Mzymta, und so siedelten sich zunächst 36 Familien an. Entweder wußten sie nicht, daß der Ort Romanovsk hieß oder der Name mißfiel ihnen, jedenfalls nannten sie ihre Siedlung Krasnaja Poljana. ›krasnyj‹ bedeutet im Russischen sowohl ›schön‹ als auch ›rot‹. Das Attribut ›schön‹ kann man dem

Ort nicht absprechen, aber auch das ›rot‹ hat im Herbst seine Berechtigung. ›Poljana‹ bedeutet Lichtung.

Den Griechen folgten einige Jahre später einige estnische Familien, die sich nur etwa einen Kilometer flußaufwärts niederließen und ihre Siedlung Ėsto Sadok gründeten. Griechen und Esten betrieben vor allem Landbau, stellten die Gärten und Felder wieder her und kultivierten die von den Adygeern zurückgelassenen Bienenvölker. 1886 entstand die erste Schule.

1898 geriet Krasnaja Poljana erneut ins Blickfeld der Metropole. Eine staatliche Kommission hatte die Gegend in Augenschein genommen und war beeindruckt. Krasnaja Poljana erhielt den Status eines besonders wertvollen Höhenkurortes und zugleich den Namen Romanovsk zurück, der sich jedoch nicht durchsetzen konnte. Die Kommission beschloß auch den Bau der Straße zwischen Adler und Krasnaja Poljana. Sie verband den Hafen mit dem Jagdschloß, das für den Zaren am Hang des Ačišcho gebaut wurde. Zar Nikolaj II. war zwar nie in Romanovsk/Krasnaja Poljana gewesen, aber allein dem Umstand, daß er es hätte sein können, verdankt Krasnaja Poljana den Bau von Datschen und Villen des Adels, reicher Beamter und Industrieller aus St. Petersburg und Moskau.

Nach dem Krieg und Bürgerkrieg entstanden einige Sägewerke, die das Holz aus den umliegenden Wäldern grob bearbeiteten; die Feld- und Viehwirtschaft versorgte die Familien und den Kurort Soči.

Im Zweiten Weltkrieg verteidigten sowjetische Truppen mit Hilfe der Einheimischen die Pässe gegen die deutschen Gebirgsjäger, die versuchten, den sowjetischen Armeen in Tuapse die Nachschubwege abzuschneiden. Vergebens. Zahlreiche Denkmäler im Hochgebirge erinnern an diese schwere Zeit.

Zum Urlaubsort wurde Krasnaja Poljana in den 50er und 60er Jahren. Seinerzeit entstand die Touristenbasis ›Krasnaja Poljana‹ des Verteidigungsministeriums. Die bereits 1924 gegründete Herberge für Wandergruppen wurde beträchtlich erweitert und bot nun mehr als 500 Menschen Unterkunft. Hier begannen und endeten zahlreiche mehrtägige Wanderrouten. Wenn Wandergruppen von schwierigen Exkursionen in der Basis ankamen, spielte sich oft Folgendes ab:

»Die Musik aus den Boxen bricht ab. Aus den Lautsprechern erklingt die Stimme des Ansagers: ›Achtung, Achtung! In die Herberge kehrt eine Gruppe von einer Expedition auf den Ačišcho zurück!‹ Über das ganze Gelände erschallt die Melodie eines Marsches. Zum Empfang der Wanderer versammeln sich alle Anwesenden. Sie stellen sich in einer Linie auf. Schon erscheinen die ersten Touristen mit auf den Almen gepflückten Blumen in den Händen. Auf ihren Rücken die schweren Rucksäcke; auf den Lippen ein Wanderlied. Die Touristen halten an. Das Kommando erschallt: ›Die Rucksäcke – absetzen!‹ Der Bergführer erstattet dem Direktor der Herberge Meldung, daß die Gruppe die Tour erfolgreich durchgeführt hat …«

Diese Erinnerungen stammen vom Autor eines 1973 erschienenen Buches, Boris Zchomairija. 1925 in Krasnaja Poljana geboren, war er mit 17 Jahren an die Front gegangen und gehörte 1945 zu denen, die Berlin befreiten. Seit seiner Demobilisierung arbeitete er als Lehrer an der Mittelschule in Krasnaja Poljana. Dort gründete er ein Museum über den Ort, das bis heute besteht. Seine Bücher sind die besten Quellen über Krasnaja Poljana, über Wanderrouten und Ausflüge.

Seit Anfang der 90er Jahre erlebt Krasnaja Poljana mit der Inbetriebnahme des Sessellifts und dem Ausbau der Straße von Adler einen Boom, dessen Ende noch nicht abzusehen ist. Ende der 90er Jahre bewarb sich der Ort um die Ausrichtung der Olympischen Winterspiele. Der Antrag wurde abgelehnt, nicht zuletzt wegen der Nähe des Biosphärenreservats. Zur Erhöhung des Prestiges von Krasnaja Poljana hat auch die Vorliebe des russischen Präsidenten für den Wintersport beigetragen. Seit sich Putin mindestens einmal jährlich auf den Hängen des Aibga blicken läßt, ist Bauland nirgends in Soči so teuer wie in Krasnaja Poljana. Wie vor 100 Jahren, aber nun in ganz anderen Dimensionen, lassen sich hohe Staatsbeamte und Industrielle hier ihre Datschen errichten, wachsen kleine und große Hotels wie Pilze aus dem Boden. Besonders im Winter ist es nicht leicht, ohne rechtzeitige Anmeldung Unterkunft zu finden. Angebot und Nachfrage bestimmen die Preise, und diese liegen in der Regel über denen am Meer.

Sehenswertes in Krasnaja Poljana

Kurz vor Krasnaja Poljana, etwa drei Kilometer vor dem Ortseingang befindet sich ein Wasserkraftwerk, das zum seltenen Typ der Laufkraftwerke gehört. Das ›laufende‹ Wasser fließt durch Röhren mit einem relativ geringen Gefälle, das durch seinen Druck die eigene kinetische Energie an die der Turbinen weitergibt. Das technologische Prinzip ist so alt wie die Wassermühlen. Versorgt wird das Kraftwerk bei Trockenheit aus einem fünf Hektar großen und sieben Meter tiefen Stausee links vom Ortseingang, der im Sommer ein beliebter Badeort ist.

Vom Stausee ist es nicht weit bis zur griechischen Brücke auf der anderen Seite der Chaussee. Von ihr hat man einen guten Blick auf das Tal der Mzymta in beide Richtungen und auf zwei Aquädukte. Von hier aus bis zum Zentrum des Ortes sind es etwa eineinhalb Kilometer. Rechter Hand am Ortseingang befindet sich die Kirche des Heiligen Charlampij.

Parallel zur Hauptstraße verläuft die ul. Voznesenskaja, an der das Gebäude der Mittelschule Nr. 65 mit dem Museum von Krasnaja Poljana liegt.

Etwa in der Ortsmitte zweigt in Höhe des Hubschrauberlandeplatzes die ul. Zapovednaja von der Hauptstraße ab. Unmittelbar hinter dem Abzweig befindet sich linker Hand die Bushaltestelle. Schräg gegenüber der Haltestelle weist ein

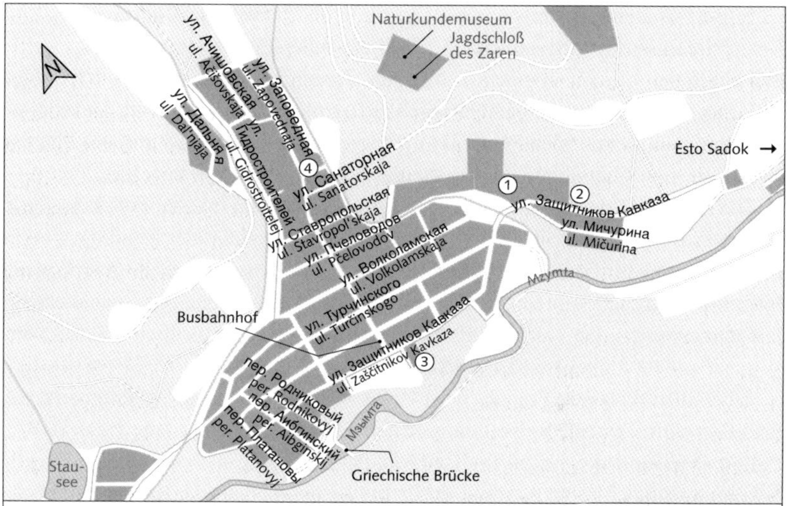

Krasnaja Poljana

Legende

1 Touristenherberge ›Gornyj Vozduch‹
2 Hotel ›Radisson Peak‹
3 Restaurant ›Smak‹
4 Banja-Land

Schild zum ›Banja-Land‹ [4] am Ende der ul. Zapovednaja. Um dort in den Genuß einer russischen Banja (Sauna) zu kommen, bedarf es einer Voranmeldung.

Weiter in Richtung Osten gelangt man zum Eingang der legendären Touristenherberge ›Gornyj Vozduch‹ (Bergluft) [1], in der heute türkische Arbeiter untergebracht sind. Ein Schild am Eingang verspricht Unterkunft in Zwei- und Vierbettzimmern, aber die Einheimischen raten davon ab, dort Bleibe zu suchen.

Der Herberge folgt das Hotel ›Radisson Peak‹ [2], das edelste Nachtlager im Ort, bestehend aus einem Hauptgebäude und kleineren villenähnlichen Bauten.

Etwa hundert Meter weiter befindet sich die Tankstelle. Vor ihr zweigt nach links eine Straße ab, das letzte Teilstück der ursprünglich vor mehr als einhundert Jahren gebauten Straße. Sie führt vorbei am Gelände der Touristenherberge des Verteidigungsministeriums und endet in 800 Metern Höhe am ehemaligen Jagdschloß des Zaren, heute eine Ruine. Hier befinden sich ein Restaurant, das zur Zeit restauriert wird, und ein sympathisches Naturkundemuseum. Von der Zarenvilla führt ein Pfad bergauf zu einem kleinen Pavillon und einer Aussichtsplattform,von der man einen guten Blick auf den Ort und die Berge hat.

In dem Museum befinden sich Bälger von den meisten im Nationalpark und Biosphärenreservat vorkommenden Tierarten; außerdem Mineralien, einige Vitrinen mit in den Bergen lebenden Schlangen, darunter eine kaukasische Viper, der einzigen für den Menschen gefährlichen Giftschlange in der Gegend. Sie ist relativ selten und meidet Menschen. Tritt man versehentlich auf sie und wird gebissen, sollte man sich schnellstens in medizinische Behandlung begeben.

Die auf den Berg führende ›Zarenstraße‹ scheint, geht man zu Fuß, kein Ende zu haben. Ursprünglich für Pferdekutschen angelegt, beträgt der Neigungswinkel nie mehr als zwölf Grad. Wer auf einen Besuch von Museum und Aussichtsplattform nicht verzichten möchte, dem sei eine Fahrt mit den an der Bushaltestelle fast immer wartenden Taxis empfohlen, Hin- und Rückfahrt sollten inklusive der Wartezeit nicht mehr als zehn Euro kosten.

Überall in Krasnaja Poljana wird Honig angeboten, selbst am Parkplatz vor dem Sessellift. Fast alle Reiseagenturen haben ›ihre‹ Imker, bei denen man Honig, Pollen, Met und die begehrte Honigmilch (matočnoe moloko, Gelee Royal) bekommt. Eine erprobte Adresse ist die Imkerei von Nadežda. Ihre Bienenkörbe stehen in Medvežij ugol und werden im Sommer auf die Hochgebirgsalmen gebracht. Auf ihrem Grundstück entsteht zur Zeit ein privates Minihotel, ihren Honig bekommt man deshalb ab 2005 in Adler.

Köstlich ist auch der Tee ›Krasnaja Poljana‹, eine Mischung aus Pfefferminze, Dost- und Johanniskraut, Melisse, Schafgarbe, Feldthymian und anderen in den Wäldern und auf den Almen gesammelten Kräutern.

Das Hotel ›Radisson Peak‹ in Krasnaja Poljana

Honig aus Krasnaja Poljana

Der Honig aus Krasnaja Poljana ist berühmt. Er ist aromatisch und wirklich köstlich, ob man sich nun für den frischen Maihonig, Mischsorten oder aber die hiesige Spezialität, Kastanie, entscheidet. Der Kastanienhonig, zugleich süß und bitter, sieht aus wie dunkler Bernstein, ist zähflüssig und ein hervorragendes Mittel gegen Erkältungen. Außerdem enthält er einen besonders hohen Anteil an Fruktose, eignet sich zur Behandlung von Erkrankungen der Leber und bei Herz-Kreislaufbeschwerden, da er das Blut verdünnt. Gesammelt wird der Nektar von den kaukasischen grauen Bienen. Jahrzehntelang haben sich Wissenschaftler bei Krasnaja Poljana mit der Bienenzucht und der Honiggewinnung befaßt. Die kaukasischen grauen Bienen sind kleiner als ihre mitteleuropäischen Artgenossen, haben aber einen um fast einen Millimeter längeren Rüssel, mit dem sie auch den Nektar in den tiefer liegenden Blütenkelchen erreichen. Außerdem sind sie friedlicher als die meisten anderen Bienenarten.

Nicht alle Imker verzichten auf Beimengungen von Zuckersirup.

Nach Auskunft der Einheimischen aber gibt es nur wenige ›schwarze Schafe‹ unter den Imkern in Krasnaja Poljana. Anders sähe das aus mit dem Honig, der überall in Soči angeboten wird.

Der Honig kostet sechs bis acht Euro für ein Pfund. Das ist fast doppelt so viel wie noch Ende der 90er Jahre. Die Nachfrage ist in den letzten Jahren beträchtlich gestiegen, sowohl die einheimische als auch die ausländische. Seit einigen Jahren kaufen japanische Händler große Mengen des Honigs aus Krasnaja Poljana und seine Derivate, insbesondere das Gelee Royal. Es enthält in hoher Konzentration Fermente, Mikro- und Makroelemente, wertvolle Aminosäuren und pflanzliches Eiweiß. Die Bienenzüchter sagen, daß eine prophylaktische Kur zweimal im Jahr Wunder bewirke. Das Gelee Royal eignet sich nicht nur zur Stabilisierung des Immunsystems sowie zur Vorbeugung und Behandlung nach langen Krankheiten, sondern stabilisiert auch den Blutdruck und ist eine hervorragende Nahrungsbeigabe für Diabetiker. Insofern sei der Preis, den man für eine kleine Ampulle zu zahlen habe – etwa 12 bis 16 Euro – keine unnütze Investition.

Im Wildpark von Krasnaja Poljana

Die neue Chaussee führt weiter flußaufwärts im Tal der Mzymta. Nach etwa einem Kilometer zweigt ein Fahrweg nach links in eines der Seitentäler ab. Sie führt zu einem Wildpark am rechten Ufer des Nebenflusses. Wer mit dem Fahrzeug die zwei Kilometer bis zum Parkgelände zurücklegen möchte, bezahlt an der Schranke drei Euro. Zu Fuß braucht man gemächlichen Schritts ungefähr eine halbe Stunde. Auf der gegenüberliegenden Flußseite befindet sich ein Hotelkomplex der Ölgesellschaft ›Gazprom‹ im Bau.

Im Wildpark erhält der Besucher Gelegenheit, einige im Kaukasus lebende Tierarten in freier Natur kennenzulernen, unter anderem eine Bergbisonfamilie, Gemsen, einen Steppenadler, Rehe, Wildkatzen, gefräßige und zutrauliche Wildschweine sowie drei Wölfe, die bei einem der Tierpfleger aufgewachsen sind. Kommt man ihnen mit dem Fotoapparat zu nahe, fühlen sie sich bedroht und reagieren entsprechend.

Etwas abseits von Krasnaja Poljana steht das Hotel ›Edel‹ in den Bergen, in zehn Kilometern Entfernung von Krasnaja Poljana. Sein Besitzer ist Sergej Avdeev, Abgeordneter des Stadtrats von Soči und engagierter Naturschützer. Sein Hotel in 1780 Meter Höhe ist nur mit einem geländegängigen Wagen zu erreichen. Der Fahrweg zweigt von der Chaussee zum Jagdhaus des Zaren ab und führt durch den Mischwald. Die Fahrt dauert ungefähr 40 Minuten. Man kann den Aufstieg auch zu Fuß bewältigen, aber er ist beschwerlich und zieht sich endlos in die Länge. Da sich der Weg verzweigt, kann man sich zudem leicht verlaufen. Im unteren Teil befindet sich eine Wolfshöhle. Die Wölfe fürchten die Menschen, nicht aber die Autos. Mitunter, wenn sie in den Abendstunden vom Scheinwerferlicht erfaßt werden, verharren die Jungtiere neugierig und lassen sich nur verscheuchen, wenn man den Motor abstellt.

Der dreistöckige Bau des Hotels ›Edel‹ am Ufer eines der Chmelëvskieseen paßt sich harmonisch in die Landschaft ein. Ein weiteres Bettenhaus mit dem Namen ›Weiß‹ ist geplant. Zur Anlage gehört eine Sauna. Die Preise im Hotelrestaurant liegen über dem Durchschnitt in Krasnaja Poljana, da alles mit dem Jeep hertransportiert werden muß.

Vom Hotel aus lassen sich Wanderungen im Gebiet des Ačišcho (2391 Meter) unternehmen, an dessen Hang das ›Edel‹ liegt, zur ehemaligen metereologischen Station, zu den Wasserfällen der Ačipse, nach Medvežij ugol und zu den Čvežipse-Mineralquellen. Auch mehrtägige Wanderungen werden auf Wunsch organisiert. In unmittelbarer Nähe des Hotels gibt es oberhalb des Sees einen Lagerplatz für Wanderer mit eigenem Zelt.

Im Winter kann man Fahrten mit Motorschlitten auf eigens angelegten Straßen unternehmen. Das Vergnügen hat seinen Preis. Geplant sind in der Zukunft Abfahrtsstrecken an den umliegenden Hängen mit eigenem Sessellift.

Vorwahl: 8622.

Busse nach Adler: Ein Ticket erwirbt man entweder im kleinen Kassenhäuschen an der Haltestelle oder beim Fahrer. Der letzte Bus fährt im Sommer gegen 20.45 Uhr. Man sollte sich am Fahrplan über die aktuellen Abfahrtzeiten informieren.

Hotel ›Radisson Peak‹ [2], Tel. 663600 oder 095/4117766 (Moskau), resp@lazurnaya.ru, www.peakhotel.ru. Das erste Haus vor Ort gehört neben dem ›Lazurnaja‹ und dem ›Park-Hotel‹ zum russischen SAS-Imperium an der Schwarzmeerküste.

Daneben gibt es die vielen kleinen in den letzten Jahren entstandenen Hotels, unter ihnen:

›Fort-Ėvrika‹, Tel. 918/3071343, Fax 430488, www.vo-do-ley.narod.ru; DZ Sommer 40–50 Euro/2 Pers. (mit/ohne Frühstück), DZ Winter 75 Euro/2 Pers. Direkt neben der Bodenstation der Seilbahn, Sauna vorhanden.

›Deja vu‹, ul. Zaščitnikov Kavkaza 5a, Tel./Fax 437777, 399999, Tel. 438091; DZ Sommer 75 Euro, Winter 110–170 Euro. Am Ortseingang gelegen, zum Hotel gehören ein Billardraum und Sauna. Exkursionen können vermittelt werden.

›Driada‹, Tel. 602500, 600164, info@sochihotel.ru, www.sochihotel.ru (engl.); DZ Sommer 40 Euro, Winter 70 Euro (mit Frühstück und Benutzung der Sauna). Gemütliche Doppelzimmer mit Klimaanlage und Satellitenfernsehen. Kaminraum, Sauna und Sportsaal, im Winter kostenloser Zubringer zum Sessellift. Zusammen mit den Hotels ›Morskaja Zvezda‹ in Mamajka und ›Šache‹ in Solochaul gehört das Hotel zum Komplex ›Kavkazskaja Riv'era‹.

Hotel ›Edel‹, Chmelëvskieseen, Tel. 430611, 928/9859348, 918/4434725 (Viktor), gurtovenko@land.ru; DZ bis Juni ab 35 Euro, Juli/Aug. 45 Euro, Winter 55 Euro. Die Mitarbeiter sprechen nur russisch.

Einige Reiseagenturen vermitteln

auch Zimmer in den Hotels sowie privat (siehe Seite 216). Viele der Einwohner von Krasnaja Poljana stellen Zimmer und Wohnungen zur Verfügung, in der Regel steuerfrei und deshalb ohne großes Aufheben. Man frage in den Restaurants, den Geschäften oder auf der Straße.

Restaurant ›Smak‹ [3], ul. Zaščitnikov Kavkaza 74, Tel. 43 76 76. Man erreicht das Restaurant durch einen Nadelbaumhain, neben der Verwaltung des Naturparks, nur 3 Min. von der Bushaltestelle im Zentrum. Eine gute Adresse ist das direkt an der Mzymta gelegene, gemütliche Restaurant nicht nur, weil das Essen gut schmeckt, zum Beispiel Forelle aus dem Wildbach, an einem Stand Honig angeboten wird und man auch im Freien speisen kann – die Besitzerin Irina spricht auch etwas deutsch. Sie vermittelt auf Nachfrage private Unterkünfte und Bergführer zu annehmbaren Preisen.

In Krasnaja Poljana gibt es einen Kindergarten, der Touristen ihren Nachwuchs für einige Stunden oder auch Tage abnimmt, wenn diese zum Beispiel eine längere Wanderung unternehmen. Kontakt über die Agentur ›Reinfo‹, entweder vor Ort oder im voraus telefonisch. Einen ähnlichen Service bieten auch Dienstleister in anderen Orten an der Küste an. Wildpark; tägl. 10–18 Uhr, 1 Euro.

›Banja-Land‹ [4], ul. Zapovednaja 94, Voranmeldung Tel. 43 70 44, zastava@sochi.ru. Der Preis pro Person, in dem Sauna, Massage, Säfte und Tees inbegriffen sind, beträgt die bescheidene Summe von knapp 100 Euro.

Imkerei von Nadežda, Honigverkauf in Adler, ul. Kostromskaja 76, Tel. 39 36 59.

Ėsto Sadok

Zurück zur Straße, die hinter dem Abzweig zum Wildpark die Mzymta über eine Brücke quert: Man ist schon fast in Ėsto Sadok, der ehemals estnischen Siedlung. Am Ortseingang befindet sich eine der größten Imkereien Europas, ›Gornyj Sad‹ (Berggarten), zu der mehr als 60 Völker gehören. Sie ist Staatseigentum und Versuchslabor. Man kann hier verschiedene Honigsorten degustieren und erwerben.

Einige Schritte weiter, eines der ersten Häuser an der linken Straßenseite, ist ein Museum, das einem der bekanntesten estnischen Schriftsteller, Anton Hansen Tammsaare (1878–1940), gewidmet ist, nach welchem auch die Straße durch den Ort benannt wurde. Das Museum öffnet nur am Wochenende. Einige der Romane Tammsaares, ›Karins Liebe‹, ›Rückkehr nach Wargamäe‹, ›Satan mit gefälschtem Paß‹ und sein fünfbändiger Romanzyklus ›Wahrheit und Recht‹, wurden auch ins Deutsche übersetzt. In dem Haus in Ėsto Sadok verbrachte der Schriftsteller den Sommer 1912 und schrieb hier zwei seiner bekanntesten Erzählungen, ›Der auf der Kantele spielte‹ und ›Der Junge mit dem Schmetterling‹, sowie einen Essay über die estnischen Siedler in Krasnaja Poljana. Das Museum besitzt eine vorzügliche Sammlung antiquarischer Bücher, Fotografien, Gebrauchsgegenstände und Kleidungsstücke, die vom Leben der ersten estnischen Siedler im Ort erzählen.

Einige Häuser weiter in einem länglichen Gebäude ist das Souvenirgeschäft eine kleine Sehenswürdigkeit. Es gibt alle möglichen tönernen und hölzernen Gegenstände zu kaufen; das erstaunlichste aber sind die verschiedenen Tonflöten in den exotischsten Formen. Sie stammen von drei Flötenbauern, die entweder in der Gegend von Krasnaja Poljana leben, gelebt haben oder aber viel Zeit des Jahres hier verbringen. Die Besitzerin des Salons, Ol'ga Bojko, versteht es hervorragend auf ihnen zu spielen. Mitunter finden in Krasnaja Poljana Konzerte statt.

Noch ein paar Dutzend Meter, und die Chaussee mündet in einen Parkplatz. Rechts befinden sich Verkaufsstände für Honig und seine Derivate, dahinter das

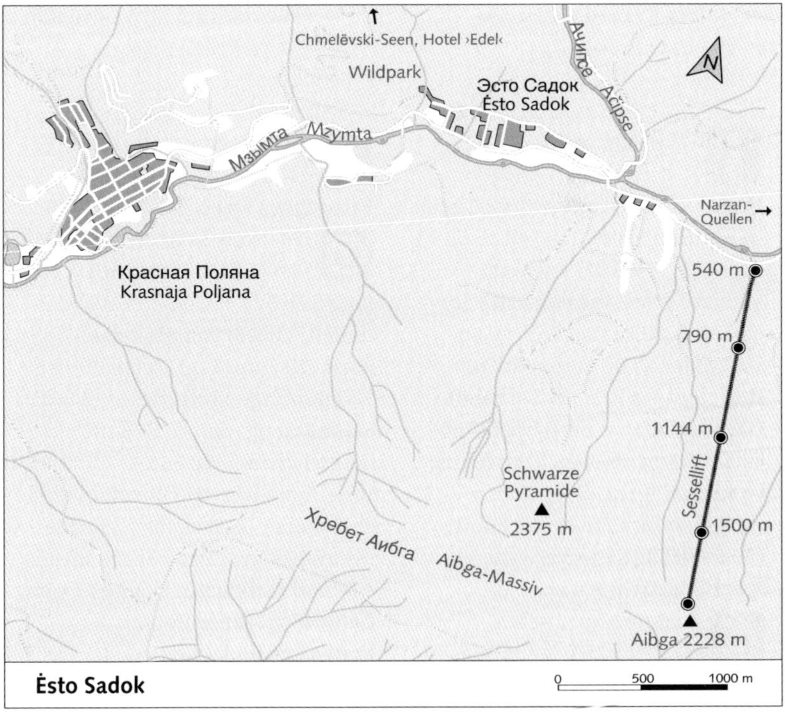

Ėsto Sadok

›Maršrutnoe Bjuro‹. Zum Angebot dieser Tourismusagentur gehören begleitete Wanderungen durch die Bergwelt, Jeeptouren und Rafting.

Am Parkplatz vor dem Sessellift warten oft Jeeps zu Ausflügen an die Chmelëvskiseen und zur Narzanquelle – benannt nach einem dem nordkaukasischen ›Narzan‹ ähnlichen Mineralwasser – auf Kundschaft. Besonders im Juni kann man sich auch ohne vorherige Anmeldung kurzfristig zu einer Tour entschließen. Ist der Jeep vollbesetzt, kostet eine Fahrt zu den Chmëlevskiseen (drei bis dreieinhalb Stunden) etwas mehr als 15 Euro pro Person. Ist man in der Gruppe unterwegs (maximal sieben Personen), bezahlt man etwa 60 Euro für die gesamte Tour.

Neben der Kasse des Sessellifts hat die Tourismusagentur ›Alpico-Service‹ ihr Büro. Hier kann man Wanderungen mit Bergführer, Ausflüge mit dem Jeep und Raftingtouren bestellen. Die Agentur betreibt auch den Sessellift, verleiht Ausrüstungen und Skier und bietet Skikurse an. Hinter der Bodenstation des Sessellifts befindet sich ein weiterer Verleih für Ausrüstungen, den ›Alpico-Service‹ betreibt.

Längs der Mzymta führt ein Fahrweg in die Tiefe des Tales. Hier offerieren Einheimische Pferdetouren zu den Narzanquellen. Eine Stunde auf dem Pferderücken kostet etwa sechs Euro. Für einen Spazierritt zu den sieben Kilometer entfernten Quellen, der zweieinhalb Stunden in Anspruch nimmt, bezahlt man etwas weniger als 15 Euro pro Person. Gruppen ab vier Personen erhalten einen Rabatt von 10 bis 15 Prozent.

Vorwahl: 8622.

›Četyre veršiny‹ (Vier Gipfel), Ėsto Sadok 10, Tel. 36 63 30, 43 07 77, 39 88 83, 4peaks@sochi.ru, www.4peaks.ru; DZ Sommer ab 60 Euro (mit Frühstück), DZ Winter ab 80 Euro (mit Frühstück und Transfer zur Seilbahn). Das Klubhotel ist berechtigt, Ausländer zu registrieren. Vermittlung von Bergführern, Exkursionen (100 Euro Pers./Tag) und Pferden (50 Euro/Tag). Der Verwalter, Igor, spricht deutsch und englisch.

Tammsaaremuseum, Tel. 92 31 31, 92 35 53; Fr–So 10–17 Uhr.

Souvenirgeschäft, Tel. 918/3 05 00 08, 43 03 18, Salon Ol'ga Bojko 918/3 04 99 95.

Maršrutnoe Bjuro, Tel. 918/4 07 66 19, 9 28/6 66 07 34, 928/6 66 07 74. Geführte Wandertouren, Verleih von Mountainbikes (20 Euro/Tag), Zelten (unter 10 Euro/Tag), Schlafsäcken (3 Euro), Rucksäcken (1,50–4,50 Euro), Bergschuhen (1,50 Euro).

Viele Agenturen wie ›Reinfo‹, Alpico-Service‹, ›Zelënyj mir‹, ›Amadeus‹, ›Svetalan‹, ›Crazy Team‹ bieten ein- und mehrtägige Wanderungen, Canyoning, Höhlentouren, Jeeptouren und Hubschrauberflüge an, Adressen siehe ab Seite 216.

Mit dem Sessellift auf den Aibga

Der Sessellift wurde 1993 in Betrieb genommen. Seitdem boomt Krasnaja Poljana als Wintersportparadies. Aber auch im Sommer nutzen an sonnigen Tagen täglich Tausende Besucher die bequeme Möglichkeit, den Berggipfeln näher zu kommen. Die ›Reise‹ auf den Berg nimmt knapp eine Stunde in Anspruch.

Nach und nach tauchen über den Kronen der Laubbäume die Gipfel der Krasnaja Poljana umgebenden Bergketten auf. In vier Abschnitten überwindet man mehr als 1500 Meter Höhenunterschied. An jeder Zwischenstation wird das an der Kasse gekaufte Ticket an einer elektronischen Sperre peu à peu entwertet. Nach etwa einer Stunde ist man auf dem Berg, in 2228 Metern Höhe über dem Meeresspiegel. Das Panorama aus dieser Höhe ist atemberaubend. Tief im Tal sind die Häuser von Ėsto Sadok kaum noch mit bloßem Auge auszumachen; auf der ande-

Der Sessellift auf den Aibga

ren Seite des Kammes stürzt der Blick mehrere hundert Meter in die Tiefe bis zu einer Alm am Rand eines Fichtenwaldes. Kühe weiden dort und in den Hütten der Viehhirten könnten Wanderer jederzeit übernachten, wäre die Gegend nicht heute Grenzgebiet und deshalb nur mit spezieller Genehmigung zugänglich.

Nach rechts führt ein Weg über den Kamm am Hang eines Bergrücken hinauf zu einem Sattel. Die wenigsten Touristen, die mit dem Sessellift auf den Berg kommen, gönnen sich das Vergnügen einer Wanderung. Doch erst dort, wo nur wenige Menschen ihren Fuß hinsetzen, entfalten die alpinen Matten ihren wirklichen Charme: Dutzende Arten von Hochgebirgsblumen in allen Farben, jede von eigenem Reiz und teilweise bizarrer Form, wachsen hier. Für eine Wanderung zum Sattel sollte man hin und zurück etwas mehr als eine Stunde einplanen. Der Weg führt weiter in eine tiefe Senke und aus ihr heraus und bergan zum nächsten Sattel. Von dort zweigt ein Pfad nach rechts ab zum Gipfel der Čërnaja Piramida (Schwarze Pyramide, 2375 Meter), der über Krasnaja Poljana und Ėsto Sadok herrscht. Eine Wanderung zur Schwarzen Pyramide hin und zurück nimmt, wenn man sie ohne Hast absolviert, drei bis fünf Stunden in Anspruch. Die Pfade sind gut ausgetreten, aber an manchen Stellen sehr steil und ausgewaschen. Hinter dem Sattel quert man ein Schneefeld. Festes Schuhwerk und möglichst auch Wanderstöcke sollten unbedingt zur Ausrüstung gehören; von warmer Kleidung und Wasser ganz zu schweigen. Wer den Weg über den Kamm wählt und dann zu Fuß ins Tal absteigen möchte, kann dies tun. In den Mittags- und Nachmittagsstunden sind die Gipfel oft von Wolken umhüllt, die sich gen Abend wieder auflösen.

An der Endstation des Sessellifts gibt es ein kleines Café.

Eine touristische Attraktion ist das Paraplaning, mit dem der Traum vom Fliegen für jene in Erfüllung geht, die den Mut dazu aufbringen. Das Fluggerät besteht aus einem Windsegel, unter dem man mit einem Instrukteur, der das Lenken übernimmt, durch die Lüfte schwebt. Der Paraplan nutzt die aufsteigenden und abtreibenden Luftmassen für seinen Flug. Um sich in die Lüfte zu erheben, braucht es nicht mehr als ein wenig Geschick beim Laufen über den Berghang. Selten sieht man konzentriertere, vom eigenen Mut überraschtere Gesichter vor dem Start und glücklichere Mienen nach der Landung.

Sessellift: Die Kasse öffnet um 9 Uhr; um 16.45 Uhr fährt der letzte Lift vom Kamm des Aibga. Das Ticket kostet hin und zurück 18 Euro/Pers. Siehe auch ›Wintersport‹, Seite 153.

Paraplaning: Das Vergnügen hat seinen Preis: 90 Euro. Um nicht lange warten zu müssen, bis man an der Reihe ist, kann man auch vorbestellen: Andrej Aleksandrov, Tel. 43 78 20, 38 46 12, oder über ›Alpico-Service‹ im Tal.

Wintersport

Die Wintersportsaison beginnt spät und endet im April, in den Höhenlagen erst im Mai. Die Winter sind sonnig und schneereich. Krasnaja Poljana selbst liegt von Mitte Januar bis Ende März unter einer geschlossenen Schneedecke von durchschnittlich zwei Metern. Etwas höher beginnt die Skisaison bereits ab Ende November. Die Straßen am Hang des Aibga liegen parallel zum Meer. Die Dreitausender Čuguš und Pseašcho im Norden schützen sie vor den kalten kontinentalen Winden; die Felsen der Achcuschlucht stoppen die warmen Lüfte vom Meer. Die Nächte sind frostig, während die Lufttemperaturen am Tag in der Regel ideal für den Wintersport sind.

Der Sessellift führt in vier Stufen auf den Aibga. In 1144 Metern Höhe befindet sich zudem ein weiterer Bügelaufzug.

Stufe	Höhenunterschied	Liftlänge	Pistenlänge	Passagiere	Schneedecke
1	540–790	1300	2800	1200	Jan.–März
2	790–1144	1100	2300	850	Jan.–April
3	1144–1500	1100	2300	700	Jan.–Mai
4	1500–2228	1600	6000	600	Nov.–Juni

Die Gesamtlänge der Hauptpiste beträgt etwas mehr als zehn Kilometer. Alle Pisten zusammen erreichen eine Länge von 25 Kilometern. Der Gesamthöhenunterschied beträgt 1688 Meter. Die Pisten sind sehr verschieden im Schwierigkeitsgrad, auf manchen beträgt das Gefälle bis zu 30 Grad; andere sind auch für Anfänger geeignet.

Der erste Teil ist speziell für Anfänger und Kinder ausgelegt. In 790 Metern Höhe beginnt eine zu Übungszwecken angelegte Piste. Steiler sind die Abfahrten von den beiden folgenden Stufen. An jeder Zwischenstation des Sessellifts befinden sich Bars.

Von der Höhe des Bergkamms hat man nicht nur einen phantastischen Blick – hier schlägt auch das Herz jedes Abläufers und Snowboarders

Auch Abfahrten abseits der Pisten sind möglich

schneller. Die Pisten über die alpinen Hänge überwinden Distanzen von zwei bis sechs Kilometern. Wer Freeride bevorzugt, kann zudem von beliebigen Punkten entlang des Kammes ins Tal abfahren.

Des weiteren wird in Krasnaja Poljana für Fans extremer Erfahrungen Heliski angeboten. Ein Hubschrauber bringt Gruppen von mindestens acht Personen auf die Gipfel, von denen Abfahrten über die Hänge und durch die Wälder Höhenunterschiede von bis zu 1700 Meter überwinden. Für Anfänger gibt es Kurse.

Ein besonderes Erlebnis sind Skitouren in Begleitung eines Bergführers, die sieben bis acht Stunden in Anspruch nehmen. Die Teilnehmer erhalten eine spezielle Ausrüstung. Die Touren beginnen auf dem Aibga und enden im Tal.

Loipen für Langlauf gibt es zur Zeit noch nicht, da die Nachfrage gering ist.

Motorschlittenfahrten sind ebenfalls im Angebot

Wer ohne eigene Ausrüstung anreist, kann sie sich leihen. Abonnements für den Sessellift werden an der Basisstation verkauft, für die drei ersten Stufen von 10 bis 17.45 Uhr; für die letzte Stufe bis 16.45 Uhr. Wochen-, Monats- und Kinderabonnements werden mit Preisnachlässen angeboten. Kinder bis fünf Jahre fahren kostenlos. An den Wochenenden und Feiertagen bilden sich mitunter lange Schlangen am Lift, vor allem zwischen 10 Uhr und 12 Uhr.

Skikurse vermitteln innerhalb von drei Tagen das ABC des Abfahrtslaufes, vorausgesetzt man spricht russisch oder nimmt mit einem englischsprachigen Instrukteur vorlieb.

Die wichtigsten Anbieter von Wintersportangeboten sind ›Reinfo‹, ›Masterskaja priključenij‹, ›Alpico-Service‹, ›Ekka-Tours‹, ›Doria‹ und ›Riv'era-Soči‹. Kontakt siehe ab Seite 216.

Wanderungen um Krasnaja Poljana

Die Gegend um Krasnaja Poljana ist ein selten schönes Wanderparadies. In nahezu unberührter Natur trifft man auf Gemsen und Bergziegen, in den Lüften ziehen Adler, die scheuen Weißen Geier und andere Raubvögel ihre Kreise. Mit einigem Glück bekommt man eine Herde von Bergbisons zu Gesicht.

Die meisten der Hochgebirgslandschaften liegen im Biosphärenreservat. Die Zugänge zum Reservat werden bewacht; man benötigt einen Passierschein. Diesen erhält man nicht ohne weiteres. Die Tourismusagenturen, kümmern sich um diese Formalitäten, falls die Routen Teile des Reservats queren.

Auf Wanderungen rund um Krasnaja Poljana bieten sich immer wieder spektakuläre Aussichten

Ein weiteres Hindernis für freies Wandern in den Bergen ist der Umstand, daß die russische Staatsgrenze seit 1991 südöstlich von Adler und Krasnaja Poljana die Bergketten durchschneidet. Das Bergdorf Aibga liegt bereits im Grenzgebiet, ebenso wie Teile der Kardyvač-Seenlandschaft. Wer ins Grenzgebiet möchte, benötigt einen weiteren Passierschein, den zu bekommen ohne Vermittlung einer Reiseagentur so gut wie unmöglich ist.

Im Gegensatz zu den meisten westeuropäischen Ländern ist in Rußland das Zelten in freier Wildbahn erlaubt, ebenso wie offenes Feuer. Bei mehrtägigen Wanderungen kommt man in den Genuß dieses Privilegs. Ein heißer Tee nach anstrengender Wanderung und eine frisch gefangene Forelle am Spieß – das sind Genüsse, für die sich lange Wege und der Verzicht auf zivilisatorische Bequemlichkeit allemal lohnen. Auf einigen Routen bieten auch Berghütten Obdach.

Eine Möglichkeit, mit dem Zelt unterwegs zu sein und dennoch den Rücken frei zu haben, ist, sich in Krasnaja Poljana oder Ėsto Sadok Pferde zu mieten, denen man das Gepäck aufbürdet. Die Preise dafür sind sehr unterschiedlich, sollten aber 50 Euro pro Tag nicht übersteigen. Der Pferdetreiber kann zudem die Führung übernehmen (Reiseagenturen siehe ab Seite 216). Die folgenden Wanderungen zu den Narzanquellen, auf den Ačišcho und den Aibga führen weder durch das Biosphärenreservat noch durch Grenzgebiet, weshalb man sie auch ohne Formalitäten auf sich nehmen kann.

Das Tal der Narzanwasser

In der Umgebung von Krasnaja Poljana gibt es mehrere mineralische Quellen. Eine von ihnen ist die im Tal der Mzymta, etwa sieben Kilometer von der Basisstation des Sessellifts entfernt, im Seitental des Flusses Psluch. Der Weg beginnt neben dem Hotel ›Fort Ėvrika‹. Er kann auch von geländegängigen Wagen befahren werden, was sich die Tourismusagenturen zunutze machen und Jeeptouren anbieten. Man kann eine solche Tour im voraus buchen oder auf gut Glück versuchen, in einem der Jeeps Platz zu finden, die am Parkplatz in Ėsto Sadok auf Kundschaft warten. Beliebt sind auch Reittouren mit einheimischen Treibern.

Dort, wo der Bergfluß Ačipse – die Einheimischen nennen ihn Pusiko – in die Mzymta mündet, befinden sich auf den Felsen die Ruinen einer Festung aus der Zeit der pontischen Königreiche.

Der Ačišcho

Der Gipfel des Ačišcho (2391 Meter) liegt etwa acht Kilometer nordwestlich (Luftlinie) von Krasnaja Poljana an der Grenze zum Biosphärenreservat. Etliche Pfade führen auf den Berg, so zum Beispiel aus dem Tal der Bešenka, eines Nebenflusses der Mzymta. Der Aufstieg beginnt in der ul. Zapovednaja, führt zunächst auf einem Fahrweg über Felder und dann nach etwa 40 Minuten in einen Wald aus Kastanien-, Hasel- und Walnußbäumen. Er quert die Bešenka,

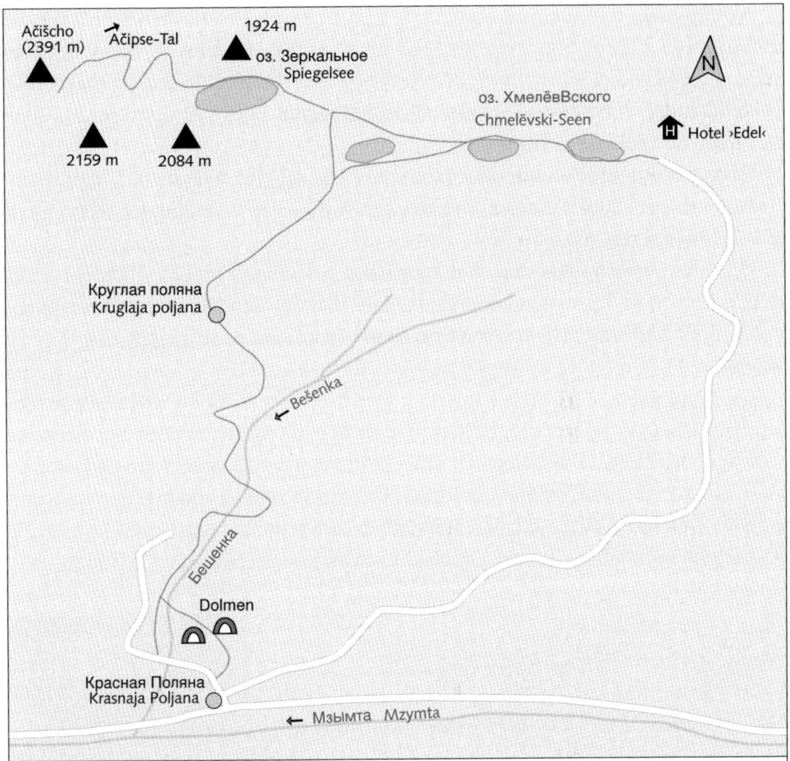

Wanderung zum Ačišcho 0 500 1000 m

hinter der man in einen gigantischen wilden Garten gerät. An einer gespaltenen Kastanie weist ein roter Pfeil nach rechts auf einen Pfad, über den der streckenweise sehr beschwerliche und steile Aufstieg beginnt. Kruglaja Poljana, eine große Freifläche in 1400 Metern Höhe, bietet sich als Rastplatz an. In knapp 1800 Metern Höhe, etwas abseits vom Pfad, befindet sich das Hotel ›Edel‹ an einem der Chmelšvskieseen (siehe Seite 146). Noch einmal vier Kilometer sind zu überwinden, bevor man den Spiegelsee (ozero zerkal'noe) und das Gebäude der aufgegebenen und nach einem Brand verfallenen metereologischen Station erreicht hat.

Die Gegend um den Gipfel des Ačišcho ist der feuchteste Ort in ganz Rußland. Wenn in Krasnaja Poljana und über den umliegenden Bergen die Sonne scheint, kann es sein, daß man hier in einen Sprühregen gerät oder im Nebel die Hand vor Augen nicht sieht. An manchen Tagen wechselt das Wetter nahezu stündlich.

Vom Kamm hat man mit einigem Glück einen phantastischen Blick auf die umliegenden Gipfel. Ein weiterer Pfad führt ins Tal des Flusses Ačipse, der in seinem Quellgebiet einige beeindruckende Wasserfälle bildet, unter ihnen ›Die beiden Brüder‹ (Dva Brata), zwei sich ins Tal ergießende Wasserströme, die sich zu Füßen der Felswand vereinen.

Wer mit Rucksack und Zelt unterwegs ist, schlägt hier in der Regel sein Biwak auf. Aus dem Talkessel beginnt der Aufstieg zur Quelle der Ačipse und auf den Gipfel des Ačišcho.

Wer den Ačišcho aus dem Tal kommend bezwingen möchte, braucht dafür mindestens zwei Tage – und nochmals einen Tag für den Rückweg. Der Höhenunterschied ist beträchtlich. Ohne Bergführer empfiehlt es sich nicht, den Weg zu wagen.

Die bequemere Variante ist, mit dem Jeep bis zu den Chmelëvskieseen zu fahren. Der Pfad zur metereologischen Station beginnt an dem ersten der Seen, an welchem das Hotel ›Edel‹ liegt. Er umgeht ihn von der rechten Seite und ist markiert. Bis zur ehemaligen metereologischen Station sind es von hier aus etwa eineinhalb Stunden Fußmarsch, und von dort aus erreicht man den Gipfel – wenn die Kräfte reichen und das Wetter es erlaubt – wie beschrieben an zwei Tagen.

Blick vom Aibga

Der Aibga

Die bequemste Möglichkeit, die Gipfel des Aibga im Südosten von Krasnaja Poljana zu erreichen, ist natürlich der Sessellift. Von der oberen Endstation führen Pfade in beide Richtungen, die Touren unterschiedlicher Schwierigkeitsgrade erlauben. Wenn die Topographie die eigenen Möglichkeiten überschreitet, kehrt man einfach zurück und geht in die andere Richtung.

Aus dem Tal führt aber auch ein Pfad durch die Wälder und über die Almen auf den Kamm, der hinter der griechischen Brücke beginnt. Er quert zunächst einen Kastanien-, Nuß- und Birnbaumwald. Nach etwa 20 Minuten Fußweg gelangt man auf eine große Lichtung, die oft als Biwak genutzt wird. Hinter der Lichtung teilt sich der Pfad. Um auf den Aibga zu gelangen, nehme man den linken Weg, der durch einen Eichenwald über einen Seitenkamm führt, dann leicht nach rechts abschwenkt und unter den Kronen der hier wachsenden Buchen einen Bergbach erreicht. Durch einen engen Canyon ergießt er sich ins Tal der Mzymta. Man überquert den Bach und gelangt nun über einen steilen, in Serpentinen verlaufenden Pfad zunächst in Misch- dann in reinen Fichtenwald. Die riesigen Stämme erreichen bis zu 60 Meter Höhe.

Weiter führt der Weg steil bergauf. Hier und da teilen sich die vom Vieh getrampelten Pfade und laufen wieder zusammen. Ist dieses Wegstück bewältigt, gabelt sich der Pfad. Der nach unten führende umgeht den Aibga und führt in den gleichnamigen Ort an seinem Südhang; der Pfad auf den Kamm führt weiter bergan. Nach etwa vier Stunden Aufstieg aus dem Tal und zwei Stunden vom Bach entfernt, hat man eine malerisch im Nadelwald liegende Lichtung erreicht. Links stehen die Hütten der Schäfer; im Wald befindet sich eine Quelle – der ideale Ort für ein Biwak. Für weniger geübte, aber auch für die meisten erfahrenen Wanderer, ist dies der beste Ort für ein Nachtlager.

Der Pfad auf den Aibga hält sich am linken Rand der Lichtung, führt weiter den Hang hinauf, nun bereits durch Berggräser. Er passiert die letzte am Weg liegende Quelle. Links unten erblickt man einen riesigen überhängenden, von einer Waldkappe bedeckten Felsen. Noch ein paar Minuten und man hat den ersten Gipfel des Aibga erreicht, das Ende eines langgestreckten aus Hügelkuppen bestehenden Kammes, über den der Pfad zum Sessellift führt.

Tief im Tal erblickt man Krasnaja Poljana, ringsum die Berge, in der Ferne die sich bis zum Horizont erstreckende Ebene des Schwarzen Meeres; zu Füßen ein hunderte Meter in die Tiefe fallender, schwindelerregender Abgrund, an dessen Rand man nun seinen Weg über den Kamm des Aibgamassivs, vorbei am Gipfel der ›Schwarzen Pyramide‹, fortsetzt. Nach etwa zwei Stunden erreicht man die Endstation des Sessellifts, mit dem man nun ins Tal fahren kann. Der Betrieb wird um 16.45 Uhr eingestellt.

Alle folgenden mehrtägigen Routen durchqueren das Biosphärenreservat. Den Passierschein erhält man, wenn man einen Bergführer über eine der großen Agenturen mietet.

Mehrtägige Touren

Lager' Cholodnyj (Kaltes Lager)

Das Lager' Cholodnyj war einst eine Herberge für bis zu 120 Wanderer. Es befindet sich in subalpiner Region zu Füßen des Pseašcho. Auf ihrem Gelände befindet sich seit 1965 ein Obelisk zur Erinnerung an die hier gefallenen sowjetischen Soldaten, die 1942/43 die 4. Gebirgsjägerdivision aufgehalten haben.

Route: Ėsto Sadok–Siedlung Slancevyj Rudnik (Schiefergrube)–Aufstieg durch den Nadelwald–Paß Medvežie Vorota (Bärentor)–Quellen des Bergflusses Bzerp'–Paß Psekocho–Paß Pseašcho (2010 Meter)–Lager' Cholodnyj – Aufstieg auf den Gletscher–Berg Psekocho–Felsen Kogot' (Kralle) – Bergfluß Psluch–alter adygeischer Garten–Mineralquellen am Psluch–Tal der Mzymta.

Länge der Tour: fünf Tage.

See Kardyvač

Dieser in 1850 Meter Höhe gelegene See ist einer der schönsten Orte im Westkaukasus. Von drei Seiten erheben sich bis zu mehr als 3000 Meter hohe Berge. Am Nordufer berührt ein Wald aus Hochgebirgsahorn und Fichtenbäumen seine Ufer. Der Kardyvač mißt 500 Meter in der Länge, mehr als 300 Meter in der Breite und ist bis zu 23 Meter tief. Etwas höher liegt ein weiterer See, der Kleine oder Obere Kardyvač. Von hier aus führen zwei Pfade durch die Hochgebirgswelt des Kaukasus: der eine nach Norden zum Bergfluß Malaja Laba, der andere über den Paß Ačišcho 1 und von dort aus zum Lager' Cholodnyj oder durch das Tal der Psluch direkt zurück nach Krasnaja Poljana.

Da der Kardyvač in unmittelbarer Nähe zum Grenzgebiet liegt, brauchte man in den letzten Jahren eine Sondergenehmigung der Grenztruppen.

Es gibt auch die Möglichkeit, sich mit dem Jeep bis zur Ėngel'manova Poljana bringen zu lassen und von dort aus die letzten 15 Kilometer zu Fuß zurückzulegen. Die Lichtung wurde benannt nach dem Landvermesser Ėngelman, der hier vor 1917 Weideland gepachtet hatte. In der Nähe gibt es mehr als 100 Quellen mineralhaltigen Wassers.

Einige Tourismusagenturen wie ›Reinfo‹ organisieren Hubschrauberexkursionen an den See, inklusive Picknick. Bei rechtzeitiger Anmeldung über diese Agenturen ist es auch möglich, die Sondergenehmigung zu erhalten, zusammen mit dem Passierschein für das Biosphärenreservat und das staatliche Jagdgebiet.

Bergwelt bei Krasnaja Poljana

Route: Tal des Flusses Psluch – Paß Ačišcho 2 (2100 Meter) – Poljana turistov (Lichtung der Touristen) – Tal der Mzymta – Fluß Sumassšedšaja – Fluß Burnaja – Fluß Bzyč – Felsenge und Wasserfall der Mzymta – See Kardyvač.

Länge der Tour: drei bis sechs Tage.

Psebaj–Krasnaja Poljana

Anreise über Majkop, die Hauptstadt der Adygeischen Autonomen Republik, bis Psebaj im Norden, am Ufer der Malaja Laba (Kleine Laba). Man fährt von dort aus zunächst etwa 40 Kilometer entlang des Bergflusses bis zum Kontrollpunkt ›Tret'ja Rota‹ (Dritte Rotte). Dabei überquert man auf einer Hängebrücke den Fluß Urušten, wo am Černorečenskij Kordon (Kontrollpunkt Schwarzer Fluß) das Biosphärenreservat beginnt. Von hier aus bis zum Kontrollpunkt am Psluch befinden sich entlang der Gebirgspfade Kilometersteine, die die Orientierung erleichtern. Vom Kontrollpunkt ›Tret'ja Rota‹ beginnt der Fußmarsch durch die Berge.

Route: Psebaj – Tret'ja Rota – Waldstück Bol'šie Balkany – Kontrollpunkt Kordon Umpyr' – Paß Alous – Fluß Urušten – Fluß Imeretinka – Fluß Sinjaja (Blauer Fluß) – Lager' Cholodnyj.

Länge der Tour: vier Tage.

Der nördliche Teil von Groß-Soči ist mit den Städten Dagomys und Lazarevskoe weniger mondän als der Süden. Mit Wasserfällen, Dolmen und Schluchten hat aber auch diese Region viele Sehenswürdigkeiten zu bieten. In Loo befindet sich einer der schönsten Strände Sočis.

Der Norden von Groß-Soči

Der Bezirk von Lazarevskoe

Es ist sowohl ein Empfinden als auch eine administrative Tatsache, daß die nördliche Grenze von Soči-Stadt auch die Grenze zwischen dem Norden und Süden des längsten Kurortes der Welt ist. Zwischen Soči-Stadt und Adler leben die meisten der 400 000 ständigen Einwohner von Soči; hier befindet sich die Mehrzahl der Sanatorien und großen Hotels, kulturellen Sehenswürdigkeiten, Forschungs-

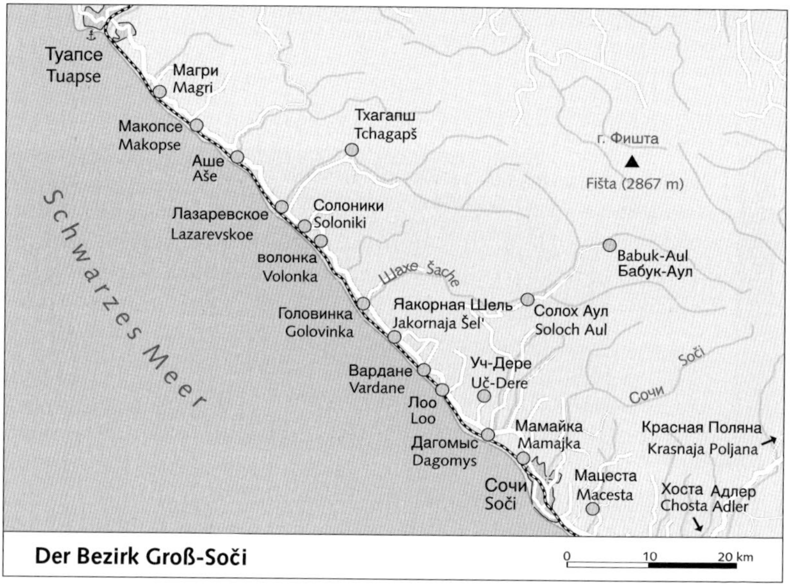

Der Bezirk Groß-Soči

stätten und Verwaltungszentren. Es ist der urbanere Teil der Grande Dame, die mit Dagomys und Lazarevskoe noch zwei weitere städtische Zentren besitzt, welche aber einen insgesamt provinzielleren Eindruck vermitteln. Und: Der Süden ist das eigentliche Zentrum der Subtropen mit üppigen Wäldern und der größten Nähe zu den Hochgebirgswelten des Kaukasus.

Das will keinesfalls bedeuten, daß die nördlich gelegenen Kur- und Urlaubsorte Sočis von geringerem Charme wären; sie sind anders – in gewisser Weise gemütlicher, wenn auch in den Sommermonaten nicht weniger überlaufen. Auch hier findet man wunderschöne Flecken, und die touristische Infrastruktur steht der im Süden in nichts nach.

Groß-Soči untergliedert sich in fünf Bezirke: der zentrale Bezirk, der Chostinsker Bezirk, der Bezirk von Adler, Krasnaja Poljana und der Bezirk von Lazarevskoe, der sich von Magri bis Dagomys erstreckt. Die Orte des Bezirks von Lazarevskoe sind aus Soči-Stadt bequem mit der maršrutka oder der ėlektrička zu erreichen, und auch die Reiseagenturen bieten Exkursionen zu den beliebtesten Ausflugszielen.

Mamajka

Dieser kleine Ort gehört administrativ gesehen noch zum zentralen Bezirk von Soči-Stadt. Mit der maršrutka erreicht man ihn in einer halben Stunde, vorausgesetzt man gerät nicht in einen der häufigen Staus, die die Fahrzeugkolonnen des russischen Präsidenten verursachen. Putins ›Datscha‹ liegt zwischen Soči-Stadt und Mamajka im Tal eines kleinen Flusses.

Mamajka liegt in einem Tal am Meer. Die Ruinen einer Festung, von der so gut wie nichts erhalten blieb, lassen eine lange Geschichte erahnen. Die Grundmauern, wird vermutet, stammen von den Byzantinern. Verbürgt ist, daß die Genueser hier eine Handelsniederlassung besaßen, welche nach der Eroberung durch die Türken den Namen Mamaj-Kale erhielt und als Sklavenmarkt betrieben wurde.

Die Straße nach Norden passiert hinter dem Abzweig nach Mamajka den Zentralen Kontrollposten der Verkehrspolizei von Soči. Gegenüber dem Kontrollpunkt befindet sich die Tankstelle, deren kulinarisches Aushängeschild phantastische Vareniki, Teigtaschen mit verschiedenen Füllungen, sind. Eine Portion Vareniki besteht aus fünf bis sechs Stück und kostet 1,50 Euro. Wenn auch die Atmosphäre an einer Tankstelle mit dem Blick entweder auf eine Felswand, die Küstenstraße oder in eine zersiedelte Landschaft keineswegs romantische Gefühle hervorruft, wird man es nicht bereuen, hier angehalten zu haben.

Hinter Kontrollpunkt und Tankstelle beginnt der Aufstieg zum ersten einer langen Reihe von Pässen über die bis zum Meer reichenden Berge des Vorgebirges. Wer mit dem eigenen Wagen unterwegs ist, dem sei Vorsicht angeraten. Über die Küstenstraße zwischen Novorossijsk und Soči rollt nicht nur der Urlauberverkehr. Auch viele LKWs sind unterwegs, im Transit zwischen Rußland und der Türkei oder Georgien. Den Hang hinabgerutschte oder umgefallene Laster sind keine Seltenheit. Bei ihrer Bergung bilden sich nervende Staus. Auch die oft veralteten Überlandbusse sorgen für in Schrittgeschwindigkeit fahrende Kolonnen. Die meisten Fahrer der ›trödelnden‹ Zunft aber sind in der Regel rücksichtsvoll und halten sich am äußersten Rand der Fahrbahn. Der riskante Fahrstil vieler Einheimischer läßt einem mitunter das Blut gefrieren.

An einigen Stellen hinter Mamajka hat man bei klarem Wetter einen zauberhaften Blick auf das Meer und die Bergketten im Hinterland.

Dagomys

Der Ort hinter dem ersten von Soči-Stadt aus gesehenen Bergrücken heißt Dagomys. Mit den maršrutki 153 und 154 braucht man aus dem Zentrum von Soči-Stadt bis ins zehn Kilometer Luftlinie entfernte Dagomys etwa 45 Minuten. Eine weitere Möglichkeit ist, die ėlektrička zu nehmen, die eine halbe Stunde bis zum direkt am Strand gelegenen Bahnhof unterwegs ist.

Blick auf Dagomys

Wie die meisten der einheimischen Bezeichnungen ist auch die Herkunft des Wortes ›Dagomys‹ nicht problemlos zu entschlüsseln. Verschiedene Varianten bieten sich an: ›ein Ort, wo es gut brennt‹ und ›guter Wald‹. Beide machen Sinn. Im ersten Fall könnte die Sonne gemeint sein, die hier angesichts der weiten Täler und flachen Gipfel intensiver zu scheinen scheint als anderswo; die zweite Deutung bezieht sich auf die einstmals dichten Wälder an den Berghängen, die heute in Küstennähe von Teeplantagen und anderen landwirtschaftlichen Nutzflächen bedeckt sind.

Dagomys, einst mit mehr als 800 Höfen das Zentrum eines ›Vordane‹ oder ›Ordane‹ genannten, von Ubychen besiedelten Landstriches, ist einer der klassischen Kur- und Erholungsorte am Schwarzen Meer. Bereits zwei Jahre nach Beendigung des Kaukasuskrieges und der Vertreibung der Ubychen gingen die besten Landstriche im Tal des gleichnamigen Flusses in den Besitz der Zarenfamilie über, die hier später ein kleines Schloß und Gestüt errichten sowie einen Park an der Küste anlegen ließ. Das ehemalige Schloß ist heute eine Bierbar; vom Park existieren nur noch Oasen in der zersiedelten Landschaft. Auf den Ruinen des Gestüts eröffnete 1982 eines der ambitioniertesten Hotelprojekte an der Schwarzmeerküste: das wie eine Pyramide aufstrebende 27stöckige Hotel ›Dagomys‹ und das ringförmige Erholungsheim ›Olimpijskij‹. Von der Straße und den Berghängen wirken die beiden schneeweißen Hotelbauten als Blickfänger. Das Hotel ›Dagomys‹ ist eines der beliebtesten an der Küste. Im Konzertsaal treten regelmäßig russische Popgrößen auf. Im Oktober fand hier in den letzten Jahren das Kunstfestival ›Bujan-Ostrov‹ statt.

Wenige Kilometer von Dagomys entfernt befinden sich zwei Ausflugsziele, die Dagomyskie koryta (Dagomyser Tröge) und die Samšitovye vodopady (Buchsbaum-Wasserfälle). Zu den ›Trögen‹ gelangt man auf der Straße nach Solochaul, die in der ul. Armavirskaja ihren Anfang nimmt. Nach knapp zehn Kilometern erreicht man einen Parkplatz, von dem aus ein Pfad zum Fluß, der Westlichen Dagomys, führt. Die ›Tröge‹ sind von quer zur Strömung liegenden Schichten festen Gesteins gebildete, mehrstufige Ausspülungen, in denen sich das Wasser sammelt und in Kaskaden in die tieferen Wannen strömt.

Die Buchsbaum-Wasserfälle werden von der Westlichen Dagomys gebildet. Sie liegen unweit des Dörfchens Baranovka (Барановка), das man mit dem Bus erreichen kann, und bestehen aus einer ganzen Kette kleinerer und größerer Kaskaden inmitten eines Zauberwaldes aus Buchsbäumen und anderen subtropischen Gewächsen.

Vorwahl: 8622.

Hotel ›Dagomys‹, Tel. 321460, 321142, 321100, 322795, www.dagomys.ru; DZ 40–85 Euro/Pers. Zum Hotel gehören ein Strand in 400 Meter Entfernung, zu erreichen mit einem Lift, und ein Schwimmbecken. Verleih von Sportgeräten.

Autocamping, zu Füßen des ›Olimpijskij‹. Auch Vermietung von kleinen Häuschen, einfachste Ausstattung zu sehr moderaten Preisen.

Solochaul

Von Dagomys führt eine recht gute Straße nach Solochaul. Auch Busse fahren von Dagomys, aber selten. Die Straße führt zunächst vorbei an der Teefabrik von Dagomys und klettert dann an den Hängen auf eine Bergkette, die die Wasserscheide zwischen den Flüssen Dagomys und Šache bildet. Von der Straße bieten sich phantastische Ausblicke, zunächst auf das Meer, später in das Tal der Šache und auf die Gipfel des Fištmassivs am östlichen Horizont. Mit diesem Blick wirbt

Das Teemuseum in Solochaul

auch ein einfaches Restaurant am Weg, das zum Hotel ausgebaut wird. Während der Fahrt passiert man die Allee der Liebe, über der die Kronen der Laubbäume ein dichtes, geschlossenes Laubdach bilden. Jungvermählte aus den umliegenden Orten fahren hierher, um ihren Bund fürs Leben zu besiegeln. Irgendwann gabelt sich die Straße. Der Weg nach rechts führt ins Obere Solochaul, der nach links ins im Flußtal der Šache gelegene Untere Solochaul. Dort endet die asphaltierte Straße und führt als Fahrweg weiter nach Babukaul.

Die eigentliche Sehenswürdigkeit von Solochaul (dem Unteren) ist das kleine Teemuseum, das von einer landwirtschaftlichen Pioniertat erzählt, die vor gut 100 Jahren der Region um Soči eine ganz neue Dimension verlieh.

Wie der Tee nach Soči kam

1901 erschien ein Mann in Solochaul und brachte einige schwarze Kügelchen mit, die er in seinen Garten pflanzte. Die Dorfbewohner wunderten sich über den ›Čudak‹, ein Wort, mit dem man im Russischen seltsame Menschen bezeichnet.
Der Čudak hieß Iuda Antonovič Košman. Er stammte aus der Ukraine, war 63 Jahre alt und hatte ein Leben hinter sich, das in einer Klosterschule begonnen und ihn auf lange Wanderschaften geschickt hatte.
Ende des 19. Jahrhunderts hatte er sich als Arbeiter beim Bau der Straße zwischen Novorossijsk und Suchumi verdingt und später für einen Teehändler gearbeitet, der in Georgien eigene Teeplantagen besaß. Die Gegend um Suchumi galt als die nördlichste für den Anbau der Teepflanze geeignete Region, aber Košmans Teepflanzen, die aus den kleinen Kügelchen gesprossen waren, wuchsen ungerührt aller Vorurteile auf der kleinen Plantage zu Füßen seines Hauses in Solochaul. Im Herbst 1908 verkaufte er die erste Ernte.
Die Legende berichtet, daß man ihn zunächst als Betrüger verhaftete. Zwei Jahre später aber gelang es ihm, dem Zaren 50 Kilo zu schenken. Dem gefiel der Tee, und er ließ Košman Geld zur Erweiterung des Anbaus zukommen. Der Damm war gebrochen, und überall fanden sich Nachahmer. Der größte Widerstand war nicht mehr das Vorurteil, sondern der Druck der Teeimporteure, die um ihr Monopol fürchteten.
In den 20er Jahren beschloß die nunmehr sowjetische Regierung, die Erfahrungen Košmans zu nutzen.
In den Tälern zwischen Aše und Adler entstanden Teeplantagen. Die Spitzensorten erfreuten sich großer Beliebtheit. Mit der Zeit wurde die Ernte mechanisiert, was zwar die Arbeitsbedingungen vereinfachte, aber die Qualität beeinträchtigte. 1985 wurden im Gebiet von Soči 8000 Tonnen Tee produziert.
Viele der Teeplantagen werden heute nicht mehr bewirtschaftet, bis zu 90 Prozent der Anbauflächen liegen brach. Die Menschen pflücken noch für den Eigenbedarf, nur einige der Fabriken, zum Beispiel die in Adler, produzieren noch Tee. Die hohe Arbeitslosigkeit in der Region ist auch dem Verfall der Teewirtschaft geschuldet.
Im Košmans Häuschen lebte bis 1988 seine Enkelin. Nach ihrem Tod wurde es ein Museum, in dem Familienfotos, eine kleine Sammlung von Arbeitsinstrumenten und Exponate zur Geschichte des russischen Tees ausgestellt sind. Die erste Teeplantage Košmans besteht noch, sie gehört zum Garten hinter dem Haus. In einem kleinen Pavillon wird dort Gästen grüner und schwarzer Tee aus eigenem Anbau angeboten. Dazu gibt es Bliny mit Honig.

Am Teemuseum vorbei führt der Fahrweg nach Babukaul. Selten passieren Fahrzeuge die Strecke, so daß sie sich auch zum Wandern eignet, zum Beispiel bis zur kleinen Siedlung ›Tret'ja Rota‹ und von dort aus im Tal der Šache über Stock und Stein zurück nach Solochaul. Der Fahrweg führt durch dichten Wald vorbei an einer Schlucht, in der aus moosbewachsenem Fels – gleich Tränen – Wasser tropft. Die üppige Vegetation mit Buchsbäumen und Baumfarnen lädt hier ebenso zu einer Rast ein wie etwas weiter ein Wasserfall, zu dem eine Treppe in die Tiefe führt. Dort befindet sich am Wegrand auch ein Quell silberhaltigen Wassers.

Vorwahl: 86 22.

Berghotel ›Šache‹, Tel. 60 01 64 (Hotel ›Morskaja Zvezda‹ in Mamajka), Tel. direkt 66 70 82, info@sochihotel.ru., www.sochihotel.ru (engl.); DZ 70 Euro (mit Frühstück für 2 Pers. und Benutzung des Pools), in der Saison unbedingt vorbestellen. Zur Anlage des unlängst eröffneten Hotels ›Šache‹ am Flußufer gehören eine Sauna und eine Minigolfanlage. Das Personal unterstützt die Organisation von Jeep- und Wandertouren mit einem ortskundigen Führer. Zusammen mit den Hotels ›Morskaja Zvezda‹ und ›Driada‹ in Krasnaja Poljana gehört das Hotel zur Gruppe ›Kavkazskaja Riv'era‹.

›Rassvet‹ (Morgendämmerung), Touristencamp für Kinder (auch für Erwachsene), Tel. 31 23 72, 4 Euro/Pers. Die Unterbringung ist bescheidener als im ›Šache‹, mit Toilette und Duschen ›auf dem Hof‹. Größere Gruppen sollten sich vorab anmelden.

Teemuseum; tägl. bis ca. 18 Uhr.

›Solochaul Jeeping-Tour‹, Tel. 52 00 06, 918/ 4 08 59 89, cto@sochi.ru, www.jeeping.e-gloryon.com. Die Managerin Svetlana Skladneva spricht nur russisch. Schriftliche Anfragen können auch auf englisch und, wenn rechtzeitig, auf deutsch gestellt werden.

Tret'ja Rota

Von Solochaul bis Tret'ja Rota (Третья Рота, Dritte Rotte) sind es ungefähr sieben Kilometer. Die eigenartige Bezeichnung bezieht sich auf eine Kette von Kontrollpunkten der russischen Armee zwischen dem Schwarzen Meer und Majkop, die nach dem Ende des Kaukasuskrieges als Stützpunkte gegen die wenigen in den Wäldern verbliebenen Adygeer errichtet wurde. In befestigten Häusern harrten hier jeweils einige Soldaten aus und unternahmen Erkundungsgänge in die umliegenden Berge. Unter ihrem Schutz ließen sich dort Umsiedler aus verschiedenen Gebieten Rußlands nieder.

Tret'ja Rota ist kein Dorf im eigentlichen Sinne. Hier befinden sich einige Bienenstöcke und die Datschen betuchter Bürger. In den letzten Jahren sind es vor allem Moskauer, die hier Land pachten und sich ihre Ferienhäuser errichten. Die Natur um die kleine Siedlung ist malerisch wild. In den Seitentälern der Šache rauschen Bäche, die enge Canyons bilden und in denen wilde Forellen leben. Die Buchsbaumhaine sehen aus wie verwunschene Wälder. Nur ab und an dröhnt ein Hubschrauber über die Köpfe hinweg, der Baumaterialien nach Lunnaja Poljana (Mondlichtung) bringt, wo sich Putin inmitten der Berge ein Gästehaus bauen läßt.

Einer der Pfade aus Tret'ja Rota führt durch einen Canyon zu einem Wasserfall. Kaum ein Tourist verirrt sich hierher. Die einzige Möglichkeit, hierher zu wandern, ist eine Exkursion mit dem Jeep, die von der Agentur ›Solochaul Jeeping-Tour‹ organisiert wird. Eine knappe Stunde ist man auf einem Bergpfad unterwegs, der an einigen Stellen durch enge Canyons führt, die nicht umgangen werden können. Einige Meter durch brusthohes Wasser gehören deshalb zum Vergnügen, das an einem einsamen Felskessel endet. Aus 20 Metern stürzt hier das Wasser des Bergbachs in eine mehrere Meter tiefe Wanne. Es schimmert grünlich und ist durchsichtig bis auf den Grund. An heißen Sommertagen der eisigen Versuchung nicht zu erliegen, wäre ein unverzeihliches Versäumnis.

Der Fahrweg führt weiter nach Babukaul, etwa neun Kilometer entfernt. Hinter der ›Dritten Rotte‹ befindet sich die Grenze zum Biosphärenreservat und an dieser ein Kontrollpunkt. Weiter geht es nur mit Passierschein.

Mit dem Jeep unterwegs im Tal der Šache

Wer sich mit der Agentur ›Solochaul Jeeping-Tour‹ auf Fahrt begeben hat, kehrt nach dem Picknick zurück nach Solochaul. Entweder gehört zum Programm nun der Besuch einer Dolmengruppe in den Bergen, oder man fährt mit dem Jeep durch das Flußbett der Šache zu den 33 Wasserfällen und von dort aus über Golovinka zurück nach Dagomys oder Soči.

Uč-Dere

Der nächste Ort an der Straße Richtung Norden ist Uč-Dere, 18 Kilometer von Soči-Stadt entfernt. Ab Dagomys geht es wieder einen Berg hinauf. Hinter dem Paß befindet sich rechter Hand der Abzweig in den Ort, in den man zu Fuß eine halbe Stunde braucht. Die maršrutki 153 und 154 Richtung Loo halten an der Abfahrt, sagt man dem Fahrer rechtzeitig, wohin man möchte. Uč-Dere bedeutet übersetzt aus dem Adygeischen ›Drei Schluchten‹, was irreführt, da die Landschaft hier eher hüglig-sanft erscheint.

Von 1880 bis 1888 lebte in Uč-Dere eine der Frauen, die in der russischen Literatur ihrer Zeit tiefe Spuren hinterlassen hat, Ekaterina Majkova (1836–1920). Sie war die Muse eines der wichtigsten russischen Realisten, Ivan Gončarov (1812–1891) und Prototyp zweier Frauenfiguren: der Ol'ga Iljina im Roman ›Oblomov‹ und der Vera im Roman ›Die Schlucht‹. Die Figur des Oblomov bereicherte die russische Sprache um eines ihrer treffendsten Worte – oblomovščina, was man mit ›Oblomowerei‹ übersetzen könnte. Gemeint ist ein Lebensstil untätigen Müßiggangs, der über sich selbst und die Vergeblichkeit allen Handelns sinniert. Majkova war die Frau des Bruders von Apollon Majkov, einem der engsten literarischen Weggefährten Gončarovs. Sie verließ ihren Ehemann, lebte lange Jahre in einer Kommune, bevor sie sich zunächst in Uč-Dere, dann in Soči niederließ, dort, wo sich heute das Hotel ›Primorskaja‹ befindet. Ihre umfangreiche Büchersammlung wurde zum Grundstock der ersten öffentlichen Bibliothek in Soči. Ihr Sohn, V. Konstantinov, war einer der Gründer des krim-kaukasischen Bergklubs, unter dessen Ägide unter anderem der Pfad entlang der Aguraschlucht entstand.

Uč-Dere ist kein Urlaubsort im klassischen Sinne. Richtung Meer befinden sich zwar einige Erholungsheime, die vor allem von St. Petersburger Urlaubern gern besucht werden, aber vom eigentlichen Ort bis zum Strand braucht man eine knappe Stunde. Vor einigen Jahren noch waren die Klippen am Meer ein Geheimtip, doch haben wilde Camper viel Müll hinterlassen, der nicht entsorgt wird.

In kaum einem Ort von Groß-Soči läßt sich die Ruhe so genießen wie in Uč-Dere. Die Häuser des Ortes liegen verstreut an einem Berghang. Kaum ein Auto kommt hier vorbei. Im Ort gibt es weder ein Hotel noch eine Touristenherberge, auch sieht man bisher noch keine Zimmervermietungsschilder. Jedoch zieht es immer mehr Menschen hierher, die Villen bauen und den zauberhaften Blick über die Hügel auf das Meer und auf den Kaukasus genießen.

Ist von Uč-Dere die Rede, dann meist im Zusammenhang mit dem Teehäuschen auf dem Gipfel des Berges. Zum Zentrum des russischen Tees bieten die meisten Reiseagenturen in Soči einen Tee- und meist auch Folkloreabend an. Gebaut wurde es in den 60er Jahren und es ist im ganzen Land der bekannteste Ort für Degustationen verschiedener hochwertiger Tees aus der Region. Eine kleine Exposition zur Geschichte des Teeanbaus vermittelt viel Wissenswertes. In unmittelbarer Nähe

Wohnhaus und Museum in einem – zu Besuch bei Natalija Cygikalo

befand sich bis zum Winter 2003/04 auch ein Museum mit Dutzenden teilweise wertvollen Samowaren. Es brannte ab, und darüber, wohin die Samoware verschwunden sind, konnte niemand Auskunft erteilen. Ein beliebter Gast im Teehäuschen ist der russische Präsident, der es gern ausländischen Gästen präsentiert. Auch lokale Größen aus Politik und Wirtschaft halten hier ihre Treffen ab.

Eine individuelle Bekanntschaft mit dem Teehäuschen ist so gut wie ausgeschlossen, denn Reisegruppen sind die eigentliche Klientel. Ein Besuch lohnt sich, nicht nur des Tees wegen, der hier auch verkauft wird, sondern auch um die ländliche Ruhe zu genießen. Verpaßt man den letzten Bus – kein Problem. An der Straße kann man entweder eine maršrutka, die bis gegen 22 Uhr unterwegs sind, oder ein Taxi anhalten. Bis Soči sollten zehn Euro für die knapp einstündige Fahrt ausreichend sein.

Natalija Cygikalo

Dem Teehäuschen zu Füßen liegt seit den 90er Jahren das Haus von Natalija Cygikalo. In der zweiten Hälfte der 80er Jahre leitete sie in Moskau eine Galerie, in der einige der spektakulärsten Ausstellungen der Moskauer Konzeptualisten stattfanden. Dann ging sie nach Soči, pachtete ein Stück Wald und baute dort ein Haus mit drei Etagen und einer Terrasse mit Blick über die bewaldeten Hügel aufs Meer. Heute ist es ein Museum. Den Garten um das Haus hat die Besitzerin selbst angelegt. In der Tradition der ersten russischen Siedler brachte sie Pflanzen aus verschiedenen Gegenden hierher, die nun neben der heimischen Flora blühen.

Keines vielen kleinen und großen Dinge, die Natalija Cygikalo umgeben, ist ein Ausstellungsstück im eigentlichen Sinne. Sie repräsentieren eine Richtung in der russischen Kunst, die man als Volkskunst bezeichnen könnte, wenn dieser Begriff nicht mit Folklore und touristischem Kitsch assoziiert wäre. Im Erdgeschoß steht ein monumentaler russischer Ofen. An den Wänden hängen Wandteppiche, Batikarbeiten und Bilder; auf dem Fußboden und auf Kommoden stehen Figuren aus Holz, Keramik und Ton. Die meisten stammen von anerkannten Künstlerinnen und Künstlern aus dem ganzen Land. In der zweiten Etage verwandeln kunstvoll gefertigte Puppen in phantasievollen Kostümen den Raum in ein Zwergenschloß.

Die Wände im Dachgeschoß sind mit Plakaten – den Erinnerungen an die Moskauer Perestrojka-Ausstellungen – tapeziert.

Auf einem der Plakate hat Friedrich Dürrenmatt sein Autogramm hinterlassen, auf einem anderen Max Frisch. Erinnerungen, die Brücken nach Moskau und in ›die weite Welt‹ schlagen.

Zugleich ist Natalija Cygikalo die Initiatorin und Organisatorin des Kunstfestivals ›Bujan-Ostrov‹ (Insel Bujan), das seit 1997 jährlich im Oktober stattfindet. Der Name des Festivals ist der slawisch-russischen Mythologie entlehnt und beschreibt einen Ort, an dem alle schöpferischen Energien ihren Ursprung nehmen. Künstlerinnen und Künstler aus dem ganzen Land treffen sich und zeigen ihre Kostüme, Schmuck, Schnitzereien, ausgefallene Keramik und Gemälde. Dazu kommen virtuose Musiker. Im vergangenen Jahr waren auch erstmals Künstler aus England zu Gast.

Natalija Cygikalo öffnet ihr Haus für Gäste, die sich für ihre Sammlung interessieren, es ist jedoch kein Museum im konventionellen Sinne. Wer ihr einen Besuch abstatten möchte, sollte sich vorher anmelden: Tel. 31 16 68, buyanostrov@mail.ru.

Das Badeparadies von Loo

Vom Zentrum Soči-Stadt bis Loo sind es 28 Kilometer. Mit der ėlektrička und mit dem Auto oder der maršrutka braucht man gut eine Stunde für die Strecke. Bis Lazarevskoe sind es von hier aus noch einmal 34 Kilometer. Loo liegt direkt am Meer, vom Bahnhof bis zum Strand sind es 100 Meter. Die meisten Fernzüge halten in Loo, weil sich hier eine Ausweichspur befindet.

Das Wort Loo leitet sich ab vom Namen eines der bedeutendsten Clans der Abasinen, eines adygeischen Stammes, der im 12. bis 14. Jahrhundert in dieser Gegend siedelte und dann im nördlichen Kaukasus eine neue Heimat fand. Bis zur Vertreibung durch die Russen 1864 lebten nach ihnen im Flußtal der Loo Ubychen, die zur Siedlungsgemeinschaft Vordane/Ordane gehörten und das Territorium zwischen der Chobza und Dagomys besiedelten. Die Gegend war eine der am dichtesten besiedelten an der nun russischen Schwarzmeerküste. Heute leben in Loo und Umgebung vor allem Armenier.

Zuallererst ist Loo ein Badeparadies. Der 60 Meter breite und fast einen Kilometer lange Strand ist einer der besten in Soči. Im Hochsommer zieht es jährlich zehntausende Besucher nach Loo, die sich kollektiv in der Sonne aalen und die Nacht zum Tage machen. Das Strandleben ist gut organisiert: Liegepritschen, Sonnenschirme, Rutschbahnen für Kinder, ›Bananen‹, Paraplaning über dem Meer und Katamarane. An sechs Anlegestellen stehen Boote für Angelausflüge auf dem Meer zur Verfügung, zu moderaten Preisen. In Richtung der Klippen im Norden befindet sich ein FKK-Strand. Hier ist es ruhiger, und das zerklüftete Ufer ist romantischer als am Strand in unmittelbarer Ortsnähe. Zudem trifft man oft auf interessante Menschen, denn Nacktbaden ist in Rußland nach wie vor verpönt.

Das kulinarische Angebot ist reichhaltig, Unterkunft zu finden, außer im Hochsommer, kein Problem. Zwischen Bahnlinie und Meer verläuft die ul. Azovskaja,

Für Spaß am, im und auf dem Wasser ist in Loo ausreichend gesorgt

an der ein kleines Hotel neben dem anderen liegt. Die Preise sind selbst im Hochsommer erschwinglich. In vielen Hotels kann man sich Sportgeräte ausleihen. Mit den Besitzern Exkursionen in die nähere und fernere Umgebung abzusprechen, ist in der Regel kein Problem.

Etwas billiger sind die meisten Unterkünfte im Ort, Minihotels, Erholungsheime, Touristenherbergen, private Vermieter. Zwischen Juli und August sollte man sich voranmelden.

Reizvoll ist Loo nicht nur als Badeort. Die Nähe der Hotels zum Strand und die Abgeschiedenheit des Dorfes machen es zu jeder Jahreszeit attraktiv, sei es während der Herbststürme oder auch im lauen Winter, wenn die Temperaturen im Januar bereits auf über 20 Grad ansteigen können. Die Preise für eine Unterkunft sinken zudem bis in den Keller.

›Chez Nikolaj‹, Tel. 918/3 00 46 18; Zimmer (2 oder mehr Pers.) 40–50 Euro, Zwischensaison 30–35 Euro. Das kleine Hotel am Strand von Loo (50 Meter entfernt) wurde 2004 von einem Moskauer Unternehmer eröffnet. Der Name steht noch nicht fest. Ziel des Besitzers ist es, vor allem geistig und esoterisch interessierte Urlauber als Hotelgäste zu gewinnen. Bei der Organisation von Exkursionen und Ausflügen bieten der Besitzer und seine Frau ihre Hilfe an.

›Del'fin‹, gleich neben dem ›Chez Nikolaj‹ (der dritte Block), Tel. 34 55 53. Für dieses Hotel trifft das gleiche zu wie für ›Chez Nikolaj‹. Außerdem keltert der Besitzer Sergej seinen eigenen Wein, man kann bei ihm Tischtennis spielen und andere Sportgeräte ausleihen.

Die Umgebung von Loo

In der Nähe des Ortes, in 200 Metern über dem Meeresspiegel befinden sich die Ruinen eines abchasisch-alanischen Tempels aus dem 8. bis 9. Jahrhundert. Am besten erhalten ist die aus Kalksteinblöcken bestehende Nordwand. Der Tempel maß elf Meter in der Breite und 20 Meter in der Länge. Die Wände waren bis zu einem Meter dick. Die Ruinen befinden sich oberhalb des Erholungsheims ›Magadan‹, nach dem genauen Weg kann man sich im Dorf erkundigen.

Eine natürliche Sehenswürdigkeit ist die ›Uščel'e vedem‹, die Hexenschlucht. Sie ist touristisch noch nicht erschlossen, so daß man auf die Hilfe der Einheimischen angewiesen ist, um den Pfad durch und am Rand der Schlucht zu finden. In

Am Wasserfall ›Paradiesischer Genuß‹

den Wäldern um Loo wachsen Pilze, Kastanien und Beeren. Die ›Looten‹ wissen am besten, wo. Wer im Herbst Urlaub macht, ist bei den Nahrungssafaris willkommen.

Die von der Straße landeinwärts abzweigende ul. Razina führt in den Ort Armjanskoe Loo, eine ursprünglich rein armenische Siedlung. Von der Straße in den Ort zweigt nach etwa drei Kilometern links ein Feldweg zu einem der schönsten Orte in der Umgebung ab. Hat man den im Sommer nur noch wenig Wasser führenden Fluß im Tal, die Obere Loo (Verchnee Loo), erreicht, ist für die meisten Fahrzeuge Endstation. Nach wenigen Metern hinter der Furt, den Hang hinauf, erreicht man ein Anwesen, das am Zugang zu einem Wasserfall liegt. Der Wasserfall ist im Vergleich zu vielen anderen um Soči eher ein Fällchen, aber er trägt seinen Namen ›Paradiesischer Genuß‹ (Rajskoe naslaždenie) nicht zu Unrecht.

Das Anwesen am Zugang zum Wasserfall ist ein architektonisches Ensemble aus Museum, Restaurant und kleinem Hotel, zu dessen Füßen ein Nebenfluß der Loo einen tiefen und relativ breiten Canyon im Schatten von Laubbäumen gegraben hat. Die Besitzer sind Armenier aus Loo, weshalb das kleine Museum Gebrauchsgegenstände der armenischen Siedler vom Ende des 19. Jahrhunderts zeigt. Die Küche ist kaukasisch und international, der Koch ein Meister seines Fachs. Viele Jahre ist er auf Reisen gewesen, unter anderem in Spanien und Italien. Bei gutem Wetter speist man auf Podesten über dem Canyon; an schlechten Tagen sollte man den Ort meiden. Die Preise in dem 2004 eröffneten Restaurant sind moderat. Das kleine Hotel sind zwei Blockhütten mit einfachster Ausstattung.

Den Fluß überspannt eine Hängebrücke; der Weg auf der gegenüberliegenden Seite führt ins drei Kilometer entfernte Armjanskoe Loo. Der eigentliche Wasserfall liegt einige Meter flußaufwärts im Talkessel zu Füßen der Ruinen einer Mühle. Buchsbaumsträucher wachsen dort, und wenn die Sonne mit den Blättern des dichten Laubwaldes spielt, dann ist dieser Ort wirklich paradiesisch. Der oberhalb der Blockhütte beginnende Fahrweg führt nach Solochaul, wohin man zu Fuß zwei Stunden braucht. Aus Solochaul kann man mit dem Bus nach Dagomys fahren, oder aber man wandert durch das Flußtal der Šache Richtung Golovinka, wobei ein Abstecher zu den 33 Wasserfällen denkbar ist. Festes Schuhwerk und einige Ausdauer bei der Wanderung durch das geröllige Šachetal sowie ein Sonnenschutz (Hut) sind unbedingt vonnöten. Einen Ausflug zu den 33 Wasserfällen mit dem Jeep bieten auch viele Hotelbesitzer in Loo an.

Ein weiteres lohnendes Ziel in der Nähe von Loo ist der Ort Verchnjaja Chobza (Oberes Chobza). Es gibt dort eine Heilquelle, eine Imkerei und ein Restaurant.

Vardane

Der Loo folgende Ort Richtung Norden ist Nižnjaja Chobza (Нижная Хобза). Hinter diesem Dorf liegt Vardane. Der Name leitet sich ab von der ubychischen Bezeichnung für das Siedlungsgebiet der Ubychen zwischen dem Fluß Chobza, an dessen Ufern Vardane liegt, und der Gegend um Dagomys. Ein großer Teil der Ländereien hier hatte einem der berühmtesten ubychischen Adelsgeschlechter, den Berseks, gehört. Zu den Berseks zählten Ende der 30er Jahre des 19. Jahrhunderts mehr als 400 Familien zwischen den Tälern der Flüsse Šache und Soči. Enge verwandtschaftliche Beziehungen verbanden sie mit einem der Adelsgeschlechter der Šapsugen, deren Siedlungsgebiet sich im Norden der Šache an das der Ubychen anschließt, den Šapuko. Gemeinsam waren sie Mitte des 19. Jahrhunderts einer der mächtigsten adygeischen Clans.

Hadži Izmail Dogomuko Bersek war der militärische Führer einer Armee aus Ubychen und Šapsugen, die sich Gefechte mit den russischen Truppen lieferten und 1840 einige der befestigten Forts einnahmen und zerstörten. Er starb 1846, im Alter von mehr als 80 Jahren auf der Rückkehr von einer Pilgerfahrt nach Mekka.

In die Fußstapfen Berseks trat sein Neffe Hadži Kerenduk Dogomuko Bersek. Er besaß nicht nur militärisches Talent und außerordentlichen Mut, sondern auch politische Gaben. Seiner Initiative war die 1861 erfolgte Gründung der ›Medžlis‹, einer staatsähnlichen Stammesversammlung der Ubychen, Šapsugen und Abadzechen, zu verdanken, die den Exodus der Adygeer aus ihrer Heimat verhindern sollte. Doch sowohl die diplomatischen Initiativen der ›Medžlis‹ als auch der militärische Widerstand konnten den russischen Vormarsch nicht aufhalten. Hadži

Hadži Kerenduk Dogomuko Bersek

Der Anker eines versunkenen Schiffes bei Jakornaja Ščel' ziert heute die Uferpromenade in Soči

Kerenduk D. Bersek emigrierte mit fast allen seiner Stammesangehörigen in die Türkei, wo er 1878 im Alter von knapp 80 Jahren starb. Andere Quellen datieren seinen Tod auf 1897. Ein Nachfahre der Berseks lebt noch heute in Majkop, der Hauptstadt der Autonomen Adygeischen Republik.

Acht Jahre lagen die Ländereien der Ubychen von Vardane brach, bevor sie 1872 in den Besitz Michail Nikolaevičs übergingen. Nikolaevič, ein Bruder Aleksandr II., war Statthalters des Zaren im Kaukasus. Zu den Ländereien des Gutes ›Vardane‹ gehörten mehr als 6000 Hektar zwischen den Flüssen Chobza und Loo. Hier entstanden Weingärten, Plantagen und Viehhöfe, die immer mehr Umsiedler anzogen. Bis 1882 kamen die meisten Arbeitskräfte aus Dalmatien, die dann von pontischen Griechen, Deutschen aus dem Wolgagebiet, Esten und später Armeniern aus der Türkei abgelöst wurden.

In und um Vardane gibt es einige Erholungsheime und touristische Herbergen. Die modernste Hotelanlage heißt ›Šeksna‹ und liegt auf einer Anhöhe am Meer, einige Kilometer hinter Vardane Richtung Norden.

22 Kilometer südlich von Lazarevskoe liegt der Ort Jakornaja Ščel' (Якорная Щель) mit zahlreichen Erholungsheimen. Jakornaja Ščel' bedeutet in etwa ›Gerissener Anker‹. Gemeint ist der Anker des russischen Schiffes ›Penderaklija‹, das hier irgendwann im 19. Jahrhundert gesunken ist. Er wurde geborgen und befindet sich heute in Soči an der Uferpromenade.

Vorwahl: 8622.

Hotel ›Šeksna‹, Tel. 354407 (Rezeption), 693351 (Vermittlung), sheksna@sheksna.ru. (auch engl.), www.sheksna.ru; Juli/Aug. 45 Euro/Pers. (mit Vollverpflegung), 25. Okt.–30. April 20 Euro. Mehrere Bettenhäuser mit 2-, 3- und 4-Bett-Zimmern. Zum Hotel gehören ein eigener Strand, Sauna, Schwimmbecken, Solarium, Sportanlagen, Kegelbahnen, Kureinrichtungen, Kino- und Konzertsäle, Spielplätze, mehrere Restaurants und Nachtbars.

Golovinka

Golovinka (Головинка) entstand 1839 als russisches Fort an der Mündung des Flusses Šache ins Schwarze Meer. Die Šache begrenzte das Siedlungsgebiet der Ubychen im Norden und ist mit ihren 60 Kilometern von der Quelle am Berg Bol'šaja Čura (1718 Meter) bis zur Mündung der nach der Mzymta bedeutendste Fluß im Gebiet von Soči.

Von Golovinka führt am linken Flußufer ein Fahrweg ins Dorf Solochaul, von dort nach Babukaul und weiter als Bergpfad über den Tscherkessenpaß (Čerkesskij pereval) und über die Nordhänge des Westkaukausus nach Majkop. Die Adygeer nannten diesen Weg den Pfad Achyns, des Schutzgottes der Viehzüchter und Hirten. Als Opfergabe bevorzugte dieser Gott weiße Kühe. Ein eigenartiges Muhen des erwählten Tieres kündigte an, daß es sich seiner Mission bewußt geworden war. Die Menschen in den Auls badeten die Kuh in frischer Milch und striegelten ihr Fell, bis es glänzte. Dann erhielt es einen Klaps auf das Hinterteil und machte sich auf den Weg. Hatte das Tier das Dorf verlassen, war es heilig, durfte weder berührt noch angehalten werden. Aus der Ferne beobachteten die Dorfbewohner seinen Weg durch das Tal, auf die Almen zum Heiligen Hain, in dem sich die Kuh niederlegte und der Dinge harrte, die da kommen würden …

1839 landeten russische Marineinfanteristen zugleich im Tal der Flüsse Psezuapse und Šache und errichteten zwei Forts, Lazarevskoe und Golovinka. General Golovin, nach dem der Ort benannt ist, hatte 1837 das Kommando über das Kaukasuskorps übernommen und – aus russischer Sicht – einige Verdienste bei der Bezwingung der adygeischen Bergvölker erworben. An den Kämpfen um den Brük-

Mädchen im Zentrum der nationalen Kulturen in Lazarevskoe;
Tamara Sumbatova Bachdasarjan auf ihrer Teeplantage in Šaumjan
Am Strand von Adler; Paraglider bei Krasnaja Poljana

Гойтхский опорный пункт
ВНИИ Ц и СК

kenkopf in der Umgebung des heutigen Golovinka taten sich auch einige Dekabristen hervor. Während des Dezemberaufstandes der jungen Adligen 1825 war Golovin einer jener zarentreuen Militärs gewesen, die den Übertritt der Soldaten auf die Seite der Aufständischen verhinderten. Nun also kommandierten seine Offiziere die ehemaligen Verschwörer, die als gemeine Soldaten gegen die Bergbewohner kämpften.

Ein weiterer illustrer Teilnehmer an der Landeoperation war der später berühmteste russische Marinemaler Ivan Ajvazovskij (1817–1900). Später malte Ajvazovskij ein von den Eindrücken der erlebten Gefechte inspiriertes Bild, ›Landung bei Subaši‹, das Zar Nikolaj I. erwarb. Im Museum von Soči hängt ein Bild von Ajvazovskij; die bedeutendsten Sammlungen seiner Gemälde befinden sich in seiner Geburtsstadt Feodosija auf der Krim und im St. Petersburger Russischen Museum.

Der Tulpenbaum von Golovinka

Die größte Sehenswürdigkeit von Golovinka ist ein über 160 Jahre alter Tulpenbaum (Liriodendron). Die Heimat dieses zu den Magnoliengewächsen gehörenden Baumes ist Nordamerika und China. Sein Holz ist auch bekannt als ›gelbe Pappel‹. Es ist fest, läßt sich leicht bearbeiten und eignet sich hervorragend zum Bau von Klavieren.

Der Tulpenbaum von Golovinka stammt aus dem Botanischen Garten von Jalta und gelangte neben vielen anderen Exemplaren seiner Art auf Initiative Nikolaj Raevskijs nach Soči. Raevskij, ein Freund Puškins, war Generalmajor. Von 1837 an kommandierte er die russischen Truppen, die die Befestigungslinie am Schwarzen Meer errichteten. Zugleich Hobbybotaniker, wußte er, daß ein Sud aus der Rinde und den Blättern des Tulpenbaumes hilfreich ist gegen Malaria. Unter dem Fieber litten die meisten seiner Soldaten, und es ist Raevskijs Ver-

Hafenpromenade in Tuapse; Schlammbäder bei Taman'
Beim Canyoning im Vorkaukasus

dienst, daß er mit dem Anpflanzen der Tulpenbäume begann, etwas gegen die Krankheit zu tun. Außerdem bemühte er sich um ein entspanntes Verhältnis zu den Adygeern. Diese mieden ohnehin die malariaverseuchten Küstenlandschaften, wenn sie nicht dort Handel trieben oder die Russen angriffen. Ihre Dörfer, Gärten und Weiden befanden sich in den Bergen, und Raevskij versuchte, auch gegen den Willen seiner Vorgesetzten, für beide Seiten vorteilhafte Handelsbeziehungen anzuknüpfen.

Der Liriodendron von Golovinka heißt auch Raevskijbaum. Mit seinen 35 Metern ist er der größte Tulpenbaum in ganz Rußland. Seine Blüten erblühen im Mai und Juni und färben sich im Herbst golden. Mehrmals von Blitzen getroffen und von Bränden verzehrt, hat er sich immer wieder erholt. Ein Blitz teilte seinen Stamm in zwei Hälften, die man mit Seilen zusammenhielt. Die gewaltige Aushöhlung zwischen den nunmehr zwei Stämmen wurde mit einer speziellen Masse aus Bitumen und Sägespänen aufgefüllt. Den Adygeern sind vom Blitz gespaltene Bäume heilig.

Der Obelisk am Tulpenbaum ist den Dekabristen gewidmet.

Die 33 Wasserfälle

In der Nähe von Golovinka befindet sich ein beliebtes Ausflugsziel, die 33 Wasserfälle (33 vodopady). Der Weg dorthin führt am rechten Ufer der Šache durch das Dorf Bol'šoj Kičmaj (Большой Кичмай, Groß-Kičmaj). Sieben Kilometer windet sich die Straße durch Gärten und Felder. Hinter dem Dorf, dessen Name so viel wie ›Große Schmiede‹ bedeutet, geht die bis dahin asphaltierte Straße in einen Fahrweg über. Die Busse und auch die meisten Fahrzeuge verbleiben auf einem eigens eingerichteten Parkplatz, von dem aus geländegängige LKWs und Jeeps die Touristen zu den 33 Wasserfällen bringen. Wer zu Fuß gehen möchte, suche sich einen Weg durch die Geröllfelder im Tal der Šache oder folge dem Fahrweg. Nach noch einmal vier Kilometern ist man am Ziel. Dutzende Imbiß- und Souvenirstände vermitteln den Eindruck von unentwegter Geschäftigkeit. Männer und Frauen unterschiedlichster Berufe bessern hier ihr bescheidenes Gehalt auf. Einige sprechen auch Fremdsprachen, und man wird schnell in Gespräche verwickelt, wenn man es zuläßt.

Der Zutritt zu den 33 Wasserfällen kostet ungefähr einen Euro. An warmen Sommertagen bekommt man ihn kaum zu Gesicht, so groß ist der Andrang der Menschen, die über die in den Fels gehauenen Treppen auf- und niederwallen. In mehreren kleinen und großen Kaskaden fließt der Gebirgsbach aus beträchtlicher Höhe ins Tal. Das Wasser sammelt sich in Wannen und Mulden, fällt dann weiter in die Tiefe und erreicht irgendwann den Grund. An stillen Tagen oder bei

Regen mögen die 33 Wasserfälle – so viele sind es selbstredend nicht – ein beachtliches Schauspiel bieten, aber wer bereits mehr gesehen hat, wird seine Begeisterung zügeln können. Dennoch hat auch dieser Ort seinen unverwechselbaren Charme.

Ausflüge zu den 33 Wasserfällen werden nahezu überall in Soči angeboten und gehören zum Programm so gut wie jeder Reiseagentur. Von Soči-Stadt bis Golovinka braucht der Bus knapp zwei Stunden, vom 18 Kilometer entfernten Lazarevskoe beträchtlich weniger.

In der Umgebung von Bol'šoj Kičmaj befindet sich darüber hinaus eine Dolmengruppe, deren Besuch zum Programm einiger Anbieter gehört.

Die Šache flußaufwärts findet man am Ufer einige lauschige Orte. Manche Urlauber und vor allem die Einheimischen ziehen Bäder in den Bergflüssen denen im Meer vor. Der Nachteil des langen Anmarsches wird durch den Vorteil wettgemacht, daß man hier auch zelten kann. Die geländegängigen Wagen erreichen bis Solochaul jeden Ort im Tal, so daß man sich hinbringen und nach einer gewünschten Zeit auch wieder abholen lassen kann. Die am Parkplatz in Bol'šoj Kičmaj oft mit ihren Jeeps wartenden Chauffeure sind dafür die besten Ansprechpartner; oder aber man versucht es in Golovinka oder anderen Badeorten.

Das Tal der Šache

Die Festung Bagu

Acht Kilometer vor Lazarevskoe erreicht man das weite Tal des Flusses Godlik. Biegt man oberhalb des Talkessels, bevor die Straße sich allmählich ins Tal senkt, nach links ab in Richtung des Sanatoriums der russischen Luftstreitkräfte ›Čemitokvadže‹, erreicht man nach einem Kilometer Fahrt durch bewohntes Gebiet die Mauer einer alten Festung. Der Weg ist nicht einfach zu finden, aber wenn man nach den Ruinen der Festung (razvaliny kreposti) oder dem Sanatorium (sanatorij lëtčikov) fragt, werden einem Einheimische den Weg zeigen können.

Dort wo die Straße endet, vor dem kleinen Parkplatz, befindet sich in einem mehrstöckigen Plattenbau eine Ladenzeile. In einem der Geschäfte hat der Besitzer eine Art Ikonenwand eingerichtet mit den Fotografien aller Kosmonauten, die bei ihm zu Gast waren. Es waren viele, denn einstmals gehörte zur Erholung nach einem Flug ins All auch ein Aufenthalt im Sanatorium. Unter den vielen Porträts ist auch eines des ersten Deutschen im Kosmos, Sigmund Jähn.

Folgt man nun dem Fahrweg längs des hier 150 Meter langen Mauerfragments der Festung, gelangt man zunächst zum bewachten Eingang des Sanatoriums. Dort biegt der Weg nach rechts ab, und man erreicht nach einigen Metern rechter Hand einen verfallenen Kontrollpunkt. Das Areal dahinter gehörte einst zu einer Garnison der sowjetischen Streitkräfte, die aufgegeben wurde. Quert man das Gelände und hält sich dann links, gelangt man zu den Ruinen eines Wachturms und eines weiteren Walls, von dem aus man das Meer und das Tal der Godlik sehen kann.

Die Feste stammt aus byzantinischer Zeit und war eine der bedeutendsten an der Ostküste des Schwarzen Meeres. Einem römischen Geschichtsschreiber zufolge hieß sie Bagu. Bis heute ist nicht ganz klar, wen und was ihre bis zu zwei Meter dicken Mauerwälle schützten. Man weiß von Piraten, die auf ihren schnellen Booten, genannt Kamare, den byzantinischen Handel empfindlich störten. Die Kamare gehörten den hier lebenden Bergvölkern, und diese hatte lange leichte Beute mit den schwerfälligen Handelsschiffen der Byzantiner. Doch gibt es kaum schriftliche Überlieferungen, und auch die archäologischen Grabungen, die hier in den 50er und 60er Jahren stattfanden, erbrachten keine große Ausbeute.

Nach dem Verschwinden Byzanz' als historischem Protagonisten etablierten die Genueser in den Mauern der Festung einen Stützpunkt, der später in osmanische Hände fiel. Während des Kaukasuskrieges spielte sie keine militärische Rolle mehr. Zu ihren Füßen, im Tal der Godlik, entbrannte am 17. März 1864 eine Schlacht, die das Ende des Kaukasuskrieges besiegeln sollte. Die Adygeer hatten nach einem kalten Hungerwinter noch einmal die letzten Kräfte mobilisiert, und Tausende ihrer Reiter trafen hier auf eine gut gerüstete russische Armee. Nach dem Gemetzel war der Krieg endgültig entschieden.

Nichts im Tal der Godlik erinnert an diesen Tag. In den meisten russischen Reiseführern wird die Festung nicht erwähnt. Auch ihre Ruinen gehören nicht zum Reiseprogramm der Veranstalter. Zugegeben, viel zu sehen bekommt man dort auch nicht, doch ist es ein reizvoller und ruhiger Ort.

Zu erreichen ist die Festung nicht nur von der Nord-Süd-Straße, sondern auch von der ėlektrička-Station ›Volkonka‹, so heißt der Ort im Tal. Ist das Ziel die Festung, halte man sich rechts, will man zu einem Ausflugsziel im Tal der Godlik, das fast alle Agenturen mit Exkursionen ansteuern, gehe man zuerst einen Kilometer durch den Ort und dann am Hinweisschild ›Dolmen‹ hinab ins Tal der Godlik. Dort befindet sich in unmittelbarer Nähe der Straße der Volkonskij-Dolmen. Auch der Weg von der Straße ist ausgeschildert, er beginnt an einem Parkplatz.

Der Volkonskij-Dolmen

Der Volkonskij-Dolmen ist eines der interessantesten Exemplare und eine Ausnahmeerscheinung, da er aus einem Felsen ›geschält‹ und dann mit einem steinernen Dach versehen wurde. Dieser Typus der Dolmen gehört zu den jüngsten. Nur wenige wurden gebaut; der Volkonskij-Dolmen ist heute einer der wenigen erhalten gebliebenen Monolithe. Andere, noch in der Literatur des 19. Jahrhunderts erwähnte Exemplare haben die Zeit nicht überdauert.

Der Dolmen ist ein mächtiges Bauwerk, und man kann sich vorstellen, wieviel Arbeit und Mühe es gekostet haben muß, mit den seinerzeit üblichen Arbeitsinstrumenten eine solche Vertiefung und das dazugehörige, paßgenaue Dach zu fertigen. Eine muldenartige Vertiefung auf dem Dach des Monolithen ist bis zu knapp einem halben Meter tief. Auch sie stammt augenscheinlich von Menschenhand, und auch über ihre Bedeutung lassen sich nur Spekulationen anstellen.

Wie in der Nähe fast aller Dolmen befinden sich in unmittelbarer Nachbarschaft Wasser, die Reste eines Schmelzofens und mineralhaltiges Gestein. Dazu kommen eine Quelle mit schwach schwefelhaltigem Mineralwasser und ein offensichtlich erst in jüngerer Zeit ›heiliggesprochener‹ Baum, an dem allerlei Stoffetzen und Schleifchen aus Plastiktüten von den Sehnsüchten der vielen Besucher künden.

Hinter dem Dolmen teilt sich die Schlucht. Nimmt man den Weg nach rechts, gelangt man nach einem kurzen Fußmarsch zu zwei das Tal der Godlik verengenden Felsblöcken. Die beiden Felsen heißen ›Zwei Brüder‹ und es gibt eine Legende, die erklärt, wie sie hierher gekommen sind: Es waren einmal zwei Brüder. Der jüngere hieß Izmail, der ältere Chadžimuk. Izmail liebte ein Mädchen namens Godlik, und das Mädchen liebte ihn. Godlik war arm, Izmail reich. Chadžimuk, der um das Ansehen der Familie fürchtete, versuchte eine Heirat mit allen Mitteln zu verhindern. In jenem Tal trafen sich die Brüder zu einer Aussprache. Der Älte-

Auch der Volkonskij-Dolmen gibt sein Geheimnis nicht preis

re verbot dem Jüngeren, Godlik zu lieben. Izmail antwortete, daß er lieber zu Stein werden wolle, als sein Mädchen nicht zu heiraten. Wie groß war die Bestürzung Chadžimuks, als er zusehen mußte, wie sich das Wort seines kleinen Bruders erfüllte. Er flehte den Stein an, wieder Fleisch und Blut zu werden, aber keine Bitten, keine Beschwörungen halfen. In seiner Verzweiflung rief er aus, lieber selbst zu Stein werden zu wollen, als dieses Los zu ertragen. Und auch sein Wort erfüllte sich. Godlik, die in der Nähe und Zeugin des Unheils geworden war, weinte um Izmail und seinen unglücklichen Bruder. Ihre Tränen verwandelten sie in den Bergbach, dem die Menschen den Namen des Mädchens gaben.

An den ›Zwei Brüdern‹ endet das offizielle Programm eines Ausflugs zum Volkonskij-Dolmen. Der Zugang zum Territorium kostet etwa einen Euro. Von Lazarevskoe bis hierher verkehrt der Bus 147 (nach Golovinka/Kičmaj). Bittet man den Busfahrer, am Parkplatz vor dem Dolmen zu halten, wird er das bestimmt tun. Zurückkehren kann man dann entweder mit der ėlektrička, der maršrutka oder mit dem Bus. Die Ruinen der Festung sind ebenso aus dem Tal und von den Stationen der ėlektrička ›Volkonka‹ und ›Čemitokvadže‹ zu erreichen.

Soloniki

Noch einmal zwei Kilometer Richtung Lazarevskoe befindet sich kurz vor dem Dorf Soloniki (Солоники) eine weitere touristisch erschlossene Schlucht, die nicht nur nach den hier wachsenden Buchsbäumen benannt ist (Buchsbaumschlucht), sondern auch ›Čudo-Krasotka‹ (Wunder-Schönheit) heißt. Ausflüge in diese Schlucht werden vornehmlich aus Lazarevskoe angeboten. Man kann auch mit der ėlektrička bis Soloniki fahren und von dort aus zu Fuß gehen. Des weiteren fahren Busse (147) und maršrutki von und nach Lazarevskoe. Am Eingang zur Schlucht befinden sich ein Parkplatz und eine Bushaltestelle. Zum Wasserfall ›Čudo-Krasotka‹ führt ein gut ausgebauter Weg, an dem ein Restaurant liegt.

Der nächste Ort an der Straße und am Meer heißt Soloniki, von hier aus sind es nur noch fünf Kilometer bis Lazarevskoe. Seinen Namen hat er von einem der griechischen Zuwanderer, dem reichsten Grundbesitzer des Tals, der sich hier in der zweiten Hälfte des 19. Jahrhunderts niederließ. In der Gegend von Soloniki befinden sich die Mineralquellen, aus denen das ›Lazarevskaja‹ gefördert und in Flaschen abgefüllt wird. Es ist einer der ökologisch reinsten Orte an der Küste und Ausgangspunkt für eine Wanderung zu mehr als 30 Dolmen an den Berghängen.

Des weiteren befindet sich in Soloniki ein Gestüt, das für Touristen Ausritte in die nähere Umgebung anbietet.

Vorwahl: 86 22.

Dolmentour, Informationen über Vladimir Kostjanikov, Tel. 36 33 75, kwn@mail.sochi.ru. Vladimir ist Dozent für Geschichte an der Filiale der Moskauer Universität für Völkerfreundschaft in Soči, gibt ein regionalkundliches Journal über Soči heraus und arbeitet in den Sommermonaten als Reiseführer.

Gestüt, Tel. 72 24 02 oder 918/ 400 90 04 (Grigorij Abdulov).

Kurort Lazarevskoe

Lazarevskoe ist das nördliche Zentrum von Soči und einer der bedeutendsten russischen Kurorte. Vor allem Sonnenbader bevölkern hier im Juli und August die Strände. Zudem gibt es wie im Süden viele Möglichkeiten zu Ausflügen. In Lazarevskoe laden ein Museum und das Zentrum der nationalen Kulturen zu Besuchen und Veranstaltungen ein. Die touristische Infrastruktur läßt kaum einen Wunsch unbeachtet.

Bedeutung besitzt Lazarevskoe auch als Kurort. Besonders bei Beschwerden mit der Leber, dem Verdauungstrakt sowie dem Stützapparat haben sich die Sanatorien von Lazarevskoe als zuverlässige Heilinstitutionen erwiesen.

Gegründet wurde Lazarevskoe 1869 von pontischen Griechen, die nach einer Vereinbarung zwischen der russischen und der türkischen Regierung anstelle der in die Türkei vertriebenen Adygeer aus der Türkei an die Schwarzmeerküste umsiedelten. Der Namensgeber des Ortes ist Michail Lazarev (1788–1852), einer der berühmtesten russischen Seefahrer im 19. Jahrhundert. Zu Beginn seiner Laufbahn unternahm der noch junge Kapitän drei Weltumsegelungen, darunter in die Antarktis, wo die russischen Expeditionen eine Reihe von Inseln und als erste Europäer das antarktische Festland erforschten. Die russischen Bezeichnungen auf der antarktischen Karte stammen aus jener Zeit. Von 1833 bis 1850 kommandierte der Admiral die russische Schwarzmeerflotte. Er war es, der vorschlug, die

Befestigungslinie an der Küste zu errichten, und er leitete persönlich die Landeoperationen von Armee und Marine, unter anderem auch im Gebiet des heutigen Lazarevskoe (1839).

Für die Russen ist Lazarev ein Held, für die Adygeer einer ihrer größten Widersacher. Die Kanonen seiner Schiffe hatten fast alle Schlachten entschieden. Als Ende der 80er/Anfang der 90er Jahre die Rufe der Adygeer nach historischer Gerechtigkeit und Autonomie auch am Schwarzen Meer lauter wurden und die lange verschwiegenen grausamen Details des Kaukasuskrieges die Öffentlichkeit beschäftigten, beschloß der Stadtrat von Lazarevskoe, das Denkmal für den Admiral am Bahnhof zu entfernen. 1996 wurde es demontiert, 2003 aber wieder aufgestellt. Inzwischen hatte sich die öffentliche Meinung geändert. Waren viele nach Ende der Sowjetunion offen gewesen für schmerzhafte Erfahrungen, haben die sozialen Erschütterungen der letzten Jahre sowie der neue Krieg im Kaukasus zu neuen Ängsten und Loyalitäten geführt.

Denkmal für den Namensgeber der Stadt

Bis in die Mitte des 20. Jahrhunderts war das Dorf Lazarevskoe ein gemütlicher, stiller Ort. Die Einwohner bauten Tee, Tabak, Wein und Früchte an, fällten Holz in den Bergen und sammelten im Herbst Kastanien und Nüsse. Erst nach dem Zweiten Weltkrieg und mit der Eingliederung in das administrative Gebiet Soči verwandelte sich das Dorf in eine Urlauberstadt mit Hotels, Sanatorien, Erholungsheimen und Herbergen. Dazu kamen in den 90er Jahren die kleinen privaten Hotels. Viele Einwohner vermieten Zimmer in ihren Häusern und Wohnungen.

Auf den ersten Blick wirkt Lazarevskoe provinzieller als Soči-Stadt, dadurch auch weniger hektisch und überlaufen. Lazarevskoe wirbt mit seinem langgestreckten Strand, urbaner Überschaubarkeit und etlichen Ausflugszielen in unmittelbarer Umgebung.

Ein Stadtrundgang

Der Strand von Lazarevskoe ist bis zu 40 Meter breit, besteht aus kleineren und größeren Steinen und erstreckt sich über etwa acht Kilometer zu beiden Seiten der Mündung des Flusses Psezuapse, wobei der zentrale Strand mit den verschiedensten touristischen Attraktionen im Areal zwischen Bahnhof und Mündung liegt. Parallel zum Meer verläuft die ul. Jantarnaja, an der etliche Hotels, Erholungsheime, Pensionen, Restaurants und Imbißbuden liegen. Im südlichen Teil, hinter der Mole, wo die Ausflugsdampfer abfahren, befindet sich landeinwärts der Kultur- und Erholungspark. Neben einigen botanischen Überraschungen und sehr angenehmen, schattigen Oasen im ansonsten rastlosen Treiben gibt es hier, in Meernähe, Rummelbuden und ein Riesenrad. Das Denkmal im Zentrum des Parks ist dem Dekabristen und Dichter Aleksandr Odoevskij (1802–1839) gewidmet, der sich dem Korps Nikolaj Raevskijs anschloß, an der Landeoperation im Tal des Flusses Subaši teilnahm und weniger später an Malaria starb.

Im Areal längs des Strandes wird bis in die frühen Morgenstunden gefeiert. Die Musik dröhnt aus den Boxen, und wer das Nachtleben liebt, ist hier am rechten Platz. Die Preise für eine Unterkunft in den Hotels und Pensionen sind zugleich die deftigsten im Ort, von 15 bis 60 Euro pro Person. Dafür sind es nur ein paar Schritte bis zum Strand.

Parallel zur Eisenbahn verläuft die zentrale Straße von Lazarevskoe, die ul. Lazareva. An ihr befinden sich der Bahnhof und schräg gegenüber, linker Hand der Busbahnhof in einem Backsteingebäude. Wendet man sich vor dem Bahnhof nach rechts (in Richtung Süden), gelangt man nach wenigen Metern zur rechter Hand

Blick auf den Strand und den Erholungspark von Lazarevskoe

gelegenen Agentur ›Lazarevskij otdych‹ [1]. Im Erdgeschoß befindet sich ein Servicepoint des Mobilfunknetzes ›Megafon‹. Vor dem Gebäude werden Exkursionen zu den verschiedenen Ausflugsorten in der näheren und ferneren Umgebung verkauft. Wer noch keine Unterkunft hat, kann sich hier eine vermitteln lassen.

Einige hundert Meter weiter, ebenfalls auf der rechten Straßenseite, befindet sich eine kleine Werft. Berühmt wurde sie durch eine Yacht, auf der Viktor Jasykov in den 70er Jahren allein die Welt umsegelte. Seitdem wurden in Lazarevskoe viele Segelyachten gebaut. Jasykov begibt sich auch heute noch ab und an auf den Ozean. Im Juli 1998 starteten er und sein amerikanischer Freund und Kollege Bob Adams auf in Lazarevskoe gleichzeitig gebauten und gleich großen Yachten zu einer Wettfahrt über den Atlantik in die USA. Die kleine Werft gehört nach Meinung von Spezialisten zu den besten ihres Metiers weltweit. Die Preise liegen unter denen des Weltmarkts.

Vom Bahnhof die ul. Lazareva entlang sind es etwa 300 Meter bis zur Kreuzung mit der ul. Socialističeskaja. Geht man diese nach links, gelangt man in eine Fußgängerzone mit verschiedenen Souvenirständen und Straßenverkäufern. Nach wenigen Metern passiert man linker Hand eine Toilette und erreicht dann die parallel zur ul. Lazareva verlaufende ul. Pobedy. An der Ecke befindet sich ein Café mit recht guter Küche. Wendet man sich nun nach links, erreicht man nach wenigen Schritten das Ethnographische Museum.

Das Ethnographische Museum

Untergebracht ist die Sammlung des Ethnographischen Museums in einem architektonisch originellen, dem Charakter der Landschaft nachempfundenen einstöckigen Gebäude. Gegründet wurde das Museum 1986; in seiner heutigen Gestalt existiert es seit 1998.

Der erste Raum der Exposition beginnt mit der Frühgeschichte. Nirgendwo sonst in den Museen an der Küste wird der Zusammenhang zwischen den Dolmen und den Fruchtbarkeitskulten anschaulicher verdeutlicht als hier. Das verrostete Schwert in der Vitrine ist skythischen Ursprungs. Auch die Fundstücke aus Kurganen, den Grabhügeln, werden der skythischen Tradition zugerechnet.

Legende

1 Agentur ›Lazarevskij otdych‹
2 Sanatorium ›Tichij Don‹
3 Klinik ›Refleks‹
4 Restaurant ›Viktorija‹
5 Restaurant ›Priboj‹
6 Restaurant ›Russkoe Zastol'e‹
7 Restaurant ›Nachodka‹
8 Café ›Rus'‹

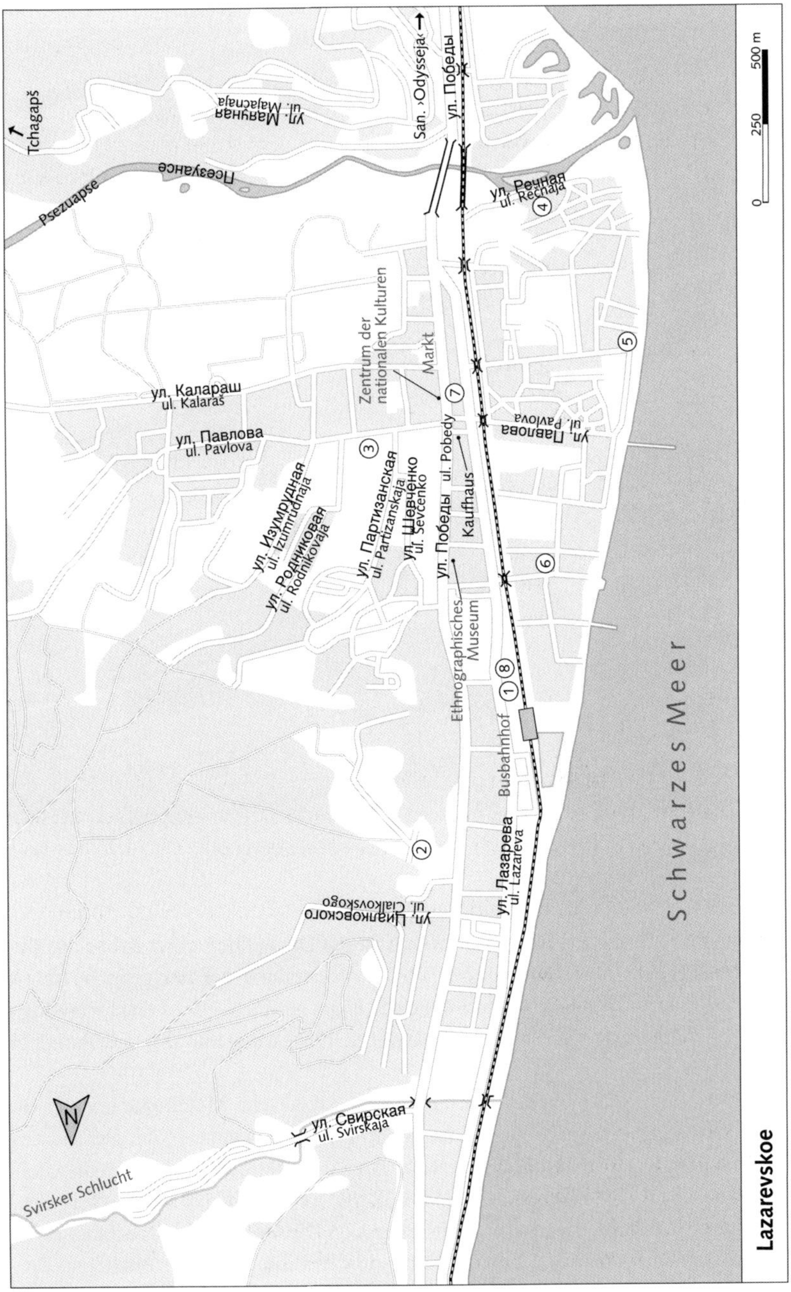

Lazarevskoe

Darstellung aus den Narten, den adygeischen Heldensagen

Das farbenfrohe Bild im ersten Raum ist die Darstellung einer Szene aus den ›Narten‹. Narten sind Heldensagen. In der Vorstellung der Adygeer, bevor sie unter den Einfluß des Christentums und des Islam gerieten, gab es einst vier Gruppen von Lebewesen: die Narten, die Zwerge, die Riesen und die gewöhnlichen Menschen.

Im zweiten Saal gehören zur Sammlung adygeische Musikinstrumente: die ›šičečina‹, eine einsaitige Fiedel, und eine ›kamyl‹ genannte Flöte. Der Gesang der Adygeer war vornehmlich rezitativer Art. Aufschlußreich sind auch die Utensilien aus dem adygeischen Alltag. Das Relief in den Tälern der Vorberge des Kaukasus ließ keine Landwirtschaft im großen Stil zu. Dementsprechend sahen die Instrumente aus, mit denen die Einheimischen ihre Felder bearbeiteten: Spaten mit zwei Zinken am einen und einer sichelförmigen Hacke am anderen Ende, ein leichter Pflug oder das ›tscherkessische Beil‹, mit einem an der Spitze nach unten gebogenen flachen Haken. Ging ein Adygeer in den Wald, dann nicht ohne ein Gartenmesser, mit dem er an wilden Bäumen die Ableger bereits kultivierter Bäume ›aufpfropfte‹. Bis heute findet man überall in den Tälern inmitten der Wälder verwilderte Gärten.

Eine Reproduktionen der Zeichnungen des Engländers James Bell, der Ende der 30er Jahre unter den Adygeern weilte, zeigt einen Führer der Adygeer, einen weintrinkenden Hadži. Die adygeischen Krieger, wie auf der Zeichnung zu sehen, trugen Kettenhemden (kol'čuga). Neben dem Porträtierten steht eine Pulverpfanne. Der für das Pulver notwendige Schwefel stammte aus Lagerstätten in den Bergen; das Salpeter wurde in einem aufwendigen Verfahren aus Pflanzen gewonnen.

Bekannt kommt einem die Nationaltracht der adygeischen Männer vor: der schwarze Umhang, der Gürtel, der an diesem befestigte Dolch und die in Brusthöhe auf den Umhang genähten Taschen für die fertigen Patronenhülsen aus Kugel und Pulver. Gürtel, Dolch und die Verschlüsse für die Hülsen waren oft kunstvoll ziselierte Schmiedearbeiten. Diese Bekleidung ist im ganzen Kaukasus verbreitet und wurde im 19. Jahrhundert per Dekret des Zaren von den Kosaken als Uniform übernommen.

Der Zeremonienstab aus Haselnußholz stellt einen Weltenbaum dar, ein heidnisches Symbol, das sich neben vielen anderen Traditionen gegenüber dem Islam behauptet hat. Der Stab kam bei Hochzeiten zum Einsatz. Der Heiratsgeneral, eine Art Zeremonienmeister, ›moderierte‹ mit ihm die traditionellen Rituale.

Das Modell der kleinen Hütte links hinten im gleichen Raum besaß ein Detail am Türpfosten, das leider verlorengegangen ist. Dabei handelt es sich um die ›Tamge‹, eine Art Wappensiegel – auch Eigentumszeichen der Vermögenden für ihr Großvieh –, das Gäste nach einem Besuch in der Hütte eines Fremden hinterließen. Sie gaben damit dem Hausherren ein Zeichen ihrer Ehrerbietung. Es war der Stolz eines Adygeers, so vielen Gästen wie möglich Kost und Logis geboten zu haben. Jede Familie besaß ihr eigenes ›Tamge‹, so daß sich nachvollziehen ließ, wer bei wem Unterkunft fand. Diese Wappen sind bis heute im Gebrauch.

Der sich anschließende dritte Raum beginnt mit dem Kaukasuskrieg und endet mit Dokumenten aus der Geschichte der Neubesiedlung. Hier befinden sich Porträts von Lazarev und Odoevskij sowie Fotografien von Adygeern im Exil.

Eine der Mitarbeiterinnen des Museums ist Tamara Polovinkina. Ende der 80er Jahre stand sie an der Wiege der Exposition, war lange Jahre Direktorin und wurde später ›degradiert‹ zur wissenschaftlichen Assistentin. Ende der 80er Jahre gehörte sie in Lazarevskoe zu jenen, die eine adygeische ›Šass‹ ins Leben riefen, eine Art Gemeindeversammlung, auf der nach altem Brauch wichtige Fragen des Zusammenlebens entschieden wurden.

Wendet man sich vor dem Museum wieder nach rechts und läuft die ul. Pobedy Richtung Süden, gelangt man nach etwa einem Kilometer an die Kreuzung ul. Pobedy/ul. Pavlova. Rechter Hand befindet sich ein Kaufhaus. Die ul. Pavlova mündet nach rechts in eine Fußgängerbrücke über die ul. Lazareva, über die man in den bereits beschriebenen Erholungspark und weiter ans Meer gelangt.

Das Zentrum der nationalen Kulturen

Folgt man der ul. Pobedy noch einige Meter über die ul. Pavlova hinaus, gelangt man zum auf der linken Straßenseite gelegenen Zentrum der nationalen Kulturen, einer einmaligen Einrichtung in Rußland. Das 1992 gegründete Zentrum vereint unter seinem Dach sieben nationale Kulturvereine, der Adygeer, Armenier, Griechen, Kosaken, Ukrainer, Russen und Weißrussen. Zu den jeweiligen Vereinen gehören Volkskunstkollektive: Tänze, Lieder, traditionelle Musik, ein Kammerchor, ein Kammerorchester, ein Kinder-Musiktheater und ein Kinder-Pantomimentheater. Jede ethnische Gruppe besitzt einen eigenen, in der nationalen Tradition gestalteten Raum, so daß man einiges über die jeweiligen Kulturen erfährt. Zum Zentrum gehören Werkstätten zur Anfertigung von Gebrauchs- und Kunstgegenständen, die teilweise auch im Zentrum erworben werden können. In den einzelnen Kollektiven beschäftigen sich sowohl Kinder als auch Erwachsene, wobei die ethnische Herkunft keine Rolle spielt. Fast täglich finden verschiedene Veranstaltungen statt. Oft treten die Gruppen in Sanatorien, bei Festivals im In- und Ausland, zu verschiedenen Veranstaltungen in Soči auf. Auch in Deutschland waren schon Gruppen des Zentrums zu Besuch. Der Direktor des Zentrums, Grigorij Maslumjan, ist selbst ein künstlerisches Multitalent, er musiziert, malt und hat einen Gedichtband veröffentlicht.

Die Svirsker Schlucht

In unmittelbarer Nähe des Zentrums, 20 Minuten Gehweg vom Bahnhof entfernt, befindet sich der Ausgangspunkt für eine Wanderung entlang der vom Fluß Svirska gebildeten Schlucht (Svirskaja ščel'). Von der ul. Lazareva oder von der ul. Pobedy auf gleicher Höhe, zweigt rechter Hand eine Straße ab, die den gleichen Namen trägt wie die Schlucht, ul. Svirskaja. Über sie gelangt man zu diesem gemütlichen Ausflugsziel, das besonders an heißen Tagen eine attraktive Alternative zum Strand ist. In den vom Bergfluß zu Füßen der beiden Wasserfälle gebildeten Wannen kann man zudem in kühlerem Wasser als dem des lauwarmen Meeres baden. Einige interessante Felsgebilde, der Wald aus iberischer

Kindermusikgruppe im Zentrum der nationalen Kulturen

Eiche, Kastanie, Ahorn, Pizunda- und Krimkiefern, Hagedorn und Kornelkirsche, künstlich angelegte Beete mit Samtblumen vom Amur und eine Buchsbaumallee verleihen dem Weg zum ›Mondstein‹, einem Felsmassiv, in etwa 1500 Meter Entfernung vom Zugang seine Reize. Dazu kommen die beiden Wasserfälle und ein Dolmen in einiger Entfernung vom Hauptweg. Der Zutritt kostet ungefähr einen Euro.

Vorwahl: 8622.

Alle Fernzüge von und nach Adler halten in Lazarevskoe. Die Vorortzüge (ėlektrička) fahren Richtung Süden (Adler) und Norden (Tuapse). Bis Soči-Stadt ist man in der Regel knapp 2, bis Tuapse 1,5–2 Std. unterwegs.

Busstation, schräg gegenüber dem Bahnhof. Tickets kauft man in dem einstöckigen Backsteinhäuschen. Es gibt zwei Kassen, eine für Busse nach Süden (rechts) und eine für Busse nach Norden (links). Die Überlandbusse von Soči in den Norden und Osten halten ebenfalls in Lazarevskoe. Wenn Plätze frei sind, kann man sich zum gewünschten Ort an der Strecke mitnehmen lassen. Abfahrt gen Süden: Nr. 147 nach

Bol'šoj Kičmaj, 7x tägl. Der Bus fährt an alle Orte an der Küste zwischen Lazarevskoe und Golovinka, darunter Soloniki und den Volkonskij-Dolmen.
Nr. 146 nach Tchagapš, 4x tägl.
Abfahrt gen Norden:
Nr. 148 zum Aul Krasnaja Aleksandrovka (Kaleš), 5x tägl. Das letzte Dorf im Tal des Flusses Aše.
Nr. 149 nach Tuapse, 5x tägl., Fahrzeit 2 Std.
Nr. 152 nach Bol'šaja Mamedka (in der Mamedovschlucht), 3x tägl.

Der Obolus für ein nichtoffizielles Taxi sollte innerhalb von Lazarevskoe 2 Euro nicht überschreiten, für eine Fahrt in die Mamedovschlucht 6–8 Euro, nach Tchagapš oder Aše 8–10 Euro.

Agentur ›Lazarevskij Otdych‹ [1], ul. Lazareva, wenige Meter vom Bahnhof, Tel. 72 31 02, 72 26 20, info@lazarevskoye.com, otdih@sunsea.ru, www.lazarevskoye.com (russ., soll ins engl. übersetzt werden). Auf Unterkünfte im Bezirk Lazarevskoe spezialisiert, Hotels und Pensionen sind zum Teil auf der Website aufgelistet, ohne Adresse, aber mit Angabe der Preise (15–80 Euro pro Pers./Nacht).
Am Bahnhof und entlang der ul. Lazareva Richtung Süden warten Vermittler auf Kundschaft. Außerdem findet man überall an den Häusern die Schilder ›sdam komnatu‹ (Vermiete Zimmer).
Sanatorium ›Jug‹ (Süden), zwischen den Orten Golubaja Dača und Sovetkvadže 15 km nördlich von Lazarevskoe, Tel. 76 74-44, -55, oc_ug@mail.ru, www.san-ug.ru (russ.); dreiwöchige Kur 700–850 Euro. Eine Institution des Erdölkonzerns ›Gazprom‹ und eines der besten Sanatorien an der Küste.
Sanatorium ›Tichij Don‹ (Stiller Don) [2], ul. Kol'cevaja 10, Tel. 72 01 33, www.sochi.cityout.ru (russ.). Unweit des Zentrums.
Sanatorium ›Odisseja‹, 3 km südlich des Zentrums, Tel. 79 10 50, 72 12 17, www.odisseya.com (russ.); 85–170 Euro/Pers., ab 65 Euro/Pers. (Nachsaison). Das Sanatorium gehört dem ehemaligen russischen Premierminister Černomyrdin. Es wirbt mit Eleganz und Stil um Besucher mit ›erlesenem Geschmack‹. Besonders wirkungsvoll soll eine Kur bei Erkrankungen der Atemwege sein.
Klinik ›Refleks [3]‹, ul. Pavlova 32, Tel. 72 23 14, 33 49 19, kolyagin@mail.sochi.ru,www.kolyagin.sochi.ru (russ.); komplexe 20tägige Behandlung ca. 600 Euro. Dr. Jurij Koljagin ist Chiropraktiker, der auch in Deutschland und Griechenland praktizierte. Sein Wissen über traditionelle Behandlungen erbte er vom Großvater, der ›Knochenheiler‹ bei der zaristischen Armee war. 1984 eröffnete Koljagin die erste private chiropraktische Klinik in der Sowjetunion. Anfang der 90er Jahre ließ er sich in Soči-Lazarevskoe nieder.
Informationen über Angebote dieser

und weiterer Sanatorien in Lazarevskoe erhält man bei den Agenturen (siehe ab Seite 216).

Der Markt befindet sich an der Kreuzung ul. Pobedy/ ul. Kalaraš. In den vielen kleinen Cafés sind die Preise zwar bescheiden, aber vor allem im Hochsommer ist es nicht ganz unbedenklich, seine Mahlzeiten dort einzunehmen. Wie überall ist der Geruchssinn ein guter Freund bei der Wahl.

Restaurant ›Viktorija‹ [4] im gleichnamigen Hotel, ul. Rečnaja, unweit der Mündung der Psezuapse. Georgische Küche, sehr zu empfehlen.

›Priboj‹ (Brandung) [5] im gleichnamigen Hotel, Ecke ul. Pavlova/ ul. Jantarnaja. Direkt am Strand.

›Russkoe Zastol'e‹ (Russische Tafel) [6], ul. Socialističeskaja, von der ul. Lazareva in Richtung Meer. Empfehlenswertes Restaurant, der Name ist Programm.

›Nachodka‹ (Fund) [7], ul. Pobedy, gegenüber dem Zentrum der nationalen Kulturen.

Wer es nobel und teuer möchte, der nehme ein Taxi bis zum 3 km vom Zentrum gelegenen Sanatorium ›Odisseja‹. Die dortigen Restaurants stehen auch Nicht-Kurgästen offen.

Café ›Rus'‹ [8], ul. Lazareva, gleich neben dem Office der Agentur ›Lazarevskij Otdych‹.

Ein nettes kleines Café mit relativ umfangreicher Speisekarte. Die Preise sind nicht unbescheiden, liegen aber im Rahmen des Durchschnittsbudgets.

Ethnographisches Museum, ul. Pobedy 97, Tel. 72 44 02; Di–So 10–17 Uhr.

Zentrum der nationalen Kulturen, ul. Pobedy, Tel. 72 54 13.

Kultur- und Erholungspark; geöffnet bis 22.30 Uhr.

Tchagapš

Einer der spannendsten Ausflüge von Lazarevskoe führt entlang der Psezuapse ins 18 Kilometer von Lazarevskoe entfernte Tchagapš. Die Psezuapse ist 39 Kilometer lang und entspringt in 1280 Metern Höhe unterhalb des Gratčevskijpasses. Die Straße nach Tchagapš zweigt hinter der Brücke, vom Zentrum Lazarevskoe aus gesehen, nach links ab. Sie windet sich über etliche Pässe durch Kastanien-, Buchen- und Haselnußwälder und senkt sich dann ins Tal, überquert die Psezuapse und endet in Tchagapš. Neben der von Eisen getragenen Brücke überquert den Fluß eine romantisch vermoderte Hängebrücke, auf die man keinen Fuß setzen möchte.

Tchagapš bedeutet im Adygeischen soviel wie ›göttlich‹ und ist einer der ältesten adygeischen Auls. Als hier nach dem Kaukasuskrieg das Hauptquartier eines kaukasischen Bataillons stationiert war, hieß der Ort Božye Vody (Gottes Wasser), dann Kirov, nach dem 1934 bei einem Attentat ums Leben gekommenen Chef der Leningrader Kommunisten, und seit einigen Jahren wieder Tchagapš. Die Mehrzahl der Einwohner sind Adygeer. Seinen Namen hat der Ort nicht zu Unrecht. Zu beiden Seiten des Flusses erheben sich bewaldete Berge, die Luft ist sauber und klar, über dem Dorf liegt eine schier unglaubliche Ruhe.

Hat man die parallel zum Fluß verlaufende Hauptstraße erreicht, wende man sich nach rechts und erreicht nach einigen Metern einen auf der linken Seite gelegenen abgezäunten Platz, auf dem sich zwei Denkmäler gegenüberstehen. Das jüngere, 1996 errichtete Denkmal ist den Opfern der Stalinschen Repressionen gewidmet. 163 zumeist männliche Einwohner des Auls fielen ihnen 1936 zum Opfer: 92 von ihnen starben auf dem Transport nach Kasachstan oder dort. Aus 42 Höfen bestand Tchagapš 1936; zehn Jahre später lebte kaum ein Mann mehr im Ort. Fünf Jahre später begann der Krieg. 22 der verbliebenen Männer zogen an

Das Dörfchen Tchagapš an der Psezuapse

die Front, 12 fielen. Das erste Denkmal wurde zum Gedenken an sie errichtet. An kaum einem anderen Ort im Land sind diese zehn tragischen Jahre der russisch-sowjetischen Geschichte auf so engem Raum fokussiert wie hier.

Einige Meter weiter, auf der rechten Straßenseite, befindet sich der Eingang zu einem der ungewöhnlichsten Museen von Soči. Es befindet sich hinter einem 150 Jahre alten adygeischen Haus, in dem Ludmila Čačuch mit ihrem Sohn Saur lebt. Ludmila stammt aus der Ukraine, ist Mathematiklehrerin und heiratete einen Adygeer, Rachid Čačuch, aus Tchagapš. Anfang der 90er Jahre begannen sie und ihr Mann, ein adygeisches Museum aufzubauen, das 1996 eröffnet wurde. Nach dem Tod ihres Gatten betreibt Ludmila das Museum allein mit ihrem Sohn und

Das adygeische Museum

einigen Helfern. Anhand verschiedenster Gegenstände aus dem Besitz zweier weitverzweigter šapsugischer Familien – der Čačuchs und der Tlif – führen sie ihre Gäste in die adygeischen Traditionen ein.

Zunächst erzählt die Besitzerin über den Kult des Alters und des Mannes bei den Adygeern. Geburt und Tod waren ihnen ein Kreislauf: Nur unter außergewöhnlichen Umständen wurde ein adygeischer Mann nicht dort begraben, wo er das Licht der Welt erblickte; Frauen dort, wo sie geheiratet hatten.

Zur Ausstellung gehört eine ›Burka‹. Mit dem trapezförmigen Rückenteil dieses Mantels bedeckten die Reiter das Hinterteil ihres Pferdes. Starb ein Mann, wurde sein Leichnam in eine Burka gehüllt. Die Prozession der Männer bewegte sich zum Friedhof. Die Frauen folgten dem Sarg unter Klagegesängen bis zur Straßenecke und kehrten dann um. Die Burka des Museums hat viele solcher Prozessionen erlebt, denn bevor der Sarg geschlossen wurde, entnahm man ihm den Mantel. Frauen wurden während der Beerdigungszeremonien in wertvolle Tücher gehüllt.

Im Garten befindet sich ein kleines Häuschen, das zeigt, wie eine einfache adygeische Familie lebte. Zu den Exponaten gehört eine Tasse aus Mekka. Die Ururgroßmutter des Mannes von Ludmila war eine der beiden mutigen Frauen aus dem Tal, die nach Mekka gepilgert war, obwohl Frauen solche Reisen damals untersagt waren.

Hinter dem Haus befindet sich ein Räucherofen für Fleisch, Obst und Käse; die Mühlsteine daneben sind die Arbeit eines russischen Meisters. Auch heute noch mahlen die Frauen das tagsüber gebrauchte Mehl zwischen diesen Steinen. Sie brauchen viel, denn der Höhepunkt des Besuchs im Museum ist ein adygeisches Mahl, das im Preis von etwa vier Euro für den Eintritt inbegriffen ist. Das Festessen besteht aus mamalyka, dem traditionellen Maisbrei, čipsy, einer weißen Sauce, četlibš, gekochtem Huhn, čagozachgym, einem mit Sauermilch verfeinerten Salat und Käsepiroggen, čaljuš, und als Dessert Fladen mit Honig. Der Käse der Adygeer ist, ob geräuchert oder nicht, eine Köstlichkeit. Er enthält wenig Salz, ist mild wie Rahm und zergeht auf der Zunge wie Konfekt.

Von der Entstehung des Kurgans (Grabhügel) mit dem Namen ›Steinerner Reiter‹ im Garten erzählt eine Legende. Vor langer Zeit sollen im Aul Menschen gelebt haben, die durch ihre Gottesfürchtigkeit die Aufmerksamkeit des Weltenherrschers auf sich gelenkt hatten. Er sandte ihnen einen Messias: Im Dorf wurde ein Junge geboren, der heranwuchs und den Menschen durch seinen Mut und seine Güte zum Vorbild wurde. Der Fürst der Finsternis verfluchte den jungen Mann: ein Schlag solle ihn treffen und er samt Pferd versteinern. So schnell es ging, ritt dieser in den Aul, um sich von seiner Mutter zu verabschieden. Als er sich zu ihr hinabbeugte, fiel er vom Pferd und war zu Stein geworden. Sieben Tage kamen die Menschen von nah und fern und jeder legte einen Stein auf das Grab. So entstand der Kurgan.

Zum Museum gehört außerdem eine Weinkelterei. In der Gegend von Tchagapš wuchs eine Rebe, die ›Santach‹ hieß, abgeleitet von den Worten ›rauh‹, ›stoppelig‹. Nur einige Rebstöcke dieser tscherkessischen Sorte sollen in Kičmaj bei Golovinka überlebt haben. Der im Museum von Tchagapš gekelterte Wein stammt von eingekauften Trauben, vor allem ›Izabella‹. Einige Sorten werden mit Kräutern versetzt, so daß der berühmte ›Černyj lekar'‹ (Schwarzer Heiler) entsteht; auch einen goldfarbenen Muskat gibt es im Angebot, außerdem Čača, den kaukasischen Grappa. Eine Spezialität ist der Ščën, ein aus Kastanienhonig gewonnener Met mit einem Alkoholgehalt von zehn bis zwölf Prozent.

Wer einige Tage oder auch nur eine Nacht in Tchagapš bleiben möchte, findet überall Unterkunft, zum Beispiel über Vermittlung durch die Besitzerin des Museums, oder man frage einen der Händler, die im Dorf Honig und Wein anbieten – oft die wichtigste Einnahmequelle der Bewohner.

Die Umgebung von Tchagapš

Tchagapš hat noch eine Sehenswürdigkeit zu bieten: einen Canyon, zu dem man gelangt, wenn man vor der Brücke am Ortsausgang nach links einem schmalen Pfad folgt. Nach einigen Metern Fußweg wird man aufgefordert, seinen Natur-Obolus in Höhe von etwa einem Euro zu entrichten, und man klettert nun über Leitern und mehr oder weniger griffige Steine in die Höhe. Der von zwei Felsen eingeengte Wasserfall hinter der zweiten Leiter heißt der ›Der Schamlose‹. Sein rasendes Wasser reißt jedem, der hier ein Bad nimmt, die Kleidung vom Leibe. Wendet man sich nun um und blickt auf den Felsvorsprung gegenüber der Auswölbung, entdeckt man das Gesicht eines von der Natur in den Stein gemeißelten Bergbewohners. Noch zwei, drei nicht ungefährliche Klettermanöver, und man ist am Ziel der Wanderung: zwei Mulden, von denen die eine Apollo und die andere Aphrodite heißt. Die Mutigen baden hier, die anderen schauen zu. An den Mulden endet der Weg. Es gibt keinen anderen gangbaren Pfad als den zurück. Festes Schuhwerk empfiehlt sich unbedingt für diese kleine Wanderung.

Wasserfall bei Tchagapš

Das Flußtal der Psezuapse hinauf führt ein Pfad über den Gračevskijpaß (1268 Meter) nach Špalores auf der östlichen Seite des Hauptkammes. Fünf Kilometer östlich des Passes liegen die beiden Gipfel des Berges ›Gračev Venec‹ (Gračevkrone). Besonders eindrucksvoll ist der 170 Meter senkrecht in die Tiefe stürzende, aus Granitgestein bestehende Südhang des Gipfels, zu dessen Füßen sich ein riesiges Geröllfeld gebildet hat. Der flachere Nordhang ist von Buchen-

und Tannenwäldern bedeckt, in denen mannshohe Blaubeersträucher und Ebereschen wachsen.

Die Route über den Paß und zum Gipfel wurde früher oft begangen, heute seltener. Manche der Bewohner im Dorf mögen sie noch kennen und stehen als Bergführer sicher gern zur Verfügung. Man braucht für die Wanderung mindestens zwei Tage. Eine andere Möglichkeit ist, sich an ›Crazy Team‹, eine Gruppe junger Bergsteiger und Fremdenführer, zu wenden (siehe Seite 224).

Ein weiteres Ausflugsziel in der Umgebung von Tchagapš ist die Tigerhöhle (Tigrovaja Peščera), neben der sich ein Wasserfall mit 18 Metern Fallhöhe befindet. Zu der knapp vier Kilometer entfernten Höhle kann man auch reiten. Jugendliche mit Pferden warten zumeist vor der Brücke.

Mamedovschlucht

Wer in Lazarevskoe war und keinen Ausflug in die Mamedovschlucht (Mamedova ščel') unternommen hat, war nicht in Lazarevskoe. Es ist leider so, daß sich viele dessen bewußt sind, so daß von der wilden Unberührtheit der Schlucht eine nur noch blasse Reminiszenz und eine Menge Schmutz am Weg verblieben ist. Und dennoch ist die Wanderung durch den Canyon überaus reizvoll, besonders in den späten Morgen- oder frühen Abendstunden.

Bis zum Aul Bol'šaja Mamedka in der Mamedovschlucht fährt der Bus 152. Mit dem Taxi ist man schneller am Ziel und bezahlt acht bis zehn Euro. Man kann sich aber auch für eine organisierte Exkursion entscheiden.

Die Straße in die Schlucht zweigt etwa drei Kilometer hinter Lazarevskoe von der Straße Richtung Tuapse ab, führt zuerst durch einen kleinen Ort und steigt dann einen Kilometer sanft an, bis zu einem Fahrweg, der linker Hand zum Fluß führt. Als Orientierungspunkt dient ein Restaurant. Der Fahrweg quert den Fluß über eine Brücke und biegt dann nach rechts ab zu einer Lichtung am Flußufer, an welcher die Tickets für die Benutzung der Wanderwege verkauft werden; sie kosten etwa einen Euro. Am anderen Ende der Lichtung befindet sich ein weiteres kleines Restaurant, in dem bliny mit Honig und Tee verkauft werden.

Man folge nun dem Pfad nach links. Er führt zunächst durch einen Laubwald und teilt sich nach einigen hundert Metern. Nach rechts gelangt man in die Schlucht, nach links auf einen bequem ausgebauten Bergpfad entlang derselbigen. Es empfiehlt sich, zuerst den Weg durch die Schlucht zu nehmen. Weg ist eigentlich zu viel gesagt. Hat man erst einmal das Flußbett erreicht, ist er zu Ende. Vorausdenkende haben Badelatschen oder ein paar Schuhe zum Wechseln dabei. Das Wasser in der Schlucht ist nicht tief, aber der Grund steinig. Weite Strecken lassen sich am Rand zurücklegen; dort, wo enge Canyons und eine

Grotte das Flußbett einengen, bleibt keine andere Wahl als nasse Füße zu bekommen oder umzukehren.

Am Ausgang der Schlucht, wo der Weg unpassierbar wird, kommt man zu ›Mamedovs Bart‹, einem Wasserfall aus vielen kleinen Bächen, die in den trockenen Sommermonaten mitunter versiegen. Mamed ist einer der Nationalhelden der Adygeer. Man erzählt sich von ihm die gleiche Legende in verschiedenen Varianten. Immer sind es Feinde, die im Tal ankommen. Die Bewohner des Dorfes sind ihnen schutzlos ausgeliefert, denn wie es der Zufall will, sind alle waffenfähigen Männer im Nachbaraul bei einer Hochzeit. Die Frauen, Kinder und Greise eilen in die Berge, um sich zu verstecken. Nur der alte Mamed ist zurückgeblieben. Erst will er den Fremden nicht sagen, wo sich die anderen versteckt halten, dann erklärt er sich doch einverstanden. Lange führt er sie durch die Berge, und erst nachdem der Feind Verdacht geschöpft hat, gibt er zu, sich verlaufen zu haben. Nun, dann soll er sie eben zurück zum Meer führen. Noch einmal vergehen Stunden, bis sich der Trupp endgültig verlaufen hat. Sie foltern den Alten und begraben ihn bei lebendigem Leibe unter einem Berg von Steinen. Die Menschen des Dorfes aber haben überlebt, und die Feinde verhungern in den Bergen.

In der Mamedovschlucht

Das steinerne Grab Mameds befindet sich flußaufwärts, weit oberhalb seines Bartes. Auf dem Weg gibt es einen weiteren kleinen Wasserfall, zu dem man aus der Schlucht über einen markierten Weg, der nach links die Felswand hinaufführt, gelangt. Es ist ein steiler und beschwerlicher Anstieg, besonders nach Regenfällen, aber nur kurz. Oben gabelt sich der Weg. Nach links geht es zurück zur Lichtung über einen Pfad oberhalb der Schlucht, nach rechts durch eine weitere, bewaldete Schlucht zum Wasserfall. Dieser Pfad teilt sich nur wenige Meter nach der Weggabelung, beide Wege führen zum Ziel. Noch einmal zehn Minuten, und man hat Mameds Wanne erreicht – glasklares Wasser in einer tiefen Mulde zu Füßen eines Wasserfalls, in einem Talkessel, der zu drei Seiten von Felswänden umgeben ist. Das im Schatten der Bäume sich sammelnde Wasser ist eisig kalt, aber ein Bad lohnt sich. An einer der

Wände entdeckt man das Abbild von Mameds Gesicht. Sein Grab soll sich oberhalb des Wasserfalls befinden; um zu ihm zu gelangen bedarf es aber alpinistischen Geschicks.

Zurück kann man den Weg nehmen, der oberhalb der Schlucht zur Lichtung, dem Ausgangspunkt der Wanderung, führt. Ohne sich zu beeilen und ohne eine längere Rast oder ein Bad einzurechnen, braucht man für die Wanderung eineinhalb bis zwei Stunden.

Das Teehaus von Anatolij Pogadaev

Im Zusammenhang mit Iuda Antonovič Košman, dem Urvater des russischen Tees, wurde das Wort ›Čudak‹ gebraucht, was so viel wie Sonderling bedeutet. Oberhalb der Mamedovschlucht, im Dorf Verchnjaja Mamedka (Oberes Mamedka), lebt seit mehr als zehn Jahren ein Zugereister, dem dieses Wort auf den Leib geschnitten scheint. Anatolij Pogadaev stammt aus dem Ural. Als das Werk, in dem er als Ingenieur arbeitete, seiner nicht mehr bedurfte, verließ er den schönen Ural und zog ins schöne Soči, pachtete drei Hektar Land, eine aufgegebene Teeplantage, und studierte den Tee und die Technologien seiner Fermentierung.

Nach Anatolij gibt es zwei Arten, mit Tee Geld zu machen – entweder mit Qualität oder mit Quantität. Die Sowjetunion war der Welt viertgrößter Teeproduzent, wobei der Löwenanteil der Ernte auf die Plantagen in Georgien entfiel. Als Anatolij nach Soči kam, hatte das Sterben der Teekolchose und der staatseigenen Betriebe bereits seinen Höhepunkt erreicht. Dabei waren die besten Sorten des Tees aus Soči im ganzen Land begehrt gewesen.

»Der Anfang«, sagt Anatolij, »war schwer.« Nach dem Motto ›Guter Tee ist nur in geringen Mengen zu haben‹ verwarf er maschinelle Methoden und sammelte die zarten Triebe an den Spitzen der Pflanzen eigenhändig. Je nach Fermentierung unterscheidet man schwarzen, grünen, roten und gelben Tee. Anatolij, so sagt er selbst, ist derzeit der einzige im Land, der gelben, roten und bei gesonderter Bestellung auch weißen Tee produziert, eine Tonne jährlich. Dabei verwendet er die japanische Methode der Fermentierung durch Wasserdampf. Bei internationalen Messen hat er bereits mehrere Goldmedaillen gewonnen. Die meisten seiner Kunden leben in Moskau. Sein Traum ist es, der bedeutendste Teemagnat in Rußland zu werden. Die bisherigen Versuche, auf dem deutschen Markt Fuß zu fassen, sind zwar gescheitert, aber auf der Grünen Woche in Berlin und bei den Wirtschaftstagen in Hannover wurde ihm einiger Beifall gezollt.

Das Teehaus besteht seit 1999. Für die ›gewöhnlichen‹ Touristen gibt es einen Gastraum; für Feiern den sogenannten Zeremoniensaal mit Mobiliar und Dekor getreu den Vorstellungen des Besitzers. Skulpturen aus Holz und Stein im und vor dem Haus schaffen eine besondere Atmosphäre, ein wenig wie im Märchen. Die Tees sind nicht billig, und der Preis für eine Tasse entspricht in etwa dem, was man auch in Deutschland bezahlt. Aber dafür hält der Tee, was er verspricht – ein exzellentes Aroma und runden Geschmack. Das Besondere dieses Tees, so Pogadaev, seien die an Mineralien und Mikroelementen reichen Böden, die saubere Luft und der sorgsame Umgang mit den Pflanzen. Das Nahziel Pogadaevs ist es, dem Interesse der Menschen am Tee im besonderen und an der Natur im allgemeinen entgegenzukommen und die Voraussetzungen für Ökotourismus auf seinen Plantagen zu schaffen. Wer möchte, soll zu ihm kommen können, bei der Ernte und Verarbeitung helfen, während er sich um Unterkunft, Verpflegung, die Vermittlung von Wissen um den Tee sowie das touristische Programm kümmert. Noch ist diese Idee eine Zukunftsvision, ebenso wie das Ziel, einen Tee zu kreieren, der um mindestens 30 Jahre verjüngt.

Die Straße nach Verchnjaja Mamedka ist die, von der der Fahrweg zur Schlucht abzweigt. Bis zum Teehaus sind es vom Abzweig noch einmal 25 Minuten zu Fuß. Es liegt am Dorfrand und ist nicht zu verfehlen.

Anatolij Pogadaev in seinem Teeladen

Nach der Abfahrtszeit des letzten Busses in Richtung Lazarevskoe sollte man sich erkundigen.

Teehaus, Tel. 72 21 52, haustee_sotschi@mail.ru. www.tea.vug.ru; in den Sommermonaten tägl. bis 19 Uhr.

Aše

Der nächste Ort an der Straße nach Tuapse ist Aše, sieben Kilometer von Lazarevskoe und 22 Kilometer von Tuapse entfernt. Zur einer Seite der Eisenbahnlinie liegt das Meer, zur anderen das Dorf. Die Fernverkehrsstraße passiert das Tal etwa einen Kilometer landeinwärts. Mit der ėlektrička braucht man von Soči-Stadt etwa zweieinhalb Stunden.

Aše ist etwas für Menschen, die die relative Ruhe eines nur im Juli und August überlaufenen Badeortes genießen möchten. Die Unterkünfte in den meisten Häusern sind einfach. Es gibt im Ort kein fließend warmes Wasser, weshalb die improvisierten Duschen Häuschen im Hof sind, mit einer riesigen Zisterne auf dem Dach. Der Strand ist steinig, das Wasser klar und rein. Die Ruinen am Meer sprechen die beredte Sprache einer unlängst verabschiedeten Vergangenheit. Noch gibt es wenig touristischen Trubel, aber in letzter Zeit wird im Ort viel gebaut.

Von der Bahnstation führt die ul. Repina zur Straße nach Tuapse und Lazarevskoe; an ihr liegen die meisten Häuser, in denen Zimmer vermietet werden, einige Restaurants, Kioske und zwei Touristenherbergen, die eine direkt neben der Station, die andere an der Straße. Etwa fünf Minuten sind es vom Bahnhof bis zum Restaurant ›Agusta‹. Die Kellnerin versichert, daß zumindest das Schweinefleisch von Höfen aus der Umgebung stamme. Auch das Gemüse ist frisch und aus einheimischen Gärten.

Von Mitte Juli bis Mitte August ist es schwierig, aber nicht unmöglich, eine Unterkunft in Aše zu finden. Die meisten der Gäste kommen immer wieder, es geht deshalb eher familiär zu. In dem meisten Häusern wird die Möglichkeit angeboten, gemeinsam Abendbrot zu essen, so daß die kleinen Unannehmlichkeiten aufgehoben werden durch die unmittelbar erlebte Herzlichkeit und Gastfreundschaft. Eine der freundlichsten Adressen ist das Haus in der ul. Repina 2, wo Napso und ihr Mann Madžik ein kleines Pensionat unterhalten. Beide sind Šapsugen, wie auch die meisten ihrer Nachbarn. Seit Jahrzehnten vermieten sie in ihrem Häuschen, und manche Gäste kommen bereits seit Jahrzehnten. Als der Kolchos im Tal noch am Leben war, arbeiteten beide in der Landwirtschaft; heute ist ihr kleines Hotel fast die einzige Einnahmequelle. Sie haben es in den letzten Jahren erweitert. Im Garten wachsen Weinreben, aus denen der Hausherr einen vorzüglichen Tropfen keltert. Die Übernachtung kostete 2004 in der Nebensaison etwa vier Euro pro Person, im Juli und August weniger als das Doppelte. Einer ihrer Nachbarn ist Chauffeur, der Besucher für einen geringen Obolus zu den sehenswerten Orten in der unmittelbaren Umgebung bringt.

Am Strand von Aše

Das Tal der Aše

Aše liegt am linken Ufer, direkt an der Mündung des Flusses Aše. Die Straße Richtung Tuapse quert den Fluß über eine Brücke. Auf der linken Seite, in Richtung Meer, zweigt ein Fahrweg zu einem improvisierten Campingplatz, fast ohne Komfort, ab. Über die nach rechts führende Straße gelangt man ins Tal der Aše.

›Aše‹ bedeutet übersetzt aus dem Adygeischen ›Waffe‹. Seit Urzeiten waren die hier lebenden Šapsugen berühmt für ihre Kunstfertigkeit im Schmieden von Dolchen und Schwertern. Außerdem betrieben sie Land-, Vieh- und Gartenwirtschaft und sammelten die Früchte der Wälder: Kastanien, Nüsse, Birnen und Kirschen.

Der erste Ort, den man durchfährt, heißt Chadžiko, abgeleitet von ›Hadži‹, Pilgerer nach Mekka. Der zweite Ort hat zwei Namen, Šchafit und Murchatova Poljana (Murchatovlichtung). ›Šchafit‹ bedeutet im Adygeischen ›Freiheit‹. Der Ort wurde 1927 von Šapsugen gegründet, die Jahrzehnte nach der Vertreibung in ihre Heimat zurückkehrten. Fast am Dorfausgang, wo die Straße eine enge Linkskurve beschreibt, etwa in Höhe des rot-weißen Sendeturms, befindet sich ein Gehöft mit zwei interessanten Monumenten: ein Dolmenmonolith und das Grabmal eines russischen Generals und seiner Familie. Dieser General Musachetov (1818–1899) hatte am Krieg gegen die Adygeer teilgenommen und nach seinem Rücktritt im Tal der Aše Land erworben. Es heißt, daß er einer der russischen Militärs war, denen die Greuel des Krieges zu tieferen Einsichten verholfen hatten. Fakt ist, daß er eine adygeische Kriegswaise adoptierte und großzog. Das Grabmal der beiden, des Jungen und des Generals, befindet sich auf dem Gehöft. Die heutigen Besitzer verkaufen Wein, Honig und Andenken. Exkursionen ins Tal der Aše schließen zumeist auch einen Besuch der kleinen Anlage in einem gepflegten Garten ein.

Der Felsen der Alten

Nach einigen Kilometern passiert man einen weiteren Ort oder Ortsteil, von dem aus ein Pfad über den Kamm zu einer Gruppe von mehr als 30 zum Teil zerstörten Dolmen führt. Noch einige Kilometer weiter befinden sich zwei weitere Dolmen, der eine ist gut erhalten, der andere, links oberhalb, zerstört. Die Dolmen befinden sich in unmittelbarer Nähe zur Straße. Zu ihren Füßen wird ein Restaurant gebaut. Der Abzweig ist ausgeschildert.

Dann überquert die Straße den Fluß und passiert den linker Hand auf der gegenüberliegenden Flußseite aufragenden ›Felsen der Alten‹. Es ist dies ein imposantes, längs der Aše aufsteigendes und wieder abfallendes Felsmassiv, von dem eine adygeische Legende erzählt. Von diesem Felsen sollen die Alten, wenn sie dem Stamm eher eine Last denn eine Hilfe geworden waren, mit deren Einverständnis in die Tiefe gestürzt worden sein. Heute ist das Ufer gegenüber dem Felsen ein beliebter Ausflugsort.

Der Felsen der Alten

Es war einmal vor langer Zeit, da lebte in einem Aul der Šapsugen ein alter Mann mit Namen Tarik. Über 90 Jahre lang war er jeden Morgen bei Sonnenaufgang aufgestanden und seinem Tagewerk nachgegangen. Eines Tages nun aber fühlte er sich beim Aufwachen so schwach, daß er lange brauchte, um zu sich zu kommen. Er wußte, daß seine Stunde gekommen war. Tariks Sohn, Murad, liebte seinen Vater, und er tat alles, um dessen Tod hinauszuzögern. Doch immer wieder belagerten fremde Krieger das Ufer und bedrohten die Dörfer. In solchen Zeiten verblieben nur die waffenfähigen Männer im Aul; Frauen, Kinder und Alte suchten Zuflucht in den Bergen. Auf dem Weg in die Verstecke waren die Kranken und Schwachen eine drückende Last.
So kam der Tag, da es keinen Ausweg mehr gab. Murad nahm seinen Vater in die Arme und trug ihn zum Felsen der Alten, um ihn herabzustürzen. Tränen rannen ihm übers Gesicht, so daß er stolperte und seinen greisen Vater fallen ließ. Dieser begann, lauthals zu lachen. Tarik erzählte seinem Sohn, daß auch er einst seinen Vater auf den Felsen getragen habe und an eben jener Stelle ausgerutscht sei. Damals dachte er, dies sei ein Zeichen, und er hatte seinen Vater in eine Höhle gebracht und ihn ein Jahr lang versorgt, bis er eines natürlichen Todes starb. Murad war erleichtert und brachte seinen Vater in nämliche Höhle, ließ ihm ein Jagdmesser und sein Schafsfell zurück und brachte ihm täglich das Nötigste zum Leben.
Es war ein schweres Jahr für die Menschen im Tal. Der Aul war umzingelt von Feinden, Mittel und Kräfte erschöpft. Tarik verließ seine Höhle und ging zurück ins Dorf. »Ich komme, Euch zu retten«, verkündete er und erklärte den verdutzten Dorfbewohnern seinen Plan. Einige Fässer ›trunkenen‹ Honigs sollten das Dorf retten. An sichtbarer Stelle im Dorf wurden sie hingestellt; die Menschen aber verließen den Ort. Tarik führte sie zu einer Lichtung, von der aus sich verfolgen ließ, was im Dorf geschah. Bei Einbruch der Dunkelheit erreichten die Feinde den Aul. Sie fanden nichts außer dem Honig. Leichtes Spiel hatten die Krieger mit den vom ›trunkenen‹ Honig benommen Eindringlingen. Nachdem ihnen die Waffen abgenommen worden waren, stieß man sie in ihrem Schiff gefesselt ins offene Meer.
Tarik hatte das Dorf gerettet. Seit jenem Tag ehren die Adygeer ihre Alten. Mit einem riesigen Findling verbarrikadierten sie den Zugang zum Felsen. Der ›trunkene‹ Honig aber ist keine Erfindung der Legende, ihn gibt es bis heute. Er stammt von den Blüten des Rhododendron. Wer den Honig ißt, wird krank. Kopfschmerzen, Erbrechen und Magenschmerzen sind die Folge, aber auch Halluzinationen und Visionen …

Der nächste Ort heißt Kaleš (Калеш), aus dem Adygeischen übersetzt ›der alte Platz‹. Auch Kaleš wurde von Rückkehrern aus der Verbannung wiedergegründet. Hier endet die Buslinie 148 aus Lazarevskoe. Auf dem Fahrplan am Busbahnhof in Lazarevskoe steht noch die alte Bezeichnung des Dorfes, Krasnaja Aleksandrovka. Dieses Verwirrspiel mit den Namen geht auf die Zeiten nach dem Kaukasuskrieg zurück, als in den Dörfern im Tal Kompanien des Aleksandrov-Regiments stationiert waren. Die Orte hießen dementsprechend Aleksandrovka I und II und III. Die Sowjetmacht akzeptierte den adygeischen Namen nicht und schmückte Aleksandrovka mit Krasnaja, ›rot‹ oder ›schön‹, wobei in diesem Fall zweifelsohne das ›rot‹ der sowjetischen Fahne gemeint war. Die Bushaltestelle befindet sich an einem kleinen Platz mit Lebensmittelgeschäft.

Geht man von hier aus Richtung Fluß und dann noch ein paar Minuten entgegen der Strömung, steht man vor einer beeindruckenden etwa 150 Meter langen Hängebrücke, die die Aše in ihrer ganzen Breite überquert. Das bedrohlich schwankende Ungetüm mag es nicht, wenn zu viele Menschen sich auf ihr bewegen. Auf der anderen Seite wird man belohnt durch ein adygeisches Restaurant in malerischer Umgebung.

Wer mit einer Touristengruppe gekommen ist, steigt hier auf meist offene LKWs mit Sitzbänken um, auf denen man zu den drei Kilometer flußaufwärts gelegenen Wasserfällen gefahren wird. Andere, die mehr Geld investieren, fahren mit Jeeps. Diejenigen, die dem Massentourismus aus dem Weg gehen wollen, wandern. Der Weg ist mit einer roten Markierung versehen und beginnt rechts von der Hängebrücke, passiert eine Imkerei und dann einen Nebenfluß der Aše, genannt Naužinka. Etwa zwei Kilometer hinter der Naužinka entdeckt man am gegenüberliegenden Flußufer die zum Wasserfall Psydach gehörenden Bauten. An dieser Stelle teilt sich die Aše in mehrere Flußarme. An einem der Bäume entdeckt man ein Kreuz, von hier aus läßt sich der Fluß am besten durchwaten.

Apfelgarten bei Kaleš

Der Wasserfall Psydach befindet sich in einem Seitental der Aše. Er besteht aus zwei Teilen mit einer Fallhöhe von insgesamt 20 Metern. Von zwei Aussichtsplattformen, zu denen hölzerne Leitern führen, hat man einen guten Blick auf das Schauspiel der Naturkräfte. Nebenan befindet sich ein kleines Restaurant.

Folgt man zunächst dem Weg auf der rechten Flußseite, ohne den Fluß zu überqueren, gelangt man nach 500 Metern zum zweiten Wasserfall – Šapsug. Dieser besteht aus drei Kaskaden über insgesamt 50 Meter. Die Aše quert man über eine 30 Meter lange Hängebrücke.

Exkursionen ins Tal der Aše werden in Lazarevskoe überall angeboten. Da die Busse relativ oft fahren, macht es Sinn, sich auf die eigenen Kräfte zu verlassen.

Eine mehrere, mindestens zwei Tage in Anspruch nehmende Wanderroute führt von Kaleš über den Kamm des Westkaukasus nach Terzijan, einem Ort im Bezirk Tuapse, mit dessen Ausbau zum Urlaubszentrum in den letzten Jahren begonnen wurde. Der beste Ansprechpartner für eine solche Tour ist ›Crazy Team‹ (siehe Seite 224).

Makopse und Magri

Nördlich von Aše befinden sich die letzten kleinen Orte, die zu Soči gehören. Zu Makopse (Макопсе) zählt man die vier kleinen Orte Golubaja Dača (Голубая Дача, Himmelblaue Datscha), Sovetkvadže (Советквадже), Makopse und Višnëvka (Вишнёвка). Sovetkvadže entstand um den einstigen Herrensitz des Industriellen Golubev, der hier Ende des 19. Jahrhunderts Land erworben hatte. Im Stamm des Familiennamens verbergen sich zwei etymologische Bedeutungen: zum einen ›goluboj‹, himmelblau (auch die Bezeichnung für Schwule in Rußland), und ›golub'‹, die Taube. Golubev benutzte die erste (ohne die Nuance in den Klammern) zur Benennung seines Herrensitzes. Die Sowjetmacht machte daraus in den 30er Jahren des letzten Jahrhunderts Sovetkvadže; ›Golubaja Dača‹ nannte sich von nun an der Nachbarort. Zwischen den beiden Dörfern liegt das Sanatorium ›Jug‹. In der Gegend um Sovetkvadže wachsen Kiefernwälder und Zypressenhaine, die den Ort für die Behandlung der Atemwege und des Nervensystems prädestinieren.

Von Makopse bis Lazarevskoe sind es 14 Kilometer, bis Tuapse 15 Kilometer. Der Strand unterscheidet sich nicht von dem anderswo in Soči – Steine und Meer. Es geht ebenso wie in Aše ruhiger zu als in den Urlauberzentren.

Der äußerste Norden von Soči ist die Siedlung Magri. An der Mündung der Magri ins Schwarze Meer hatte eine Großgrundbesitzerfamilie ihre Residenz, die Poljakovs. Ihren Namen erhielt sie von den Kindern nach den Vornamen der Eltern, Marija und Grigorij.

Groß-Soči auf einen Blick

Unterkunft

Selbst wer sich kurzfristig zu einem Urlaub in Soči entschließt, wird kein Problem haben, eine Unterkunft zu finden. Die Preise pro Person schwanken zwischen 10 und 50 Euro – mitunter auch bedeutend mehr – für eine Einzimmerwohnung oder pro Person in Ein- und Mehrzimmerwohnungen, in den Sanatorien oder Hotels. Es ist für nicht russisch sprechende Urlauber nicht ratsam, ›auf gut Glück‹ eine Bleibe zu suchen. Wer sein Zimmer über eine der Agenturen rechtzeitig bestellt, spart sich Kopfzerbrechen und hat die Möglichkeit zu reklamieren. Einen Ansprechpartner vor Ort zu haben, ist zudem immer ratsam. Am billigsten ist es von November bis April, man zahlt etwa die Hälfte der Sommerpreise. Im Mai, Juni und Oktober liegen die Preise um etwa 20 Prozent unter denen der Sommermonate Juli, August, erste Septemberhälfte.

Ferien in Soči

Reiseagenturen in Deutschland:

Reise- und Eventagentur Natalia Mantel
Griestal 11, 87733 Markt Rettenbach, Tel. 08306/1242, www.eventandbusiness.com. Vermittlung von Kuren, Unterkünften und Urlaubsaufenthalten, Visabeschaffung an der gesamten Küste zu jeder Jahreszeit sowie Beratung bei der Kompilation touristischer Programme, auch Wanderungen und Extremsport.

Roman Rogov
Weinbergstr. 3, 93096 Köfering, Tel. 0162/8925454; in Rußland: ul. Kovtuha 102a, 353560 Slavjansk-na-Kubani, Tel. 007/86146/25499, 918/1316242, roman.rogov@gmx.de, roman-rogov.aaanet.ru. Roman Rogov lebt in Deutschland und Rußland und organisiert Touren in beliebige Orte an der russischen

Treffpunkt Hafen

Schwarzmeerküste und im Kaukasus nach individuellen Wünschen.

NABU (Naturschutzbund)
Kontakt über Vitalij Kovalëv,
Tel. 030/28 49 84 44,
Vitalij.Kovalev@NABU.de,
www.nabu.de

Weitere Reiseveranstalter finden sich auf Seite 384.

Vor Ort bieten zahlreiche Reiseagenturen die Vermittlung von Unterkünften und Kuren an. Sie verlangen in der Regel keinen Aufpreis. Viele bieten Exkursionen sowie spezielle Ferienprogramme an. Werden mehrtägige Aufenthalte, beispielsweise in Sanatorien vermittelt, müssen diese in der Regel im voraus bezahlt werden. Reklamationen, die sich auf Mängel bei der Unterbringung beziehen, werden zumeist ernst genommen. Die folgenden Agenturen können empfohlen werden:

Sphera-Jeeping
Soči, Tel. 62 38 92, 62 58 72,
tivin@sochi.ru, www.sphera-sochi.ru (engl. geplant).
Die Agentur ist ausgerichtet auf ausländische Touristen: Einladung, Registrierung, Fremdsprachen, Bezahlung mit Kreditkarte. Vermittlung von Kuraufenthalten, Exkursionen, Wanderungen, Ausflüge mit dem Jeep, Canyoning, Sanatorien.

Propan
Ul. Vorovskogo 54, im Museum der Stadt Soči, Tel. 92 29 76,
37 94 76 (Handy), Tatjana Ivanovna Popova (privat, russ.) 97 44 01,

propan@sochi.ru, www.service-sochi.ru (engl./dt. in Planung)
Die 1990 gegründete Agentur vermittelt Unterkünfte in Hotels, Sanatorien, Erholungsheimen, privaten Hotels und Wohnungen in allen Preislagen. Exkursionen, Verkauf von Fahrkarten und Flugtickets.

Soči-Kurort
Ul. Mira 137 V, Adler, an der Straße zum Flughafen, Tel. 44 23 74, 44 51 87, 69 29 08, skurort@sochi.ru, david@sochi.ru, www.sochi.ru/verino/, www.sochi-kurort.ru (engl. in Planung). Ein weiteres Office gibt es im Hotel ›Žemčužina‹, Zimmer 141.
Vermittlung von Zimmern und Hotelzimmern, Exkursionen, Kuraufenthalten, Transfers, Versicherungen und Dolmetschern. Eine der Managerinnen, Marina, spricht fließend englisch. Die Agentur besitzt eine spezielle Übereinkunft mit dem Hotel ›Radisson Lazurnaja‹:
DZ ab 75 Euro/2 Pers., EZ 60 Euro.

Atlas
ul. Černomorskaja 16, Office 29, Tel. 62 71 15.
Vermittlung von Unterkünften und Exkursionen, sehr gute, auch fremdsprachige Guides.

Ekka-Soči-Travel
Ul. Nagornaja 25, Office 49, Tel. 62 25 96, 62 41 74, 92 02 74, ekka@sochi.ru, ekkatour@sochi.ru.
Die 1987 gegründete Agentur ist eines der ersten Perestrojkakinder. Unterkunft in Hotels, Erholungsheimen und Sanatorien, Organisation von Exkursionen, Vermittlung von Dolmetschern, Transfer vom Flughafen zum Hotel (ca. 15 Euro), Wintersport in Krasnaja Poljana und spezielle Kuren für Kinder.

Die Agentur ›Soči-Kurort‹ in Adler

Svetalan

Tel. 92 27 45, 62 89 40, swetalan@sochi.ru.
Vermittlung von Hotelzimmern und Kuraufenthalten in Sanatorien und Pensionen, in der Regel über einen längeren Zeitraum, mehrtägige Bergtour entlang des Fišt-Massivs, mit Übernachtung in Zelten und Berghütten. Der Besitzer, Vjačeslav Konočenko, spricht ein wenig deutsch. Als sich im Sommer 2001 Polizisten aus 55 Ländern zu einer Sternfahrt in Soči trafen, organisierte er das Programm.

Reinfo

Businesszentrum des Hotels ›Radisson Park‹, Tel. 62 20 42, 62 23 65, reinfo@sochi.ru, www.sochi.ru/reinfo, www.heliski.ru.
Diese Agentur existiert erst seit ein paar Jahren, gehört aber bereits zu den professionellsten Anbietern in Soči. Gegründet wurde sie von Absolventen der Hochschule für Tourismus. Die meisten Mitarbeiter sprechen englisch, einige auch deutsch. Reinfo vermittelt Kuren in Sanatorien, Unterkunft in Hotels und Pensionen, ist aber vor allem auf touristische Dienstleistungen der neuen Generation und Wintersport spezialisiert.

Otdych (Erholung)

Soči-Stadt: per. Gorkova 7, Tel. 62 27 71, 92 32 43, otdykh@sochi.ru, www.sochi-otdykh.ru.
Chosta: ul. 50 let CCCP 17a (über den Hof), Tel. 65 03 62, chosta-otdykh@mail.ru, www.chosta-otdykh.ru.
Adler: ul. Molokova 26, Tel. 44 53 91, adlerotdyh@mail.sochi.ru, www.adlerkurort.ru.
Lazarevskoe: ul. Pavlova 11a, Tel. 72 31 02, 72 26 20, info@lazarevskoye.com, otdih@sun-sea.ru, www.lazarevskoye.com.
Diese Agentur besteht bereits seit 1953 zur Vermittlung von Unterkünften und Reisen. Sie verfügt über eine der umfangreichsten Datenbanken mit Gästezimmern und Wohnungen. Man sollte nicht später als eine Woche vor Anreise seine Wünsche äußern. Außerdem: Shuttleservice vom und zum Flughafen/Bahnhof zur Unterkunft, z. B. Chosta, Flughafen 7 Euro, Bahnhof 3 Euro. Der Nachteil sind bisher kaum englisch oder andere Fremdsprachen beherrschende Mitarbeiter.

SGTours

Tel. 62 61 00, SGTours@sgtours.ru, www.sgtours.ru (engl.).
Unterbringung in allen Kategorien und Preislagen sowie Organisation von Exkursionen nach eigenen Wünschen. Je kleiner die Gruppe, desto höher die Preise. Große Erfahrungen im Umgang mit Ausländern und Kontakte zu Dolmetschern und deutschsprachigen Fremdenführern, bereits am Telefon Auskünfte auf deutsch oder englisch.

Avatar
Tel. 61 18 02, awatar@sochi.ru. Mitarbeiter und Fremdenführer mit Fremdsprachenkenntnissen, bereits am Telefon. Vermittlung von Unterkünften in Hotels. Die Mindestpreise liegen bei 7 Euro/Pers., ohne Komfort und in einiger Entfernung vom Strand. Vermittlung von Dolmetschern ab 10 Euro die Stunde.

Adlerskij Otdych
Tel. 44 53 91, info@adlerkurort.ru, kurortadler@mail.sochi.ru, adlerkurort.ru (russ.).
Spezialisiert auf die Unterbringung in Adler, vor allem in kleinen, privaten Hotels und Appartements. Shuttleservice von und zum Flughafen. Englischsprachige Betreuung.

Amadeus
Tel. 92 36 27, amadeussochi.ru. Diese 1992 gegründete Agentur vermittelt Unterkünfte und Exkursionen entlang der gesamten russischen Schwarzmeerküste bis Anapa. Des weiteren im Angebot: 14tägige Tour Soči/Krasnaja Poljana mit Unterbringung in First-Class-Hotels, Halbpension, Transfers und 6 Exkursionen, 900–1100 Euro/Pers. Außerdem: Jagdsafaris sowie Exkursionen mit dem Hubschrauber zum Bergsee Chukko zu Füßen des Bergmassivs Fišt, 90 Euro/Pers.

Anel voyage
Hotel ›Magnolija‹, Zimmer 212, Tel. 92 35 80, voyage@sochi.ru. Unterkünfte in allen Preiskategorien; Zusammenstellung von Programmen nach individuellen Wünschen. Erfahrung in der Organisation und Betreuung von Seminaren. Deutschsprachige Auskünfte bereits am Telefon.

Vand International Soči
Tel. 62 50 05 (Auskünfte auch auf dt.), vand@sochi.ru, www.vandint.sochi.ru (engl. in Planung). Unterbringung in allen Kategorien; spezialisiert auf englischsprachige Betreuung: 7 Euro/Std., Exkursion nach Krasnaja Poljana 10 Euro/Std.

Doria
Tel. 62 11 38, dtur@doria.sochi.ru. Auskünfte in englisch und deutsch bereits am Telefon; Unterbringung in allen Kategorien; Vermittlung von Unterkünften in Krasnaja Poljana während der Skisaison (25 Euro–200 Euro/Pers./Tag). Verkauf von Eisenbahn- und Flugtickets.

Žemčužina Plus
Tel. 61 19 96, tio@sochi.ru, www.tiotur.com (russ.).
Unterkunft in Minihotels, Appartements, Hotels und Sanatorien. Vermittlung von Exkursionen und Dolmetschern.

Zelënyj mir (Grüne Welt)
Tel. 62 60 45, www.geocities.com/sochi_kurort/ (russ.).
Die meisten Mitarbeiter sprechen deutsch. Unterkünfte in Sanatorien

und Hotels, mehrtägige Wanderungen in der Gegend um Krasnaja Poljana. Deutschsprachige Exkursionen, 5 Euro/Pers. bei einem vierstündigen Ausflug, wenn es sich um eine größere Gruppe handelt.

Miligrina
Tel. 98 23 95, miligrin@sochi.ru, www.sochi.ru/miligrina.ru (engl. in Planung).
Eine junge, 2001 gegründete Agentur. Unterbringung in allen Kategorien.

Raissa
Tel. 61 16 03, Fax 61 37 20.
Spezialisiert auf die Vermietung von Wohnungen in nur einem Straßenzug in der Nähe des Rivieraparks in Soči-Zentrum. In den Einraum-Wohnungen (18 Euro/Tag) finden bis zu 3, max. 4 Personen Platz; in den Zweiraum-Wohnungen (32 Euro/Tag) bis zu 5 Personen. Die Vermittlerin Aleksandra spricht keine Fremdsprachen. Man sollte zumindest einen Tag im voraus nachfragen, ob Wohnungen frei sind. Die Wahrscheinlichkeit ist auch in der Hochsaison groß.

Riv'era-Soči
Tel. 62 32 82, bella@sochi.ru, rivierasochi.ru (russ.).
Unterbringung ab 15 Euro/Pers. Exkursionen, auch aufs Meer, auch fremdsprachige, wobei der Dolmetscher oder fremdsprachige Reiseleiter extra berechnet wird (ca. 50 Euro/Gruppe). Vermittlung von Unterkünften (ab 20 Euro/Pers.) während der Skisaison in Krasnaja Poljana. Verständigung: englisch problemlos.

Bergwanderungen

Die wenigsten Wanderwege im Nationalpark Soči und im höher gelegenen Biosphärenreservat sind markiert und schon gar nicht, wie in den Alpen etwa, als Wanderpfade ausgebaut. Es sind ehemalige Forstwege, von Jägern, Waldhütern und Hirten benutzte Pfade, die oft steil die Berge hinauf- und wieder hinunterführen. Sich in den undurchdringlichen Wäldern zu orientieren und dabei auch noch die in den Schluchten verborgenen Kleinode der Karstlandschaft zu entdecken, ist so gut wie unmöglich. Mehrmals jährlich müssen Rettungstrupps verirrte oder verunglückte Touristen bergen. Die Berge, sowohl die im Vorgebirge als auch die Gipfel des Westkaukasus, verlangen Respekt. Außerhalb der Ortschaften an der Küste und in den Bergen versagen zudem die meisten Handys. Erst in jüngster Zeit machen sich touristische Firmen die Erfahrungen der Berg- und Wanderklubs aus Sowjetzeiten zunutze und bieten von ausgebildeten Berginstrukteuren begleitete Wandertouren an.
Für Ausflüge in die Berge, sei es auch nur einer der Canyons im Rahmen

einer Exkursion, ist festes Schuhwerk unabdingbar. Immer wieder sieht man russische Touristen in Sandalen über Felsen klettern. Das ist gefährlich, besonders nach längeren Regenfällen. In den Bergen versteht sich die entsprechende Ausrüstung von selbst. Wer Mehrtageswanderungen unternehmen möchte, sollte seine eigene Ausrüstung, Schlaf- und Rucksäcke sowie Wanderschuhe, mitbringen; der Verleih ist relativ teuer. Außerdem sind Sonnenbrille, Kopfschutz und UV-Creme obligatorisch, insbesondere bei Wanderungen oberhalb der Baumgrenze.

Alpico-Service

Krasnaja Poljana, neben dem Sessellift auf den Aibga.
Wanderungen mit Bergführer, Ausflüge mit dem Jeep ins Gebirge, Raftingtouren auf der Mzymta, nur russisch. Verleih von Ausrüstungen und Ski, Abfahrtkurse.

Reinfo

Kontakt siehe Seite 219.
Eintägige Wanderungen in und um Krasnaja Poljana: Dsychensker Schlucht, Wasserfall Drachentatze (past' drakona), Berg Schwarze Pyramide (Čërnaja piramida), Kamm des Ačišcho-Massivs; knapp 20 Euro/Pers. bei Gruppen von mehr als 4 Wanderern, 60 Euro/Pers. bei 2 Wanderern, inklusive An- und Rückreise aus Soči, Versicherung, Imbiß in den Bergen und Regenmantel. Außerdem: mehrtägige Touren mit Biwak in den Bergen, wobei Teile der Strecke mit dem Jeep zurückgelegt werden. Eine fünftägige Tour mit Übernachtungen in Zelten und Berghütten kostet z.B. 200 Euro/Pers. Jeeptour in das an der Grenze zu Abchasien gelegene Bergdorf Aibga, deren Ziel einer der mit 70 Meter Fallhöhe größten Wasserfälle Rußlands ist; 50 Euro/Pers. bei mehr als 4 Teilnehmern–75 Euro/Pers. bei 2 Teilnehmern.

Zelënyj mir (Grüne Welt)

Kontakt siehe Seite 220.
Drei- bis fünftägige Wanderungen in den Bergen um Krasnaja Poljana; 50 Euro/Pers. inklusive Unterkunft und Verpflegung.
Die Gruppe von maximal 15 Personen wird in die Berge gefahren und in einem Basislager in Zelten untergebracht. Von dort aus unternimmt man Wanderungen in die nähere Umgebung; Fotos von den Wanderungen befinden sich auf der Website.

Maršrutnoe Bjuro

Tel. 918/4076619, 928/6660734, 928/6660774.
Ein- und mehrtägige geführte Wandertouren, Ausflüge mit dem Jeep, Rafting auf der Mzymta, Angelsport, Verleih von Ausrüstungsgegenständen. Die Preise liegen etwas unter denen des Marktführers für entsprechende touristische Dienstleistungen, Reinfo. Das Team

ist jung und sehr zuvorkommend.

In Solochaul endete einst eine der beliebtesten mehrtägigen sowjetischen Wanderrouten, die in der Adygeischen Autonomen Republik ihren Anfang nahm und zu Füßen des Fišt-Massivs durch malerische subalpine und alpine Landschaften zur Küste führte. Diese Route wird auch heute begangen, aber selten. Sie endete im Touristenlager Babukaul. Der Aufstieg aus Solochaul über Babukaul ist sehr beschwerlich. Da das Biosphärenreservat durchquert wird, benötigt man einen Passierschein, den die Veranstalter besorgen:

Amadeus
Kontakt siehe Seite 220.
Ein- und mehrtägige Exkursionen mit dem Hubschrauber zum Bergsee Chukko zu Füßen des Bergmassivs Fišt (120 Dollar/Pers.).

Svetalan
Kontakt siehe Seite 219.
Mehrtägige Bergtour entlang des Fišt, mit Übernachtung in Zelten und Berghütten. Länge der Wanderung: 70 Kilometer, längster Tagesabschnitt: 24 Kilometer; 12 Euro/Pers./ Tag.
Die Tour ist vor allem auf Kinder und Jugendliche zugeschnitten. Sie beginnt in der Adygeischen Republik und endet in Solochaul.

Vladimir Novikov
Soči 35 40 00, glavpočtamt, a/ja 26, Tel. 97 45 01, 97 22 56.
Vladimir Novikov, Fremdenführer und Bergkenner, bietet ein- und mehrtägige Touren in die Herzen einiger Canyons, in Höhlen, zu abgelegenen Dolmen und zu den Ruinen byzantinischer Kirchen in den Bergen; Tagestouren ab 10 Euro/Pers., je nach Gruppengröße und Schwierigkeitsgrad, fünf- bis siebentägige Wanderungen 120–180 Euro/Pers., Canoying ab 20 Euro/Pers.
Manche Routen sind mit Abseilen in unwegsamen Schluchten verbunden. Eine mehrtägige Wanderung führt aus dem Osten zum Bergmassiv des Fišt und von dort nach Solochaul. Alle Touren sind für gesunde Menschen ab zwölf Jahren unbedenklich. Tourenwünsche sollten so früh wie irgend möglich an ihn herangetragen werden, um die Routen zusammenzustellen und eine fremdsprachliche Betreuung (dt. oder engl.) zu organisieren.

Sergej Jagupov
Tel. 62 83 80, 918/4 08 48 42.
Sergej Jagupov spricht hervorragend deutsch, englisch und spanisch und kennt sich in den Bergregionen zwischen Magri und Soči aus wie nur wenige. Er ist kein professioneller Bergführer, steht jedoch Interessenten, wenn er Zeit hat, gern zur Verfügung, sowohl für ein- als

auch für mehrtägige Wanderungen mit Übernachtungen im Zelt oder in Berghütten. Was für Sergej ein Spaziergang ist, kann sich für ungeübte Wanderer als Strapaze herausstellen… Sollte Sergej verhindert sein, kann er weitere Bekannte vermitteln.

Crazy Team
Tel. 60 01 32, 918/3 05 01 06 (Anton Martynov), Tel. 918/2 09 09 98 (Anton Martynov), ypshara@pisem.net, shaman01@mail.ru (Sergej), www.ct.boom.ru (russ.). Junge Alpinisten, Wanderer und Höhlenforscher, die sich zu einem losen Verein zusammengeschlossen haben und Touristen, auch Gruppen, für ein- und mehrtägige Expeditionen zur Verfügung stehen. Die entsprechenden Vorstellungen sollten rechtzeitig per e-mail, deutsch oder englisch, an sie herangetragen werden. Zum Programm gehören auch Höhlenexpeditionen. Die Ausrüstung für die Wanderungen – Zelt, Schlafsack, bei Bedarf alpine Utensilien, entsprechende Kleidung – sollten möglichst mitgebracht werden. Eine eintägige Wanderung in sehr kleinen Gruppen kostet 35 – 40 Euro/Pers.; bei größeren Gruppen vermindert sich der Preis.

Gennadij Poplavskij
Tel. 68 84 50.
Poplavskij stammt aus Soči, ist seit seiner Jugend ein begeisterter Wanderer und hatte als Ingenieur eines nicht mehr funktionsfähigen Betriebes die Chance für einen Neuanfang. Er begann in den alpinen und subalpinen Regionen sowie in den kolchischen Wäldern Kräuter zu sammeln, aus denen er Tees herstellt und in den Sanatorien und privat vertreibt. Im Frühjahr 2004 kaufte er Farbe und einen Pinsel und markierte eigenhändig 24 Routen zwischen Lazarevskoe im Norden und Adler im Süden. Sein vollständig aus eigenen Mitteln finanzierter Wanderführer mit Illustrationen und Fotos ist im Sommer 2004 erschienen, bisher nur auf russisch. Die Beschreibung einer seiner Touren, die Wasserfälle im Tal der Aše, hat er für diesen Reiseführer zur Verfügung gestellt. Poplavskij spricht englisch und spanisch und steht nach vorheriger Absprache als Bergführer zur Verfügung.

Exkursionen und Aktivitäten

Auf Schritt und Tritt werden in Soči Exkursionen zu den wichtigsten Ausflugsorten im Nationalpark angeboten. Die Ausflugsziele sind als Fotos auf Standtafeln ausgewiesen; man erkundige sich nach den Terminen, bezahlt den Fahrpreis – zwischen 2 und 8 Euro – und bekommt Abfahrtszeit und -ort mitgeteilt. Der Vorteil: man kommt bequem zu den Ausflugsorten; der

Nachteil: die Massenabfertigung und der fehlende russische Wortschatz. Die Reiseagenturen vermitteln auch Dolmetscher oder eigene englisch- oder deutschsprachige Exkursionen. Ein Dolmetscher oder deutschsprachiger Reiseführer kostet in der Stunde zwischen 7 und 20 Euro zusätzlich zum Programm. Die meisten Orte erreicht man jedoch auch ohne Exkursion.

■ Höhlenwanderungen

Das Vorgebirge des Kaukasus ist eine Karstlandschaft. Im Nationalpark von Soči sind zum gegenwärtigen Zeitpunkt 296 Höhlen registriert und vermessen worden. Die mit 533 Metern tiefste Höhle befindet sich im Felsmassiv des Fišt; die längste ist die Voroncovhöhle mit über 10 Kilometern Länge. Der Beginn der 60er Jahre markierte einen speläologischen Boom. Überall im Land entstanden Klubs und Vereine, die ihren Mitgliedern das Know-how des Höhlensports vermittelten und Expeditionen organisierten. Die ›freischaffenden‹ Höhlenforscher erkundeten, vermaßen und beschrieben auch die meisten der Höhlen in den Bergmassiven um Soči. Besonders nach länger anhaltenden Regenfällen sind die Karsthöhlen um Soči lehmverschmiert, weshalb die Expeditionen in gewisser Weise Schlammbädern gleichen. Das tut dem Reiz der Kamine, Stollen, Grotten, unterirdischen Sälen und Wasserfälle, der bizarren Stalaktiten und Stalakmiten keinen Abbruch, aber die Kleidung sollte dementsprechend ausgewählt werden.
Die Speläologen sagen, daß, wer einmal die Stille gehört und die Dunkelheit gesehen hat, immer wieder in die Höhlen zurückkehren wird.

Geographische Gesellschaft
Tel. 97 00 07, sorgo@mail.sochi.ru.
Die meisten Höhlenenthusiasten haben heute in der Geograhischen Gesellschaft ihr ›Dach‹ gefunden. Für erfahrene Speläologen aus anderen Ländern stehen sie als Führer und Begleiter gern zur Verfügung. Die Geographische Gesellschaft ist kein touristisches Unternehmen, Gäste jedoch, die das Anliegen der Wissenschaftler teilen, sind herzlich willkommen.

Reinfo
Kontakt siehe Seite 219.
Voroncovhöhle, außerhalb der für Touristengruppen zugänglichen Teile; drei- bis fünfstündige Exkursion etwas mehr als 30 Euro/Pers.

Masterskaja priključenij (Abenteuerwerkstatt)
Tel. 60 83 82, Tel./Fax 60 83 73, Tel. 86 22/37 59 73 (Kolja Poljakov), sochi-extrem@mail.ru. www.extreme-sochi.ru.
Expeditionen unterschiedlicher Schwierigkeitsgrade in vier Höhlen um Soči; 50 Euro/Pers./Tag.
Die Bergführer und Instrukteure,

die sich in dieser 1996 gegründeten Agentur zusammengeschlossen haben, kennen die Berge, weil sie in ihnen aufgewachsen sind. Die meisten von ihnen haben ein Sportstudium absolviert. Sich ihnen anzuvertrauen, in den Höhlen oder auch beim Canoying, ist eine aus eigener Erfahrung unbedenkliche Entscheidung.

Vladimir Novikov
Kontakt siehe Seite 223.
Verschiedene Höhlen, auf Wunsch der Touristen; auch kleine Gruppen.

Crazy Team
Kontakt siehe Seite 224.
Touren in beliebige Höhlen, Expeditionen mit unterschiedlichem Schwierigkeitsgrad; auch für Kinder und Jugendliche, da die Organisatoren über eine entsprechende Ausbildung verfügen.

Rafting-Liebhaber kommen auf ihre Kosten

■ Rafting

Beim Rafting handelt es sich um Wildwassertouren auf Gebirgsflüssen. Vier bis sechs Menschen finden in einem Boot oder auf einem Floß Platz, das vom eigens ausgebildeten ›Kapitän‹ gesteuert wird. In der Regel ist man zum Mitpaddeln angehalten. Rafting wird auf der Mzymta zwischen Krasnaja Poljana und Adler angeboten. Preis je nach Länge der Tour (6 bis 18 km) und Anzahl der Personen 10–40 Euro/Pers. Überall in Soči gehören Raftingtouren zum Standardprogramm organisierter Exkursionen, wobei die An- und Abreise im Preis inbegriffen ist.
Die wichtigsten und professionellsten Organisatoren sind Reinfo und Masterskaja priključenij, Kontakt siehe Seite 219, 225. Die anderen Agenturen nehmen deren Dienste in Anspruch.

■ Jeeptouren

Wer auf streckenweise eigentlich unbefahrbaren Wegen durch die Berglandschaften geschüttelt werden will, findet im eigens präparierten Jeep sowjetischer Bauart sein Vehikel. Es bleibt in der Regel genügend Zeit, sich an den Endpunkten der Tour und bei Zwischenstops die Beine zu vertreten und sich die von den Veranstaltern wohlbedacht ausgesuchten Gegenden näher anzuschauen. Die meisten Touren

Jeeptouren gehören zum Angebot vieler Veranstalter

werden durch ein Picknick in den Bergen ergänzt. Preise je nach Strecke, Schwierigkeitsgrad, Anbieter und Anzahl der Mitgeschüttelten 15 Euro (Schnuppertour) bis knapp 100 Euro/Pers. Jeeptouren organisiert auch Sphera-Jeeping, Kontakt siehe Seite 217.

Solochaul Jeeping-Tour
Tel. 52 00 06, 918/4 08 59 89 (Svetlana Skladneva), cto@sochi.ru. www.jeeping.e-gloryon.com.
Die Managerin spricht nur russisch. Anfragen können auch auf englisch und, wenn rechtzeitig, auf deutsch gestellt werden.

■ Canyoning

Touren durch die schwer zugänglichen Canyons der Bergflüsse im Vorgebirge. Teile der Canyons werden schwimmend oder im freien Fall durchquert. Nach einer Einweisung erhält man ein passendes Hydrokostüm, eine Art Taucheranzug, sowie eine Schwimmweste. Die Wahl der Route und die Präsenz der Instrukteure, so wird versichert, machen diesen Extremsport zu einem unbedenklichen Vergnügen.
Preis: 50 Euro/Pers./Tour.
Der führende Anbieter ist Masterskaja priključenij, weitere Anbieter sind: Reinfo, Crazy Team, Sphera-Jeeping und Vladimir Novikov (ohne Taucheranzug). Kontakt siehe ab Seite 217.

■ Paraplan

Ist schon das Canyoning eine Mutprobe, das Paragleiterfliegen ist es um so mehr – und ein ebenso großes Vergnügen.
Einziger Anbieter des Paraplaning ist Andrej Aleksandrov, Tel. 43 78 20, 38 46 12. Da es so viele Interessenten nicht gibt, kann man sich auch vor Ort, auf dem Aibga, am Endpunkt des Sessellifts, entscheiden, ob ein Flug nur Mut erfordert oder ein wagemutiges Unterfangen ist.

■ Alpinistisches Bergsteigen

Die einzige Agentur, die diese Art des Extremsports anbietet, ist Masterskaja priključenij, Kontakt siehe Seite 225.
Unter dem Motto ›Nur die wenigsten

Eine Mutprobe ist das Paraplaning auf dem Aibga

Menschen wissen, wozu sie wirklich imstande sind!‹ ermöglichen die professionellen Alpinisten Erfahrungen, die an die Grenzen der physischen Belastbarkeit führen und Gegenden im Kaukasusvorland erschließen, die ohne alpinistisches Geschick und entsprechende Ausrüstung nicht zugänglich wären. Spezielle Kenntnisse oder Erfahrungen sind nicht vonnöten; sie werden in Grundkursen vermittelt. Die meisten Instrukteure beherrschen Fremdsprachen. Den Touren sind verschiedene Schwierigkeitsgrade zugeteilt. Preise: Tagestouren 40–50 Euro, zweitägige Tour durch den Canyon der Oberen Psacho 130 Euro.

■ Hubschrauberflüge

Flüge mit dem Hubschrauber gehören eher zu den touristischen Extravaganzen. Man wird mit dem Fluggerät in die Berge gebracht, zu einem der Bergseen oder auf eine Alm, dort abgesetzt, kann sich umschauen in der Landschaft, gelangt in den Genuß eines Picknicks, zubereitet von Köchen der Extraklasse, und wird in der Regel wohlbehalten zurückgeflogen nach Krasnaja Poljana. Die Kosten für den fünf- bis siebenstündigen Ausflug betragen zwischen 120 und 170 Euro pro Person. Anbieter: Reinfo, Amadeus, Kontakt siehe Seite 219, 220.

■ Tauchsport

Zwar kann die russische Schwarzmeerküste nicht mit Korallenriffen oder bunten Fischschwärmen aufwarten, aber für Taucher hat sie insbesondere beim Wracktauchen einige interessante Tauchziele zu bieten, zum Beispiel eine Karawelle aus dem 18. Jahrhundert und mehrere gut erhaltene Flugzeugwracks.

Diving-Club Riff
Tel. 918/4 08 06 11 (Aleksandr), dive74@yandex.ru.
Tauchgänge für Laien und Sporttaucher; Tauchgang für erfahrene Taucher mit Anreise 33 Euro; für Laien 42 Euro, Tauchunterricht 250 Euro/Pers. Der Unterricht wird mit einem international gültigen Zertifikat abgeschlossen. Die Dauer des Lehrgangs hängt davon ab, wie schnell die Teilnehmer sich die Techniken aneignen. Aleksandr ist der Direktor; seine Schwester spricht mehrere Fremdsprachen und übernimmt die Übersetzungen.

■ Yachtausflüge

Der Yachtclub von Soči befindet sich hinter dem Stadion. Wer mit einer Segelyacht oder einem Motorboot einen Ausflug unternehmen möchte, ist willkommen. Die Boote sind für 4 bis 10 Personen ausgelegt; Preise 50 Euro/Std. (10 Personen auf einer Motoryacht)–80 Euro/Std. (10 Personen auf einer Segelyacht), kleinere Segelboote für 4 Pers. 30 Euro/Std. Die schnellen, wendigen, für ca. 6 Pers. ausgelegten Schnellboote kosten 80 Euro/Std. Man mietet die Boote mit Besatzung; auf eigene Faust zu segeln ist nicht möglich.

Wer mit dem eigenen Segelboot im Yachthafen anlegen möchte, zahlt ca 6 Euro Gebühr am Tag. Der Dispatcher des Yachthafens ist unter der Nummer 97 53 57 rund um die Uhr zu erreichen. Er spricht nur russisch. Also: russisch lernen oder einen Dolmetscher engagieren.
Die gleiche Situation mit dem Management; yachta@sochi.ru, Tel. 92 76 28.
Der Yachtclub verfügt über ein eigenes Hotel (DZ 17–50 Euro/Pers.) mit Sauna und Sportsaal.
Weitere Anbieter von Yachtausflügen sind Reinfo, Svetalan und Vladimir Novikov, Kontakt siehe Seite 219, 223.
An einigen Stränden entlang der gesamten Küste kann man sich zudem sogenannte Wassermotorräder (Vodnye velosipedi) ausleihen.

■ Geist und Körper

Eine der jüngsten Reiseagenturen ist Rygden. Ihre geistige Inspiration erhält sie aus den Traditionen des Altaj. Zum Angebot gehören drei- bis zehntägige Wanderungen zu einigen Dolmengruppen, auf den Fišt und in andere Hochgebirgslandschaften, inklusive Meditationen, Massagen, Atemübungen und Bädern in den Bergflüssen. Fremdsprachige Betreuung.
Tel. 918/4 00 46 96, 4 06 62 04, 4 07 99 18, sochi-rigdentour@rambler.ru, sochi-dolmen@mail.ru, www.rigden-tyr.narod.ru (russ.).

Im größtenteils mit Wald bedeckten Tuapsinsker Rajon sind die Berge flacher, die Küste felsiger und das Klima etwas kühler und trockener als in Soči. In den malerischen Buchten zwischen den Städten Tuapse und Novorossijsk befinden sich zahlreiche Sanatorien und Hotels. Der moderne und grüne Ort Gelendžik ist ebenfalls ein beliebter Ferienort.

Der Norden

Der Tuapsinsker Bezirk

Im Norden von Soči geht das Land an der Küste fließend in den Tuapsinsker Bezirk (Tuapsinskij Rajon) über. Von Soči-Stadt bis Tuapse sind es rund 100 Kilometer mit der Bahn oder auf der Straße Novorossijsk–Suchumi. Zuvor schließen sich hinter Magri die Ortschaften Šepsi, Dederkoj und Gizel'-Dere an. Die subtropische Flora hat sich nun endgültig verabschiedet, der Kamm des Großen Kaukasus erreicht nur noch Höhen von gut oder knapp 1000 Metern, es ist bedeutend trockener im Sommer, auch ein wenig kühler, und im Winter streift ein kalter Wind über die Berge. Durchschnittlich elf Tage im Jahr liegt in Tuapse

Strand bei Tuapse

Schnee. Nur das Meer ist das gleiche, aber selbst im Hochsommer erhitzt es sich nicht in dem Maße wie im Süden, sondern nur auf maximal 24 bis 26 Grad. Die durchschnittliche Jahrestemperatur beträgt im Süden des Rajons, an der Grenze zu Soči, 19,1 Grad und im Norden 13,7 Grad Celsius. 85 Prozent des Territoriums sind von Wald bedeckt, und da so gut wie keine Industrie die Luft verschmutzt, ist diese sauber und heilsam.

Das sind sachliche Vergleiche. Tuapse ist ein ebenso beliebtes Urlaubsziel wie Soči, wenn auch viele der jährlich eine Million Erholungsuchenden aus der unmittelbaren Umgebung kommen, aus dem Bezirk von Krasnodar. Über 250 Sanatorien – spezialisiert auf den Gelenk- und Stützapparat, Herz und Kreislauf sowie Atemwege –, Hotels und Erholungsheime bieten ihnen Unterkunft; die meisten nur in den Sommermonaten. Dazu kommen mehr als 150 kleine private

Hotels und Pensionen sowie Campingplätze. Wie auch in Soči vermieten viele Einheimische privat. Die Tourismusindustrie orientiert sich vornehmlich an den Bedürfnissen von Familien mit Kindern. Die Preise für Unterkunft und Verpflegung liegen bei vergleichbarem Service in der Regel unter denen in Soči. Die Kur- und Erholungsorte befinden sich in meist malerischen Buchten. Die Uferlandschaft ist felsig, der Strand besteht aus kleineren und größeren Steinen, an manchen Abschnitten auch aus Sand. Vergnügungen aller Art – ›Bananen‹, Wasserski, Deltaplaning über dem Meer, Wassermotorräder, Verleih von Booten – sind an allen großen Stränden möglich. Auch das bergige Hinterland bietet interessante Ausflugsorte: mehr als 300 Dolmen, Wasserfälle, Wanderrouten und 40 ende-

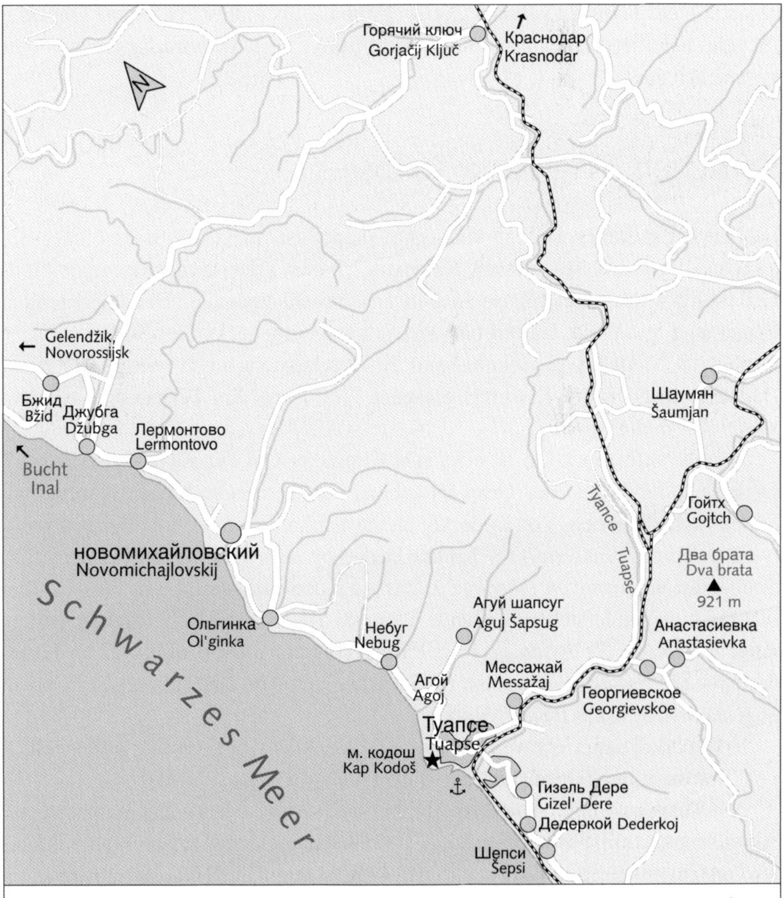

Der Tuapsinsker Bezirk

mische Orchideenarten gibt es unter anderem zu entdecken. Ist Soči, vor allem Soči-Stadt, eher weltläufig, verschwenderisch, mondän und üppig, so wirkt der Tuapsinsker Rajon ländlich, robust, mitunter auch unberechenbar, kumpelhaft herzlich und erwartungsvoll. Soči ist verwöhnt, wenn auch etwas mitgenommen, Tuapse schreitet energisch in die Zukunft.

Nach Tuapse gelangt man mit dem Flugzeug über Krasnodar, Adler oder Anapa und weiter mit dem Zug oder dem Bus, mit der Eisenbahn aus Moskau über Krasnodar und mit dem Auto über Krasnodar und Džubga. Die Eisenbahnlinien aus Krasnodar und Armavir erreichen bei Tuapse die Küste und drehen ab nach Süden. Die gesamte nördliche Küste des Schwarzen Meeres bis Anapa kommt ohne Schienenverkehr aus. Dafür fahren Busse und maršrutki zwischen den einzelnen Orten. Trampen ist nicht ungewöhnlich, wobei meist ein kleiner Obolus – für zehn Kilometer höchstens fünf bis acht Euro – verlangt wird, den man vorher ausmachen sollte.

Zwischen Magri und Tuapse

Der erste Ort hinter Soči in Richtung Tuapse ist Šepsi, am linken Ufer des gleichnamigen Flusses, dessen Name ›milchiger‹ oder ›hundertarmiger Fluß‹ beziehungsweise ›drei Flüsse fließen zusammen‹ bedeutet. Die umliegenden Hügel sind mit Wald, Gärten und Weinplantagen bedeckt. Der Strand in Šepsi besteht aus Steinen und grobem Sand. Er ist relativ flach und sehr gut für einen Badeurlaub, auch mit Kindern, geeignet. Von Šepsi bis Tuapse sind es etwa zwölf Kilometer.

Der nächstfolgende Ort ist etwa acht Kilometer von Tuapse entfernt. Er heißt Dederkoj. Der Strand des Ortes ist schmal und verliert sich nach Norden und Süden in den Klippen. Von Dederkoj lassen sich interessante Ausflüge unternehmen: zu einem Wasserfall im Tal der Dederkoj, sechs Kilometer von der Mündung, zum Bärencanyon (Medvež'ja ščel') in einem Seitental dieses Flusses, dessen eng beieinanderstehende Wände über 100 Meter in die Höhe streben, und zu einer Zuchtfarm für Affen im Dorf Paseka (Imkerei). Die Vorfahren der Herde äthiopischer Gamadrilen wurden 1972 hierher gebracht. Die Tiere leben in einem abgezäunten Areal in freier Wildbahn.

In Dederkoj nahm vor wenigen Jahren das exklusivste Erholungsheim südlich von Tuapse seinen Betrieb auf, das ›Zelënyj Gaj‹ (Grüner Wald).

Aus Tuapse kommend, vor der Abfahrt ins Tal der Dederkoj hat man von einer Aussichtsplattform einen guten Blick auf das Panorama der Küste. Fünf Kilometer von Tuapse entfernt liegt der Kurort Gizel'-Dere. Der Name stammt aus dem türkischen und bedeutet ›herrliche Schlucht‹. Aus Tuapse gelangt man in den Ort

Eingang zum Sanatorium ›Zelënyj Gaj‹

entweder mit der ėlektrička oder mit dem Bus. Die Straße nach Gizel'-Dere zweigt am Ortsausgang Tuapse von der Straße Richtung Soči ab. Das Land um das heutige Gizel'-Dere gehörte bis zur Verstaatlichung einem Baron namens Stengel, der es 1872 – als einer der ersten privaten Investoren in der Region von Tuapse – erworben hatte. Seinem Landhaus gab er den Namen ›Tuišcho‹‹. Sein Nachbar wurde später ein Oberst, I. Kvitko. Dessen zweistöckiges Landhaus ist heute das Verwaltungsgebäude des Erholungsheimes ›Gizel'-Dere‹.

Vorwahl: 8 61 67.

Dederkoj: Erholungsheim ›Zelënyj Gaj‹, Tel. 8 61 67/6 33 55, 7 22 09, dirmps@sochi.ru, marketing-mps@mail.ru, Marketingbüro in Soči, Tel. 86 22/62 21 42, 60 90 06, -7; DZ 40 Euro/Pers. (mit Verpflegung, Exkursionen, Transfer von und zum Bahnhof Tuapse), minimaler Aufenthalt 3 Tage. Das ›Zelënyj Gaj‹ besteht aus einem modernen Bettenhaus, einigen einzeln stehenden, komfortabel eingerichteten Cottages für bis zu 16 Personen und einem kleinen Park. Zur Anlage gehören ein eigener Strand, ein Schwimmbad unter freiem Himmel, Sportsaal, Sauna, Bar und Restaurant.

Gizel'-Dere: Erholungsheim ›Gizel'-Dere‹. Tel. 6 14 31, 2 89 35.

Reiseagentur ›Ėlita‹. Tel. 3 74 27, 6 31 10, 918/4 33 74 27.Vermittlung von Unterkünften und Exkursionen.

Tuapse

Tuapse (Туапсе) ist das Verwaltungszentrum des gleichnamigen Rajons, vergleichbar mit einer Kreisstadt. Übersetzt aus dem Adygeischen bedeutet Tuapse ›zwei Gewässer‹. Umgeben von Hügeln liegt die Stadt an der Mündung von zwei Flüssen, der Tuapse und der Pauklse. Den zweiten Fluß nennen die Einheimischen der Kürze wegen einfach ›Pauk‹, was im Russischen eine Spinne ist. Tuapse ist nicht nur Verwaltungszentrum, sondern auch Hafenstadt mit einem Erdölterminal. Ein Urlauberzentrum ist sie deshalb nicht. Nur wenige Reisende machen Halt in Tuapse. Die meisten mit dem Zug oder Bus kommenden Urlauber fahren umgehend weiter in die Badeorte am Meer. Ein Besuch lohnt sich dennoch.

Der Strand von Nebug

2002 wurde Tuapse als eine der am besten organisierten und saubersten russischen Kommunen ausgezeichnet.

Wer in der Umgebung von Tuapse Urlaub macht oder sich auch nur für einige Tage hier aufhält, kann in den Genuß einiger äußerst reizvoller Erlebnisse in unmittelbarer oder fernerer Umgebung gelangen, die in den letzten Jahren touristisch immer besser erschlossen wurde. Es ist hier nicht so überlaufen wie in Soči, und wenn im Süden vor allem die kolchischen Wälder und die wilde Natur anziehen, so hier die Ruhe, Abgeschiedenheit und sanftere Schönheit der nicht minder erholsamen Berglandschaften.

Geschichte

Die ältesten nachgewiesenen Spuren menschlicher Besiedlung stammen aus einer Zeit vor mehr als 200 000 Jahren. Bis zum Beginn der Dolmenkultur folgte gähnende historische Leere. In der Umgebung von Tuapse befindet sich eines der eindrucksvollsten Denkmäler der rätselhaften Dolmenära: das Areal Psynako I, bezeichnet auch als ›Sonnentempel‹ oder ›steinerner Kurgan‹.

In der Antike befand sich auf dem Territorium des heutigen Tuapse die griechische Kolonie Topsida. Sie fiel den Hunnen zum Opfer, denen Kaufleute aus Byzanz folgten. Diese brachten das Christentum an die Schwarzmeerküste. Um die erste Jahrtausendwende nach Christi Geburt erreichten die Küste auch slawische Siedler aus dem Fürstentum von Tmutarakan (das heutige Taman' am Azovschen Meer).

Im 15. Jahrhundert kamen die Türken und verbreiteten den Islam. Nach dem Friedensvertrag von Adrianopel zwischen türkischem Sultan und russischem Zaren geriet das ›Niemandsland‹ unter russischen Einfluß. 1838 begann die russische Armee mit dem Bau von Befestigungen an der Uferlinie zwischen Anapa und Suchumi – an der Mündung der Tuapse entstand das Fort ›Veljaminovskij‹. Es besaß strategische Bedeutung, denn über den Gojtchpaß verliefen die wichtigsten Handelsrouten zwischen den Gegenden dies- und jenseits des Großen Kaukasus, also zwischen Meer und dem bereits russischen Kuban'. Über den kleinen Hafen in Tuapse wurden zudem die Adygeer an den Ost- und Nordhängen des Kaukasus mit Waffen versorgt.

Das Fort war deshalb auch Ziel der heftigsten Angriffe seitens der Adygeer und wurde 1840 zerstört, wieder aufgebaut und 1853 bei Beginn des Krimkrieges aufgegeben. In den nächsten zehn Jahren blühte der ›wilde‹ Handel mit Waffen, Munition, Holz, Fellen und Sklaven. 1859 zerstörten die russische Flotte und Armee den Hafen, aber den Ort unter Kontrolle zu halten, gelang ihnen nicht.

Als der Franzose A. Fonville, militärischer Berater im Auftrag seiner Regierung, im späten Herbst 1863 mit einem Trupp adygeischer Reiter Tuapse erreichte, schrieb er über seine Eindrücke:

»Über Tuapse hatte man uns immer gesagt, der Ort sei das Handelszentrum der gesamten Region. Man stelle sich unsere Verwunderung vor, als wir an der Mündung eines kleinen Flusses das Meer erreichten, und dort nicht mehr als etwa hundert von den Trümmern des russischen Forts getragene Katen mit wurmstichigen, verfaulten Schindeln als Dach erblickten. In diesen unglückseligen Katen lebten die türkischen Sklavenhändler. Sie ›sammelten‹ die Frauen, bis es sich lohnte, sie auf einem der Schoner in die Türkei zu verfrachten. Die Schoner lagen aufgereiht und unter Gestrüpp am Ufer verborgen, so daß sie sich kaum vom Terrain unterschieden.«

Die Aufzeichnungen Fonvilles über den Winter 1863/64 des Kaukasuskrieges sind eines der ganz seltenen Zeugnisse über diese letzten Monate vor dem Exodus. Er schreibt über den Hunger und die Seuchen, die verzweifelten Versuche der Adygeer, die russischen Armeen aufzuhalten und ihr vergebliches Hoffen auf Hilfe aus dem Ausland. Er war mit zehn alten türkischen Kanonen angereist, die in den Bergen kaum einen Schuß abgaben. Den Ausgang des Krieges aber entschied letztendlich die Artillerie.

Über den Hafen in Tuapse verließen noch während und dann nach dem Krieg hunderttausende Adygeer ihr Land. Zunächst hieß der nun entstehende russische Ort mit einer Zollstation und Anlegestelle für Passagierdampfer Veljaminovskij posad (Marktflecken Veljaminovsk). 1897 wurde er in Tuapse umbenannt und zum Verwaltungszentrum des Schwarzmeergouvernements. Ende der 60er Jahre des 19. Jahrhunderts begannen die Bauarbeiten für eine Straße nach Krasnodar, die sich über Jahrzehnte hinzogen. Der Bau der Straße zwischen Novorossijsk im Norden und Suchumi im Süden sowie einer Eisenbahnlinie zwischen Armavir und Tuapse über den Gojtchpaß gaben Tuapse die entscheidenden Impulse zu seiner industriellen Entwicklung. 1914 begann die Verlegung der Schienen von Tuapse in Richtung Suchumi. Gleichzeitig entstanden ein Handelshafen und eine 192 Kilometer lange Ölleitung von den Lagerstätten im Gebiet von Majkop ans Meer.

Flanieren unter Platanen auf der ul. Karla Marksa

Nach dem Bürgerkrieg 1918–1920 entstanden eine Raffinerie, eine Werft und eine Erdölleitung aus Groznyj, der Hauptstadt Tschetscheniens.

Im Herbst und Winter 1942/43 wurde Tuapse ein Opfer des Krieges, genauer des Bombardements durch deutsche Flugzeuge. Die Operation Kaukasus der Wehrmacht begann im Sommer 1942 mit einer Offensive in zwei Richtungen: Novorossijsk und Tuapse. Novorossijsk wurde von den deutschen Truppen eingenommen, aber entlang der Küste hielten die sowjetischen Verteidigungslinien. Der Hauptstoß richtete sich deshalb gegen Majkop und, als die Stadt im August 1942 eingenommen war, gegen Tuapse. Die deutschen Truppen rückten entlang der Straße und Eisenbahnlinie zum Gojtchpaß vor. Ungefähr 15 Kilometer vor Tuapse, zwischen den Bergen Indjuk und Semašcho, wurden sie unter erbitterten, opferreichen Kämpfen zum Stehen gebracht. Tuapse war nicht nur Frontstadt, sondern auch Nachschubzentrum. Besonders im Oktober und November 1942 war die Stadt heftigen Bombardements ausgesetzt. Bis zu elf Angriffe täglich, darunter sogenannte ›Stern‹-Attacken, an denen gleichzeitig bis zu 90 Flugzeuge teilnahmen, verwandelten Tuapse in ein Ruinenfeld. Ende 1942 war die Offensive der deutschen Truppen endgültig abgeblockt.

Nach dem Krieg wurde die Stadt allmählich wieder aufgebaut. Ein neuer Stadtbezirk entstand im Tal der Pauklse. Nachdem Rußland mit dem Zerfall der Sowjetunion die meisten seiner Schwarzmeerhäfen an die Ukraine verloren hatte, erhielten die Häfen von Tuapse und Novorossijsk eine neue strategische Bedeutung. Gemessen am Warenumschlag ist Tuapse heute der drittgrößte russische Hafen. Es gibt detallierte Pläne für den Bau eines neuen Terminals, gegen den sich Umweltschützer zur Wehr setzen. Die Arbeitslosigkeit ist nicht so hoch wie anderswo, da die meisten der Betriebe dem allgemeinen wirtschaftlichen Kollaps nicht zum Opfer gefallen sind. Dennoch vermittelt Tuapse nicht den Eindruck von Wohlstand. Hafenstädte haben ihr eigenes Flair. Die Einheimischen empfehlen, in den späten Abendstunden nicht allein unterwegs zu sein.

Ein Stadtrundgang

Tuapse entfaltet als Hafen- und Industriestadt mit etwa 70 000 Einwohnern einen eigenartigen postsowjetischen Charme. Vom Bahnhof gelangt man geradezu über die ul. Pobedy zur ul. Karla Marksa und über diese nach links Richtung Meer zum Hafen. Sie ist ein Boulevard mit einem Fußgängerbereich unter Platanen zwischen den beiden Fahrbahnen. Bänke stehen dort, und bis in die Abendstunden findet hier das öffentliche Leben von Tuapse statt. Die ul. Karla Marksa mündet in den für die hiesigen Verhältnisse riesigen Platz der Oktoberrevolution (pl. Oktjabr'skoj Revoljucii). Gegenüber führt eine Treppe hinab zu einem anderen weiträumigen Areal. Linker Hand der schneeweiße Turm mit dem blau verglasten Aufbau, eine nahezu futuristische Konstruktion, beherbergt die Dispatcherzentrale des Hafens. Rechter Hand das moderne Gebäude ist das Hotel ›Karavella‹ [2]. Im Souterrain befindet sich, offen zum Platz, eine kleine Konditorei mit vorzüglichem Backwerk. Das ›Karavella‹ wurde 1999 fertiggestellt. Es ist ein Drei-Sterne-Hotel und die beste Adresse für eine Übernachtung in der Stadt.

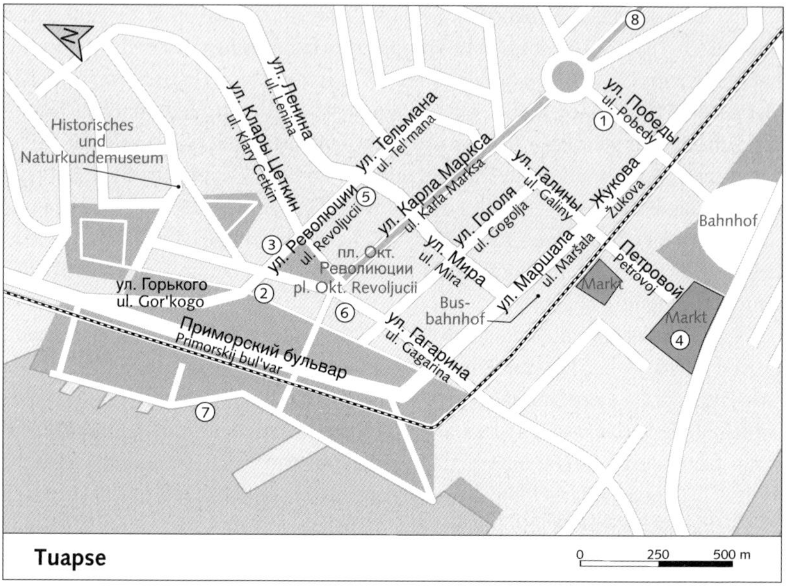

Tuapse

Legende

1 Internetcafé
2 Hotel ›Karavella‹
3 Klub der Seeleute
4 Chačapuribäckerei
5 Restaurant ›Brillant‹
6 Restaurant ›Evropa Pljus‹
7 Schiffsrestaurant ›Lazurit‹
8 Kiselëvmuseum

Zu Füßen des Areals beginnt die mit subtropischen Gewächsen bepflanzte Uferpromenade. Rechter Hand befindet sich der kleine Passagierhafen, hinter dem eine Mole etwa 50 Meter ins Meer reicht. Von ihr hat man einen guten Blick auf den Kai des Ölterminals und die Mole, die den neuen Hafen im Süden begrenzt. Der alte Hafen befindet sich nordwestlich und ist heute eine Reparaturwerft. Im zentralen Teil der Uferpromenade findet man oft ältere Schachspieler, die hier ihrem Hobby frönen; des weiteren den Kultur- und Erholungspark sowie ein Denkmal für die Besatzung des Zerstörers ›Kerč'‹, der 1918 auf Befehl Lenins die Schiffe der Schwarzmeerflotte torpedierte und danach sich selbst versenkte.

Der Obelisk auf dem Platz der Oktoberrevolution stellt ein dreizackiges Bajonett dar, ein Geschenk an die ›Kämpfer für die Sowjetmacht‹ von 1967. Links vom Obelisk brennt auf einem steilen Berghang ein ewiges Feuer am Grabmal des unbekannten Soldaten. Von ihm führt eine Treppe den Hang hinauf zum Heimatkundemuseum.

Schachspieler an der Uferpromenade

Das Historische und Naturkundemuseum

Das Museum ist in einer zweistöckigen Villa an der ul. Poletaeva untergebracht. Nikolaj Poletaev (1872–1930), ein Vertrauter Lenins und lange Zeit Chefredakteur der ›Pravda‹, war eine Ikone der hiesigen Kommunisten. Die letzten zehn Jahre seines Lebens verbrachte er in Tuapse, und im Hof des Museums wurde er mit einem Denkmal geehrt.

Die in elf Sälen untergebrachte Sammlung des Museums ist bunt gewürfelt. Sie beginnt mit der Flora und Fauna, der die Geschichte der Humanoiden in der Region folgt. Der älteste Fund, ein Faustkeil, ist 250 000 Jahre alt. Außerdem findet man hier Steinbeile, Schmuckgegenstände und andere Funde aus der Bronzezeit, Fotografien des Dolmen-Kurgans Psynako I. und Erklärungen, die einen astrologischen Zusammenhang zwischen der Konstruktion und den Sonnenständen zulassen, eine griechische Karte aus dem vierten Jahrhundert vor Christus, Kettenhemden, skythische, adygeische und russische Waffen, Fotos von adygeischen Wohnhäusern. Vom Kaukasuskrieg erzählen die Porträts des Admirals Lazarev und des Generals Raevskij, die die russischen Truppen bei der Grundsteinlegung des Forts Veljaminovskij befehligten. In einem der Säle hängt die Kopie eines Bildes von Ajvazovskij, das die Eindrücke des Malers während seiner Teilnahme an den Landeoperationen südlich von Lazarevskoe festhält. Daneben finden sich Zeichnungen von James Bell und Momentaufnahmen vom einst florierenden Sklavenhandel. Anschließend werden Gebrauchsgegenstände und Fotos der nach dem Kaukasuskrieg an der Küste eintreffenden Neusiedler gezeigt, in dieser Gegend waren es vor allem Tschechen, Russen und Armenier.

Im Obergeschoß geht es weiter mit den Zeiten der Wirren: die Abdankung des Zaren, ein Geldschein der provisorischen Regierung mit einem Hakenkreuz, der Sturz der provisorischen Regierung durch die Bolschewiki im Oktober 1917, der Bürgerkrieg, die Aufbaujahre, der Zweite Weltkrieg. Die Ausstellung beschließt ein Rückblick auf die sowjetischen Jahre.

Außerdem gehören zum Museum eine Sammlung historischer Waffen, eine Gemäldegalerie und Porzellan aus russischen und deutschen Manufakturen.

Einer der Mitarbeiter des Museums hatte Ende der 60er Jahre im bis heute legendären Film ›Der Brilliantenarm‹ eine Rolle gespielt. Die Gaunerkomödie mit den populärsten sowjetischen Komödianten Jurij Nikulin und Andrej Mironov wurden neben Soči größtenteils in Tuapse und Umgebung gedreht. Das ist jetzt fast 40 Jahre her, aber man kann nicht im Tuapsinsker Rajon Urlaub machen, ohne

Szene aus dem Film ›Der Brillantenarm‹

nicht zumindest einmal auf den ›Brillantenarm‹ hingewiesen zu werden. Der Film erreichte damals auch in Ostdeutschland eine gewisse Popularität, in Rußland ist er bis heute Kult. Das wohl einzige Kino in Deutschland, in dem man ihn heute noch ab und an oder auf Wunsch zu sehen bekommt, ist das ›Krokodil‹ im Berliner Prenzlauer Berg.

Das Kiselëvmuseum

Über die ul. Poletaeva kehrt man ins Stadtzentrum, zum Platz der Oktoberrevolution, zurück, bummelt über die ul. Karla Marksa bis zum Kreisverkehr mit dem Lenindenkmal, läßt das Kino am Platz links liegen und folgt der ul. Karla Marksa weiter bis zum Haus Nr. 54 auf der rechten Seite, eine Villa mit kleinem Garten [8].

Das Haus gehörte der Familie des wohl berühmtesten Einwohners von Tuapse, Aleksandr Kiselëv (1838–1911). Kiselëv stammte aus einer Adelsfamilie im Gouvernement Kazan'. Früh zog es ihn zur Kunst. Er nahm Malunterricht, studierte an der St. Petersburger Kunstakademie, arbeitete dann zehn Jahre in Char'kov bei einer Landbank und lernte dort während einer Ausstellung die ›Peredvižniki‹ (Wandermaler) kennen, die sich mit ihrem Realismus, der oft auch soziale Züge trug, gegen die althergebrachte akademische Tradition wehrten. Zu den Wandermalern gehörten später so bekannte und berühmte Maler wie Repin, Šiškin, Serov und Levitan. In der zweiten Hälfte des 19. Jahrhunderts haben sie in der russischen Kunst die tiefsten Spuren hinterlassen. Die jungen Maler nahmen Kiselëv in ihre Reihen auf, und er widmete sich nun ganz und gar dem Malen. 1889 wurde Aleksandr Kiselëv zum Professor an die St. Petersburger Akademie der Künste berufen. Ende der 80er Jahre des 19. Jahrhunderts unternahm er seine erste Reise in den Kaukasus, der viele weitere folgten.

Aleksandr Aleksandrovič Kiselëv (1838–1911)

Entscheidend für die letzten Jahre seines Lebens wurde die Bekanntschaft mit Tuapse. Ganz in der Nähe der Stadt entdeckte er am nördlichen Ufer ein Felsmassiv, das er von nun an immer wieder und wieder zeichnete und malte. Dieser Felsen am Kap Kadoš erhielt später Kiselëvs Namen. Er war derart verliebt in ihn, daß er sich ein Landhaus dort bauen ließ, in dem er mit seiner Familie die Sommermonate verbrachte. Mit der Zeit wurde es den Kiselëvs – vier Töchter und drei Söhne – jedoch zu eng, und sie bauten sich ein Haus in der Stadt, mit Blick auf das Tal der Tuapse. In jenem Haus ist seit 1994 das Museum untergebracht. Nach dem Tod des Malers lebte hier sein Neffe, später wurde es ein Gymnasium, dann eine Kommunalwohnung für vier Familien.

Aleksandr Kiselëv war keiner der ganz Großen in der russischen Kunst, aber einer der talentiertesten Landschaftsmaler und ein hervorragender Kritiker. Seine Gemälde und Zeichnungen verraten ein waches Auge für die verborgenen Details und feinste Stimmungen. Mehr als 800 Bilder von ihm sind bekannt; unter ihnen allein 34 mit Motiven aus Tuapse und Umgebung. Einige seiner Werke hängen in den Sälen des Russischen Museums in St. Petersburg und der Tretjakovgalerie in Moskau; die meisten anderen in kleineren Gemäldegalerien verstreut im ganzen Land.

Das Museum mit den Fotografien, den Möbeln, der Bibliothek, dem Porzellan und den vielen kleinen Details des Lebens von Großstädtern auf dem Lande hinterläßt einen tiefen Eindruck. Dazu kommt, daß die Direktorin, Frau E. Kozlova, englisch spricht und ihr Wissen über den Maler, seine Zeit und ihre Protagonisten gern teilt.

Zurück zum Platz mit dem Lenindenkmal: Auf der rechten Straßenseite der ul. Pobedy Richtung Bahnhof befindet sich ein Internetcafé [1] mit moderaten Preisen, aber nicht immer funktionierender Verbindung zur Außenwelt. Biegt man auf etwa halber Höhe zwischen ul. Karla Marksa und Bahnhof an der Kreuzung ab nach rechts, befindet man sich in der ul. Maršala Žukova, einer Parallelstraße zur ul. Karla Marksa. Von der Kreuzung bis zum Busbahnhof sind es etwa 300 Meter. Das Gebäude im pseudomauretanischen Stil ist nicht zu verfehlen. Von hier aus fahren Busse entlang der Küste Richtung Soči, Džubga, Gelendžik, Novorossijsk, Anapa und weiter nach Krasnodar, Stavropol', Rostov, Temrjuk oder nach Majkop über den Gojtchpaß und in die umliegenden Ortschaften.

Wohnhaus und Museum des Landschaftsmalers Kiselëv

Vorwahl: 8 61 67.

Verbindungen mit der ėlektrička von Tuapse:
Nach Soči-Stadt/Adler: 9 x tägl., Fahrzeit bis Soči-Stadt 2,5–3 Std., im komfortablen Expreßzug 1,5–2 Std. Einige ėlektrički fahren nur im Juli/August. Wer es eilig hat, kann auch mit einem der Fernzüge in Richtung Adler fahren. In den letzten Jahren verkehrte außerdem ein Vorortzug mit erhöhtem Komfort zwischen Adler und Krasnodar mit Halt in Tuapse.
Nach Beloреčensk (Strecke Richtung Armavir): 3 x tägl., Fahrzeit 3,5 bis 4 Std.
Nach Gorjačij Ključ (Richtung Krasnodar): 2 x tägl., Fahrzeit 2–2,5 Std.

Hotel ›Karavella‹ [2], Tel. 7 00 50, 7 01 55. karawella@tuapse.ru; DZ 80 Euro.
Vermittlung von Unterkünften:
›Černomorskie Kurorty‹, ul. Svobody 26, Tel. 2 29 97, 2 89 79, mailresortsbs@mail.ru. Die Firma befindet sich in der Hand der Munizipalität und unterhält in nahezu jedem Ort an der Küste Filialen, in denen Übernachtungen in allen Preisklassen vermittelt werden. Der Service ist kostenlos. Fremdsprachenkenntnisse sind die Ausnahme, aber irgendwie versteht man sich immer. Des weiteren werden Exkursionen und Kuraufenthalte angeboten.
›Agat Marketing Service‹ (AMS), ul. Karla Marksa 25/15, in der Nähe vom Bahnhof, Tel. 2 27 79, 2 70 16, agatms@tuapse.ru. Der Eingang befindet sich in einem unscheinbaren Geschäft, einige Schritte hinter dem Kreisverkehr mit dem Lenindenkmal, auf der linken Seite der ul. Pobedy. Eine der Direktorinnen spricht deutsch. AMS organisiert Einladungen, kümmert sich um Registrierungen für ausländische Bürger, vermittelt Unterkünfte und organisiert Exkursionen.
›Mizar OOO‹, Office im Hotel ›Karavella‹, Primorskij bul., Tel. 3 18 20, 7 01 32, mitsarbron@tuapse.ru. Vermittlung von Unterkünften und Kuraufenthalten, Organisation von Exkursionen.

Das wohl beste Restaurant in der Stadt ist das im Klub der Seeleute [3] (Businessclub) ganz in der Nähe des Hotels ›Karavella‹. Es öffnet relativ spät. Im Klub befinden sich auch eine Bar sowie ein Dolmetscherservice.
Nicht weit entfernt, in der ul. Gor'kogo 5 lädt das ›Gambrinus‹ zu Fischgerichten ein.
Nicht schlecht sind außerdem das ›Brillant‹ [5] in der ul. Mira 7 und das ›Evropa Pljus‹ [6] in der ul. Karla Marksa 4/2.
Schiffscafé ›Lazurit‹ [7], im Hafen. Armenisches Café mit kleiner Speisekarte und interessanten Aussichten auf den Hafen.

Chačapuri-Bäckerei [4], auf dem Marktgelände.
Kleines Café, in dem ausschließlich adscharische Chačapuri auf der

Speisekarte stehen, sehr lecker und sehr gehaltvoll.

Historisches und Naturkundemuseum, ul. Poletaeva 8, Tel. 253 74; Di–So 9–15 Uhr.
Kiselëvmuseum, ul. Karla Marksa 54, Tel. 218 41; Mo–Do 9–16 Uhr, Sa/So 9–15 Uhr.

›Stalker‹, die neue Kontaktadresse erfrage man über das Büro der ›Černomorskie Kurorty‹, Tel. 5 11 00. Spezialisiert auf die Organisation von Wanderungen, ein- und mehrtägigen Touren durch die Berglandschaften des Tuapsinsker Rajons.
›Reise zu den Wurzeln‹, Natalija Jakimčuk, Tel. 2 31 63, 2 43 76, biocenter@rambler.ru. Exkursionen zu Dolmen für Esoterikinteressierte, Urlaubsaufenthalte in Tuapse und Umgebung.
Weitere Agenturen siehe ›Unterkunft‹.

Letztes Wochenende im Mai: Stadtfest.

Wanderung um Tuapse

Für diese Tour um die Stadt braucht man vier bis fünf Stunden. Sie beginnt in der ul. Puškina in einem Vorort von Tuapse, Kamennyj Kar'er (Steinbruch). Hierher fährt die Buslinie 10. Die ul. Puškina ist eine Gasse und zweigt von der nach Majkop führenden Straße ab. Den Weg zu finden wird ohne fremde Hilfe nicht gelingen, weshalb man sich an eine der Reiseagenturen um einen Führer wenden sollte. Die Tour führt vorbei an mehreren Dolmen, auf den Berg Bogatyrska (von ›bogatyr'‹, Recke), von dort zu einem See in einem Wald aus Eßkastanien, zu einer Terrasse mit Blick auf den Berg Messažaj (Kornelkirschenwald), an dessen Hängen seltene Orchideen wachsen, weiter zum Fluß ›Pauk‹, einen Wasserfall mit sieben Metern Fallhöhe, zu den ›weißen Felsen‹ und zur Wolfsschlucht. Von der Wolfsschlucht aus geht es wieder bergauf auf den Bergrücken, der die Wasserscheide zwischen den Flüssen Tuapse und ›Pauk‹ ist. Die Wanderung endet in der ul. Ždanova.

Der Weg zum Glück

Diese kleine Exkursion beginnt ebenfalls in der ul. Puškina. An einem der letzten Häuser zweigt nach rechts ein Pfad ab, der einen Bach quert und dann den Hang durch einen Wald aus Buchen und Weißbuchen hinaufführt. Am Rundweg liegen einige Dolmen: ›Wohlstand und Gedeihen‹, ›Totem‹ und ›Glück‹; außerdem der

›Felsen der Wünsche‹ und ein ›Menhir‹ genannter einsamer Fels. Die Bezeichnungen stammen von der Autorin einer Exkursion zu den Dolmen, Natalija Jakimčuk, die sich an den Anastasija-Büchern des russischen Autors Megre orientiert. Ihre Tourismusagentur ›Reise zu den Wurzeln‹ organisiert für an den Dolmen und ihrer esoterischen Aura interessierte Menschen Exkursionen. Die Benutzung des von der Agentur gepachteten und ausgebauten Wanderweges kostet einen Obolus von etwa einem Euro pro Person.

Der Sonnentempel

Anastasievka ist ein Dorf in etwa 25 Kilometern Entfernung von Tuapse. Man gelangt dorthin entweder mit dem Bus, Endstation Anastasievka oder Bol'šoe Pseušcho oder im Rahmen einer Exkursion. Zunächst fährt man von Tuapse Richtung Majkop. Nach etwa 18 Kilometern zweigt nach rechts eine Straße in das Dörfchen Georgievskoe ab. Rechter Hand, am Waldrand steht ein einsamer Felsen, den die Einheimischen ›Monach‹ (Mönch) nennen. Das Denkmal an der Straße ist den mehr als 100 Opfern einer verheerenden Überschwemmung im Frühjahr 1991 gewidmet. Bekannt im ganzen Land ist Georgievskoe durch seine Vodkabrennerei.

Das Tal, in dem Georgievskoe liegt, gleicht der Miniaturversion einer Hochebene. Es mißt nicht mehr als etwa einen Kilometer in der Breite. Links und rechts umrahmen es bewaldete Hügel und Berge, dazwischen erstrecken sich Wiesen und Felder. In der Tiefe des Tales liegen die beiden adygeischen Dörfer Maloe Pseušcho und Bol'šoe Pseušcho, 7 beziehungsweise Kilometer von Georgievskoe entfernt.

Hinter Georgievskoe zweigt die Straße nach Anastasievka links ab. Der Name des Dorfes hat nichts mit der Anastasija aus dem gleichnamigen Buch des Bestsellersautors Megre gemein. Während des Kaukasuskrieges befand sich hier ein militärischer Posten. 1866 ließen sich tschechische Umsiedler in seiner Nähe nieder und 1902 erhielt die auf mehrere Dutzend Höfe angewachsene Siedlung ihren heutigen Namen – zu Ehren der Großfürstin Anastasija Romanova, der Tochter Nikolajs II., die 1918 mit der gesamten Familie hingerichtet wurde.

Das eigentliche Ziel dieses Ausflugs aber ist nicht das Dorf selbst, sondern das Tal oberhalb. Wo die Straße im Ort nach rechts schwenkt, zweigt von ihr ein Schotterweg in Richtung der Berge ab. Diesem folge man ins Tal des Bergflusses Pšenacho. Nach einem Kilometer erreicht man eine Lichtung, deren linke Seite vom Fluß begrenzt wird. Geradezu erkennt man die beiden Gipfel des Berges Dva Brata (Zwei Brüder). Man suche sich eine Furt, durchwate den Fluß und befindet sich in einem gelichteten Obstgarten.

Ein Modell des ›Sonnentempels‹, wie er ausgesehen haben könnte

Unter dichtem Gesträuch versteckt sich in diesem Garten der Dolmen Psynako I, auch ›Sonnentempel‹ oder ›Steinerner Kurgan‹ genannt. Das Wort ›Psynako‹ stammt aus dem Adygeischen und bedeutet ›Tal der Quellen‹. Entdeckt wurde der Dolmen-Kurgan 1972. Die Ausgrabungen in den 80er Jahren standen unter der Leitung eines der bekanntesten Dolmenforscher, des Archäologen Vladimir Markovin. In seinem 1997 erschienenen Buch über die Dolmenkultur im Kuban' und am Schwarzen Meer, beschreibt Markovin auch Psynako I. Dolmen und Kurgan sind fast vollständig zerstört, von Grabräubern, dem Zahn der Zeit und den Bulldozern der Genossenschaft. Und dennoch lohnt sich ein Verweilen an diesem Ort, der in seiner einstmaligen Bedeutung Stonehenge in nichts nachgestanden haben soll.

Bei Psynako I handelt es sich um einen Dolmen, der unter einer Art Kuppel mit einem Durchmesser von 54 Metern verborgen lag. Die heutige Höhe der Kuppel beträgt 4,5 Meter. Seine Öffnung war durch einen unterirdischen zwölf Meter langen und einen halben Meter hohen Gang (Dromos) mit der Außenwelt verbunden. Ältere Bewohner des Dorfes können sich noch erinnern, daß auf dem Plateau über der Kuppel Kreise aus Steinen angeordnet waren, die über strahlenförmig abgehende Steinlinien mit dem Boden in Verbindung standen. Am 21. März treffen die ersten Strahlen der zwischen den beiden Gipfeln des Berges ›Dva Brata‹ aufgehenden Sonne auf die Öffnung des unterirdischen Ganges zum Dolmen. Sommer- und Wintersonnenwende waren anscheinend durch die Lage der steinernen Linien markiert.

Vergleichbare Kultplätze – megalithische Konstruktionen unter einem Kurgan – gibt es weltweit nur noch vier: in Irland, Dänemark, Portugal und Spanien.

Ein Dolmen unter einem Kurgan, das ist in der ganzen Welt einmalig. Kohlereste an der Öffnung des Dolmen lassen vermuten, daß hier letztmalig vor mehr als 4000 Jahren die Feuer einer rituellen Zeremonie brannten.

Über die rituelle Bedeutung gehen die Meinungen auseinander. Einig sind sich die meisten Forscher darin, daß es sich bei Psynako I wie bei Stonehenge um eine Art Observatorium gehandelt haben könnte. Möglich, daß im Dolmen und um den Kurgan herum magische Rituale abgehalten wurden, oder daß – setzt man voraus, daß Dolmen wirklich Grabstätten waren – hier ein Wesen begraben lag, welches durch diese Art der Verehrung in den Rang einer Gottheit erhoben wurde. Zur Sommersonnenwende 2004 besuchten rund 300 Pilger den Ort.

Der Anblick des megalithischen ›Sonnentempels‹ mag ernüchternd wirken. Nichts außer einem Steinhügel, auf dem einige junge Eichen und etwas Gestrüpp wachsen, zu seinen Füßen der phallische ›Pfropfen‹, ringsherum Natur. Man mag kaum glauben, daß man sich an einem Ort befindet, der Stonehenge gleichkommen soll. Der Phantasie aber sind keine Grenzen gesetzt.

Ein ausgezeichneter Blick auf die umliegenden Berggipfel bietet sich von einem kleinen felsigen Hügel etwa 200 Meter nordwestlich des Dolmen-Kurgan. Von links nach rechts erheben sich die Gipfel des Semašcho (1035 Meter), der Dva Brata (921 und 889 Meter), der trapezförmigen Semiglavaja (die Siebenköpfige, 1453 Meter), die das Tal der Pšenacho beschließt, und des Bol'šoe Pseušcho (1100 Meter).

Das Touristencamp ›Anastasievka Poljana‹

Der Fahrweg führt weiter das Tal der Pšenacho hinauf. Ab und an trifft man Einheimische, die am Fluß picknicken und baden, Wanderer mit Zelt und Rucksack sowie Waldhüter. Hier und da befinden sich versteckt im Wald weitere Dolmen. Eine Brücke führt über den Fluß. Hinter ihm befindet sich die Lichtung ›Anastasievka Poljana‹. Etwa 200 Meter weiter in einem Waldstück auf der linken Seite des Fahrweges stößt man auf Psynako II – einen weiteren Dolmen in einem Kreis aus Steinen. Dolmenkenner gehen davon aus, daß Psynako I und II einst miteinander in Verbindung standen; die Entfernung zwischen ihnen beträgt nicht mehr als 600 Meter Luftlinie.

Nimmt man den linken Abzweig vom Fahrweg etwa 500 Meter hinter der Brücke, gelangt man zu einem Touristencamp des Ministeriums für Katastrophenschutz, das ebenfalls den Namen ›Anastasievka Poljana‹ trägt. Es befindet sich am Rand einer Lichtung und besteht aus zwei Blockhütten, in denen jeweils fünf bis acht Personen übernachten können. Es gibt weder Strom noch fließendes Wasser, dafür eine rustikale russische Sauna mit einem Teich als Tauchbecken. Eine Sonnenuhr, hölzerne Skulpturen, kleine Pavillons mit Vorrichtungen zum Grillen von Schaschlik und ein großes hölzernes Tor schaffen eine Idylle in unberührter Natur. Exkursionen in die Berge, zum Beispiel eine Wanderung auf die Gipfel der ›Dva Brata‹ mit ortskundigem Führer, sollten zuvor bestellt werden. Zur Anlage gehört außerdem ein Gestüt; ein einstündiger Ausritt kostet etwa sechs Euro.

Ungefähr zwei Kilometer flußaufwärts liegt ein weiteres Touristencamp, ›Čistye Prudy‹ (Saubere Teiche). Auf dem Gelände befinden sich einige Dolmen, zwei Teiche, auf denen man rudern kann und in denen gebadet wird, sowie einige Häuschen, die noch im Bau sind. Das Gelände ist weiträumig, so daß man hier auch zelten kann. Die Imkerei in unmittelbarer Nähe gehört dem Vater des Besitzers. Dort befindet sich auch ein ›Mondstein‹, ein riesiger Felsbrocken, der vom Himmel gefallen zu sein scheint. Die Anlage wird über eine offene Wasserleitung mit frischem Quellwasser aus den Bergen versorgt. Die Besitzer sind ehemalige Waldhüter und vernarrt in Pferde und Jeeps. Zu ihrem Angebot gehören Ausflüge mit dem Jeep in die Berge. Für Wanderungen können Führer organisiert werden; ihre Pferde stehen für Ausritte zur Verfügung.

Touristencamp ›Anastasievka Poljana‹, Office in Tuapse im Buchladen, ul. Lenina 2, Tel. 86167/24513, 24173 (Viktor Nikolajevič oder Ol'ga); Hütte 15 Euro. Anmelden sollte man sich mindestens eine Woche im voraus. Verpflegung muß mitgebracht werden.
Touristencamp ›Čistye Prudy‹, Tel. 918/4157342 (Handy Petja); 918/4456842 (Lëva).

Der Berg Dva Brata

Der Aufstieg auf den Berg Dva Brata (Zwei Brüder) ist auf der ganze Strecke mit roten Balken markiert. Die Markierung beginnt an der Zufahrt zum Camp des Ministeriums für Katastrophenschutz. Der Fahrweg geht nach etwa drei Kilometern in einen Bergpfad über. Während der Wanderung passiert man ein ›steinernes Meer‹ genanntes Geröllfeld, überquert mit Kastanien, Buchen und Linden bewachsene Bergrücken, stößt in einer tektonischen Verwerfung auf einen kleinen, zugewachsenen Bergsee, erreicht den Sattel zwischen den ›Zwei Brüdern‹, erklimmt die beiden Gipfel und wird mit grandiosen Aussichten belohnt. Der Rückweg erfolgt in nördlicher Richtung entlang eines Wildbaches, Dutzenden Wasserfällen und durch einen wilden Canyon. Er endet am Fahrweg nach Anastasievka.

Die Straße nach Majkop

Diese Wanderung gehört zu den zweifelsohne schönsten, die man im Tuapsinsker Bezirk unternehmen kann. Man sollte sie nicht ohne Führer unternehmen. Die Agenturen ›Černomorskie Kurorty‹ und ›Stalker‹ sind die besten Ansprechpartner. In dem russisch-englischen Reiseführer ›Der Tuapsinsker Rajon – 25 Touren‹ wird diese Wanderung ausführlich beschrieben. Das Buch ist über die Agenturen oder im Buchhandel erhältlich.

Gojtch, Terzijan und Šaumjan

Gojtch (Гойтх) heißt das Dorf am gleichnamigen Paß über die Gebirgskette des Großen Kaukasus, der hier nur noch die Höhe eines Mittelgebirges erreicht. Am Gojtchpaß fanden die erbittertsten Kämpfe Ende 1942 statt. In der Umgebung der Berge Indjuk (856 Meter) und Semašcho (1035 Meter) sind auch heute noch Schützengräben, Unterstände, Patronenhülsen und Reste von militärischem Gerät stumme Zeugen an den Herbst des Jahres 1942, als hier die Schlacht um den Kaukasus entschieden wurde. In den 90er Jahren war die Gegend Wallfahrtsort deutscher Kriegsveteranen. Auch die Jäger von Trophäen haben hier reiche Beute gemacht.

Hinter Gojtch zweigt eine Straße nach rechts ab in Richtung Terzijan. Das Dorf wird heute als Kurort in den Bergen ausgebaut. Einige Blockhütten mit erhöhtem Komfort findet man dort bereits. Die meisten Agenturen bieten ein- und mehrtägige Ausflüge nach Terzijan, inklusive Wanderungen in die nähere Umgebung, an.

Auf dem Weg nach Terzijan befindet sich ein Museum zur Geschichte der Kampfhandlungen im Winter 1942. Die Direktorin des Museums hatte selbst an den Kämpfen teilgenommen.

In Šaumjan (Шаумян) wird der nördlichste Tee der Welt angebaut. Die kleine Plantage gehörte einst einem Leningrader Forschungsinstitut, das hier mit Teesorten für die Anpassung an die niedrigen Wintertemperaturen experimentierte. Die langjährige Direktorin der Plantage war die heute über 80jährige Tamara Sumbatova Bachdasarjan. In dem Teehäuschen erzählt sie mit Enthusiasmus über ›ihren‹ Tee, den man hier auch probieren kann; er ist vorzüglich. 2002 erhielt Bachdasarjan zusammen mit anderen Topmanagerinnen im Kreml eine Auszeichnung als ›Powerlady‹.

Weitere Exkursionen

Fast jede Reiseagentur bietet Exkursionen mit dem Bus nach Lagonaki an. Dieser 200 Kilometer von Tuapse entfernte Ort befindet sich schon nicht mehr im Tuapsinsker Rajon. Er liegt an einem der Osthänge des Westkaukasus in wunderschöner Natur mit Karstseen, Hochgebirgsalmen und bizarren Felsformationen. Zum Touristenzentrum gehört ein Gestüt. Übernachtungen sind möglich.

Auch die Schlucht von Guam ist ein kleines Naturwunder. Sie liegt außerhalb des Tuapsinsker Rajons, 120 Kilometer von Tuapse entfernt. Hier befindet sich die einzige im Hochgebirge verlegte Schmalspurbahn Rußlands. Zum Programm des Ausflugs gehören eine Wanderung durch die Schlucht, der Felsen ›Mesmais Herz‹ und ein Besuch des Touristencamps ›Mesmais Lichtung‹. So man eine oder mehrere Übernachtungen wünscht, ist eine Vorbestellung angebracht.

Zwischen Tuapse und der Bucht Inal

Nördlich von Tuapse liegen aufgereiht wie funkelnde, grob geschliffene Edelsteine auf einer Schnur die Bade- und Kurorte des Tuapsinsker Rajons: 80 Kilometer felsige Küste, begrenzt von den Ausläufern des Kaukasus, die eine abwechslungsreiche und vielfältige Landschaft schaffen. Bisher zieht es nur wenige Ausländer hierher, aber die Einheimischen sind sich sicher, daß der Grund dafür allein das Unwissen über die Schönheiten ihrer Landschaft ist. Dabei erscheint vieles an den Stränden noch handgemacht und improvisiert. Nur einige große, neuere Hotels, in die vor allem das Geld der russischen Ölkonzerne geflossen ist, halten dem internationalen Vergleich stand. Auch einige kleinere private Hotels bieten Komfort und Gemütlichkeit, noch dazu preiswert. Die meisten Menschen sind zudem freundlich und zuvorkommend, natürlich auch wißbegierig. Wer für neue Eindrücke offen ist, die Sprachbarriere nicht fürchtet, Überraschungen liebt und wer in der Fremde nicht nur Bekanntes erwartet, wird an dieser Küste und im Landesinnern unvergeßliche Eindrücke sammeln und sich phantastisch erholen.

Kap Kadoš

Nur etwa sechs Kilometer nördlich von Tuapse leckt eine Landzunge das Meer. Am eindrucksvollsten ist der Blick auf das Kap und den Kiselëvfelsen vom Meer, aber auch ein Spaziergang über das Kap ist zu jeder Jahreszeit ein Vergnügen. Das Areal steht unter Naturschutz. Mehr als 1200 Frühblüher wachsen hier, und jedes Jahr im Frühjahr trifft man im Wald auf Moskauer Kinder, die sie suchen, sammeln und erforschen.

Eine Wanderung aus Tuapse zum Kiselëvfelsen (skala Kiselëva) beginnt am Agojpaß (Agojskij pereval) auf der Straße gen Norden, in Richtung Gelendžik/ Novorossijsk, zu erreichen mit einem beliebigen Bus Richtung Agoj, Nebug, Džugba, einer entsprechenden maršrutka oder mit dem Taxi. Am Paß befindet sich ein Denkmal für die Tamaner Division, die in die Geschichte des Bürgerkrieges 1918–1921 als ›Eisenwalze‹ eingegangen ist. Diese Division, ein bunt zusammengewürfelter Haufen aus roten Kosaken, bolschewistischen Agitatoren, Deserteuren und Abenteurern, ›walzte‹ im Sommer 1918 auf der Flucht vor der Denikin-Armee mit seinem Troß alles auf dem Weg von Taman' bis Tuapse entlang der Küste nieder, eroberte Tuapse und zog weiter gen Osten über den Gojtchpaß in den Kuban'.

Schöne Aussicht auf den ...

Etwa 250 Meter unterhalb des Agojpasses befindet sich eine Aussichtsplattform, von der man einen guten Blick auf das Dorf Agoj im Tal, das folgende Kap Tu und den Kahlen Berg (Gora lysaja, 821 Meter) am Ende des Tals der Nebug hat.

Vom Denkmal für die ›Eisenwalze‹ zweigt ein markierter Pfad auf das Kap Kadoš ab. Er steigt bis auf eine Höhe von 282 Metern, führt über den Kamm eines Bergrückens, schwenkt am folgenden Gipfel nach links ins Tal zu einem Wasserfall des Bergbaches Kaštanovaja (Kastanienbach), der direkt am Strand liegt. Von hier aus kann man direkt bis zum nördlich gelegenen Kiselëvfelsen laufen. Im Sommer zieht der Strand viele Badegäste an.

... und vom Kiselëvfelsen

Auch mit dem Auto gelangt man bis fast an den Fels. Aus Richtung Tuapse zweigt etwa einen Kilometer vor dem Paß links eine asphaltierte Straße zur aufgegebenen Herberge ›Tuapse‹ ab. Nach 800 Metern kann man sein Auto parken. Vom Parkplatz führt ein breiter Weg durch einen Kiefern- und Eichenhain nach knapp einem Kilometer in den Rücken des Kiselëvfelsens, dessen Felswände etwa 50 Meter senkrecht ins Meer reichen.

Der Felsen der Tränen

Mit Kap Kadoš und dem Felsen, den die Einheimischen ›Felsen der Tränen‹ nennen, ist eine adygeische Legende verbunden. Vor langer langer Zeit befanden sich auf der Landzunge ausgedehnte Obstgärten, die dem reichen Fürsten Akuatcha gehörten. Dieser hatte eine wunderschöne Tochter, Guasch. Ihr Lieblingsort war nämlicher Felsen, an dem sie viele Stunden verbrachte. Nach dem Tode ihres Vaters erbte sie den gesamten Besitz. Sie versteckte ihre Reichtümer und lebte bescheiden und zurückgezogen. Ein stattlicher Džigit namens Dyscheekj, aus einem Aul in der Gegend des heutigen Džubga, hielt um ihre Hand an. Guasch bestimmte einen Ort – am Felsen – wo sie auf ihn warten würde, damit er sie ›entführen‹ und zu sich nehmen könne. Er würde an einem Licht erkennen, wo sie sich befinde.

Ein letztes Mal wollte Guasch sich der Redlichkeit seiner Absichten und seiner Liebe versichern. Sie befestigte das Licht, dem der junge Džigit folgen sollte, an einem Baumstumpf und stieß diesen ins Meer. Dyscheekj erschien zum Rendezvous im prachtvollen Ornat eines Kriegers. Unter seiner golddurchwirkten Burka trug er ein Kettenhemd. Die Nacht war finster und stürmisch. Er erblickte das Licht in den Wellen, trieb sein Pferd ins Meer. Nach nur wenigen Schritten verlor es den Boden unter den Füßen. Schwimmend versuchte er zum lockenden Licht zu gelangen. Das Wasser war eiskalt. Er warf den Mantel ab, das Kettenhemd aber zog ihn unaufhaltsam in die Tiefe. Mit letzten Kräften erreichte er das Licht und versank mit ihm in den Fluten. So fest war seine Liebe zu dem Mädchen und so stark sein Stolz, daß er ihr sein Leben schenkte. Guasch sah das Licht verlöschen und wartete auf die Rückkehr ihres Geliebten. Das Meer brodelte und gewaltige Wellen brandeten ans Ufer.

Lange stand sie dort und rief nach ihrem Geliebten. Umsonst! Von jenem Tag an erlosch das Leben in der jungen Frau. Täglich wartete sie am Felsen, klagte, sang, rief den Namen des Džigiten und weinte, bis sie den Schmerz nicht mehr ertrug und eines Tages von den Klippen ins Meer sprang, das sie verschlang wie einst Dyscheekj.

Bis heute hört man in manchen Nächten am Felsen Seufzer, Weinen, Klagen und die traurigen Lieder jener längst vergangenen Zeit. Und es heißt, daß bis heute, immer wenn diese tragische Nacht sich jährt, den Wellen ein Reiter entsteigt und ein junges Mädchen sich vom Felsen stürzt …

Agoj

Das Wort ›Agoj‹ bedeutet ›mittlerer Fluß‹. Die Herkunft bezieht sich auf die zwei Bergbäche, aus deren Zusammenfluß die Agoj entsteht. Der Ort Agoj ist der erste jenseits des Passes mit dem Denkmal für die ›Eisenwalze‹. Hat man den Paß überwunden, tauchen nach etwa einem Kilometer, zu Füßen der Bergkette, auf der rechten Seite die Gebäude eines Restaurants mit dem Namen ›Kazačij Aul‹ (Kosaken-Aul) auf. Das Restaurant ist nach Auskunft der Einheimischen eines der besten im gesamten Tuapsinsker Bezirk, mit hervorragender Küche und gutem Service. Fast täglich wird hier bis in den Morgen gefeiert.

Agoj liegt etwa einen Kilometer entfernt vom Meer. Im Zentrum des Ortes, an der Bushaltestelle zweigt nach rechts eine Straße ab. Sie führt in das Dorf Aguj Šapsug. 200 Meter vom Abzweig tauchen linker Hand einige Neubaublocks auf. Hat man sie passiert und biegt nun auf den Fahrweg unmittelbar hinter den Häusern nach links in Richtung des Waldes ein, stößt man auf eine der mächtigsten Eichen weltweit. Sie ist mit ihren weit ausgreifenden Zweigen mehr als 600 Jahre alt und die letzte eines heiligen Haines der Šapsugen, die in dieser Gegend einst gelebt haben.

Im Zentrum des Auls Aguj Šapsug befindet sich eine Gruppe von Kurganen mit einer steinernen Figur, dem Abbild eines Menschen – ein äußerst seltenes Denkmal der megalithischen Kultur. Sieben Kilometer flußaufwärts liegt zwischen malerischen Felsen die Wolfsschlucht. Nicht weit entfernt vom Dorf entspringen einige Heilquellen.

In Aguj Šapsug

Das Tal der Agoj ist im Bereich seiner Mündung breit und flach. Bis vor einigen Jahren befand sich hier ein Passagierflughafen. Nachdem ein in Agoj gestartetes Flugzeug in die Türkei entführt wurde, schlug seine letzte Stunde. Auf dem Gelände zwischen Straße und Meer unterhält die russische Armee einen kleinen Hubschrauberstützpunkt. Außerdem wird es von Deltaplanern genutzt. In speziellen Kursen kann man hier seinen internationalen Flugschein als Pilot von Hubschraubern und kleinen Motorflugzeugen erwerben. Über die Wiese führt ein Pfad von der Bushaltestelle direkt zum Strand. Am anderen Ende, zu erreichen von der Straße, befindet sich ein Autocamping, mit Cottages unterschiedlichen Komforts. Bis zum Meer sind es nur wenige Meter.

Eine weitere Touristenherberge trägt den Namen ›Agoj‹. Hier stehen Urlaubern Häuschen mit Küche, Wohn- und zwei Schlafzimmern für sechs bis acht Personen zur Verfügung. Auf dem Gelände gibt es eine klassische russische Sauna.

Autocamping, Cottages; 6 Euro/Pers. Touristenherberge ›Agoj‹, Vermittlung über die Agentur ›Černomorskie Kurorty‹ in Tuapse; 50 Euro/Haus.

Flughafen, Infos und Anmeldung zum Erwerb des internationalen Flugscheins über Frau Ol'ga Banduristova (spricht deutsch), Hotel ›Molnija‹ in Nebug.

Nebug

Von Tuapse bis Nebug sind es 15 Kilometer. Busse verkehren stündlich. Außerdem kann man mit einem beliebigen Überlandbus von Tuapse Busbahnhof in Richtung Norden bis Nebug oder zu einem der anderen Orte an der Küste fahren. Das ist bequemer und man ist schneller am Ziel. Die Fahrt kostet ungefähr 1,50 Euro.

Die deutsche Übersetzung für den Ort und gleichnamigen Fluß lautet – ›Ochsenauge‹ oder ›breitäugiger Fluß‹. Das rechter Hand der Straße gelegene mehrstöckige Hotel ›Molnija‹ (Blitz) verschließt das Tal der Nebug. Es ist eines der besten an der Küste – mit mehreren Restaurants und Bars, Konferenz- und Kinosaal, einem Swimmingpool, Tennisplätzen, Sauna, Kinderzimmer mit Betreuung und Wellness-Angeboten. Zum Hotel gehört ein eigener Strand in etwa 300 Metern Entfernung. Auf Wunsch werden Exkursionen organisiert. Der Service ist ausgezeichnet und das Personal von unaufdringlicher Freundlichkeit.

Der Magnet von Nebug ist der Aquapark ›Del'fin‹. Er ist der zweitgrößte in Rußland – der größte befindet sich in Gelendžik – und das ganze Jahr über

Das Hotel ›Molnija‹ in Nebug

gut besucht. Die Höhe der steilsten Bahn beträgt 15 Meter. Die Anlage ist für jung und alt gleichermaßen geeignet. Es gibt eine Wasserdisco, Rummelbuden, Hydromassagen und verschiedene Restaurants. Mitte September fand auf dem Gelände des Parks in den letzten Jahren regelmäßig ein Jazzfestival statt.

In unmittelbarer Nachbarschaft des Aquaparks befindet sich das jüngste Delphinarium Rußlands. Am letzten Wochenende im Mai, wenn Tuapse sein Stadtfest feiert, ist der Eintritt für alle Kinder kostenfrei.

Am kommunalen, frei zugänglichen Strand von Nebug haben die Sportler des Tauchclubs ›Pro Diving‹ ihren Stützpunkt. Die Sporttaucher kommen aus Krasnojarsk und Moskau. Wie auch in Soči gibt es so viel Interessantes auf dem Meerboden nicht zu entdecken, aber immerhin einige gesunkene Schiffe, zu deren Wracks sie Exkursionen organisieren. Ihre Lieblingsbeschäftigung ist aber das Tauchen nach Muscheln und Krabben. Des Weiteren bieten sie Tauchkurse mit internationalem Zertifikat an. Die Bedingungen für das Erlernen der Tauchtechniken sind nach Auskunft der Instrukteure ideal: schlechte Sichtverhältnisse, große Schwankungen der Wassertemperatur. Je schlimmer desto besser – eine echt russische Einstellung. Erfahrene Taucher können sich hier eine Ausrüstung entleihen.

Einige Schritte weiter schließt sich südlich der geschlossene Strand der beiden Hotels ›Molnija‹ und ›Jamal‹ an. Das ›Jamal‹ befindet sich auf der Spitze des Kaps. Hotel und Strand sind mit einem Fahrstuhl verbunden. Die Preise sind vergleichbar mit denen im ›Molnija‹.

Im Tal der Nebug befinden sich in etwa 15 bis 20 Kilometer Entfernung von der Mündung einige Dolmen. Exkursionen werden in den Hotels angeboten.

Vorwahl: 8 61 67.

Hotel ›Molnija‹, Tel. 9 70 31, 9 70 16, hotel@Molnija.ru, Olgachen2001@mail.ru (Ol'ga Banduristova), www.molnija.ru; DZ 94 Euro (Juni/Sept.), Juli/Aug. 127 Euro, Vor- und Nachsaison 60 Euro, über das Jahr verteilt Rabatte für verschiedene Alters-

Zu Gast bei den Tauchern am Strand von Nebug

gruppen. Im Preis inbegriffen sind die Mahlzeiten, die Nutzung von Fitnessräumen, Strand, Freibad, Tennisplätzen und Parkplatz. Eine der Managerinnen, Ol'ga Banduristova, spricht hervorragend deutsch und kümmert sich persönlich um das Wohl aller ausländischen Gäste. Wellnessangebote: Massagen mit heißem vulkanischen Gestein, Inhalationen, Ozonbäder, Magnettherapie, mit natürlichen Vitaminen und Mineralien angereicherte Cocktails, Kräutertees, Kosmetiksalon.

Aquapark ›Del'fin‹; Tagesticket 20 Euro, 17–20 Uhr die Hälfte, Kinder bis 12 Jahre 50 Prozent.

Tauchclub ›Pro Diving‹, Tel. 70235, 918/4878314, waterline2003@mail.ru (Oleg in Tuapse), oder Tel. 8612/301313, 918/3773913, a.grekov@list.ru (Kontakt in Krasnodar) Kontakt auch über die Agentur ›Černomorskie Kurorty‹ in Tuapse; Tauchkurse (auch engl. und dt.) 200 Euro.

Ol'ginka

Auf dem Weg von Nebug nach Ol'ginka, 27 Kilometer von Tuapse entfernt, passiert man die beiden kleineren Ortschaften Tjumenskij und Sosnovyj (Kiefernwald). Zwischen Sosnovyj und Ol'ginka erstreckt sich ein Wald aus den berühmten Pizundakiefern, der Sosnovyj seinen Namen gegeben hat. Er nimmt eine Fläche von etwa 100 Hektar ein und versteckt sich hinter einem Gürtel aus Laubwald. Ein Spaziergang unter den mehr als 100jährigen Bäumen gehört zu einem der angenehmsten, erholsamsten und für die Atemwege heilsamsten Erlebnisse in dieser Region.

Einige Kilometer vor Ol'ginka befindet sich die Einfahrt zum Hotelkomplex ›Geolog Jamala‹. Es gehört zu den modernsten an der Küste und verfügt über Sportanlagen, eine Sauna mit Bassin unter einem Dach aus Gras, Restaurants, einer Bibliothek und Videothek und einen eigenen Strand. Gäste können sich Sportgeräte, Rollschuhe, Boote, Katamarane und vieles mehr ausleihen. Kurmedizinische Anwendungen sind möglich.

Etwas weiter an der Straße nach Ol'ginka liegt das Erholungsheim ›Jugra‹, das ebenfalls zu den neueren und komfortablen Hotelbauten gehört. Zum Hotel gehört ein Jugendcamping.

Der Name für den Ort Ol'ginka geht auf den skandinavischen Namen ›Helga‹ zurück, was so viel bedeutet wie ›Heilige‹. ›Ol'ginka‹ ist eine zärtliche Verkleinerung. Die Zimmervermittlung der Agentur ›Černomorskie Kurorty‹ befindet sich in einem modernen Gebäude schräg gegenüber der Bushaltestelle. In unmittelbarer Nähe warten in der Regel einige Taxis.

Die Bucht wird von zwei Landzungen begrenzt, vom Kap Agrija im Norden und vom Kap Grjaznova im Süden. Sie ist enger und damit gemütlicher als Agoj und Nebug. Der Strand ist in recht gutem Zustand. In den letzten Jahren entstand eine Art Uferpromenade aus mehreren Cafés und Bistros. Dahinter befindet sich ein kleiner Markt. Die Toiletten sollte man sich vor Benutzung anschauen. Am

Am Strand von Ol'ginka

Strand selbst verkaufen fliegende Händler Textilien und Andenken zu maßvollen Preisen. Die Bucht von Ol'ginka ist tief und für Nichtschwimmer nur an einem schmalen Streifen geeignet.

Das größte Hotel im Ort ist das ›Orbita‹. Es besteht aus fünf Bettenhäusern für bis zu 756 Gäste. Zum Hotel gehören ein kurmedizinisches Zentrum, Restaurants, Swimmingpool, Cafés, Bars, Sportplätze und Geldautomaten. Das ›Orbita‹ liegt in einer weiträumigen Parkanlage und besitzt einen eigenen Strand. Englisch- und in Grenzen auch deutschsprachige Betreuung sind garantiert.

Ebenso komfortabel und zugleich familiär ist es in der Pension ›Svetlana‹ in unmittelbarer Nähe. Auch hier wird englisch gesprochen.

Preisgünstiger ist die kleine Pension ›Dolina reki Pu‹ (Tal des Flusses Pu). Die Besitzerin spricht englisch. Es befindet sich etwa 15 Minuten Gehweg vom Strand entfernt im Tal des Flusses Pu.

Vorwahl: 8 61 67.

Hotelkomplex ›Geolog Jamala‹, Tel. 99 04 09; DZ 80 Euro (inkl. Verpflegung und einige andere Dienstleistungen).

Erholungsheim ›Jugra‹, Tel. 9 94 80, 9 97 29, 9 95 31. marketing@ugra-hotel.ru. www.ugrahotel.ru; DZ 55 Euro/Pers. (inkl. Verpflegung und Nutzung der Sportanlagen, Schwimmbecken und Sauna).

Hotel ›Orbita‹, Tel. 9 04 29, 9 05 08, marketing@ok-orbita.ru, www.ok-orbita.ru; DZ ab 20/Pers. (ohne Verpflegung).

Pension ›Svetlana‹; DZ 45–90 Euro/2 Pers. Weitere Informationen über die Agentur ›Černomorskie Kurorty‹.

Pension ›Dolina reki Pu‹, Tel. 9 97 32, 9 97 33; ab 12 Euro/Pers.

Zimmervermittlung der Agentur ›Černomorskie Kurorty‹, schräg gegenüber der Bushaltestelle; tägl. bis 20 Uhr. Alle Preisklassen.

Jugendcamping beim Erholungsheim ›Jugra‹, 300 Plätze.

Novomichajlovskij

Die Siedlung Novomichajlovskij, zehn Kilometer nördlich von Ol'ginka, befindet sich knapp drei Kilometer entfernt vom Meer. Sie hat eine lange Geschichte. Einer Legende zufolge soll in ihrer Umgebung der adygeische Heilige Inal geboren worden sein, dem die Verbreitung des Christentums unter den Bergstämmen des Kaukasus zugeschrieben wird. Einige Ruinen einer griechisch-byzantinischen Siedlung befinden sich auf dem Gelände der Herberge ›Primorskaja‹.

Die russische Geschichte von Novomichajlovskij beginnt 1864 mit der zwangsweisen Ansiedlung von ehemaligen Soldaten und Matrosen. Ihnen folgen 1866 Armenier. Die Entwicklung des Ortes beginnt nicht, wie in den meisten anderen Siedlungen an der Küste, mit dem Bau von Datschen, sondern als landwirtschaftliche Kommune, und das auch nicht am Meer, sondern in den Weiten des Tales. In den 60er Jahren des letzten Jahrhunderts gibt der Bau des Pionierlagers ›Orlënok‹ in unmittelbarer Nähe dem Leben des Ortes einen entscheidenden Schub.

Die Bucht von Novomichajlovskij ist nur für Schwimmer geeignet. Nach zwei bis drei Metern fällt der Grund steil ab. An der Nordseite befindet sich der einzi-

An einem der schönsten Strände des ›Orlënok‹ erholen sich die Geisteswissenschaftler in ihren Fässern

ge Yachthafen zwischen Gelendžik und Soči an der Küste und dem dazu gehörigen Klub ›Tornado‹. Der Klub unterhält ein modernes Hotel mit Schwimmbecken, Sportsaal, Restaurants und einer Diskothek.

Ein weiteres kleines, privates Hotel ist das ›Parus‹ (Segel) in unmittelbarer Nähe des Strandes.

Vorwahl: 8 61 67.

Hotel ›Tornado‹, Tel. 92 157, 9 34 46; 22–45 Euro/Pers. (inkl. Verpflegung).

Hotel ›Parus‹, ul. Morskaja 31; DZ mit Klimaanlage 20 Euro/Pers.

Das Kinderferienlager Orlënok

Der Verlust der Krim an die Ukraine war und ist für Rußland schmerzlich. Nicht nur daß die Schwarzmeerflotte mit dem wichtigsten Hafen Sevastopol' und der bedeutendste Handelshafen, Odessa, verloren gingen, auch das berühmteste Ferienlager für die sowjetischen Kinder, ›Artek‹ an der Südküste, lag nun im Ausland. In den Jahren der Wirren war das Land mit anderem beschäftigt, als sich um die zahllosen Ferienlager, die einst in den Händen der Pionierorganisation und des Komsomol waren, zu kümmern.

Als Putin 2003 ›Orlënok‹ besuchte, meinte er: »Die Kinder weinen, wenn sie nach ihren Ferien nach Hause fahren, mir kommen die Tränen, wenn ich das Lager heute sehe.« Putin hat etwas übertrieben. Das Ferienlager ›Orlënok‹ (Kleiner Adler) macht auch heute noch einen mehr als passablen Eindruck. Die Einfahrt, am ersten Paß hinter Novomichajlovskij, ist wie das gesamte Areal streng bewacht.

Von einigen Reiseagenturen werden Exkursionen angeboten.

Gegründet wurde ›Orlënok‹ 1960. Seitdem haben sich hier Tausende Kinder erholt. Seinen nichtkommerziellen Status hat das Ferienlager weitgehend erhalten. Nur 20 Prozent der jungen Sommergäste werden von ihren Eltern hierher geschickt, die dafür ungefähr 500 Euro für 21 Tage zahlen. Die anderen Kinder zwischen 11 und 15 Jahren kommen aus allen Regionen Rußlands, kostenlos oder für einen eher symbolischen Obolus. 280 Hektar nimmt das Territorium des Ferienlagers ein. Es unterteilt sich in sieben Camps. Zur Zeit erholen sich gleichzeitig 2500 Kinder; in ein paar Jahren sollen es 10 000 sein. Der Betrieb wird das ganze Jahr über aufrechterhalten. Die große Attraktion für die Kinder ist natürlich der Strand, einer der schönsten zwischen Soči und Anapa, der nicht wie fast an der gesamten Küste aus Geröll besteht, sondern aus grobem mineralischen Schwemmsand.

Zum ›Orlënok‹ gehören ein großer Kulturpalast mit Kino- und Konzertsälen, ein Raumfahrtzentrum mit einer echten Landekaspel, Zentrifugen, Flugsimulatoren und optokinetischen Trommeln, Räume für Hand- und Bastelarbeiten, eine Bibliothek, etliche Sportplätze, ein Tauchzentrum und vieles mehr. Das Ferienlager besitzt auch einen eigenen Radio- und Fernsehsender. Jährlich Anfang Juli findet ein Film- und Medienfestival statt.

Untergebracht sind die Kinder in Bungalows und Bettenhäusern, 5 bis 15 Jungen oder Mädchen in einem Raum. Die originellste der Bungalowsiedlungen mit einigen faßähnlichen Unterkünften, befindet sich nördlich der Mole direkt am Ufer; die Assoziation zu Diogenes ist beabsichtigt. Die Be-

Im Ferienlager ›Orlënok‹

treuer sind Studenten pädagogischer Hochschulen.
Auffällig ist das Kokettieren mit militärisch-patriotischen Symbolen. Die Kanonen aus dem Zweiten Weltkrieg gehören dazu, die MIGs im Park und auch die Modelle von sowjetischen und amerikanischen Kampfflugzeugen im Raumfahrtzentrum. Symbolisch wurde den Kindern des Lagers die Sicherung eines zwei Kilometer langen Teilstücks der russischen Seegrenze vor dem ›Orlënok‹ übertragen.
Wenn er von seiner Arbeit spricht, gerät der drahtige, akkurat wirkende Direktor des ›Orlënok‹, Aleksandr Deus, mit jugendlichem Elan ins Schwärmen. Man sieht, daß er seine Arbeit liebt und große Pläne verfolgt, die nach dem Besuch Putins auch die entsprechende finanzielle Unterstützung erhalten. Sein Traum ist, sagt er, das ›Orlënok‹ zu einem Ort der internationalen Begegnung von Kindern zu machen. Die Sprachbarriere stelle zwar ein Hindernis dar, aber erstens habe sich der Sprachunterricht an den russischen Schulen verbessert, und zweitens verstünden Kinder einander auch ohne viel Worte. Anfang Oktober 2004 besuchte eine Delegation der Bundesrepublik das Ferienlager, um Perspektiven der Zusammenarbeit bei der Betreuung ›schwieriger Jugendlicher‹ zu beraten.
Kinderferienlager ›Orlënok‹, Tel. 8 61 67/912 37 (Direktor), 912 79, 915 43 (Pressedienst, Aleksej Malkov), orlyonokpr@tuapse.ru, djeus@orlyonok.ru. www.orlyonok.ru (auch engl.).

Seilbahn auf den Aibga
Bergwiese bei Krasnaja Poljana; Kardyvač-See

Lermontovo

Hinter dem ›Orlënok‹ berührt die Straße Richtung Norden fast das Meer. Der Strand besteht meist aus Sand und geht erst hinter Lermontovo wieder in Geröll über. Wäre nicht dieStraße, Lermontovo wäre ein Paradies. Die Ausläufer des Kaukasus sind hier nicht mehr bewaldet, sondern rundliche Hügel. Die Landzungen fallen in steilen Klippen zum Meer herab. Der zwei Kilometer lange Strand ist in der Bucht flach, etwa 50 Meter breit und grobkörnig sandig und weich. Daher sein Name: ›Goldenes Ufer‹; auch für kleinere Kinder ein Badevergnügen.

Der Fluß, an dem der Ort liegt, heißt Šapsucho. In seiner Mündung landeten 1837 die Soldaten des Generals Nikolaj Raevskij und gründeten das Fort Tenginka. Die Umbenennung in Lermontovo erfolgte später, in der sowjetischen Ära. Der Hintergrund ist kurios, denn der Namensgeber Lermontov, einer der beliebtesten russischen Dichter des 19. Jahrhunderts, war zwar ins Regiment Raevskijs strafkommandiert worden, erreichte aber nie den Ort seiner Bestimmung. Stattdessen duellierte er sich im Nordkaukasus und verlor mit 27 Jahren sein Leben. In der Umgebung des ehemaligen Forts ließen sich vor allem Armenier nieder.

Links und rechts der Straße befinden sich riesige Parkplätze, die sich im Sommer in ein Heerlager aus Autos und Zelten verwandeln, in denen Zehntausende ihren Urlaub verbringen. Die hygienischen Bedingungen lassen zu wünschen übrig. Erst in den letzten Jahren entstanden Strandanlagen, Restaurants und Promenaden. In der Nähe des Strands befindet sich der Aquapark ›Černomor‹.

In der Hauptsaison Unterkunft in Lermontovo für eine oder wenige Nächte zu finden, ist, wenn man nicht im eigenen Zelt übernachtet, schwierig. Die meisten Erholungsheime sind in der Regel ausgebucht.

Džubga

Aus dem adygeischen übersetzt, bedeutet Džubga ›Tal der Winde‹. Selbst an heißen Tagen weht aus den Bergen oft eine kühle Brise. Nach der Eroberung des Kaukasus' durch die russischen Truppen baute die krim-kaukasische Reederei in der Bucht von Džubga einen Hafen; Zollstation, Post und Telegraphenamt folgten. Das erste Erholungsheim öffnete 1935. Im gleichen Jahr wurde der Grundstein gelegt zu einem Park, der heute zu den schönsten im ganzen Tuapsinsker Bezirk gehört. Am rechten Flußufer befindet sich im Park ein Dolmen.

Wasserfall in der Agura-Schlucht
Tal der Šache

Der 800 Meter lange Strand in Džubga ist grobkörnig, an manchen Orten steinig. Der die Bucht nördlich begrenzende Berg heißt ›ëžik‹ (Igel).

Džubga ist ein Verkehrsknotenpunkt. Hier halten alle Busse, die den nördlichen und südlichen Teil der Küste mit dem Gebietszentrum Krasnodar verbinden. Der Busbahnhof macht nicht den freundlichsten Eindruck. Sollte man sich doch zu einem Imbiß durchringen müssen, empfiehlt sich das ›Erevan‹, das zweite rechts vom Schaltergebäude. Dort gibt es eine hervorragende Torte mit Namen ›Noč'‹ (Nacht) und im Sandbad zum Kochen gebrachten Kaffee.

Hinter Džubga gabelt sich die von Tuapse kommende Straße. Nach rechts zweigt die Straße ab in Richtung Krasnodar; der linke Abzweig folgt der in den 90er Jahren des 19. Jahrhunderts gebauten Straße zwischen Novorossijsk im Norden und Suchumi im Süden. An der Gabelung befindet sich ein Kontrollpunkt der Miliz mit modernster Technik, inklusive Videoüberwachung. Viele Fahrzeuge werden herausgewunken, Papiere und Ladung überprüft.

Der linke Abzweig (eigentlich geradeaus) führt über Bžid nach Gelendžik durch den Rajon Gelendžik.

Bžid

Bžid ist der letzte Ort im Tuapsinsker Rajon, vier Kilometer vom Meer entfernt. Der Name stammt wahrscheinlich von der Bezeichnung für eine der adygeischen Stammesgemeinschaften, die Bžedugen, die hier gelebt haben. Das Wort ›bžedug‹ läßt sich übersetzen mit ›Hörnerdieb‹ oder ›Sonnenstrahl‹.

Aus Bžid führt eine Straße in zwei Buchten, die Bucht Inal und die Golubaja Buchta (Himmelblaue Bucht). Inal ist der Name des in Nikopsia geborenen Mannes, der den Adygeern im 5. Jahrhundert das Christentum gepredigt haben soll. Die Himmelblaue Bucht hat ihren Namen von der Farbe des Wassers, die durch die Lichtreflektionen des grünlich-grauen Sandsteins auf ihrem Grund entsteht. Auch befindet sich am Rand der Bucht ein kleiner See aus bläulichem Schlamm, in dem die Touristen gern Bäder nehmen und sich anschließend im Meer abspülen.

Auf etwa der Hälfte der Strecke zwischen Bžid und dem Meer befindet sich ein Kontrollposten der Miliz. Die Straße wird wenig von öffentlichen Verkehrsmitteln befahren, aber trampen ist in Rußland nicht ungewöhnlich. Für etwa zwei Euro wird man garantiert mitgenommen. Auch wenn die Chauffeure nichts sagen – die meisten freuen sich über einen 50-Rubel-Schein, den man ihnen wortlos zusteckt. Manche sind auch verletzt; dann sollte man nicht darauf bestehen, daß sie das Geld annehmen.

Die Straße aus Bžid endet in einem engen Tal an der Himmelblauen Bucht. Ging es hier vor einigen Jahren noch ruhig und eher beschaulich zu, hat die Tourismusindustrie nun auch diesen Ort entdeckt. Eine Unmenge von Restaurants unter freiem Himmel oder in improvisierten Zelten, einige Verkaufsstände und Rummelbuden lassen den ›Bär tanzen‹, vor allem wenn populäre DJs aus Krasnodar mit ihrem Gefolge anreisen und die Nacht zum Tag machen.

Noch bis in die 80er Jahre hatten vor allem Betriebe und Einrichtungen aus Krasnodar entlang der beiden Buchten ihre meist sehr einfachen Erholungsheime. Sie sind auch heute im Sommer geöffnet. Zugleich gewann der Ort trotz und wegen seiner abgeschiedenen Lage in den letzten Jahren an Attraktivität, und es gibt nun bereits auch einige Herbergen für besser betuchte Urlauber. Sich eine passende Unterkunft zu suchen, kann nicht ganz einfach sein. Entweder man versucht über eine der Reiseagenturen, einen Platz zu bestellen oder aber man macht sich zu Fuß auf die Suche und wird garantiert fündig.

Der Gelendžiker Bezirk

Nördlich des Tuapsinsker Bezirks schließt sich der Bezirk von Gelendžik (Gelendžikskij Rajon) an. Von Džubga bis Gelendžik sind es etwas mehr als 50 Kilometer. Die wichtigsten Urlaubsorte liegen an der Küste. Einige von ihnen passiert die Straße Novorossijsk–Suchumi in fünf bis zehn Kilometern Entfernung. Noch

Ausflugsgruppe des Reithofs ›Argon‹

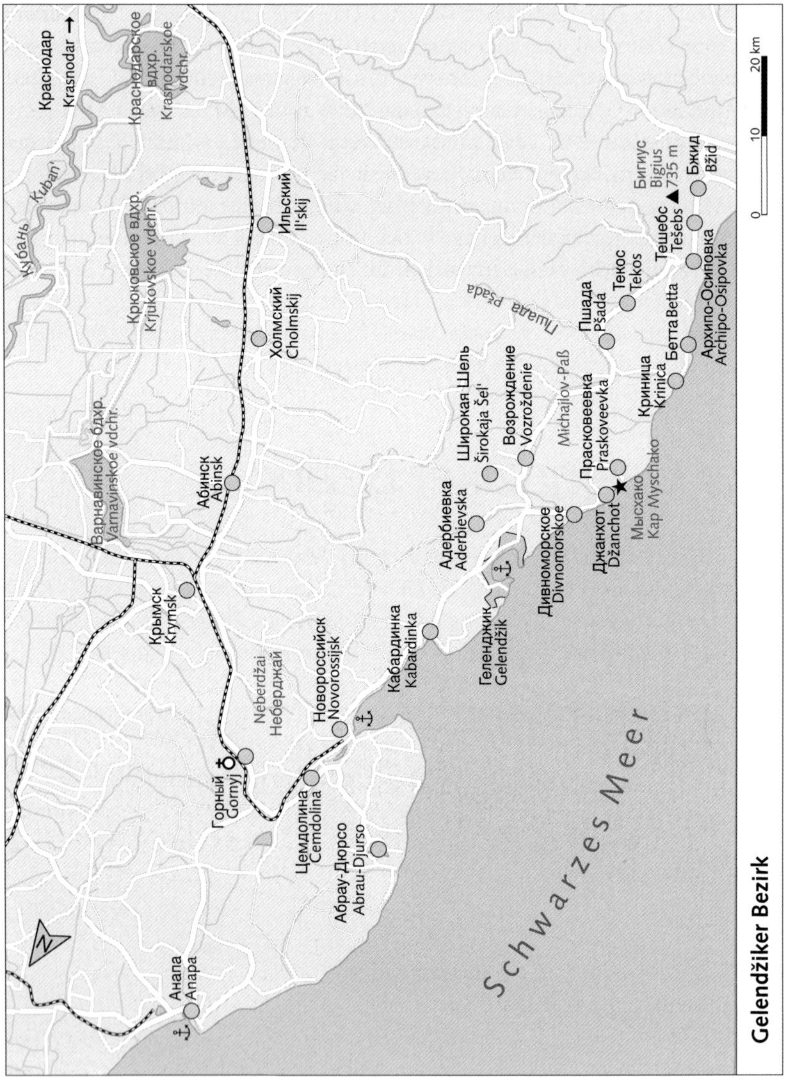

vor ungefähr 15 Jahren besuchten jährlich über drei Millionen Erholungsuchende den Rajon von Gelendžik, vornehmlich in den Sommermonaten. Heute sind es wieder zwischen einer und eineinhalb Millionen, die hier ihren Urlaub verbringen. Die Sommer sind trockener als in Soči. Die Tagestemperaturen steigen auf über

30 Grad Celsius, doch weht fast ständig eine frische Brise vom Meer. Die Wassertemperaturen in der Bucht von Gelendžik erreichen während der Badesaison von Juni bis Oktober 24 Grad. Die Jahresdurchschnittstemperatur beträgt 13,7 Grad Celsius. Die niederschlagreichsten Monate sind Januar, März, Mai und Anfang Juni. In der übrigen Zeit regnet es selten. Vor allem in den Wintermonaten wütet der Bora, ein Wind aus den Steppen nördlich und östlich des Kuban', den die Einheimischen auch ›Nordost‹ nennen. Er ist die Geißel der nördlichen Schwarzmeerküste. Die Spuren seiner Kraft sind allgegenwärtig. In der unmittelbaren Umgebung der Bucht von Gelendžik wächst kaum Wald. Die Berghänge des Mar-

Segelfreunde kommen an der Küste von Gelendžik auf ihre Kosten

kotch-Höhenzuges zwischen Gelendžik und Novorossijsk sind einzig von Wacholdersträuchern, anderen Krummhölzern und Gras bewachsen.

Doch tut der ›Nordost‹ dem sommerlichen Gelendžik kein Leid. Deshalb ist der Urlaubsort heute ebenso beliebt wie Anapa, Tuapse und Soči, das auch und vor allem wegen der phantastischen Luft. Das etwa 20 Kilometer nördlich von Gelendžik gelegene Novorossijsk ist zwar eine Hafen- und Industriestadt, doch vor dem in die Atmosphäre geschleuderten Dreck der Zementfabriken wird Gelendžik durch die Ausläufer des Markotch-Höhenzuges geschützt. Im ganzen Landkreis gibt es keine weitere Industrie. 88 Prozent des Territoriums sind Waldlandschaften. Der Reichtum Gelendžiks sind die Nadelbäume, vor allem Wacholder und Pizundakiefern. Wacholder setzt bis zu zehnmal mehr ätherische Substanzen frei als gewöhnliche Nadelbäume in den Wäldern der gemäßigten Klimazone. Der Wacholder an den Hängen des Markotch um Gelendžik und der Kiefernwald zwischen Divnomorskoe und Praskoveevka (südlich von Gelendžik) sind die Lungen des Kurorts. In der autofreien Uferzone von Gelendžik selbst wachsen ganze Alleen von Nadelbäumen, die dem Ort sein Aroma verleihen. Auf die Behandlung der Atemwege konzentrieren sich deshalb die wichtigsten Sanatorien der Region; des weiteren auf den Bewegungs- und Stützapparat, das Nerven- und Immunsystem und den Magen-Darmtrakt.

Der Rajon von Gelendžik ist ein Dorado für Badelustige ebenso wie für Wanderfreudige und Pferdeliebhaber. Keiner der Gipfel entlang des Hauptkammes des Großen Kaukasus erreicht mehr als 1000 Meter, aber die Landschaft, vor allem im Tal der Pšada, ist ebenso wild und abwechslungsreich wie in der Umgebung von Tuapse und Soči. Dazu kommen einige einzigartige Dolmen- und Dolmengruppen in den Tälern und auf den Bergen. Sie vor allem sind das Ziel Zehntausender, die seit der Veröffentlichung der Anastasija-Bücher von Megre hierher pilgern. Die Tourismusagentur ›Svetoč‹ spezialisiert sich auf ihre Betreuung. Auch wer gern mit Segelschiffen unterwegs ist, findet in und um Gelendžik sein Vergnügen. Die Agentur ›Korvette-Tour‹ in Gelendžik betreibt eine Segelschule für Kinder, in den Sommermonaten kann die Yacht der Agentur bei rechtzeitiger Anmeldung auch für mehrtägige Touren zwischen Taman' und Soči genutzt werden. Der für bis zu acht Personen gedachte Segler ist nicht das neueste Modell, aber seetauglich.

Archipo-Osipovka

Aus Richtung Bžid kommend, überwindet die Straße, bevor sie Archipo-Osipovka erreicht, den Bžider Paß, an dem das Dorf Tešebs, zu Füßen des Berges Gebsus (735 Meter), auch Bigius genannt, liegt. Auf dem Berg befindet sich ein Fernsehturm, zu dem ein Fahrweg führt. Berühmt ist der Gebsus/Bigius für den Bigius-Wasserfall (Bigiuskie, Tešebskie oder Bžidskie vodopady), zu dem ein gut ausgetretener Pfad von der Straße führt. Er ist eines der beliebtesten Ausflugsziele im Kreis von Gelendžik.

Der Kurort Archipo-Osipovka liegt am Ufer der gleichnamigen Bucht, von der sich der Ort ins Landesinnere streckt. Der Busbahnhof befindet sich im Zentrum, ein wenig abseits von der Straße. Die meisten Erholungsheime und kleinen Hotels befinden sich in der Nähe des Strandes. Dieser besteht aus kleinen Steinen und Sand. Das felsige Steilufer zwischen der Mündung des Flusses Vulan und dem nächstgelegenen Dorf Betta im Norden ist besonders bei Tauchern beliebt – wegen der Muschelkolonien, die an den Steinen in Ufernähe leichte Beute in großer Fülle bieten.

Seinen Namen verdankt die Siedlung einem russischen Soldaten. Die Russen landeten 1837 in der Bucht und errichteten ein Fort, das sie Michajlovskoe nannten. Im Frühjahr 1840 schleifte eine mehrere tausend Mann starke Armee der Adygeer unter dem Kommando des Hadži Izmail Dogomuko Bersek mehrere Festungen an der Küste, unter ihnen Lazarevskoe und Veljaminovskoe (Tuapse). Am 22. März erreichten sie die von 500 Soldaten und Offizieren gehaltene russische Befestigung. Ein Militärrat beschloß, die Stellungen zu halten, und der Soldat Archip Osipov erklärte sich bereit, im Fall einer drohenden Niederlage die Pulverkammer zu sprengen. Als die Šapsugen und Ubychen nach drei erfolglosen Attacken in das Fort eindrangen, schleuderte er eine Fackel in ein offenes Pulverfaß. Die furchtbare Explosion tötete Dutzende Gegner und eigene Leute; die übrigen Russen, unter ihnen der schwer verwundete Kommandeur, gerieten in Gefangenschaft. Das Fort wurde endgültig aufgegeben, und erst nach Beendigung des Kaukasuskrieges entstand am Fluß Vulan die Kosakensiedlung Vulanskaja. Auf den Ruinen der Befestigung errichteten die neuen Bewohner 1876 ein gußeisernes weißes Kreuz in Gedenken an Archip Osipov – das erste Denkmal in Rußland für einen gemeinen Soldaten. 1889 wurde Vulanskaja in Archipo-Osipovka umbenannt.

Nicht nur der Strand lädt zum Urlaub ein; es gibt auch einige interessante Ausflugsziele in der unmittelbaren Umgebung. Zu ihnen gehören die von einem Steinmetz, Fëdor Davydov, Anfang des 20. Jahrhunderts in den Fels gehauenen Porträts Dostoevskijs, Tolstojs und Gor'kijs. Die Felsskulpturen befinden sich etwa drei Kilometer außerhalb des Ortes.

Hinter Archipo-Osipovka, in Richtung Gelendžik, befindet sich, etwas versteckt und von der Straße nicht einzusehen, auf einem Areal von 1,5 Hektar ein Hain aus Sumpfzypressen (rošča bolotnogo kiparisa). Diese Zypressenart ist eigentlich längst ausgestorben und gehört deshalb zu den seltenen Relikten.

In gleicher Richtung, zwischen der sich vom Meer nun weiter entfernenden Straße und dem Ufer, erstreckt sich auf vier Kilometern Länge die ›Sosnovaja ščel'‹ (Kiefernschlucht), ein Wald aus Krim- und Pizundakiefern sowie Eichen, Hagebuchen und Wacholder.

Tekos

Der nächste Ort an der Straße nach Gelendžik und weiter nach Novorossijsk ist Tekos, das Ende des 19. Jahrhunderts von tschechischen Siedlern gegründet wurde. Bekannt ist Tekos für eine experimentelle Schule, die Michail Ščetinin hier Mitte der 90er Jahre gründete. Die Kinder leben in einer Kommune und versorgen sich im wesentlichen selbst. Das Schulwissen eignen sich die Kinder ab elf Jahren durch Vertiefung in die einzelnen Fächer, inklusive meditativer Methoden, an. Strittige Fragen klären sie im Gespräch. Der ›Stolz auf die eigenen Wurzeln‹ steht im Mittelpunkt der Erziehung. Wichtigstes Prinzip ist, daß die Kinder sich freiwillig zu einem Leben in der Schule entschließen und jederzeit zu ihren Eltern zurückkehren können. Zur Zeit leben etwa 200 Kinder und Jugendliche in Tekos.

i	Interessenten für die Schule in Tekos wenden sich an	die Sekretärin Viktorija Viktorovna, Tel. 86141/92346.

Pšada

Hinter Tekos geht es bergauf zum Pšadapaß (pereval Pšadskij). Rechts vom Paß befindet sich nicht weit von der Straße eine Gruppe mit mehr als 50 Dolmen. Ihre Besichtigung gehört zum Programm einiger Exkursionen ins Tal des Flusses Pšada.

Im Tal liegt der Ort Pšada. Bis 1837 befand sich hier ein Aul der Šapsugen und Natuchajzer, die nördlichste der adygeischen Stammesgemeinschaften. Auf seinen Grundmauern entstand das russische Fort Novotroickoe (Neue Dreifaltigkeit). Es wurde nach der Niederlage im Krimkrieg 1854 aufgegeben. Später entwickelte sich das neue Pšada zum landwirtschaftlichen Zentrum. Im Dorf befindet sich neben dem Busbahnhof ein Markt, der für seine Äpfel und Pfirsiche berühmt ist.

Krinica und Betta

Am Zusammenfluß der Flüsse Pšada und Doguab zweigt von der Straße eine ausgeschilderte Chaussee zu den Kurorten Krinica und Betta ab. Entlang dieser Chaussee entdeckten Archäologen am rechten Ufer der Pšada die Überreste einer Siedlung aus dem 4. bis 2. Jahrhundert vor Christus. Gegenüber, am linken Ufer, gruben sie drei Kurgane (Grabhügel) einer frühmittelalterlichen Siedlung aus, die sie auf das 11. bis 13. Jahrhundert datierten.

Das Dorf Krinica an der Mündung der Pšada ins Schwarze Meer, acht Kilometer vom Abzweig von der Straße, ist heute ein Kurort mit einigen Erholungs-

Die Kommune von Krinica

Der Gründer der Kommune von Krinica war der Adlige Viktor Eropkin, Jurist und Mathematiker, der Familie und Erbe entsagte, sich seinen Lebensunterhalt mit Privatunterricht verdiente und, begeistert von den Ideen der Volkstümler und utopischer Projekte, seinen Traum von einem Leben in einer Kommune Gleichgesinnter verwirklichte. Als Volkstümler (Narodniki) werden die Aktivisten einer sozialrevolutionären Bewegung bezeichnet. Das Spektrum der Volkstümler reichte von schwärmerischen Aufklärern bis hin zu terroristischen Gruppen, die 1881 die Ermordung von Zar Aleksandr II. organisierten.

Viktor Eropkin kaufte 1886 Land im Flußtal der Pšada, auf dem die Kommune ›Krinica‹ entstand. ›Krinica‹ bedeutet ›Quelle‹. Vierzig Menschen hatten sich zunächst zusammengefunden. Ihr Ziel war es, sich selbst zu versorgen, und in der Gemeinschaft mit- und vor allem füreinander zu leben. Die Dinge liefen schlecht zu Anfang. Eher von Ideen als von landwirtschaftlichem Wissen getrieben, konnten die Kommunarden von Krinica kaum mit dem überleben, was sie produzierten. Eropkin war deshalb gezwungen, den Posten des Direktors einer Papierfabrik anzunehmen. In seinem eigenen Haus in Krinica ließ er sich erst am Ende seines Lebens – krank und gelähmt – nieder.

Der Versuch, mit dem Anbau von Heilkräutern die wirtschaftliche Lage zu erleichtern, scheiterte, dennoch genossen die Krinicer als Heiler in den umliegenden Dörfern viel Sympathie.

Die Rettung Krinicas war der Wein. Mit dem ökonomischen Erfolg wuchs der Ruhm der Kommune. Die Kommunarden spalteten sich in zwei Lager: die Orthodoxen und die Pragmatiker. Den Sieg trugen letztere davon, die sich für die Mechanisierung der Arbeiten und die Beschäftigung von Lohnarbeitern aussprachen. Der Kommune gehörendes Land konnte nun an Menschen verkauft werden, ›die ihren Lebensunterhalt mit geistiger Arbeit‹ verdienten. Die Datschen und Flurstücke am Meer wurden zum Grundstein des heutigen Ortes Krinica.

Besonderen Wert legten die Kommunarden auf die Ausbildung ihrer Kinder. Klassische Musik gehörte zum Bildungskanon ebenso wie die Bücher in- und ausländischer Autoren.

Die Kommune überstand den Bürgerkrieg, gab sich 1927 den Namen ›Banner des Marxismus‹ und wurde wenig später zum gleichnamigen Kolchos.

heimen. Der Strand ist steinig und nach drei bis vier Metern fällt das Ufer steil ab.

Die Chaussee führt in der Nähe des Ufers weiter nach Süden, zum Kurort Betta, acht Kilometer von Krinica, in einem Tal, dessen Hänge mit Nadelwald und Zypressenhainen bewachsen sind. Der Name bedeutet ›bucklig‹. Die Siedlung entstand in den 90er Jahren des 19. Jahrhunderts. Die Wohn- und Gästehäuser befinden sich etwa 300 Meter landeinwärts, auf einem Plateau 20 Meter über dem Meer. Geschützt wird Betta durch den 350 Meter hohen Berg Ararat, der zum Meer hin in wilden, zerklüfteten Felsvorsprüngen abfällt. Zu beiden Seiten der Mündung des Flüßchens Betta ins Meer erstreckt sich der Strand, zu dem verzierte Treppen vom Plateau herab und wieder hinauf führen. Der Strand ist steinig. Im Norden befindet sich ein Aussichtspunkt, das Kap Idokopas Čugovkopas. Ein weiterer Panoramablick bietet sich vom Erholungsheim ›Betta‹.

Krinica: Hotel ›Alisa‹, ul. Mira 4a, Tel. 918/4869608; ca. 10 Euro/Pers.

Das Tal der Pšada

Das Tal der Pšada ist das schönste im Rajon von Gelendžik. Mehr als 100 Wasserfälle mit bis zu 30 Metern Fallhöhe, wild-romantische Felslandschaften, dichte Wälder und Dutzende Dolmen machen es zu einem Dorado für Wanderer, Kletterer und Ausflügler. Wie überall jedoch gilt: keine Chance ohne Bergführer. Reizvoll ist eine mehrtägige Tour mit dem Jeep oder auf Pferderücken von Gelendžik über den Hauptkamm des Kaukasus und zurück durch das Tal der Pšada. Organisierte Exkursionen, die überall im Rajon von Gelendžik angeboten werden, haben vor allem die Dolmen im Programm.

Einer der größten Dolmen im Westkaukasus befindet sich in unmittelbarer Nähe der Straße. Kommt man aus dem Süden, weist ein Schild nach links, und man erreicht ihn nach 200 Metern zu Fuß oder mit dem Auto. Dieser Dolmen war einer der ersten, den der französische Reisende Jean Tebois de Marigni 1818 zu Gesicht bekam und beschrieb. Im Tal befinden sich Dutzende andere, die man sich erlaufen muß. Die Dolmenkenner in Gelendžik sind die Reiseleiter der Firma ›Svetoč‹, aber auch die ›weltlichen‹ Guides wissen viel Interessantes zu erzählen.

Die meisten Dolmen befinden sich im weiten Talkessel der Pšada. Flußaufwärts verengt sich das Tal zu einer Schlucht. Hinter ihr mündet einer der größeren Nebenflüsse, Papaj, in die Pšada. Zu beiden Seiten der Papaj strecken sich

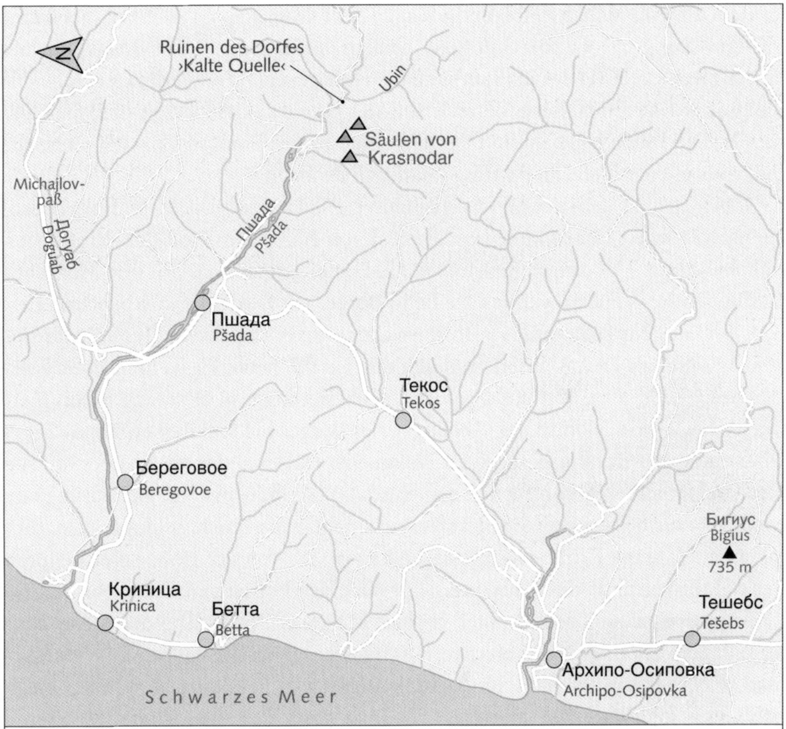

Das Tal der Pšada

einige Kilometer flußaufwärts Felsen in den Himmel – ein Paradies für Bergsteiger. Man nennt sie ›Graue Klöster‹ (Serye monastyri) oder auch ›Säulen von Krasnodar‹ (Krasnodarskie stolby). Die Felsen selbst tragen so romantische Namen wie ›Müllschlucker‹, ›Segel‹, ›Großväterchen‹ und ›Klo‹. Wanderungen in diese Gegend sind nicht an einem Tag zu bewältigen.

Hinter dem Zusammenfluß von Pšada und Papaj liegen an der Pšada die Ruinen des Dorfes ›Rodnik Cholodnyj‹ (Kalte Quelle). Durch den Ort führte in den Jahren des Zweiten Weltkrieges ein Pfad, der als ›Weg des Lebens‹ in die Geschichte eingegangen ist. Entlang des Baches Ubin, der in der Umgebung der Siedlung, in die Pšada mündet, wurden über das gleichnamige Bergmassiv während der Schlacht um den Kaukasus verwundete Kämpfer zur Behandlung in die Sanatorien und Lazarette am Meer transportiert.

Einige weitere Kilometer flußaufwärts befinden sich in einem Seitental die eigentlichen Pšada-Wasserfälle – eine Kaskade aus 13 mehr oder weniger hohen

Stufen, über die sich der Fluß in die Tiefe stürzt. Man gelangt zu ihnen durch eine felsige Talenge. Holzfäller und Jäger nennen die Gegend ›Baza‹ (Basis), da hier in der zweiten Hälfte des 20. Jahrhunderts Holz geschlagen wurde; viel Holz. Die Folge war eine allmähliche Veränderung des Grundwasserspiegels und des Flußlaufes. Die Pšada ist in ihrem Oberlauf heute in den Sommermonaten nicht viel mehr als ein Rinnsal. Ein Ausflug lohnt sich dennoch.

Übersetzt aus dem adygeischen bedeutet ›Pšada‹ windstilles Tal. Eine Legende erzählt, wie es dazu kam, daß das Tal von Bora, dem Gott der Winde, verschont wurde. Vor langer Zeit lebten die Götter gemeinsam mit den Menschen auf der Erde. Zumeist wählten sie hohe Berge, auf denen sie sich niederließen. Der Gott des Nordostwindes – Bora – war ein übermütiger Geselle. Er hatte sich einen Gipfel als Heimstatt erkoren, der das Tal des heute Pšada genannten Flusses beschließt. Von dort aus blies er unablässig hinab in Richtung Meer. Kein Mensch wagte es, sich an den Abhängen des Berges niederzulassen. Eines Tages aber entdeckte Bora just zu seinen Füßen eine Hütte, in der ein Schäfer mit seiner Tochter lebte. Wütend schoß er mehrmals über die armselige Behausung hinweg, aber die beiden Bewohner ließen sich nicht in die Flucht schlagen. Letztlich nahm er all seine Kräfte zusammen und warf sich von der Höhe seines Gipfels ins Tal. Er verfehlte das Haus, prallte gegen einen Felsen und fiel zu Boden. Der Schäfer und seine Tochter eilten herbei. Mit einer Axt wollte der Mann Bora erschlagen, aber seine Tochter warf sich dazwischen. Sie half dem Wehrlosen und pflegte ihn in ihrem Heim. Dem Gott gefiel es bei der jungen Frau, und er wollte sie sogar heiraten. Doch war das Mädchen klug genug, sich nicht überreden zu lassen. Dann habe sie einen Wunsch offen, den er, der Gott, ihr erfüllen würde. Er möge sie verschonen, bat das Mädchen – und seitdem meidet Bora das Tal.

Der Michajlovpaß

Michajlovpaß, Michajlovskij pereval, heißen eine Siedlung im Tal der Doguab und der Paß, zu dem hinauf der Aufstieg hinter dem Dorf beginnt. ›Doguab‹ ist ein adygeisches Wort und läßt sich übersetzen mit ›Tal des Überflusses‹. Die hier kultivierten Äpfel, Birnen und Pfirsiche gelten als die besten im ganzen Kuban' und an der Schwarzmeerküste. Besonders schmackhaft ist die Apfelsorte ›Semerenko‹.

Einen gewissen Bezug besitzt der Ort sowohl zur Geschichte der russischen Literatur als auch der Romanovdynastie und des russischen Terrorismus. Was die Literatur betrifft, so erhielt einer ihrer berühmtesten Protagonisten, Michail Lermontov (1814–1841), der wegen seines Lebenswandels und seiner freidenkerischen Gedichte in den Kaukasus strafversetzt worden war, im Tal der Doguab seine Feuertaufe. Von den Romanovs hat das Dorf seinen Namen – nach dem vierten Sohn Nikolaj I., Michail Nikolaevič, dem Statthalter des Zaren im Kaukasus zur Zeit der endgültigen Eroberung. Und der Terrorismus? In Michajlovpaß ließ sich 1901 eine Nichte Michail Bakunins (1814–1876), des Begründers des wissenschaftlichen Anarchismus, nieder und gewährte Anarchisten, Terroristen und Agitatoren Unterschlupf. In einer heimlichen Druckerei wurden 1906/07 Flugblätter gedruckt, die zum Sturz der Regierung aufriefen. Eine Gedenktafel am Weg erinnert an sie.

Bevor die Straße den gleichnamigen Paß hinauf klettert, befindet sich linker Hand ein Gasthof mit Hotel und Souvenirmarkt an einer Quelle, die ›Rodnik Nataša‹ heißt. Das reine, eiskalte Bergwasser fließt aus einem Krug auf den Schultern eines Mädchens.

Der Michajlovpaß liegt 325 Meter über dem Meeresspiegel. Auf seinem höchsten Punkt befindet sich ein Denkmal für die Tamaner Division ›Eisenwalze‹.

Das Tal der 1000 Kurgane

Das Dorf jenseits des Passes heißt Vozroždenie (Возрождение, Wiedergeburt), 20 Kilometer von Gelendžik entfernt. Im Sommer 1918 zogen zunächst drei Kolonnen der ›roten‹ Tamaner Division durch das Dorf. Ihnen folgte der Tausende Frauen, Männer und Kinder zählende Troß, dem die Denikinschen ›weißen‹ Kosaken, verwickelt in Schießereien mit der ›roten‹ Nachhut, dicht auf den Fersen waren. Im Dorf zu Füßen des Michajlovpasses blieb kein Stein auf dem anderen; ein Teil der Bewohner schloß sich der Tamaner Division an, die anderen flohen nach Gelendžik. Nach Beendigung des Bürgerkrieges wurde das Dorf wieder aufgebaut und erhielt seinen heutigen Namen.

Der Bus aus Gelendžik endet am Ausgang des sieben Kilometer langen Ortes. Geht man nun einige Schritte zurück, vorbei an üppigen Vorgärten, erreicht man nach 300 Metern einen rechter Hand gelegenen Parkplatz an der Brücke über den Fluß Žane. Ein Gasthaus und Souvenirstände befinden sich dort. Am linken Flußufer führt ein Fahrweg ins Tal, über den täglich hunderte Touristen pilgern.

Gleich neben dem Abzweig des Fahrweges von der Straße befindet sich der ›Untere Wasserfall‹, der aus sechs Meter Höhe in ein Becken zu seinen Füßen rauscht. Nachdem man die ›Kleinen Wasserfälle‹ einige hundert Meter oberhalb passiert hat, überquert man den Fluß über eine Brücke. Rechts überragen die graublauen Lehmwände eines Steilufers das Flußbett; nach links führt ein Pfad zu einer Imkerei. Der Fahrweg führt entlang von Obstgärten. Fliegende Händler verkaufen Souvenirs und esoterische Literatur; hier und da trifft man auf eine Imbißbude. Hat man die linker Hand liegende Straußenfarm erreicht, zweigt ein Pfad nach links zu einer Gruppe von Dolmen ab.

Drei Dolmen mit der Öffnung gen Süden stehen im angedeuteten Halbkreis nebeneinander. Der mittlere von ihnen ist zu beiden Seiten von einer etwa sieben Meter langen Mauer begrenzt. Der Kreis aus Steinen in seinem ›Hof‹ war in etwa dieser Form bei Ausgrabungsarbeiten vorgefunden worden. Noch vor einigen Jahren bedeckte der Schutt von Jahrhunderten den Megalith bis zu seiner Öff-

Dolmen im Flußtal der Žane

nung. Die beiden Dolmen zu seiner Seite waren weitgehend zerstört; der rechte bei Waldarbeiten 1932. Sie wurden nach alten Fotografien und Beschreibungen in den letzten Jahren wieder errichtet. Auf der Lichtung fühlt man sich an einen rituellen Ort versetzt, wo vor Tausenden von Jahren geheimnisvolle Zeremonien vollzogen wurden.

Zurück auf dem Fahrweg, der nun mehr und mehr seine Konturen verliert, gelangt man nach noch einmal 500 Metern zu noch einer Gruppe von einigen teils zerstörten Dolmen und nach einigen weiteren Minuten zu den dreistufigen Smaragdwasserfällen und zwei natürlichen Vertiefungen zu ihren Füßen, in denen sich die herabfließenden Wasser sammeln – die Wannen ›ljubov'‹ (Liebe) und ›Herakles‹.

Das Tal der Žane wird auch ›Tal der 1000 Kurgane‹ genannt. Es sind zwar nur wenig mehr als 500 Grabhügel, die in mehr oder weniger großer Entfernung vom Weg liegen, aber daß es sich um einen der größten Friedhöfe der Sikhs, des vor dem Mongolensturm hier ansässigen Volkes, aus der Zeit zwischen dem 11. und 13. Jahrhundert nach Christus handelt, steht außer Zweifel.

Die Ausgrabungen im Tal und im Unterlauf der Pšada offenbarten Details der Begräbnisriten der Sikhs. Den Urnen unter den Kurganen wurden Schmuckgegenstände aus Muscheln, Bernstein und Edelmetallen, wenn es sich um weibliche Verstorbene handelte, beigelegt; den Kriegern ihre Waffen und Schilde. Im Umkreis der Gräber fand man die Überreste von Haustieren, insbesondere von Pferden, was vermuten läßt, daß sie gemeinsam mit ihren Besitzern beerdigt wurden. Die Reittiere der Krieger trugen, handelte es sich um einen Anführer, reichen Schmuck, unter anderem Gepränge zum Schutz des Kopfes in Form von Damhirschgeweihen und Schellen. Einige der Funde sind im Museum von Gelendžik ausgestellt.

Zurück nach Vozroždenie gelangt man auf dem gleichen Weg. Die Bushaltestelle für die Rückfahrt nach Gelendžik befindet sich einige Meter oberhalb des Parkplatzes.

Exkursionen ins Tal der Žane bieten alle Reiseagenturen in Gelendžik an. Die der Firma ›Svetoč‹ schließen nicht nur Informationen ein, sondern auch Bäder im Fluß und Meditationen.

Širokaja Ščel'

Etwa fünf Kilometer vor Gelendžik zweigt hinter einem Felshang, an dem Szenen zu dem Film über die ›Eisenwalze‹ gedreht wurden, nach rechts eine Straße in das etwa zwei Kilometer entfernt liegende Dorf Širokaja Ščel' (Широкаяа Щель, Breiter Spalt) ab. Der Bus Nr. 11 aus Gelendžik vom ›alten‹ Busbahnhof endet im Zentrum des idyllisch-verschlafenen Dorfes. Hinter der Bushaltestelle führt ein Fahrweg nach rechts in Richtung des Flusses. Einige Meter flußabwärts steht, unweit vom Ufer, im Schatten von Bäumen einsam ein stattlicher Megalith, dessen Deckplatte zerbrochen ist. Seine Öffnung hat die Form eines Torbogens. An den Seiten ausgesparte Vertiefungen lassen vermuten, daß dieser Dolmen einst einen Vorbau besessen haben muß. Zu seinen Füßen liegen meist Blumensträuße. Dem Megalith werden besondere Kräfte nachgesagt. Auch in der Mittagshitze ist es kühl in seinem Umfeld.

In der Umgebung des Dorfes befinden sich in etwa 45 Minuten Fußweg Entfernung zwei weitere Dolmen. Der Pfad zu ihnen führt über moosbewachsenen Waldboden.

Ein eigenartiger Ort ist der ›steinerne Park‹ (Kamennyj Park) – ein riesiges Geröllfeld mit bis zu zehn Meter hohen Gesteinsbrocken. Der Fußmarsch durch den Wald nimmt etwa eine halbe Stunde in Anspruch.

Exkursionen in und um Širokaja Ščel' bietet die Reiseagentur ›Svetoč‹ an.

Divnomorskoe

Kurz vor der südlichen Zufahrt in die Bucht von Gelendžik zweigt in Richtung Meer eine Straße zu den drei Orten Divnomorskoe, Džanchot und Praskoveevka ab.

Von Gelendžik bis Divnomorskoe sind es ungefähr zehn Kilometer. Der Name setzt sich zusammen aus ›divnyj‹, wundervoll, und ›morskoe‹, die adjektivische Ableitung von ›more‹, das Meer. Der Kurort war einer der ersten an der Küste, ebenso das Sanatorium ›Sine-More‹ (Blau-Meer), dessen Park mit einer beeindruckenden Allee alter Kiefern bis heute überlebt hat.

Bei Divnomorskoe gibt es einen Reithof, der Ausritte anbietet. Sie sind Bestandteil von Exkursionen nach Divnomorskoe.

Kurz vor dem Kurort biegt die Straße Richtung Džanchot und Praskoveevka nach links ab. Sie führt einen Hang hinauf. Die Hügel sind zum Meer von einem Pizundakiefernwald bedeckt, dem die umliegenden drei Orte ihre phantastische Luft verdanken. Er steht unter Naturschutz. Die neuen Eliten Rußlands haben deshalb bereits begonnen, die Gegend in Besitz zu nehmen. Der Patriarch der russi-

Der Strand von Divnomorskoe

schen Kirche läßt an der Küste zwischen Divnomorskoe und Džanchot ein Gästehaus bauen, und Präsident Putin hegt ähnliche Pläne.

Vorwahl: 86141.

Divnomorskoe: Hotel ›Lavra‹, ul. Kirova 12a, Tel. 918/435 03 02; 4 Euro/Pers. im 4-Bett-Zimmer, 8 Euro/Pers. im DZ.
›Green Hotel‹, ul. Lenina 19, Tel. 632 28.
Minihotel, ul. Oktjabr'skaja 3a, Tel. 644 30.

Džanchot

Džanchot liegt am Ufer einer stillen Bucht in einem ebenso stillen Tal. Vor dem Kaukasuskrieg befand sich hier ein Aul der Einheimischen; die ersten Siedler nach deren Vertreibung kamen Ende des 19. Jahrhunderts.

Im ganzen Gebiet von Krasnodar gibt es nur etwa zwölf Herrensitze, die die Wirren des Bürger- und Zweiten Weltkrieges überstanden. Zwei von ihnen befinden sich hier: die Villa ›Džanchot‹, die einer der berühmtesten Einwohner von Gelendžik, Fëdor Ščerbin, Ende des 19. Jahrhunderts erbauen ließ, und ein Haus, in dem der Bruder des Schriftstellers Vladimir Korolenko (1853–1921), Illarion, lebte. Illarion litt an Asthma, und das Landhaus war ein Geschenk seines Bruders. Die Korolenkovilla ist heute ein Museum. Vladimir Korolenko gilt nicht nur als einer der interessantesten russischen Schriftsteller, sondern auch als eine der wichtigsten Figuren des öffentlichen Lebens. Seine freidenkerischen Schriften brachten ihm Verbannung im äußersten Osten Rußlands ein. In der Einöde schrieb Korolenko seine berühmteste Erzählung, ›Makars Traum‹. 1884 erhielt der Schriftsteller die Erlaubnis, sich in Nižnij Novgorod niederzulassen.

Der tiefe Glaube an das Gute im Menschen hat Korolenko auch im praktischen Leben geleitet; so half er während einer Hungersnot in den 90er Jahren bei der Errichtung von Speisehallen. 1900 ließ er sich in Poltava nieder. In den ersten Jahren der Sowjetmacht klagte er den ›roten Terror‹ an; nur seine Berühmtheit schützte ihn vor Repressalien. Fast alle Bücher Korolenkos sind ins Deutsche übersetzt.

Von der Zufahrtsstraße zum Dorf zweigt vor dem linker Hand gelegenen improvisierten Sportplatz ein Feldweg ab, der hinter dem Stadion nach rechts und am Ende der Lichtung nach links in den Wald führt. Nach noch einmal 200 Metern entlang eines Zeltlagers steht man vor einer imposanten libanesischen Zeder, die Vladimir Korolenko aus dem botanischen Garten von Jalta nach Džanchot bringen ließ. Ähnlich wie die Eiben wachsen diese Bäume sehr langsam, bilden erst mit 60 Jahren die ersten Zapfen, die sich dann drei Sommer an den Zweigen halten. Nicht selten erreichen sie ein Alter von mehr als 1000 Jahren. Heute gibt es weltweit nur noch wenige Exemplare oder gar Wälder; die Zeder von Džanchot gehört zu den prächtigsten in Rußland. Mit ihr beginnt ein Rundgang durch das Anwesen der Brüder Korolenko. Die Tickets für das Museum werden an der Kasse am Eingang zum Grundstück verlauft. Der Eintritt kostet etwa einen Euro.

Die Villa in einem kleinen Park am Hang des Berges wurde aus Feldsteinen errichtet. Sie besteht aus drei Etagen: den Kellerräumen mit Weinkeller und Vorratsräumen und den oberen Wohn- und Gästezimmern für die Familie und die Gäste. Die Einrichtung ist mit viel Liebe und Mühe zusammengestellt, sowohl das kleine Museum über den Schriftsteller und Humanisten Vladimir Korolenko als auch die Expositionen zum Stil des russischen Landlebens vor 100 Jahren: Möbelstücke, Dekorationen, die Bibliothek, ein wertvolles Piano.

Hinter dem Museum führt nach rechts ein Pfad zum Grab Illarion Korolenkos, der 1912 verstarb. Der Berg, an dessen Hang das Korolenkomuseum liegt, trägt den russischen Mädchennamen ›Inna‹. Eine Wanderung auf seinen Gipfel durch die Nadelwälder, die etwa eineinhalb Stunden hin und zurück dauert, bietet die Reiseagentur ›Svetoč‹ an.

Auch für die Villa ›Džanchot‹ Fëdor Ščerbins gibt es Pläne, sie in ein Museum zu verwandeln. Sie gab dem Dorf seinen Namen. Džanchot hieß ein adygeischer Fürst, der einst in dem Tal gelebt haben soll. Übersetzt bedeutet das Wort ›der glücklich Geborene‹.

Das einstige Wohnhaus der Korolenkos

Praskoveevka

Noch einmal drei Kilometer sind es bis Praskoveevka. Gegründet wurde die Siedlung in der zweiten Hälfte des 19. Jahrhunderts durch griechische Einwanderer. Der Name geht zurück auf den ›praskovin djen‹, einen religiösen Feiertag. Praskovija war eine griechische Heilige, die im 3. Jahrhundert lebte und für ihren Glauben starb. Praskovija, übersetzt aus dem Griechischen bedeutet ›Freitag‹. Nach dem julianischen Kalender, der dem gregorianischen um 13 Tage hinterherhinkt, wird der Praskovin Den' am 28. Oktober begangen. Die heilige Praskovija gilt als die Beschützern des Feldes und des Viehs. Ihr Namenstag bedeutete den Übergang zum winterlichen Alltag. Zugleich begann mit ihm die Periode der Heiratszeremonien.

Das Dorf Praskoveevka liegt etwa eineinhalb Kilometer von der Bucht entfernt. Eine Touristenherberge mit mehr oder weniger Komfort, bestehend aus einigen Bungalows und steinernen Häusern sowie einem Café, liegt wenige Meter vom Ufer entfernt. Vom bewachten, gebührenpflichtigen Parkplatz führt ein Weg zum Ufer, längs dem fliegende Händler ihre Souvenirs, Piroggen und Pachlava, ein Honiggebäck, feilbieten. Der Strand in der kleinen Bucht ist steinig.

Der Felsen ›Segel‹

Einige hundert Meter nördlich befindet sich eines der schönsten Naturmonumente an der Küste, der Felsen ›Parus‹ (Segel). Es ist dies eine 30 Meter hohe, 25 Meter breite und etwa einen bis eineinhalb Meter starke Felswand, die das Meer aus dem Gestein gespült hat. Sie steht, durch einen Wasserstreifen vom Festland getrennt, wie ein Denkmal an die unermüdliche Kraft des Wassers und der Winde. Im unteren Bereich befindet sich ein Loch, von dem in einigen Quellen behauptet wird, es stamme von einer russischen Kanonenkugel. Die Felswand wurde zwar nachweislich beschossen und von mindestens vier Kugeln getroffen, aber das Loch hat nichts damit zu tun. Es verrät lediglich, was irgendwann mit der ganzen Wand geschehen wird.

Gelendžik

Gelendžik (Геленджик) ist einer der russischen Kurorte, die sich am dynamischsten entwickeln. 1971 entstand ein ungefähr einen Kilometer langer künstlicher Sandstrand, der, damit der Wind die aus den Tiefen der Bucht heraufbeförderten Kristalle nicht fortbläst, mit Regenapparaten künstlich befeuchtet wird. Er ist der längste künstliche Strand in Rußland. Um die Rundung der Bucht liegen Dutzende Sanatorien und Erholungsheime, in denen sich jährlich Hunderttausende Gäste aus dem ganzen Land erholen. Eines der Sanatorien, das ›Solnečnyj Bereg‹ (Sonnenufer), ist eigens für Blinde ausgestattet.

Jährlich Anfang Juni findet in Gelendžik zur Eröffnung der Saison ein Karneval statt, der mit einem großen Feuerwerk über der Bucht und Tanz bis in den Morgen ausklingt.

Blick auf die Bucht von Gelendžik

Die Stadt ertrinkt nahezu im Grün der Parkanlagen und Blumenrabatte. Das Zentrum ist für den privaten Verkehr gesperrt. Vom ›alten‹ Busbahnhof an der ul. Lunačarskogo, der Hauptverkehrsader parallel zur Bucht, führt die ul. Lenina zum Rathaus im Zentrum der Uferpromenade. Das moderne Gebäude rechts daneben gehörte einst zum Hafen. Auch heute werden dort noch Tickets für Ausflüge mit dem Schiff entlang der Küste verkauft; außerdem Fahrkarten und Flugscheine. Nebenbei wird Handel betrieben mit allem, womit man Handel treiben kann. Eine mehrere hundert Meter lange Mole ragt in die Bucht, an der Segler und Ausflugsschiffe an- und ablegen.

Die Uferpromenade

Auch wer ohne sich vorher um eine Unterkunft gekümmert zu haben, nach Gelendžik reist, wird kein Problem haben, ein Dach über dem Kopf zu finden. Am Busbahnhof für die Überlandverbindungen, dem ›neuen‹ Busbahnhof, befindet sich ein ›Kvartirnoe Bjuro‹, in dem bis um 20 Uhr Unterkünfte vermittelt werden. In der Nähe des alten Busterminals, in einer Seitenstraße der ul. Lunačarskogo, warten an der Kreuzung mit der ul. Lenina stets private Vermieter auf Gäste. Letztendlich kann man jeden Einheimischen fragen, wo sich das nächste Hotel befindet oder ob sie jemanden kennen, bei dem man eine Bleibe findet. Generell sehen es die Vermieter nicht gern, wenn man nur für kurze Zeit in Gelendžik bleiben möchte und lehnen entweder ab oder verlangen einen Aufpreis. Am günstigsten ist es, sich zuvor mit einer der Agenturen vor Ort in Verbindung zu setzen.

Geschichte

Im 4. Jahrhundert vor Christus gründeten griechische Kolonisten die Stadt Torikos, die 200 Jahre später an die Römer fiel. Sie wurde von den Hunnen zerstört. Im frühen Mittelalter lebten in den Bergen längs der Bucht die Stämme der Sikhs, aus denen die Adygeer hervorgingen. Die Türken unterhielten in der Bucht einen Sklavenmarkt, Kelendžik, der 1831 von der russischen Armee aufgelöst wurde.

Für die Herkunft des Namens gibt es zwei Versionen. Das adygeische Wort läßt sich übersetzen mit ›hübsche Braut‹ – die osmanischen Sklavenhändler dürften sich gefreut haben über die Assoziation –, könnte sich aber auch durchaus auf die weißen Blüten der Krummhölzer beziehen, die alljährlich im Frühjahr die Hügel um die Bucht wie ein Brautschleier verhüllen.

Die ersten russischen Bewohner nach dem Kaukasuskrieg waren 600 zwangsweise in der Bucht angesiedelte Kosakenfamilien aus dem Kuban'. Mitte der 70er Jahre des 19. Jahrhunderts gründeten Tschechen und Griechen in der Umgebung von Gelendžik einige Siedlungen. Der Bau der Straße Novorossijsk–Suchumi brachte auch Gelendžik einen Aufschwung. 1892 entstand eine Zementfabrik; einige wohlhabende Bürger und Adlige ließen Datschen, kleine Parks, Gärten und Weinstöcke errichten. 1900 öffnete das erste Sanatorium, das 1912 abbrannte.

Die Geschichte der Stadt jener Zeit ist eng mit dem Namen und Wirken Fëdor Ščerbins (1849–1936) verbunden. Diese schillernde Persönlichkeit gehört auch heute noch oder wieder zu den Leitbildern der Kosakenschaft. Der Sohn eines Priesters war einer der berühmtesten Analytiker der russischen Provinz. Seine zweibändige Arbeit über die Geschichten der Kuban'-Kosaken ist bis heute die wichtigste Quelle zu diesem Thema. In den 70er Jahren des 19. Jahrhunderts beteiligte er sich an der Gründung von Genossenschaften der Landarbeiter, in denen er als einfacher Bauer und Handwerker mit Hand anlegte. Wegen seiner Mitgliedschaft im ›Südbund der Arbeiter‹ bekam er Schwierigkeiten mit der Polizei. Angeklagt des Mordes an einem Spitzel, konnte er seinen Kopf nur dadurch aus der Schlinge ziehen, weil es an Beweisen fehlte. 1907 zog er als Abgeordneter der Volkssozialisten in die II. Duma, das nach der Revolution von 1905 bis 1907 von Nikolaj II. gebilligte russische Parlament. Während des Bürgerkrieges schloß er sich den Denikinschen Freischärlern an, emigrierte dann in die Tschechoslowakei und starb 1936 hochbetagt in Prag.

In und um Gelendžik besaß Ščerbin Land, einige Villen, ein Badehaus und eine kleine Fischfangflotte. Er gründete einen Park, den Botanischen Garten, unterstützte die Gründung eines Sanatoriums zur Behandlung von an Tuberkulosekranken und beteiligte sich an der Errichtung von Weingütern, in denen bis heute der ein oder andere kostbare Tropfen gekeltert wird. Sein Stadthaus befand sich dort, wo heute das Café ›Platane‹ an der Uferpromenade einlädt. Eine der Platanen des umliegenden Parks hat die Jahre überlebt und steht heute unter Naturschutz.

Während des Bürgerkrieges rollte die ›Eisenwalze‹ über Gelendžik hinweg; im Zweiten Weltkrieg war Gelendžik Frontstadt und Lazarett zugleich. Auf dem ›dünnen Kap‹ befand sich ein Feldflughafen, auf dem ein Regiment von Nachtbombern (U-2) stationiert war. Die Piloten dieser leichten und altmodischen Doppeldecker waren ausschließlich Frauen; die Deutschen nannten sie ›Nachthexen‹.

Ein Stadtrundgang

Die Bucht von Gelendžik wird durch zwei Landzungen vom Meer abgeschirmt: das ›Tolstyj Mys‹ (dickes Kap) im Süden und das ›Tonkij Mys‹ (dünnes Kap) im Norden. Die Uferpromenade erstreckt sich vom kleinen Aquapark bis zum Leuchtturm und soll in den nächsten Jahren ausgebaut werden bis zu den Kapspitzen. Vom Rathaus Richtung Aquapark passiert man ein Handelszentrum mit Supermarkt, einen Rummelplatz [10], das Café ›Platane‹, Dutzende anderer Cafés und Restaurants sowie ein Denkmal für den ›ersten Urlauber‹. Direkt hinter dem Aquapark am Ufer befindet sich das Hotel ›Rakuška‹ (Muschelchen) [2]; einige hundert Meter weiter ein kleiner Hafen für Segelyachten. Die Meile zwischen Rathaus [9] und Aquapark ist Tag und Nacht der belebteste Ort in Gelendžik.

Legende

1 Internetcafé
2 Hotel ›Rakuška‹
3 Minihotel ›Petrovič‹
4 ›Minihotel‹
5 Chinarestaurant
6 Historisches und Naturkundemuseum
7 Alter Busbahnhof
8 Neuer Busbahnhof
9 Rathaus
10 Rummelplatz

In nördlicher Richtung gelangt man zum Lermontovdenkmal, das ein beliebter Treffpunkt, vor allem für Verliebte und die Jugend, ist. Der Dichter Lermontov weilte 1837 für einige Zeit in der Stadt. Hinter ihm, an der Ecke zur ul. Chersonskaja befindet sich ein chinesisches Restaurant [5], das beste an der ganzen russischen Schwarzmeerküste. Der Besitzer kam 1968 mit seinen Eltern auf der Flucht vor den Roten Garden der Kulturrevolution in die Sowjetunion. Er spricht akzentfrei russisch, und seine Gerichte sind hervorragend.

Vom Lermontovdenkmal führt eine Kiefernallee parallel zum Ufer. In ihrem Schatten laden überdachte Billardtische ›auf eine Kugel‹ ein; am Ufer befindet sich der Tauchclub ›Barracuda‹. Die Allee öffnet sich zu einem weiteren Platz mit einem Denkmal aus drei bewaffneten männlichen Figuren mit enthusiastischen Gesichtern. Die Widmung verrät, daß es den Verteidigern der Sowjetmacht gestiftet ist, aber etwas ist in ihrer Gestik und Mimik, was zum Spott verführt. Die Einheimischen haben den drei Kombattanten deshalb folgendes Gespräch angedichtet: Der eine: »Schaut mal, da schwimmt eine Flasche!«, der zweite: »Wo?«, der dritte, finster: »Die schieß' ich kaputt!«

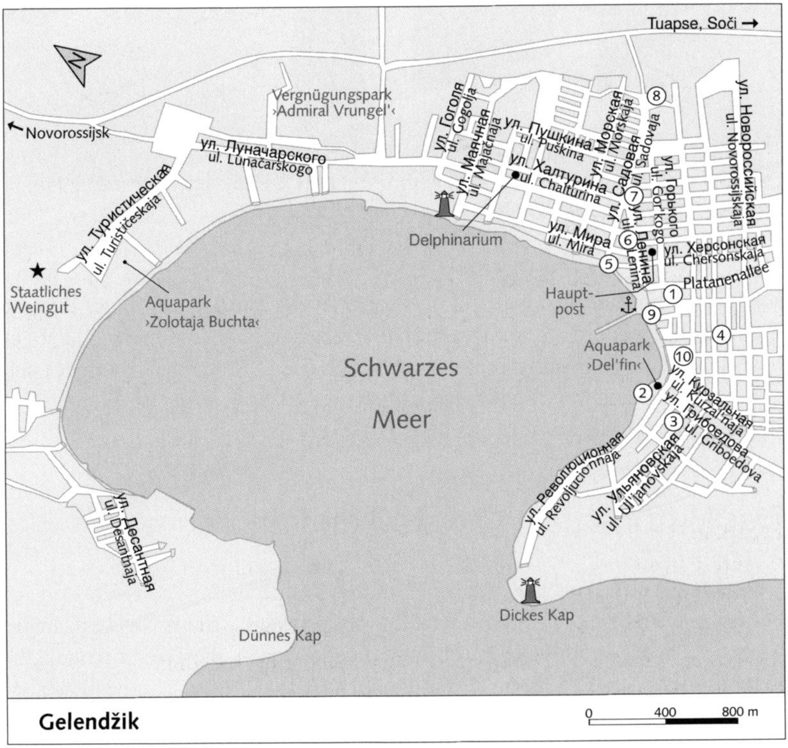

Gelendžik

Von nun an wird der Trubel auf und entlang der Promenade verhaltener. Bänke unter den Kiefern laden zu einer Rast ein, ohne daß der Lärm um die Imbiß- und Rummelbuden die Sinne strapaziert. Am folgenden Platz befindet sich rechter Hand ein Restaurant mit ukrainischer Küche, zum Teil mit Tischen im Freien. Von hier aus sind es noch einmal rund 200 Meter bis zum 1897 im Jugendstil erbauten Leuchtturm, vor dem die Kiefernallee endet.

Der Leuchtturm von Gelendžik

Zurück zum Rathaus: Von der ul. Lenina zweigt einen Block hinter ihm die Platanenallee nach rechts ab. Die Restaurants zur rechten sind in der Regel gut besucht, aber einen Tisch bekommt man immer. Gleich hinter ihnen befindet sich etwas versteckt ein Internetcafé, das täglich bis 22 Uhr geöffnet ist. Weiter führt die Platanenallee zum städtischen Markt.

Das Historische und Naturkundemuseum

Geht man die ul. Lenina in Richtung des ›alten‹ Busbahnhofs [7], passiert man auf der rechten Straßenseite zunächst das Kino ›Burevestnik‹ (Sturmvogel), dann die etwas abseits der Straße gelegene Hauptpost und neben ihr die Telefonzentrale für Ferngespräche, einige Schritte weiter die Buchhandlung ›Rosa Mira‹ und gelangt so zum Museum [6], das an der linken Straßenseite in einer Villa untergebracht ist.

Im naturkundlichen Teil erfahren Besucher allerhand Interessantes über die Pflanzen- und Tierwelt im Rajon von Gelendžik. Mehr als 120 Heilpflanzen wachsen in den Wäldern und auf den Wiesen; 28 Gewächse sind im Roten Buch der Russischen Föderation vermerkt, unter ihnen drei Arten Wacholder, Eiben und ein Johanniskraut. In den Wäldern leben Hirsche, Bären und Wildkatzen. Über ihnen kreisen Habichte und Falken, in den Nächten jagen Eule und Uhu. Einer der originellsten Vögel ist der Eichelhäher mit seinem Talent, die Stimmen anderer Vögel und selbst das Wiehern von Pferden nachzuahmen. Seine Lieblingsbeschäftigung ist es, arglose Hunde mit seinen Imitationen zu ärgern.

Im historischen Teil befindet sich das Modell von Torikos, dessen Überreste auf dem ›dünnen‹ Kap ausgegraben wurden. Die Stadt fiel, vermuten die Archäologen, einem Brand zum Opfer und wurde erst von den Römern wieder aufgebaut. In den mehr als 2000 Jahren seit der griechischen Ära ist das Meer etwa 200 bis 300 Meter landeinwärts vorgedrungen, so daß wichtige Teile der Stadt heute unter Wasser liegen. Einige der in der sogenannten Borisovskij-Grabstätte auf dem ›dünnen‹ Kap geborgenen Gegenstände sind in der St. Petersburger Eremitage ausgestellt.

Der adygeische Saal ist in eine männliche und eine weibliche Seite aufgeteilt. In der einen findet man Kettenhemden, Helme, Schwerter und Schilde aus der Haut von wilden Büffeln, die in Mesopotamien, Indien und China beheimatet sind; in der anderen Schmuckgegenstände, Kleidung und landwirtschaftliches Gerät. Berühmt waren die Adygeer für ihre Goldstickerei mit christlichen, moslemischen und heidnischen Motiven, deren Technik verlorenging. Dazu kommt eine historische Münzsammlung, anhand derer sich die Routen der klassischen Handelswege nachvollziehen lassen.

Interessante Exponate findet man auch in den übrigen, dem Alltag der Umsiedler gewidmeten Räumen. Das Museum platzt aus allen Nähten, und jedes Exponat erzählt Geschichten. Eine Führung lohnt sich auf jeden Fall, am besten individuell und in Begleitung eines guten Dolmetschers.

Touristische Vergnügungen

An der ul. Lunačarskogo 178 befindet sich der Vergnügungspark ›Admiral Vrungel'‹. Der Name des Parks stammt aus dem lustigen Kinderbuch ›Die Abenteuer des Admiral Vrungel'‹ über die phantastischen Mißgeschicke eines Kapitäns auf vielerlei Meeren. Der Erfinder des Admirals ist der in Moskau geborene Schriftsteller Andrej Nekrasov (1907–1986), der in seiner Jugend selbst zur See gefahren ist. Das Buch ist auch ins Deutsche übersetzt. Der Vergnügungspark ist einer der größten in Rußland und bis in die späte Nacht ein Dorado der Urlauber.

Baden in Gelendžik

An der ul. Lunačarskogo 130 lädt eine Filiale des Delphinariums von Utriši ein.

Der Aquapark ›Zolotaja Buchta‹ (Goldene Bucht) eröffnete 2004. Er ist der größte seiner Art in Rußland. Zwei der Bahnen erlauben Geschwindigkeiten über 60 Stundenkilometer. Kleinere Rutschbahnen und flache Becken sind auch für Kinder geeignet. Mehrere Restaurants und einige Imbißbuden laden ein. Ausgelegt ist der Park für täglich maximal 5000 Besucher. Es ist geplant, den Park rund um die Uhr zu öffnen. Ein Delphinarium für 2500 Besucher ist in Bau.

An den Hängen des Markotch-Höhenzuges wurden in den 60er und 70er Jahren mehr als 1,5 Millionen Krummhölzer, vor allem Wacholder, gepflanzt. Den Kamm auf einem der Pfade zu ersteigen ist ein Kraftakt. In allernächster Zukunft sollen zwei Seilbahnen dieses Unternehmen erleichtern. Zu Füßen des Berges befindet sich ein kleiner Wildpark, der 2004 umgebaut wurde, nachdem eine unvorsichtige Touristin einem der possierlichen Bären ihre Hand mit einer Leckerei durch das Gitter hingestreckt, und das undankbare Tier diese mitsamt dem Arm abgerissen hatte.

Das staatliche Weingut von Gelendžik unterhält in der Stadt, in der ul. Solnečnaja 1 auf dem ›dünnen‹ Kap einen Saal für Degustationen. Auch ist eine Besichtigung der Kelterei möglich. Im werkseigenen Laden können die ›echten‹ Gelendžiker Weine gekauft werden.

Aderbievka

Hinter dem Markotch-Höhenzug befindet sich das kleine Dorf Aderbievka. Nach Aderbievka gelangt man mit dem Bus vom ›alten‹ Busbahnhof [7] oder aber mit dem eigenen PKW. Die Straße zweigt hinter dem Ortsausgang von Gelendžik Richtung Süden ab. Ende des 19. Jahrhunderts belieferte ein kleines Ziegelwerk von hier aus Baufirmen in Paris. Die Ziegel mit dem charakteristischen ›A‹ auf der Oberseite waren ein Markenzeichen.

Auf dem Reiterhof in Aderbievka

Im Dorf zweigt nach rechts eine Straße zum Reithof ›Argon‹ ab. Auf dem Hof ›Argon‹ kann man Ausflüge auf Pferden der Donrasse unternehmen. Die bräunlich glänzenden Tiere, die von den Kosaken gezüchtet wurden, sind robust, ausdauernd und anspruchslos. 100 Kilometer am Tag sind für sie kein Problem. Zweimal schon ›besuchten‹ die Kosaken und ihre Nachfahren auf ihnen Berlin: 1813 als Verbündete Preußens gegen Napoleon und 1945 als Sieger gegen Nazideutschland.

Vorwahl: 8 61 41. Infos im Internet: www.ggis.ru, www.kurort-gelendzhik.da.ru. Unterkünfte, Sanatorien, touristische Angebote, Adressen in Gelendžik und Umgebung (russ., beide Seiten sind fast identisch).

Internationale Flughäfen befinden sich bei Krasnodar und Anapa. Von dort aus verkehren Busse. Nach Vereinbarung kann man sich vom Hotel oder Erholungsheim abholen lassen.

Die nächstgelegene Bahnstation ist Novorossijsk, wo auch Züge aus Moskau enden. Von Novorossijsk aus fahren Busse, maršrutki und Taxis nach Gelendžik und die anderen Kurorte am Meer.

Gelendžik besitzt zwei Busbahnhöfe. Der ›neue‹ [8] für die Überlandlinien befindet sich etwas außerhalb der Stadt; geöffnet 5.30–23 Uhr, Gepäckaufbewahrung bis 20 Uhr. Maršrutki fahren etwa alle halbe Stunde ins Zentrum.
Mehrmals täglich verkehren Busse nach Krasnodar (Fahrzeit 4–6 Std.), Anapa (2,5 Std.), Temrjuk (4 Std.), Tuapse (4 Std.) und Soči (8 Std.). Außerdem Busse nach Armavir, Stavropol', Rostov, Simferopol', Majkop, Pjatigorsk und Moskau. Sie fahren über Džubga oder Novorossijsk. Wer nach Tuapse oder Soči möchte, nimmt entweder einen Bus, der direkt bis in eine der beiden Städte fährt, oder steigt in Džubga um, bzw. in Novorossijsk, wer nach Anapa möchte.
Der ›alte‹ Busbahnhof [7] befindet sich in der Nähe des Zentrums, unweit der Kreuzung der ul. Lenina und der ul. Lunačarskogo. Von hier aus fahren Busse und maršrutki nach Novorossijsk und in die kleineren Orte im Kreis von Gelendžik. Außerdem fahren von hier aus zwei Busse zum Flughafen von Anapa.

Eine praktische Lösung haben sich Taxifahrer ausgedacht. Sie ›sammeln‹ Passagiere in einen bestimmten Ort, z. B. am ›alten‹ Busbahnhof, die sich dann den Fahrpreis teilen. So gelangt man z. B. von Gelendžik für 6 Euro bis Anapa, was bequemer und schneller ist als mit dem Bus. Für ein Taxi vom ›neuen‹ Busbahnhof ins Zentrum sollte man nicht mehr als 3 Euro bezahlen. Es empfiehlt sich, den Preis, auch bei einem ›echten‹ Taxi mit Taxameter, vor Fahrtantritt auszuhandeln.
Es gibt in Gelendžik auch preiswerte Funktaxis, Tel. 2 69 26.

Hotel ›Rakuška‹ [2], ul. Revoljucionnaja, direkt neben dem kleinen Aquapark in der Bucht von Gelendžik, Tel. 710 50, 7 12 76, 918/ 4 14 75 66; DZ 35–60 Euro/Pers.
Minihotel ›Petrovič‹ [3], ul. Griboedova, auf Höhe des Aquaparks ›Del'fin‹, petrovich@sea.ru. 50 Meter zum Strand. Das Minihotel hat 2002 in den USA eine Auszeichnung als ›bestes Provinzhotel‹ bekommen. Aus Deutschland können Zimmer gebucht werden über die Reise- und Eventagentur Natalia Mantel, Tel. 0 83 06/12 42, www.eventandbusiness.com.
Minihotel ›Valerija‹, ul. Ul'janovskaja 7, Tel. 5 66 00, avto-sam@mail.ru. 100 Meter vom Meer, 5 Zimmer mit Klimaanlage und Dusche, bewachter Parkplatz, Abholung von Krasnodar (bis max. 15 Euro) oder anderen Orten, Preis nach Vereinbarung.
Minihotel ›Otdych y Aleksandra‹ (Erholung bei Aleksandr), ul. Kolchoznaja 19, Tel. 5 41 37, 5 41 83. In einer stillen Seitenstraße,

3 Bettenhäuser mit bis zu 10 Zimmern, 7 Min. zu Fuß vom Meer, Verleih von Fahrrädern und Tischtennis, Abholung von Krasnodar (12 Euro) und Anapa (ca. 25 Euro).
›Minihotel‹ [4], ul. Sovetskaja 38/38a, Tel. 5 14 18, 918/4 43 70 56, 918/4 83 82 90; 20–30 Euro/Pers. 5 Zimmer, 400 Meter vom Strand.
›Tëtja Nadja‹ (Tante Nadja), ul. Lenina 40, Tel. 2 35 57; DZ 8 Euro/Pers. Nur wenige Schritte von der Kreuzung mit der ul. Lunačarskogo in Richtung Strand.
›Otdych‹, ul. Lunačarskogo 108, Tel. 2 46 30, 2 18 45. Vermittlung von Privatunterkünften, 3–100 Euro, interessant vor allem für russischsprachige Touristen.
›Zolotoj oven‹ (Goldener Widder), Tel. 2 46 13, 2 48 26, 2 43 57, irina@ggis.ru. www.gold-oven.ru. Registrierung, Vermittlung von Unterkünften, Exkursionen.
Auf dem Bahnhofsvorplatz befindet sich in einem Kiosk eine Zimmervermittlung.

Degustationssaal und Laden des staatlichen Weinguts, ul. Solnečnaja 1, Tel. 9 77 48, 10–20 Uhr.

Historisches und Naturkundemuseum [6], ul. Lenina, Tel. 2 13 62; tägl. 9–17 Uhr.

Delphinarium, ul. Lunačarskogo 130, Tel. 2 19 79, 2 37 93.
Vergnügungspark ›Admiral Vrungel'‹, ul. Lunačarskogo 178, Tel. 4 60 33.
Aquapark ›Zolotaja Buchta‹, Tel. 7 07 03; tägl. 9–19 Uhr, ganztägig 20 Euro, ab 14 Uhr 15 Euro, Kinder 8 Euro, bis 3 Jahre Eintritt frei.

Reiseagenturen ›Korvette-Tour‹, Tel. 2 41 48 (Office), 918/4 64 84 29 (Eduard Čërnyj), gkpsh@coast.ru. Die für die Anforderungen des internationalen Tourismus am besten gerüstete Firma in Gelendžik, im Office ist meist ein Mitarbeiter, der englisch spricht. Die Besitzer von ›Korvette-Tour‹ sind zwei Brüder; der ältere der beiden, Eduard Čërnyj, ist der Kopf des kleinen Unternehmens. Die Agentur vermittelt Unterkünfte in allen Preislagen sowie Exkursionen zu beliebten Ausflugszielen. Sie ist berechtigt, Ausländer registrieren zu lassen. ›Korvette-Tour‹ betreibt zudem den Reiterhof ›Argon‹ in Aderbievka und vermietet ihre Segelyacht, auf der ansonsten ›schwierige‹ Jugendliche dem Streß ihres Alltags entfliehen.
Agentur ›Svetoč‹ (Leuchte, Fackel); in einer Seitenstraße der zentralen ul. Lenina gegenüber dem Geschäft ›Rosa Mira‹, Tel. 918/4 16 27 21, 3 12 20 80, mikhailow82@mail.ru (im Feld ›Adresse‹ bitte angeben, daß die mail für ›Svetoč‹ bestimmt ist). Elena Fëdorovna und ihre Tochter Marina haben sich auf ein- und mehrtägige Ausflüge

zu den Dolmen ›im Geiste‹ Anastasias, der Titelheldin des Autors Megre, spezialisiert. Ein besonderes Erlebnis ist die frühmorgendliche Wanderung auf den Berg Neksos südlich des Markotch-Höhenzuges, mit einem phantastischen Blick auf die Bucht von Gelendžik und die Berge.
›Iltan‹, ul. Lunačarskogo 128, Korpus 12, Tel. 5 89 21, iltan@mail.ru. Unterkunft, Registrierung, Verpflegung. Die Preise für eine Teilnahme an den Exkursionen (Busse mit Reiseleitern) sind sehr niedrig: max. 6 Euro pro Person, wenn nicht Extras wie Degustationen o.ä. auf dem Programm stehen. Englischsprachige Exkursionen gegen Aufpreis.
Agentur ›Zolotoj oven‹, siehe ›Unterkunft‹.
Reiterhof ›Argon‹, Agentur ›Korvette-Tour‹, Tel. 2 41 48 (Office), 918/4 64 84 29 (Eduard Čërnyj), gkpsh@coast.ru. Ein- oder mehrstündige Ausflüge, auch Mehrtagestouren mit Übernachtungen im Zelt.

Kabardinka

Etwa auf halbem Weg zwischen Gelendžik und Novorossijsk liegt in einem Zipfel der Cemesskaja Bucht der Kurort Kabardinka (Кабардинка). Seinen Ruhm verdankt er dem sandigen Strand, der nur allmählich ins Meer abfällt. In etlichen Ferienlagern erholen sich jährlich Zehntausende Kinder und Jugendliche aus dem ganzen Land. Phantastisch sind die Sonnenuntergänge hinter der riesigen Bucht, vor allem dann, wenn Tanker und Frachtschiffe den Hafen von Novorossijsk anlaufen oder verlassen. Die Strandpromenade wurde in den letzten Jahren im ›Stil von Gelendžik‹ renoviert. Das Nachtleben ist laut und ausgelassen. Etwas abseits liegt das First-Class-Hotel ›Nadežda‹.

Kabardinka entstand 1836 als Fort Aleksandrija und wurde später zunächst in Kabardinskij – der Name des Regiments, das hier stationiert war –, dann in das vereinfachte Kabardinka umbenannt.

In der Nähe von Kabardinka befindet sich zu Füßen des Markotch-Höhenzuges das kleine Dorf Mar'ina Rošča (Марьина Роща, Marjas Hain), mit dem eine Legende aus dem Kaukasuskrieg verbunden ist. Sie berichtet von einem draufgängerischen Offizier, der wegen eines Duells aus Moskau in den Kaukasus verbannt wurde, und dessen junge Frau Marja ihm nach Kabardinka folgte. Eines Tages geriet seine Truppe in einen Hinterhalt der Adygeer, und er fiel im Kugelhagel. Das Pferd brachte den Leichnam in die Garnison. Außer sich vor Schmerz soll die junge Dame sich in Uniform geworfen, ihre Haare unter einer Mütze verborgen und den Degen ihres Mannes genommen haben, um ihn zu rächen und den Kameraden zu Hilfe zu eilen. Wie eine Furie nahm sie den Kampf auf, bis auch sie, von einer Kugel getroffen wurde und vom Pferd fiel. Die Mütze rutschte ihr vom Haupt, und die Adygeer wurden gewahr, mit wem sie es zu tun gehabt hatten. Voller Entsetzen darüber, daß sie gegen Frauen kämpften, sollen sie die Flucht ergriffen haben. Seither, heißt es, hätten sie das Fort Kabardinka in Ruhe gelassen.

Während des Zweiten Weltkrieges befand sich in Mar'ina Rošča der Stab der 18. Armee des Generals Leselidze, dessen Chef der Politischen Abteilung in einem Unterstand mit dem berühmten Plakat ›Der Feind hört mit‹ anfeuernde Aufrufe an die Soldaten schrieb. Sein Name: Leonid Il'ič Brežnev.

In der Nähe von Mar'ina Rošča gibt es einige Dolmen, zu denen ›Svetoč‹ Exkursionen organisiert.

Strand im Bezirk von Gelendžik

Aus Kabardinka kann man eine Wanderung auf die Gipfel des Berges Doob unternehmen, zu dessen Füßen der Kurort liegt. Sie heißen ›Tri sestry – Vera, Nadežda, Ljubov'‹ (Drei Schwestern – Glaube, Hoffnung, Liebe). Das Panorama der Küstenlandschaften ist einzigartig. Die Wälder um den Berg sind außerordentlich wildreich. Besonders Damhirsche zieht es hierher.

In einem der Wacholderhaine in der Umgebung befindet sich der See ›Kastalskaja kupel'‹ (Kastalisches Taufbecken), in dem man Fische angeln kann, die dann im Restaurant zubereitet werden.

Die ›Admiral Nachimov‹

Traurigen Ruhm erlangte Kabardinka im Spätsommer 1986. Am Abend des 31. August lief eines der beliebtesten sowjetischen Kreuzfahrtschiffe, die ›Admiral Nachimov‹, aus dem Hafen von Novorossijsk. Sie hatte mehr als 800 Passagiere an Bord und ungefähr 300 Besatzungsmitglieder. Gebaut 1925 von der Bremer Vulkanwerft und getauft als ›Berlin‹, war das Schiff zunächst zwischen Europa und Amerika unterwegs, kreuzte dann in Ost- und Nordsee für ›Kraft durch Freude‹ und diente während des Zweiten Weltkrieges als Lazarettschiff. Von Torpedos getroffen, sank die ›Berlin‹ im Januar 1945 vor Swinemünde. Ein englisches Kommando barg 1946 den Schiffskörper und brachte ihn zur Reparatur nach England. In sowjetische Hände gelangte es, nun schon mit dem neuen Namen, als Teil der deutschen Reparationen, nachdem es in der DDR rekonstruiert worden war.

An jenem 31. August geschah das eigentlich Unmögliche. Ein Frachter, die ›Pëtr Vasev‹, kreuzte den Kurs der ›Admiral Nachimov‹. Bis zum letzten Augenblick waren die beiden Schiffe in Funkkontakt; bis heute kann niemand nachvollziehen, warum der Kapitän des Frachters die Route nicht rechtzeitig änderte.

Um 23.12 Uhr rammte der Frachter das Kreuzfahrtschiff. Die Wucht des Aufpralls riß ein riesiges Leck in den Rumpf der ›Admiral Nachimov‹, die binnen weniger Minuten sank. 398 Menschen fanden den Tod. Die ›Pëtr Vasev‹ kam mit einem zerfetzten Bug davon.

Die Kapitäne mußten sich vor Gericht für die Tragödie verantworten und wurden ›nur‹ zu 15 Jahren Gefängnis verurteilt. Menschliches Versagen war die Hauptursache der Tragödie, aber auch ein unglückliches Zusammentreffen mehrerer Umstände und, das wichtigste: Die ›Admiral Nachimov‹ hätte schon lange verschrottet werden müssen. Mehr als einmal war sie von der Werft ausgemustert und dann ›von höherer Instanz‹ wieder zugelassen worden.

Gegenüber dem Ort, wo die ›Admiral Nachimov‹ bis heute in etwa 40 Metern Tiefe auf dem Grund des Meeresbodens ruht, befindet sich an der äußersten Spitze des Kap Doob ein Denkmal mit einer Uhr, die in dem Augenblick des Zusammenstoßes stehenblieb. Auf einer Gedenkplatte wurden die Namen aller Opfer vermerkt.

Das Unglück und die Geschichte der ›russischen Titanic‹ behandeln ein Buch und ein 2001 im russischen Fernsehen ausgestrahlter Dokumentarfilm.

Im Internet sind unter http://nakhimov.narod.ru Informationen zum Hergang der Katastrophe und zu den Rettungs- und Bergungsarbeiten nachzulesen, leider nur auf russisch.

Vorwahl: 8 61 41.

Hotel ›Laguna‹, ul. Kollektivnaja 60 B, Tel. 6 64 42, 6 64 43, 918/4 35 75 50, laguna@coast.ru; Zimmer 30 (2 Pers.)–70 Euro (bis 4 Pers.). 5 Min. bis zum Strand, 15 Zimmer.
›Volna‹ (Welle), ul. Mira 17, Tel. 9 36 35.
›Nadežda‹ (Hoffnung), ul. Mira 3, am Ufer des Kaps Doob, Tel. 2 38 80, 9 05 00, www.nadezhda.ru (engl., dt.); DZ 80 Euro/Pers. (inkl. Frühstück und Blick aufs Meer), im Winter etwas weniger als die Hälfte, Präsidentensuite 550 Euro, Kinder bis 6 Jahre kostenlos. Fünf-Sterne-Hotel mit mehreren Bettenhäusern und Villen in einer Parkanlage, direkter Zugang zum Strand. Restaurants, Bars, Schwimmbecken, Sauna, Fitnessraum und ein Tennisplatz gehören dazu. Auf Wunsch sind kurmedizinische Anwendungen Teil eines mehrtägigen Aufenthalts.

Novorossijsk

Knapp 20 Kilometer sind es von Kabardinka bis Novorossijsk, der größten Hafenstadt an der russischen Schwarzmeerküste. Die Straße windet sich entlang des zerklüfteten Ufers zu Füßen des Markotch-Höhenzuges am Rand von Wacholderbaumschonungen.Ihr Kurvenreichtum hat der Straße den Namen ›Schlange von Novorossijsk‹ eingetragen.In den letzten Jahrzehnten ist sie durch den Bau einiger Brücken etwas kürzer und weniger riskant geworden. Weitere Brücken sind im Bau oder zumindest geplant. Alle paar Kilometer passiert die Straße Denkmale, die mit der Geschichte des Zweiten Weltkrieges zu tun haben. Das erste ist die ›Artilleriestellung des Hauptmann Zubkov‹ (batareja kapitana Zubkova). Der deutsche Vormarsch endete am Stadtausgang von Novorossijsk. Die Artillerie des Hauptmann Zubkov kontrollierte mit ihren weitreichenden Geschützen den Zugang zur Bucht vom Meer. Neben den Geschützstellungen gibt es ein kleines Museum und das Restaurant ›Kazačij kuren'‹ (Kosakenhaus).

Das nächste Denkmal, 14 Kilometer vor Novorossijsk entfernt, ist die 14 Meter hohe Figur eines knienden Matrosen aus rotem Granit. Etwa hier wurden 1918 auf Befehl Lenins die Schiffe der russischen Schwarzmeerflotte versenkt. Der Zerstörer ›Kerč'‹ torpedierte ein Kriegsschiff nach dem anderen, nahm dann Kurs auf Tuapse, wo die Besatzung die Flutventile öffnete und den Zerstörer, als letztes Schiff der Flotte, auf Grund setzte. Am Rand der Klippe befindet sich eine Aussichtsplattform.

Novorossijsk liegt an der Cemesskaja buchta, die im Norden vom Kap Myschako und im Süden vom Kap Doob begrenzt wird. Die größte Entfernung zwischen den beiden Kaps beträgt 16 Kilometer, die vom Zipfel des Kap Doob bis zur Mündung des Flusses Cemes im Stadtgebiet von Novorossijsk 14 Kilometer. Die tiefste Stelle in der Bucht mißt 40 Meter. Auf dem Kap Myschako landeten im Februar 1943 sowjetische Bodentruppen, die den Brückenkopf im deutschen Hinterland mehr als 200 Tage hielten. Die heftigsten Kampfhandlungen spielten sich zu Füßen des Berges Koldun ab. Man erkennt ihn an den weißen Kuppeln der Funk- und Radarstationen. Um den Gipfel des Berges sammeln sich im Sommer oft regenschwere Gewitterwolken, aus denen so gut wie nie auch nur ein Tropfen fällt. Daher der Name des Berges, der in der Übersetzung ›Der Zauberer‹ heißt.

Das Territorium der Stadt Novorossijsk beginnt mit dem Erdölterminal ›Šeskaris‹. Die Ölreservoirs sind von der Straße aus nicht einzusehen; gut sichtbar ist die orangefarbene Pipeline, durch die das Öl in die Tanker geleitet wird. Das Gebäude etwas weiter links ist ein Kraftwerk, das 1930 eingeweiht wurde.

Die Einwohner von Novorossijsk teilen ihre Stadt in zwei Hälften: den links der Cemes gelegenen Stadtteil, den sie als ›jene Hälfte‹, und den am rechten Flußufer, den sie als ›diese Hälfte‹ bezeichnen. ›Diese Hälfte‹ ist die Wohnstadt; in ›jener Hälfte‹ ist die Industrie angesiedelt; insbesondere die staubintensiven Zementwerke. An einem dieser Zementwerke an der Stadtgrenze, dem ›Oktjabr'‹ (Oktober) kam der deutsche Vormarsch im Herbst 1942 zum Stehen. In einiger Höhe über der Straße steht im rechten Winkel zu ihr eine Wand, aus der in Richtung des Zentrums vier Hände mit Maschinenpistolen in der Faust ragen. Zu großen Feiertagen werden die in den Kalaschnikows installierten Lichter entzündet. Auf der Rückseite der Wand zeichnet eine Karte die Kampfhandlungen nach. Zum Gedenkensemble gehören außerdem ein von Tausenden Kugeln durchlöcherter Eisenbahnwaggon sowie die Ruine eines Kulturhauses, das am 22. Juni 1941 eingeweiht werden sollte. Ein Obelisk erinnert an den Dichter Pavel Kogan (1918–1942). Zu seinen Lebzeiten war nicht ein Gedicht von ihm veröffentlicht worden. Berühmt wurde der Literaturstudent und Militärdolmetscher, der hier bei einem Aufklärungseinsatz ums Leben kam, erst in der Zeit des ›Tauwetters‹ Ende der 50er/Anfang der 60er Jahre. Sein vertontes Gedicht ›Brigantine‹ war die Hymne aller derjenigen, die damals voller Enthusiasmus an eine lichte Zukunft glaubten und sich wie er tragisch geirrt hatten.

Die Straßenführung in Novorossijsk ist etwas verworren. In der Stadt beginnt die mehr als 100 Jahre alte Chaussee, die von hier aus über Gelendžik, Tuapse und Soči nach Suchumi führte. Die Straße läßt den Bahnhof rechts liegen, geht hinter der Brücke über den Cemes in die ul. Magistral'naja über und biegt dann nach rechts ab in die Anapskoe šosse, über die man zum Stadtausgang und auf die-Fernverkehrsstraße nach Krasnodar oder Anapa gelangt.

Neben dem Bahnhof befindet sich ein riesiges Areal mit mehreren Speichern, aus denen Getreide über spezielle Förderbände zu den Frachtern gelangt.

Novorossijsk ist zuallererst eine Hafen- und Industriestadt. Seinen Urlaub verbringt hier nur, wer aufgrund irgendwelcher Umstände dazu gezwungen ist. Während des Krieges völlig zerstört, ist Novorossijsk wie Phoenix aus der Asche neu erstanden. Mehr als 200 000 Menschen leben hier heute.

Geschichte

Die Griechen nannten ihre Kolonie an der Mündung des Cemes Bata, die Genueser ihre Faktorei Carlos Limen, die Türken ihren Stützpunkt Sudshuk-Kale. Die Russen eroberten den türkischen Hafen 1828 und gaben dem von ihnen errichteten Fort den Namen des Flusses, Cemesskoe, der 1839 in Novorossijsk umgewandelt wurde. Allmählich verwandelte sich die Siedlung aus einem Feldlager in eine Stadt. In den ersten Jahren ihrer Existenz entstanden ein Militärhospital, eine kostenlose Schule für die Kinder der Adygeer und eine erste der Allgemeinheit zugängliche Bibliothek. Anfang der 70er Jahre des 19. Jahrhunderts wurden in der Nähe der Dörfer Abrau und Djurso die ersten Weinreben gepflanzt. 1879 entdeckte ein aus Prag angereister Professor der Chemie in der Umgebung von Novorossijsk Mergel, das Ausgangsmaterial zur Herstellung von Zement. Wenig später stellte sich heraus, daß dieser Mergel der einzige in Rußland ist, der sich zur Produktion des hochwertigen Portlandzements eignet. Ein Gründerboom setzte ein, und in den nächsten zehn Jahren entstanden mehrere größere und kleinere Zementfabriken.

Wenig später reiste auf Einladung D. I. Mendeleevs (1834–1907), des Erfinders des Periodensystems, der Amerikaner Herbert Tweddle in den Kuban'. Dieser hatte in den 60er Jahren in Philadelphia ein Ölterminal projektiert und gebaut, das abgebrannt war und ihn ruiniert hatte. Mit Hilfe von französischem Kapital erwarb Tweddle auf ›jener Seite‹ des Flusses Land und begann mit dem Bau eines Ölhafens. Die von ihm gegründete Aktiengesellschaft gab sich den Namen ›Russkij Standart‹. Dieserart entstand der Industrievorort von Novorossijsk, den die Einheimischen bis heute ›Standart‹ nennen. H. Tweddle wurde 1883 beschuldigt, staatseigenes Kerosin unterschlagen zu haben, verkaufte seine Anteile und verließ das Land.

Der erste Zug lief 1888 in Novorossijsk ein; zwei Jahre zuvor war der Hafen eingeweiht worden, der sich bald zu einem der größten Rußlands entwickelte; vor allem für den Export von Öl, Zement, Holz und Getreide. In Rekordzeiten entstand in den Jahren der großen russischen Wirtschaftskrise 1890 bis 1892 die Chaussee zwischen Novorossijsk und Suchumi. Das ganze Land litt unter einer

Hungersnot. Die Straße zwischen den beiden Städten erhielt deshalb auch den Namen ›Hungerweg‹. 1894 wurde der größte Getreidespeicher Europas seiner Bestimmung übergeben und mit ihm das erste Kraftwerk Rußlands zur Produktion von Dreiphasenstrom. Wenig später wurde Novorossijsk die Hauptstadt des neugegründeten Schwarzmeergouvernements, zu dem die gesamte Küste bis Soči gehört.

Nun entstanden die ersten Badehäuser und Sanatorien; 1913 erlebte das im Stil der Art Nouveau erbaute Theater seine erste Saison. Urlauber aus dem ganzen Land konnten mit einem der Schwarzmeer-Expreßzüge bis an die Mole fahren und bequem auf die Dampfer umsteigen, die sie in die Kurorte an der Küste brachten.

Während des Bürgerkrieges wurde die Stadt schwer beschädigt, wieder aufgebaut und verschönert. Mitte der 30er Jahre entstanden die ersten zwei Kilometer der Uferpromenade. Fast 50 000 Menschen lebten in Novorossijsk, als der Krieg begann. Die deutschen Truppen eroberten das Zentrum. Fast ein Jahr währte die deutsche Besatzung. Als sie im Herbst 1943 zu Ende war, waren 95 Prozent aller Gebäude, Fabriken, Lagerhäuser und der Hafen zerstört.

Nach dem Krieg wurde Novorossijsk faktisch neu errichtet und ist heute eine der wichtigsten russischen Hafenstädte. Erst unlängst entstand ein neues Erdölterminal an der Nordseite der Bucht, gegen dessen Errichtung Umweltschützer vergeblich Sturm liefen. Anfang der 70er Jahre löste der Bau einer Wasserleitung aus den Bergen das leidige Problem der Trinkwasserversorgung. Das Wasser ist so gut, daß ›Pepsi‹ in Novorossijsk sein erstes Werk auf russischem Boden bauen ließ. Zuvor waren die Bewohner mit Wasser aus Tankern versorgt worden, nach dem die Menschen jeden Morgen in langen Schlangen anstanden.

In den 60er und 70er Jahren entstehen auch die meisten der Parks und grünen Insel. Der Untergrund im Tal des Cemes und an den umliegenden Hängen ist felsig und die Erdschicht so dünn, daß der Boden aufgegraben und Erde angefahren werden muß, um Bäume anpflanzen zu können. Die so entstehenden künstlichen grünen Inseln müssen wegen der Trockenheit ständig bewässert werden. Man versteht nun, warum der Eindruck von Novorossijsk zunächst ein trostloser ist, vor allem wenn man die Stadt nur von der Fernverkehrsstraße auf ›jener Seite‹ und nicht ›von innen‹ kennengelernt hat.

Die Geißel von Novorossijsk ist die Bora, der grimmige Nordostwind, der vor allem in den Wintermonaten aus den Steppen über die Berghänge weht. Etwa 40 Tage im Jahr wütet die Bora, mit Spitzengeschwindigkeiten von bis zu 145 Stundenkilometer im Tal und bis zu 220 Stundenkilometern auf den kahlen Hängen des Markotch. Das Leben der Menschen macht sie zur Hölle. Naht sie, sinken die Temperaturen innerhalb weniger Stunden um bis zu 20 Grad. Die Bora bringt Kopfschmerzen, wirbelt den Staub auf und treibt ihn durch die Straßen.

Ein Stadtrundgang

Der Bahnhof von Novorossijsk befindet sich in der ul. Žukovskogo. Zum Busbahnhof an der ul. Čajkovskogo kommt man mit dem Trollejbus 5, mit einer maršrutka oder mit dem Taxi für etwa drei Euro. Die Kirche in der Nähe des Busbahnhofs ist die Mariä-Himmelfahrt-Kathedrale.

Novorossijsk

Legende

1 Hotel ›Novorossijsk‹
2 Hotel ›Ėksprompt‹
3 Hotel ›Černomorskaja‹
4 Hotel ›Brigantina‹

Die Avenue von Novorossijsk ist die ul. Sovetov, die stadtauswärts in die Anapskoe šosse übergeht. An ihr liegen die wichtigsten Verwaltungsgebäude, das Historische Museum, ihm gegenüber das einzige Planetarium des Kuban', weiter das Stadion des Fußballklubs ›Černomorec‹ (Schwarzmeer-Kicker), der in der ersten russischen Liga spielt, der Lenin-Vergnügungspark, das städtische Theater und die örtliche Filiale der Staatsbank. Das Historische Museum wurde 1916 gegründet, während des Krieges zerstört und wieder aufgebaut. Zur Kollektion gehören mehr als 150 000 Exponate, außerdem gibt es eine ständige Ausstellungen zur Geschichte der Stadt und zur Natur der Umgebung.

Zwischen der ul. Sovetov und der ul. Vidova befindet sich der Markt von Novorossijsk, einer der größten und billigsten an der russischen Schwarzmeerküste. Er ist mit der ul. Sovetov durch einen langen Fußgängertunnel verbunden, den die Einheimischen ›Metro‹ nennen.

Am Gebäude der Stadtverwaltung mit dem Lenindenkmal beginnt längs der ul. Sovetov ein schattiger Park, in dem Kastanien, Akazien und andere Bäume wachsen, unter ihnen ein Gingko. Die Skulpturen im Park ehren zwei berühmte Einwohner von Novorossijsk: den legendären Testflieger V. Kokkinaki und den Fliegermarschall E. Savickij. Das Puškindenkmal wirkt neben den beiden sowjetischen Helden deplaziert, aber es darf in keiner russischen Stadt fehlen. Das bronzene Monument an der Kreuzung mit der ul. Svobody ist den Verteidigern der Stadt während des Krieges gewidmet. Die ul. Sovetov endet am Meer.

Auf dem Markt von Novorossijsk

Biegt man nach links ab in die ul. Svobody, gelangt man zur Städtischen Uferpromenade, die den Namen des Admirals Serebrjakov trägt. Dieser hatte 1828 am Sturm auf die türkische Festung Sudshuk-Kale teilgenommen und war nach 1838 Stadtkommandant. Er gilt als der ›Vater‹ von Novorossijsk. Die Uferpromenade

Kvasverkäuferin

ist einer der beliebtesten Orte in der Stadt und besonders schön, wenn die Rosen in den vielen Blumenrabatten blühen. An den Sturm der Stadt im September 1943 erinnern das Denkmal für den unbekannten Matrosen und ein Schnellboot auf einem Postament an der Westmole, die hunderte Meter ins Meer hinausreicht. An ihr befindet sich der Passagierhafen. Die Grünfläche in seinem Rücken ist der ›Heldenpark‹.

Die Uferpromenade geht in den städtischen Strand über. Das Wasser soll trotz der Nähe des Hafenbeckens relativ sauber sein. Der den Einheimischen liebste Badeort aber liegt etwas außerhalb des Zentrums, am Ende der ›Sudžukskaja kosa‹ (Landzunge von Sudžuk). Der romantischste Ort am Ufer ist das ›Mys Ljubvi‹ (Kap der Liebe). Das Denkmal auf dem Kap erinnert an den Tod von Dutzenden Seemännern während eines Sturms vor Poti in Georgien. Auf dem Kap befinden sich das größte Hotel der Stadt, das ›Novorossijsk‹ [1], der Frunzepark und ein Aquapark. Weiter Richtung Norden hat der Yachthafen sein Domizil.

Etwas abseits vom Ufer führt die ul. Lejtenanta Šmidta aus der Stadt heraus. Sie geht in die ul. Lenina über. Das erste Kriegsdenkmal auf ihm, an der Kreuzung mit der ul. Generala Černjachovskogo, ist die Skulptur eines Matrosen, der eine Handgranate wirft. Der General war vor dem Krieg Arbeiter in einer der Zementfabriken von Novorossijsk und fiel als Oberkommandierender der weißrussischen Front. An dieser Stelle befanden sich die äußersten Vorposten der Verteidigungslinien des Brückenkopfes ›Malaja Zemlja‹ (Kleine Erde).

Die Trollejbuslinie über die ul. Lejtenanta Šmidta und die ul. Lenina endet an der Pionerskaja Rošča (Hain der Pioniere). Von hier aus gelangt man zu den Stränden an der Spitze der Landzunge von Sudžuk und zu den Ruinen der türkischen Festung. Nur durch einen sandigen Streifen vom Meer getrennt, liegt an ihr ein Salzsee, aus dem in früheren Jahren Heilschlamm gefördert wurde.

Im Hain der Pioniere wachsen Aprikosen, Kirschpflaumen und Maulbeerbäume. Hier befinden sich die Staatliche Marineakademie und einige monumentale Gedenkstätten für die während der Landeoperation im Februar 1943 und im Laufe der Verteidigung des Brückenkopfes ›Malaja Zemlja‹ gefallenen Soldaten, Matrosen und Offiziere.

Die sowjetische Kriegshistoriographie wurde mit jedem neuem Generalsekretär der Kommunistischen Partei um einige Facetten reicher. Chruščëv hatte an der Schlacht im Kursker Bogen teilgenommen; Brežnev war der Stellvertreter des Obersten Politoffiziers jener Armee, die den deutschen Vormarsch hinter Novorossijsk aufhielt; in Andropovs Biographie spielte die Partisanenbewegung in Karelien eine Rolle, und Černenko hatte den Krieg im Fernen Osten gewonnen. Die vielen Denkmale in und um Novorossijsk entstanden im Fahrwasser des um Brežnev betriebenen Personenkults. Dessen Büchlein ›Malaja Zemlja‹ beschreibt die Landeoperation im Rücken der Deutschen, die im Februar 1943 Entlastung bringen sollte. Der militärische Sinn des Manövers war fraglich, doch ließen Tausende ihr Leben und hielten unter unbeschreiblichen Entbehrungen die Stellungen bis zur erfolgreichen Erstürmung der Stadt im September 1943.

Brežnevs Anwesenheit – zumindest im Hinterland – ist es zu verdanken, daß Novorossijsk 1971 der Titel einer Heldenstadt zuerkannt wurde, mit dem Recht auf Feuerwerke an den Staatsfeiertagen. Und es entstanden die monumentalen Denkmale, von denen das im ›Hain der Pioniere‹ das bedeutendste ist. Es besteht aus einer mächtigen Betonkonstruktion am Meer in Form von zwei aufeinander zustrebenden Wänden, die den Kiel eines Landungsschiffes nachbilden.

Einige Bunkeranlagen, Schützengräben, Brustwehren und Beobachtungspunkte wurden in dem Zustand belassen, wie man sie nach Beendigung der Kämpfe vorfand. 1419 Pappeln symbolisieren ebensoviele Kriegstage. Zum Ensemble gehören außerdem ein kleines Museum mit sowjetischer und deutscher Militärtechnik und zwei Denkmale im ›Tal des Todes‹ zu Füßen des Berges ›Koldun‹. Das eine steht am seinerzeit einzigen Brunnen im Bereich des Brückenkopfes; das andere ist eine an eine Explosion erinnernde Metallkomposition aus Tausenden Patronenhülsen, Granat- und Bombensplittern. Sie wiegt 1219 Kilogramm. So viel Metall war während der Kämpfe auf jeden Verteidiger der Malaja Zemlja niedergegangen.

Auch heute ist die Anlage noch immer gut besucht. Auch wenn auf der Malaja Zemlja keine kriegsentscheidenden Kämpfe stattfanden – Zehntausende Menschen ließen hier ihr Leben. Mag auch vornehmlich die Ideologie das Memorial inspiriert haben – der Krieg verschwindet nicht aus den Köpfen jener Generationen, die mit ihm oder der ständigen Erinnerung an ihn, aufgewachsen sind.

Vorwahl: 86 17.

Der Busbahnhof von Novorossijsk befindet sich 10 Min. zu Fuß vom Bahnhof; einige Busse und maršrutki nach Gelendžik fahren auch vom Bahnhofsvorplatz.

Hotel ›Novorossijsk‹ [1], ul. Isaeva 2, Tel. 23 01 15, 60 65 05, 23 23 83. Drei-Sterne-Hotel unweit des Städtischen Strandes und des Aquaparks, Restaurants, Bars, Casino.
›Ėksprompt‹ [2], ul. Vidova 5; DZ ab 40 Euro in der Nachsaison.
›Černomorskaja‹ [3], ul. Sovetov 42, Tel. 25 03 34. Einige Luxusappartements, ansonsten sowjetischer Standard. Gemäßigte Preise.
›Brigantina‹ [4], Anapskoe šosse 18, Tel. 22 64 01, 22 63 73. An der Chaussee nach Krasnodar.
Das beste Hotel vor Ort, mit den besten, sprich: höchsten, Preisen.

Restaurant ›Graal‹, ul. Sovetov 66, Tel. 61 29 67. Das Interieur im viktorianischen Stil, 10 verschiedene Küchen, vom Kaukasus bis zum Mittelmeer.
›Zolotoj Vek‹ (Goldenes Zeitalter), ul. Novorossijskoj respubliki 6, Tel. 61 10 36. Im klassischen Stil, dezente Bed27ienung, gute Küche, teuer.
›Rycarskij zal‹ (Rittersaal), ul. Tolstogo 2a, Tel. 25 06 35. Europäische Küche, Kulturprogramme mit Stripteaseshow.

Café ›Baskin Robbins‹, ul. Mira 10, Tel. 25 90 81.

Café-Bar ›Ptič'e moloko‹ (Vogelmilch), ul. Geroev Desantnikov 30, Tel. 23 76 08. Viele Jugendliche, Cocktailbar, moderate Preise.
Café-Bar ›Zentrforward‹ (Vorwärts-Zentrum), ul. Sovetov 28, Tel. 61 64 78. Fußballkneipe.

Historisches Museum, ul. Sovetov 58, Tel. 25 18 54; Sa–Do 10–18 Uhr.
Das alte Novorossijsk, ul. Lenina 59, Tel. 2 30 00; Di–So 10–18 Uhr. Antike und mittelalterliche Münzfunde, Orden, kaukasische Waffen, Gebrauchsgegenstände aus dem 19. und 20. Jahrhundert, außerdem einige historisch eingerichtete Zimmer, die vom Alltag im 19. Jahrhundert erzählen.

Ostrovskijmuseum, ul. Vasenko 21. In dem nach historischen Aufnahmen und Beschreibungen rekonstruierten Haus lebte der Schriftsteller von 1926 bis 1928.

Zementmuseum, Suchumskoe šosse 60, Tel. 29 63 28.

Kreuzer ›Michail Kutuzov‹, Tel. 60 69 91. Der Kreuzer liegt im Hafenbecken. An Bord befindet sich ein kleines Museum, außerdem sind die Mannschaftsräume und die Brücke zu besichtigen.

Abrau-Djurso

Abrau-Djurso ist das Markenzeichen für den derzeit berühmtesten russischen Champagner. Der erste Champagnerproduzent war Fürst Lev Golicyn (1845–1916), ein brillanter Geschäftsmann, der große Ländereien auf der Krim besaß und dort den ersten Champagner auf russischem Boden kreierte. Die Krim gehört heute zur Ukraine; den Russen blieb der ›Abrau-Djurso‹, der dem edlen ›Novyj Svet‹ (Neue Welt) – in Deutschland auch als Krimsekt bekannt – in nichts nachsteht.

Mit dem Weinanbau auf dem Kap Myschako, in dessen Herzen das Dorf Abrau-Djurso (Абрау-Дюрсо) liegt, wurde in der zweiten Hälfte des 19. Jahrhunderts begonnen. Der Boden ist übersättigt mit Mineralien, die Sonne scheint den ganzen Sommer. Nur im Winter, unter dem Ansturm der Bora, haben es die Weinreben schwer. Vom Kap Myschako stammt der in Novorossijsk gekelterte Cabernet, einer der besten seiner Art in ganz Rußland.

Die Straße nach Abrau-Djurso zweigt in Cemdolina von der Straße nach Krasnodar nach links ab. Von Novorossijsk bis zum gleichnamigen See, Dorf und der Champagnerfabrik sind es etwa 14 Kilometer. Das erste, was man von den Hängen über dem Tal zu sehen bekommt, sind der See ›Abrau‹ und an seinem südöstlichen Ufer die Häuser des Ortes. Für die Herkunft des Namens gibt es zwei Versionen: die abchasisch-türkische und die adygeische. Im ersten Fall lautet die Übersetzung ›Bruch der vier Quellen‹; im zweiten bedeutet ›abrau‹ groß, riesig, ein Attribut, das man dem See nicht nehmen kann. Er ist mit einer Länge von etwa 1500 Metern und einer Breite von bis zu 800 Metern der größte im Westkaukasus und einer der geheimnisvollsten dazu.

Das erste Geheimnis ist die Herkunft des Talkessels, in dem sich das Wasser des Sees, der an seiner tiefsten Stelle einmal 30 Meter maß, gesammelt hat. Ein tektonischer Bruch, wie das abchasische Wort nahelegt, scheint ausgeschlossen zu sein, da die Ufer des Sees und seine Umgebung aus Mergel und Sand bestehen. Eine andere Hypothese geht davon aus, daß es sich bei dem See um einen Überrest eines Süßwassermeeres handelt, das vor Millionen Jahren diese Gegend bedeckte. Diese These wird gestützt durch einige seltsame Fische, die den Anglern mitunter ins Netz gingen... Wieder andere meinen, daß seine Entstehung auf Erdbeben zur Zeit der Sintflut zurückzuführen ist. Demzufolge hätte der Fluß Abrau einmal bis zum Meer gereicht. Tektonische Verschiebungen hätten ihm den Weg abgeschnitten und zur Bildung des Sees geführt.

Auch ist bis heute nicht geklärt, auf welchem Weg das Wasser, das mit dem Fluß und aus einigen unterirdischen Quellen in den See gelangt, ihn verläßt. Gewiß, ein großer Teil verdunstet über die Oberfläche. Aber was ist mit dem anderen? Vielleicht hat es einmal einen unterirdischen Abfluß gegeben? Wenn, dann ist er verstopft, denn in den letzten Jahrzehnten versumpft der See zunehmend. Er ist nur noch elf Meter tief; darunter liegt eine Dutzende Meter dicke Schlammschicht. Dafür gibt es verschiedene Ursachen. Einstmals umschloß ein dichter Schilfgürtel das Gewässer, das nach einem durch den extensiven Anbau von Wein an den nördlichen Hängen hervorgerufenen Erdrutsch verschüttet wurde. Außerdem spülen die Niederschläge und das Flußwasser zum Schutz des Weines verwandte Chemikalien in den See.

Am See Abrau

Der Abrau wartet mit noch einem Phänomen auf, das sich der wissenschaftlichen Erklärung beharrlich entzieht. Bei Mondschein erscheint auf dem dunklen Spiegel des Sees ein heller Streifen, der im Winter als letzter gefriert. Die einen meinen, das habe mit den unterseeischen Quellen zu tun; die anderen, mit bestimmten Eigenschaften des Windes. Der seltsame Streifen jedenfalls heißt ›Pfad der Adygeerin‹. Einstmals soll dort, wo heute der See liegt, ein adygeisches Dorf gewesen sein, dessen Bewohner angesichts ihres Reichtums jeden Respekt vor der Natur und ihren Gaben verloren hatten. Während ihrer Gelage warfen sie Brotreste und andere Lebensmittel in den Fluß, weshalb ihnen die Götter zürnten. Nur ein Mädchen wollten sie schonen und schickten es am Tag der Strafe in den Wald. Als sie zurückkehrte, fand sie statt ihres Dorfes nur den See vor. Lang stand sie an seinem Ufer und weinte bittere Tränen. Sie wollte sich ertränken und ging ins Wasser. Doch die Sonne wärmte ihr Gesicht, der Wind umspielte ihre Schultern und das Wasser trug sie. Als sie das gegenüberliegende Ufer erreicht hatte, war ihr Kummer verflogen und sie begann ein neues Leben. Der Weg aber, den sie gegangen war, leuchtet auch heute noch in hellen Mondnächten.

Champagnerprobe in Abrau-Djurso im 19. Jahrhundert

Weniger von Legenden umwoben ist die Champagnerfabrik von Abrau-Djurso. 1872 verfügte Aleksandr II. die Einrichtung eines Gestüts ›am See Abrau und entlang des Flusses Djurso‹. Dem Gestüt war keine lange Lebensdauer beschieden. ›Schuld‹ daran hat der aus Tschechien stammende Fëdor Geduk (1832–1890), der in seiner Jugend in Ungarn, Deutschland und Frankreich den Weinbau erlernt hatte. In Novorossijsk lernte Geduk den Gouverneur des Schwarzmeerbezirks, Dmitrij Pilenko (1830–1895), kennen. Er überzeugte diesen talentierten Organisator, Offizier, Agronom und Staatsmann von der Möglichkeit des Weinanbaus am Schwarzen Meer. Ein entsprechendes Gesuch ging auch an den Zaren, aber der lehnte zunächst ab. Erst als Geduk 1881 20 000 Rieslingreben aus Deutschland importierte, schlug die Geburtsstunde der Weingüter von Abrau. Da die mineralische Zusammensetzung des Bodens und die klimatischen Verhältnisse denen in der Champagne ähnlich waren, beauftragte Zar Aleksandr III. Fürst Golicyn, in Abrau die Produktion von russischem Champagner in Angriff zu nehmen. Soldaten trieben Stollen in den Berg, französische Experten reisten an, und 1898 verließen die ersten 25 000 Flaschen unter dem Markennamen ›Abrau-Djurso‹ die Fabrik. Bei internationalen Auftritten wurde dem Abrau-Djurso viel Beachtung geschenkt.

Die Franzosen aber hüteten das Geheimnis des Benedektinermönches Dom Pérignon (1638–1715) in ihrem streng bewachten Labor. Die Arbeitsbedingungen für die Einheimischen von Abrau-Djurso waren miserabel, und Anfang des 20. Jahrhunderts streikten die in der Fabrik angestellten Russen. Einer der Streikführer war der Adlige Anton Frolov-Bagreev, ein Schüler Mendeleevs. Er wurde 1905 nach Sibirien verbannt, durfte sich dann auf der Krim niederlassen und kehrte 1918, nach der Flucht der Franzosen, nach Abrau-Djurso zurück. Hier vervollkommnete er nicht nur die von den französischen Experten angewandte ›klassische‹ Méthode champenoise, sondern entwickelte auch eine eigene Technologie, die Reservoirmethode. Muß ein ›echter‹ Champagner mindestens neun Monate in den Flaschen nachgären, braucht der Bagreevsche Champagner in großen Reservoirs unter Druck nicht mehr als drei Wochen. Dies ist das Geheimnis des ›Sovetskoe Igristoe‹. Zumindest waren die Preise nun für jeden Sowjetbürger erschwinglich.

In Abrau-Djurso aber wird auch weiterhin die Méthode champenoise gepflegt. Dabei füllt man für die besten Sorten mindestens drei Jahre alten Wein in einer speziellen Mischung in Flaschen ab, die mit einer speziellen Hefe versetzt und einem provisorischen Korken verschlossen werden. Die Flaschen befinden sich in den unterirdischen Stollen aufgereiht in Holzgestellen. In bestimmten Zeitabständen wird ihr Neigungswinkel vorsichtig per Hand korrigiert, bis sie in eine vertikale Lage kommen. Nun wird der Flaschenhals eingefroren, der provisorische Korken mit dem oben schwimmenden Satz entfernt und die Flasche mit einem echten Verschluß verkorkt. Die Champagner aus Abrau-Djurso haben insgesamt 148 Medaillen und drei Grand Prix auf internationalen Ausstellungen erworben.

Gegenwärtig werden jährlich etwa drei Millionen Flaschen nach der klassischen und sieben Millionen Flaschen nach der Reservoirmethode produziert. Seit einigen Jahren laufen Verhandlungen über einen Vertrieb des edlen Getränks auch in Deutschland, wo er in Zukunft dem Krimsekt Konkurrenz machen wird. Im werkseigenen Laden rechter Hand des Parkplatzes werden die ungefälschten Marken verkauft. Besonders zu empfehlen ist der ›Jubilejnoe‹ (Jubiläum), ein trockener oder halbtrockener Champagner aus den Sorten Chardonnay, Aligoté und Riesling und der ›Vyderžannoe‹ (gelagert), ebenfalls trocken oder halbtrocken, aus den gleichen Weinen unter Zusatz von Sauvignon, Pinot Blanc und Pinot France, was ihm ein eher blumiges Aroma verleiht.

Exkursionen nach Abrau-Djurso schließen die Möglichkeit einer Führung durch die Stollen und eine Degustation in einem der unterirdischen Säle ein. Dabei werden sechs Sorten angeboten.

In der Umgebung des Areals gibt es einige Restaurants. Am See warten ständig Kinder, die Rudertouren anbieten.

Von Abrau-Djurso kann man auf zwei Fahrwegen in Richtung Meer fahren – zu dem kleinen Süßwassersee Limančik und nach Južnaja Ozerevka (Südlicher See). Wer sich dorthin verirrt, hat die Welt hinter sich gelassen. Nur wenige Touristen verbringen hier ihren Urlaub. Das Meer und die Luft sind äußerst rein – hätte man noch vor einigen Jahren schreiben können. Das Erdölterminal entstand just in der Umgebung von Južnaja Ozerevka. Die Ölkonzerne versichern zwar, daß der Umweltschutz bei der Projektierung an erster Stelle stand, aber wer schenkt ihnen Glauben? Durch elastische Pipelines wird das Öl in die auf Reede liegenden Tanker gepumpt. Sollte doch einmal etwas passieren – die Folgen wären nicht auszudenken.

Vorwahl: 8617.

Hotel ›Izumrudnyj‹ (Smaragd), Tel. 281541.

Führung und Degustation in der Sektkellerei, Tel. 285870, 285405, www.abraudurso.ru (engl.); 10 Euro. Eine der Managerinnen von Abrau-Djurso, Ol'ga Akimovna, spricht auch deutsch.

Die Einsiedelei des Heiligen Feodosij

Verläßt man Novorossijsk auf der Straße in Richtung Krasnodar, gelangt man nach wenigen Kilometern an eine von der Polizei streng bewachte Gabelung. Nach links geht es nach Anapa, geradeaus weiter gen Krasnodar. Die Straße zur Hauptstadt des Kuban' überwindet einen Paß und senkt sich ins Tal der Bakanka. Die Luft ist immer stauberfüllt. Hier wird Mergel abgebaut und zu Zement verarbeitet. Bei der Produktion von einer Tonne Zement fallen 30 Kilogramm Staub an; früher waren es sogar 200. Zwei Millionen Tonnen werden jährlich im Umkreis von Novorossijsk produziert. Eine der größten Förderstätten und Zementfabriken befindet sich in dem Dorf Verchnebakanskij (Верхнебаканский, Oberes Bakansk).

Der Fluß Bakanka ist nach einem legendären kabardinischen Fürsten benannt, der in diesem Tal in einer Schlacht gegen die Krimtataren sein Leben ließ. In der Umgebung des Dörfchens Gornyj (Горный, das Bergige) ließ sich 1912 ein greiser Mönch nieder, der aus Jerusalem nach Rußland zurückgekehrt war, der 1998 heiliggesprochene Feodosij.

Der heilige Feodosij

Geboren wurde der spätere Mönch und Heilige 1841 in der Gegend von Perm', zu Füßen des Ural. Mit vier oder fünf Jahren lief er von zu Hause fort und versteckte sich bei Pilgern ins Heilige Land auf einem Lastkahn. Nach zwei Tagen erst entdeckten sie den Jungen. Er erzählte ihnen, er sei Waise und wolle mit ihnen reisen. So gelangte er in das 1080 gegründete russisch-orthodoxe Kloster auf dem legendären Berg Athos. Die Priester nahmen den schweigsamen Knaben bei sich auf und bildeten ihn aus. Volljährig geworden, beichtete er dem Abt, die Brüder über seine Herkunft belogen zu haben. Um Mönch zu werden aber brauchte er das Einverständnis der Eltern. Feodosij wurde die Lüge verziehen, und er erhielt die Erlaubnis, nach Rußland zurückzukehren. Die Eltern gaben ihren Segen, und Feodosij kehrte zurück auf den Berg Athos, wurde Mönch und begab sich dann nach Jerusalem, wo er lange Jahre dem russischen Kloster in der Heiligen Stadt vorstand. Er sprach 14 Sprachen und galt als einer der am besten gebildeten Mönche seiner Zeit. Im Alter von 70 Jahren kehrte er nach Rußland zurück und gründete die Einsiedelei in der Nähe Gornyjs.

In den 20er Jahren kamen die Menschen aus der nahen und fernen Umgebung zum ehemaligen Abt und suchten bei ihm Rat und Heilung. 1925, kurz vor Ostern – er hatte die Zeit vorausgesagt – wurde er verhaftet. Sechs Jahre verbrachte Feodosij als Häftling auf den Solovecker Inseln, ein Gefangenenlager in einem ehemaligen Kloster im Hohen Norden. Danach kehrte er in den Kaukasus, nach Mineral'nye Vody (Mineralwasser), zurück. Verstellt als Narr, half er auch dort den Menschen, wo er nur konnte.

Er sagte den Krieg voraus, rettete der Legende zufolge Dutzende Kinder in einem Kindergarten vor einem deutschen Luftangriff und überlebte als scheinbar Schwachsinniger die Zeit der Besatzung und die ersten Nachkriegsjahre. Am 8. August 1948 segnete er das Zeitliche und wurde in dem kleinen Dorf Krasnyj uzel, das sich schon bald in einen Pilgerort verwandelte, beerdigt.

Nach seiner Heiligsprechung ließ der Patriarch der russisch-orthodoxen Kirche die sterblichen Überreste Feodosis exhumieren. Sie befinden sich heute in einer Kirche unweit des Kurortes Mineral'nye Vody.

Die Quelle Johannes der Täufer im Tal von Neberdžaevka

Das kleine Tal zur Linken der Landstraße und Eisenbahnlinie, zu erreichen durch einen Tunnel unter dem Schienenstrang, ist einer der anmutigsten Flecken Erde an der gesamten Küste. Durch den Laubwald, dessen Boden von einem Teppich Immergrün bedeckt ist, das im Mai und Juni blau blüht, fließt ein Bach. Am Eingang zum Tal haben Mönche in den letzten Jahren eine neue steinerne Kirche errichtet. Sie selbst leben in dem Gebäude linker Hand. Gegenüber befindet sich eine kleine Kapelle an dem Ort, wo Feodosij seine Einsiedelei errichtet hatte. Das Bildnis auf der Ikone über ihrem Eingang ist ein Porträt des Heiligen. Das Wasser aus dem Brunnen ist Heilwasser, mit einem hohen Gehalt und einer spezifischen Mixtur verschiedener Minerale und Spurenelemente. Der Legende nach entsprang der Quell als Resultat der Gebete und Meditationen des Mönches.

Ein schmaler Pfad führt den Bach aufwärts. Unweit der Stelle, an der Feodosij am liebsten meditierte, steht ein kleiner Kerzenaltar. Etwa 100 Meter weiter befindet sich ein weiterer Ort für Gebete. Das Kreuz auf dem Stein ist ein Gedenken an jene Mönche, die nach der Verhaftung des Heiligen getötet wurden, weil sie ihrem Glauben nicht abgeschworen hatten. Hinter der Unterführung befindet sich rechter Hand im Gesträuch ein Häuschen, vor dem eine Bäuerin russische Prjaniki, eine Art Pfefferkuchengebäck, und frische, köstliche Rjaženka, eine russische Milchspezialität, verkauft.

Das Tal von Neberdžaevka

Einige Kilometer hinter Gornyj liegt das Dorf Nižnebakanskij (Нижнебаканский, Unteres Bakansk). Das besondere an diesem Ort ist die kleine Brauerei ›Diana‹ mit Schankraum, in der frisches Bier verkauft und getrunken wird.

Hinter Nižnebakanskij zweigt nach rechts eine Nebenstraße von der Straße nach Krasnodar ins Tal von Neberdžaevka (Неберджаевская) ab. Unweit des Abzweigs befand sich während des Kaukasuskrieges eine russische Garnison, der ›Jutrinsker Posten‹, der von den Adygeern 1862 nach heftiger Gegenwehr zerstört wurde. Ein Kreuz hinter der Brücke über das Flüßchen Bodjugo erinnert daran. Vor der nächsten Ortseinfahrt biegt man nach links ab und fährt weiter ins bewaldete Tal.

Es ist lange her, daß die Adygeer dieses Tal fürchteten wie den Tod. Ein räuberischer, blutrünstiger Adler, hieß es, töte jeden, der es betrete. Bis eines Tages ein Jüngling von stattlichem Wuchs heranwuchs, der keinen größeren Wunsch hegte, als das Geheimnis um den verwunschenen Ort zu lüften. Eines Tages wappnete er sich mit Schwert, Pfeil und Bogen und zog ins Tal. Nichts geschah. Erst als der Mond aufging, erschien am Himmel ein riesiger Schatten, dessen Schwingen die Luft schlugen wie ein Blasebalg. Der Adler kam näher und stürzte sich auf den Eindringling. Die Krallen drangen in den Körper des Kriegers. Er wehrte sich mit dem Schwert, traf den gewaltigen Vogel mit seinen Pfeilen, bis der Adler, mitten ins Herz getroffen, zu Boden fiel und seinen Bezwinger unter seinem mächtigen Leib begrub.

Nicht imstande, sich von der Last zu befreien, hauchte er sein Leben aus. So fanden ihn die Bewohner des Dorfes, die sich auf die Suche nach ihm aufgemacht hatten. Wie groß war ihre Verwunderung, als sie neben dem Toten schimmerndes Metall entdeckten. Das Geheimnis des Tals war gelüftet: Der schreckliche Adler war der Hüter des Silbers dieser Berge, und der Mut des Džigiten hatte die Bewohner des Dorfes in seinen Besitz gebracht. Und wirklich galten die Natuchajzer als hervorragende Silberschmiede.

Silber wird in der Gegend heute nicht mehr gefördert, aber das mit Ionen angereicherte Wasser aus drei Quellen an der Straße ist eines der weltbesten Mineralwasser. Die erste Quelle trägt den Namen Johannes des Täufers, die zweite ist nach Nikolaj dem Gerechten, einem in Rußland verehrten byzantinischen Heiligen, benannt, und die dritte, etwas abseits auf der anderen Flußseite liegende Quelle, heißt ›heilige Hand‹. An den beiden ersten wurden in den letzten Jahren kleine Kapellen errichtet. Bei Nikolaj dem Gerechten kann man nur trinken oder sich das Wasser in eigens mitgebrachte Flaschen füllen; der Name Johannes verpflichtet, und zu Füßen der kleinen Kapelle sammelt sich das eiskalte Wasser in einer Wanne, in der die Mutigen ein Bad nehmen.

Anapa und die Halbinsel Taman' bieten neben den Spuren einer langen Geschichte vor allem eine abwechslungsreiche Natur. Ein besonderes Vergnügen ist ein Bad in einem der Schlammvulkane. Einige der besten Weine Rußlands gedeihen in dem heißen und trockenen Klima der nördlichen Schwarzmeerküste.

Anapa und die Halbinsel Taman'

Anapa

Anapa (Анапа) beschließt im Norden den Reigen der Kurorte an der russischen Schwarzmeerküste. Der Magnet der Stadt sind vor allem die sich nach Norden auf 50 Kilometern und nach Süden auf 20 Kilometern erstreckenden Strände. Für alle Urlauber, die sich am Meer aalen und an den Abenden amüsieren wollen, ist Anapa mit seinen Sand- und Steinstränden ein Paradies. Jährlich kommen mehr als eine Million Touristen in die gerade einmal 66 000 Einwohner zählende Stadt. Ihnen stehen mehr als 200 Sanatorien und andere Kureinrichtungen offen.

Unterwegs mit Muscheltauchern bei Anapa

Aber Anapa bietet noch vieles mehr: Geschichte vor allem, außerdem höchst interessante Ausflugsziele und eine abwechslungsreiche Natur, Steilufer, Salzseen, die Hügellandschaften des auslaufenden Kaukasus, Wacholderschonungen und seltene Pflanzen. In der Umgebung der Stadt werden einige der besten russischen Weine gekeltert.

Anapa liegt exakt an der Grenze zwischen dem Kaukasus und der Kuban'-Azovschen Tiefebene, einer Steppenlandschaft. Die Berge in der Umgebung erreichen nicht mehr als 400 Meter Höhe; sie sind mäßig bewaldet, aber von dichten Flaumeichen-Hainbuchen-Gebüschen durchsetzt. In ihnen leben Wildschweine, Füchse, Hasen, Hirsche, Dachse, Waschbären und Bisamratten. In den wasserreichen Niederungen, am Meer und in der Umgebung der zahlreichen Brackwasserseen, brüten und rasten während der Zugzeit 180 Vogelarten, unter ihnen Raub- und Flußseeschwalben, Silbermöwen sowie Kormorane. Im Winter, bei plötzlichen Frosteinbrüchen lassen sich in der Bucht von Anapa ganze Schwanenschwärme nieder.

Die Sommer in Anapa sind heiß und trocken. Gemessen an den jährlichen Sonnentagen, es sind 270, ist der Kurort der reichste an der gesamten Küste. Die etwas mehr als 400 Millimeter Niederschlag im Jahr fallen vornehmlich im Winter und in der Regel als Regen. Der ungemütlichste Monat ist der März, der angenehmste der September. Das Wasser in den Buchten um Anapa erwärmt sich durchschnittlich auf 24, in sehr heißen Sommern auf bis zu 28 Grad und kühlt sich allmählich ab. Die Badesaison währt von Ende Mai bis Anfang Oktober.

Erholen aber kann man sich in Anapa das ganze Jahr über. In der Nähe der Stadt befinden sich einige Heilquellen. Das Wasser von Semigor'e (Siebenbergen), einer Hügellandschaft längs der Straße nach Krasnodar und Novorossijsk, wird in den Sanatorien für Trinkkuren, Unterwassermassagen und Inhalationen verschrieben. Neben der Sonne ist der größte Schatz von Anapa der Heilschlamm, der sowohl in den Brackwasserseen längs der Küste als auch aus den Schlammvulkanen auf der Halbinsel Taman' gefördert und mit speziellen Verfahren angereichert wird. Und, natürlich, der Wein: Sowohl die unvergorenen Trauben als auch die Weine aus der Umgebung werden für spezielle Kuren verschrieben. Die Sanatorien von Anapa sind vornehmlich spezialisiert auf den Stützapparat, allgemeine Kuren zur Rehabilitation nach schweren Krankheiten und zur Stärkung des Immunsystems, auf Nervenleiden, auf Probleme mit dem Verdauungstrakt und den Atemorganen.

Auch in kultureller Hinsicht hat Anapa neben seinen Museen einiges zu bieten. Im Verlauf der gesamten Saison finden Festivals und andere Events statt: In Vitjazevo, 20 Kilometer nördlich von Anapa, treffen sich von Juni an bis in den August hinein Künstler aus Rußland, Österreich und den USA, die am Strand Skulpturen aus Sand errichten, Ende Juni/Anfang Juli erlebt Anapa seit 2003 eine Show von Wasserflugzeugen, Mitte Juli folgt ein Kunstfestival, und Ende Juli/Anfang August reisen Kinder-Kosakenensembles aus dem ganzen Land an. Ende August/Anfang September geben sich Jazzer ein Stelldichein, ihnen folgen die Filmemacher, und im September und Oktober wird der junge Wein gefeiert, bis er ausgetrunken ist.

Anapa ist anders als alle anderen Kurorte an der Küste. Es ist, als ginge es sorgloser und ausgelassener zu und zugleich ruhiger und behaglicher als anderswo.

Unterkunft findet man überall und zu jeder Zeit. Am Busbahnhof stehen mehrere Stände, an denen Übernachtungsmöglichkeiten in allen Preislagen angeboten werden, egal ob im Zentrum oder am Pionerskij prospekt, der sich mehrere Kilometer längs des Strandes nach Norden erstreckt. Zugleich werden Exkursionen zu den verschiedenen Ausflugszielen angeboten.

Wer rechtzeitig ankommt, das Gepäck in der Aufbewahrung läßt, die bis 20 Uhr geöffnet ist, und einfach nur durch die Straßen des Zentrums oder entlang des Pionerskij prospekts läuft, wird ebenfalls mit großer Sicherheit eine Unterkunft finden. Und letztendlich bleibt die empfehlenswerte Variante, sich im voraus über den Kontakt mit einer der Reiseagenturen vor Ort in Verbindung zu setzen.

Da Anapa dem internationalen Tourismusbusiness bisher so gut wie unbekannt ist, können die Reiseagenturen wenig auf professionelle Dolmetscher zurückgreifen. Wer also in den nächsten Jahren Anapa als Individualtourist besucht, betritt Neuland.

Geschichte

Anapa liegt an der Grenze zwischen den südrussischen Steppen und dem Kaukasus. Asien und Europa treffen aufeinander. Kimmerer, Skythen, Sarmaten, Sindhen, Alanen, Griechen, Römer, Goten, Hunnen, Bulgaren, Mongolen, Tataren, Osmanen, Russen haben ihre Spuren hinterlassen. Die Reiche bröckelten an den Rändern, und neue Machtkonstellationen brachten Krieg und Zerstörung zwischen Perioden der relativen Ruhe. Von Anapa bis Taman' auf der gleichnamigen Halbinsel haben Archäologen an Dutzenden Orten Spuren der Geschichte gesichert. Einige von ihnen kann man besichtigen.

Einig sind sich die Historiker mehr oder weniger darüber, daß sich am Steilufer des heutigen Anapa viele Jahrhunderte vor Christi Geburt eine Siedlung der Meothen befand. Im 6. Jahrhundert vor Christus tauchten in der Region die ersten Griechen aus Kleinasien auf. Die griechischen Handelskolonien schlossen sich 480 vor Christus zum Bosporusreich zusammen, das über Jahrhunderte die Geschicke der Region bestimmte. Das Territorium des Bosporusreiches grenzte an die Siedlungsgebiete der Meothen. Allem Anschein nach kamen die pragmatischen Griechen recht gut mit ihren Nachbarn aus. Sicher ist, daß die Griechen auf dem Stadtgebiet Anapas seit dem 5. Jahrhundert siedelten. Ihrer Stadt gaben sie den Namen Gorgippia, nach Gorgipp, dem Sohn eines der Zaren des Reiches. Teile der Siedlung wurden ausgegraben und sind heute Bestandteil des Archäologischen Museums von Anapa.

Im 1. Jahrhundert vor Christus wurde Gorgippia dem Pontischen Reich tributpflichtig und fiel 200 Jahre später an die Römer. In der zweiten Hälfte des 3. Jahr-

Landschaft bei Anapa, im Hintergrund Fort Utriš

hunderts zerstörten kriegerische Steppennomaden, wahrscheinlich die Goten, Gorgippia bis auf die Grundmauern. Unter dem Ansturm der Hunnen und anderer Nomadenvölker brach das ehemalige Bosporusreich endgültig zusammen. Auch die Meothen, die als erste in dieser Gegend dem Hunnensturm zum Opfer fielen, verschwanden – zumindest unter diesem Namen – von der Bildfläche der Geschichte. Römische Geschichtsschreiber erwähnten ab dem 5. Jahrhundert das aus mehreren Stämmen bestehende Volk der Sikh, das am Schwarzen Meer zwischen der Cemessker Bucht und Pizunda siedelte. Zwischen dem 6. und 8. Jahrhundert stand die nördliche Küste des Schwarzen Meeres unter dem Einfluß von Byzanz. An der Wende zum 2. Jahrtausend nach Christus geriet die Halbinsel Taman' unter slawischen Einfluß. Das von den Kievern gegründete Tmutarakaner Fürstentum etablierte sich als Nachbar der Sikh.

Nach den Mongolen kamen die Genueser und gründeten auf dem Territorium des heutigen Anapa eine befestigte Faktorei, die sie Mapa nannten. Von hier aus begann die ›Straße von Genua‹ in den Kaukasus, ans Kaspische Meer und weiter nach Persien, Indien und China. Ende des 15. Jahrhunderts fiel die gesamte Nordküste des Schwarzen Meeres an die Türken. Aus der genuesischen Handelsniederlassung wurde die türkische Festung Anapa.

Die adygeische Übersetzung des Wortes ›Anapa‹ lautet ›Rand eines Tisches‹ – ein Stadtteil der Stadt liegt auf einem Hochplateau, das geologisch gesehen zum Kaukasus gehört, der andere in der Tiefebene am Meer.

Jahrhundertelang kämpften die Russen vergeblich um einen Zugang zum Schwarzen Meer, der ihnen durch die Vernichtung Tmutarakans seitens der Mongolen genommen worden war. Zwischen 1787 und 1791 stürmten russische Truppen dreimal die türkische Festung Anapa. Erst der dritte Versuch hatte Erfolg. Die Eroberer schleiften die Festungsmauern und zerstörten die Gebäude. Ein russisch-türkischer Friedensvertrag machte die Türken erneut zu Hausherren in Anapa. Mit dem Friedensvertrag von Adrianopel (1829) fiel die Stadt endgültig an Rußland.

In den ersten Jahrzehnten nach dem Abzug der Türken war der Ort nicht mehr als ein staubiges, armseliges Dorf ohne erkennbare Straßen. Ständig bedroht durch Angriffe seitens der Adygeer, verließen die Bewohner die befestigte Siedlung nie ohne militärischen Schutz. Erst zwei Jahre nach Beendigung des Kaukasuskrieges erhielt Anapa endgültig das Stadtrecht.

In den 70er Jahren des 19. Jahrhunderts wurde der Weinanbau schnell zu einem wichtigen Wirtschaftszweig. In diesem Zusammenhang spielte Dmitrij Pilenko, der zu jener Zeit der Kommandant des Schwarzmeerbezirkes war, eine herausragende Rolle. In seinen letzten Lebensjahren widmete sich Pilenko ausschließlich seinen beiden Gütern Džemete (im Norden, am heutigen Pionerskij prospekt) und Čan-Čokrak (Goldene Quelle). Die Pilenkoweine wurden geschätzt. Sein Sohn Jurij setzte nach einer Karriere als Friedensrichter die Familientradition fort. Jurij Pilenkos Tochter Elizaveta ging als Mutter Maria in die Geschichte ein (siehe auch Seite 329).

Ende des 19. Jahrhunderts etablierte sich Anapa als Urlaubsort für mehr oder weniger Wohlhabende aus dem Kuban'. Sommerhäuser entstanden; wie auch heute vermieteten die Bewohner von Anapa Ferienwohnungen oder -zimmer. Doktor Vladimir Budzinskij, der sich auch um den Kurort Gelendžik verdient gemacht hat, gründete Anfang des 20. Jahrhunderts mehrere Sanatorien, zwei am Meer und drei (1913) zu Füßen der ›Sieben Berge‹. Von letzteren sind nur die Bäume der schattigen Allee zurückgeblieben, die methanhaltige Quelle und in der Nähe ein Eichenhain, dessen ältester Baum mehr als 600 Jahre alt ist. Dr. Budzinskij war einer jener Ärzte, die ihr ganzes Leben dem Dienst am Menschen widmeten. Praktisch aus dem Nichts schuf er die Grundlagen für den Kurort Anapa und wurde 1914 zum Ehrenbürger gekürt. Er starb 1923 an einer schweren Diabetes. Ein Denkmal für den Doktor steht vor dem Sanatorium ›Kuban'‹ in der ul. Kuban'skaja.

Den Bürgerkrieg überlebte die Stadt mehr oder weniger unbeschadet. Durch ein 1921 erlassenes Dekret über die Schaffung von Erholungsmöglichkeiten für die vom Krieg erschöpften Kinder erhielten im gleiche Jahr 55 000 Kinder die Gelegenheit, nach Anapa zu fahren. Acht Jahre später bereiste eine spezielle Kommission die gesamte Schwarzmeerküste und kürte Anapa zum Kinderkurort. Bis zum Beginn des Zweiten Weltkrieges entstanden 22 Pionierferienlager.

Während des Krieges besetzten deutsche und rumänische Truppen Anapa. Bei ihrem Rückzug im Herbst 1943 sprengten sie nahezu alle Kureinrichtungen und verminten den Strand. Über die Hügelketten des Kaukasusvorlandes zog sich ein Netz von Verteidigungsstellungen, an der die Wehrmacht die sowjetischen Truppen aufzuhalten gedachte. Der Sturm begann im September 1943. Knapp einen Monat später war der Kubanbrückenkopf in sowjetischer Hand.

Die Wiederaufbauarbeiten nach dem Krieg währten zwei Jahrzehnte. Ende der 60er Jahre erhielt Anapa eine Wasserleitung, und seitdem boomt die Stadt als eines der beliebtesten Urlaubszentren des Landes.

Ein Stadtrundgang

Einen Stadtrundgang beginnt man am besten am Busbahnhof, hinter dem sich das Marktviertel befindet. Vorsicht, Taschendiebe! Gegenüber dem Busbahnhof befinden sich einige Weinläden, in denen man die verschiedenen Sorten, die in der Regel aus Fässern verkauft werden, auch degustieren kann. Das kleinste Maß mißt 50 Milliliter und muß in jedem Fall bezahlt werden. Generell gilt: die besten Degustationsstätten sind die, die einer bestimmten Kelterei gehören und nur von dieser beliefert werden.

Die Orientierung in Anapa fällt leicht. Die Straßen der Stadt sind im Schachbrettmuster angelegt. Vom Busbahnhof am einen bis zum Leuchtturm am anderen Ende braucht man gemächlichen Schritts nicht mehr als eine knappe Stunde, entlang von zumeist alten ein- oder zweistöckigen Häusern.

Die übernächste Straße linker Hand vom Busbahnhof ist die ul. Krymskaja. Über sie gelangt man nach rechts in etwa 15 Minuten an die Kreuzung mit der ul. Krasnodarskaja. Kurz vor der Kreuzung versteckt sich hinter einem kleinen Platz auf der linken Seite die Hauptpost; einige Schritte nach links in der ul. Krasnodarskaja befindet sich auf der rechten Seite das beste Internetcafé der Stadt. Hat man die Kreuzung überquert, schließt sich rechter Hand an der ul. Krymskaja in einem Park das Gebäude der Stadt- und Gebietsverwaltung an. Der Haupteingang befindet sich auf der gegenüberliegenden Seite an einem großzügigen, von Fichten gesäumten Platz mit einem riesigen, sehr schönen Blumenrondell in seinem Zentrum. Vom Haupteingang geradezu gelangt man durch den zentralen Lenin-

Vergnügungspark direkt zur Uferpromenade am Meer. In der Nebenstraße, die nach rechts direkt vom Platz abzweigt, befindet sich an der nächsten Straßenkreuzung ein kaukasisches Restaurant [6] unter freiem Himmel mit recht guter Küche.

Geht man nun aber nach links, entlang der ul. Gor'kogo, kommt man zur ul. Astrachanskaja, die an einem belebten Platz ihren Anfang nimmt. Wer gut und

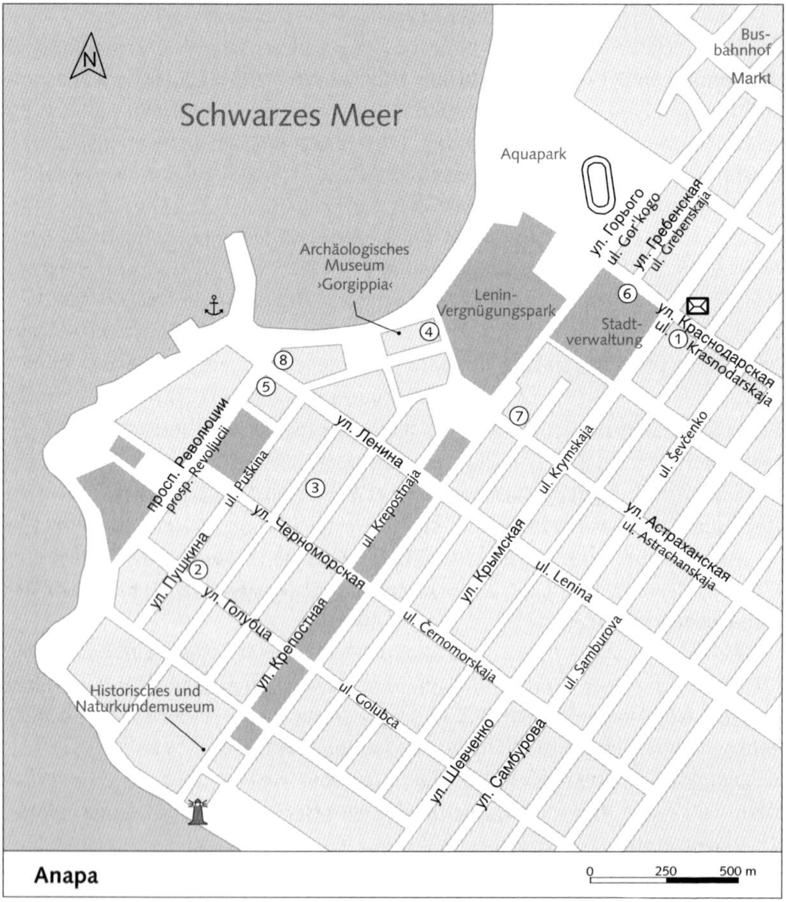

Anapa

Legende

1 Internetcafé
2 Sanatorium ›Di Luč‹
3 Sanatorium ›Nadežda‹
4 Hotel ›Park‹
5 Hotel ›Anapa-Okean‹
6 Kaukasisches Restaurant
7 Restaurant ›Traktir‹
8 Lenin-Kelterei

stilvoll essen möchte, findet hier eines der besten Restaurants an der ganzen russischen Schwarzmeerküste mit noch dazu moderaten Preisen. Das Etablissement trägt den Namen ›Traktir‹ [7] – ein altes russisches Wort für Schenke, Wirtshaus – und besteht aus einem Café mit leckerem Gebäck und diversen Kaffee- und Teekreationen sowie einem Restaurant.

An der Ecke der ul. Gor'kogo und ul. Astrachanskaja befindet sich ein kleiner Platz mit einer Freilichtbühne und einem Kulturhaus, auf dem in den Abendstunden oft Konzerte stattfinden. Vom Lenindenkmal nimmt die ul. Krepostnaja ihren Anfang, ein breiter Boulevard mit einem Grünstreifen unter Akazien. In den Sommermonaten tummeln sich hier oft Trickbetrüger, die den naiven Passanten das Geld aus der Tasche ziehen. Es ist ein schöner Spaziergang von hier aus bis zum Steilufer. Fast am Ende des Boulevards stößt man auf das Historische und Naturkundemuseum mit einer sehenswerten Sammlung.

Den Boulevard beschließt der 1898 eingeweihte Leuchtturm. Ein paar Schritte weiter und man hat aus einer Höhe von 30 Metern über dem Meer einen phantastischen Blick auf die Steilküste in Richtung Süden. Einst befand sich hier, direkt am Abhang, ein Friedhof, von dem nur einige uralte Grabplatten und Kreuze erhalten geblieben sind. Man wende sich nun nach rechts entlang der Uferpromenade über dem Meer. Das ältere Gebäude auf der rechten Seite, im an die Art Nouveau angelehnten Stil, ist das erste, von Dr. Budzinskij gegründete Sanatorium der Stadt.

Auf den Fußwegen findet man allerorts mit Kreide gemalte Liebeserklärungen an Anapa. Dann die Skulptur einer Eule und hinter dem effektvollen Abstieg zum Strand Malaja Buchta (kleine Bucht) die Büste einer Frau, E. Cotton, die in der internationalen kommunistischen Frauenbewegung aktiv war. Ihr gegenüber befindet sich das Restaurant ›Kovčeg‹ (Arche).

Von hier aus kann man seinen Weg entweder am Ufer fortsetzen, oder man läuft über den prospekt Revoljucii, an dem sich ein Park in Gedenken an jene Einwohner von Anapa befindet, die an der Beseitigung der Folgen von Naturkatastrophen oder technischer Havarien teilgenommen haben. Am Prospekt liegt auch das Sanatorium ›Di Luč‹ [2]. An der Ecke pr. Revoljucii und ul. Lenina lädt einer der besten Weinproduzenten, die Lenin-Kelterei [8], in einem Kellergewölbe zu Degustationen ein.

Bis zum Hafen sind es nur ein paar Schritte, und nach rechts gelangt man auf die Fortsetzung der Uferpromenade. Dort befindet sich das Archäologische Museum und hinter ihm das Hotel ›Park‹ [4]. An dieser Stelle endet das Plateau. Über eine Treppe gelangt man in den ›ebenerdigen‹ Teil von Anapa. Rechts liegt der Lenin-Vergnügungspark, geradezu gelangt man zum Aquapark, einem der modernsten an der Küste, der bis in die späten Nachtstunden geöffnet ist. Am billigsten ist ein Besuch in den Mittagsstunden.

Das Archäologische Museum

Das Archäologische Museum von Anapa ist unbedingt einen Besuch wert. Auf dem Hof befinden sich die Grundmauern, des in den 60er Jahren ausgegrabenen Gorgippia, der griechischen Stadt, die vom 4. Jahrhundert vor bis zum 3. Jahrhundert nach Christus eine der wichtigsten Städte des Bosporusreiches war.

Gorgippia erstreckte sich auf einer Fläche von 40 Hektar, war also vierzigmal so groß wie die hier ausgegrabenen Fundamente. Es finden sich Mühlsteine, Vorrichtungen zur Kelterung und Lagerung von Wein und Weizen, neben Fisch die beiden Exportschlager Gorgippias. Die Häuser standen auf Grundflächen von 70 bis 400 Quadratmetern. Zwischen ihnen verliefen Straßen, die teilweise mit Bürgersteigen versehen waren.

In den letzten Jahren fanden in der Ruinenlandschaft zur Eröffnung der Kursaison öfter Gastspiele des Balletttheaters von Krasnodar statt, eines der besten in ganz Rußland.

Hinter dem Hauptgebäude, in einer Ecke, befindet sich ein unscheinbares Häuschen, in dem die wichtigsten Exponate der archäologischen Sammlung ausgestellt sind. Die Kultur der Bosporaner, die von Gorgippia eingeschlossen, war synkretistisch, vereinigte in sich also verschiedene Einflüsse – der Griechen, der Meothen, der Skythen und anderer Völker. Das wird auch anhand der Exposition deutlich. Im ersten Saal, links vom Eingang zum Beispiel, ist die steinerne Statue eines Herrschers des Bosporusreiches ausgestellt, der um den Hals einen Anhänger mit Ochsenkopf, dem Symbol ›barbarischer‹ Urgewalt, trägt. Die Tafel mit den Schriftzügen ist die Kopie eines Gedenksteines des ältesten Sohnes von König Neoklos für seinen Vater. Das Original stammt aus dem Jahr 186 vor Christus und befindet sich im Puškinmuseum von Moskau. Der Frauenkopf rechts davon ist das Abbild einer Sindhfrau in Plissee mit einer Kapuze. Die meisten Kleidungsstücke der Sindhen hatten Kapuzen zum Schutz vor den eiskalten Winden im Winter. In der Vitrine daneben befinden sich Fragmente von Aphroditestatuetten. Sie sind aus Marmor und wurden aus Griechenland importiert. Manche Quellen berichten von einem gewaltigen Tempel der Aphrodite bei Anapa. Möglich, daß er in den Jahrhunderten zerstört und der Marmor fortgetragen wurde. Die vielen kleinen anderen Skulpturen von Dionysos, Hermes, Demeter und anderen sind Arbeiten hiesiger Meister.

In den anderen Sälen befinden sich Kriegsgerät und Schmuckgegenstände, Funde aus Glas und Keramik, Arbeiten aus Bronze und Exponate aus vorgriechischer Zeit.

Im Hauptgebäude des Museums links vom Haupteingang befinden sich noch andere Ausstellungsräume. Einer von ihnen ist der berühmtesten Frau von Anapa, Elizaveta Jurevna Pilenko, gewidmet.

Mutter Maria

Geboren 1891 in Riga, verbrachte Elizaveta Pilenko ihre frühe Jugend in St. Petersburg, wo sie enge Beziehungen zu den Dichtern und Philosophen des Silbernen Zeitalters unterhielt. Sie, die 15jährige, verehrte Aleksandr Blok, den 25jährigen, und dieser verehrte sie. Schon früh beschäftigte sie sich mit religiösen Themen, schrieb auch, beeinflußt von Blok, drei Bücher. Mit 18 heiratete sie ihren ersten Mann, einen Juristen.
Die Ehe hielt nicht lange, und sie ließ sich mit ihrer Tochter Gajana in Anapa nieder.
Als sich in Anapa die Sowjetmacht etablierte, wurde Elizaveta als Sozialrevolutionärin Bürgermeisterin. Das Gut ihres Großvaters Tchan-Tchokrak verschenkte sie an die Bauern, mit der Auflage, dort eine Schule zu errichten. Dann vertrieben die Denikinschen Kosaken die ›Roten‹ und verhafteten Elizaveta als Kollaborateurin. Sie entkam zwar dem Galgen, wurde aber in Ekaterinodar (Krasnodar) angeklagt. Ihr drohte die Todesstrafe. Der Richter, Danil Skobcov, jedoch begnadigte sie und wurde zwei Wochen später ihr zweiter Ehemann. Nun war Elizaveta auch der neuen Macht suspekt, und sie floh 1920 mit ihrem Gatten und ihren beiden Töchtern aus erster und aus zweiter Ehe über Konstantinopel nach Paris. Auf der Flucht wurde ihre dritte Tochter, Nastja, geboren, die im Alter von zwei Jahren starb.
Im Exil widmete sich Elizaveta nun ganz jenen russischen Emigranten, die auf den untersten Stufen der Gesellschaft angelangt waren. Sie hatte ihre Mission gefunden und ließ sich Ende der 20er Jahre deshalb im gegenseitigen Einverständnis von ihrem Mann scheiden, um Nonne zu werden – Mutter Maria. Mitte der 30er Jahre starb ihre Tochter Gajana, die aus dem Pariser Exil in die Sowjetunion zurückgekehrt war. Dann besetzten die Deutschen Frankreich. Mutter Maria schloß sich der Resistance an. Sie, ihr Sohn Jurij und ihr engster Mitarbeiter, Pater Dmitrij Klepenin, fielen 1943 der Gestapo in die Hände. Alle drei werden ermordet, Mutter Maria wenige Wochen vor Kriegsende im KZ Ravensbrück. 1982 drehte das sowjetische Filmstudio ›Mosfil'm‹ einen Film über sie, mit Dieter Mann in einer der Hauptrollen. Die Nachkommen der Familie Pilenko, die alle emigriert waren, trafen sich 2000 erstmalig in Anapa.

Der Mutter Maria gewidmete Saal ist eine Behelfslösung. Seit Jahren kämpfen die Mitarbeiter um ein Museum für diese mutige Frau, über ihr Leben und die vielen kulturellen und geistigen Impulse, die es leiteten. In dem Raum zu ihrem Gedenken befinden sich Fotos von Blok, vom Heiligen Feodosi, aus Elizavetas St. Petersburger und Pariser Zeit, Stickereien, die sie angefertigt hat, ein kleiner Altar und zeitgenössische Bilder im religiös-folkloristischen Stil.

In der Nähe des Archäologischen Museums befinden sich die ›Russkie Vorota‹ (Russisches Tor), die einzigen Überreste der türkischen Festung, und neben ihr einige Kanonen, deren Rohre von den vor der Kamera posierenden Touristen blankgerieben sind.

In den Abendstunden verwandelt sich Anapa in einen Jahrmarkt: Karussells, ein Riesenrad, eine Achterbahn, Rummelbuden, Breakdancer, Fotostände mit kitschigen Kostümen, Kutschfahrten. Meist russischer Pop dröhnt aus Dutzenden Boxen.

Gorgippias Grundmauern – Archäologisches Museum

Vorwahl: 8 61 33.

Internetcafé [1], ul. Krasnodarskaja; tägl. 9–23 Uhr, etwas mehr als 1 Euro/Std. An der Ecke ul. Krysmkaja, einige Schritte stadtauswärts auf der rechten Straßenseite.

Anapa besitzt einen eigenen internationalen Flughafen, der sich bei Vitjazevo, 15 km vom Stadtzentrum, befindet. Man gelangt von ihm zum Zentrum mit dem Bus, der maršrutka oder dem Taxi (max. 10 Euro). Alternativ kommt auch der Anflug über Krasnodar (150 km) in Frage.

Seit einigen Jahren besitzt die Stadt auch einen eigenen Bahnhof, aber nur wenige Züge fahren direkt nach Anapa. Wer mit dem Zug nach Novorossijsk anreist, fährt entweder bis zum Endbahnhof und von dort aus weiter mit dem Bus, der maršrutka oder dem Taxi bis zur Station ›Tonnel'naja‹ vor Novorossijsk, von der aus man ebenfalls in ca. einer Stunde nach Anapa gelangt.

Vom Busbahnhof unweit des Zentrums fahren Busse in alle Orte an der Küste bis nach Soči sowie in die großen Städte im Nordkaukasus und nach Norden. Man kann auch das Glück haben, mit einem Sammeltaxi ans Ziel zu kommen.

Funktaxi: ›Taksi na Krepostnoj‹, Tel. 5 47 64, 5 88 22.

Hotel ›Anapa-Okean‹ [5], ul. Puškina 19, Tel. 4 68 51; DZ 30 Euro/Pers.

›Park-Otel'‹ [4], ul. Naberežnaja 8, direkt im Zentrum von Anapa, in der Nähe des Archäologischen Museums, Tel. 5 83 20, park-hotel@mail.ru, park-hotel-anapa.ru; DZ ab 120 Euro, inklusive Frühstück.

Minihotel ›Kristina‹, ul. Krasnodarskaja 14, www.kristina.anapa.net.ru; ab 10 Euro/Pers. 500 Meter vom Stadtzentrum. In der Nähe befindet sich das Sanatorium ›Di Luč‹; auf Wunsch kann man sich dort kurmedizinisch behandeln lassen.

Minihotel ›Pesčanyj‹ (Das Sandige), in Džemete, ul. Pesčanaja 2, Tel. 3 38 63, 918/4 33 36 36, www.pansion.h10.ru.

▶ Sanatorien:

Es gibt Dutzende Sanatorien. Die folgenden sind nach Einschätzung der Kurverwaltung die besten:

›Ural‹, Tel. 3 30 27, 3 31 29. Spezialisiert auf die Atemwege – Bronchien und Asthma, den Stützapparat und das Nervensystem. Geschlossenes und offenes Schwimmbecken mit erwärmtem Meerwasser.

›Rodnik‹ (Quelle), Tel. 3 37 53, 3 31 27. Bei den Behandlungen, vor allem des Stützapparates, kommen Mineralwasser zum Einsatz, die denen von Macesta ähnlich sind.

›Mečta‹ (Traum), Tel. 3 39 07, 3 36 75. Gilt als das Sanatorium mit den besten Schlammbädern in Anapa.

›Rossijanka‹, Tel. 3 37 37. Neben der Standardbehandlung auch Durchführung von endoskopischen Eingriffen und Untersuchungen.

Diese vier Sanatorien liegen alle am Pionerskij pr. und unterscheiden sich nur wenig voneinander.

›Di Luč‹ (D-Strahl) [2], ul. Puškina 22, Tel. 5 09 65, www.sanatorium.com.ru (russ.). Direkt im Stadtzentrum, verfügt über modernstes medizinisches Gerät und gilt in dieser Hinsicht als eines der besten Sanatorien Anapas.

›Nadežda‹ (Hoffnung) [3], Tel. 4 57 85; 3 Wochen Kuraufent-

halt im EZ 1000 Euro (August), im Januar etwa die Hälfte. An einem stillen Ort im Zentrum der Stadt; spezialisiert auf die Behandlung von Diabetes.
›Vitjaz'‹ (Recke), in Vitjazevo, Tel. 7 37 77; 3wöchiger Aufenthalt ab 700 Euro. Gehört dem staatlichen Ölkonzern ›Gazprom‹, an einem der ökologisch reinsten Orte an der Küste. Hervorragende medizinische Ausrüstung.
›Sputnik‹, Pionerskij pr. 2; zweiwöchige Kur in der Hochsaison 370 Euro. Das Sanatorium ist besonders beliebt bei der künstlerischen Bohème.
Restaurant ›Traktir‹ [7], in der ul. Astrachanskaja 3.
Historisches und Naturkundemuseum, ul. Krepostnaja, Tel. 5 04 57; tägl. 9–18 Uhr.
Archäologisches Museum, Tel. 4 31 54, museum-anapa@yandex.ru; Di–So 9–18 Uhr.
Es gibt einige im Internet agierende Firmen, die Onlinebuchungen für Unterkünfte und Kuraufenthalte entgegennehmen. Die Wahrscheinlichkeit einer Antwort auf englisch- oder deutschsprachige Anfragen ist groß.
›Turizm i Otdych‹ (Tourismus und Erholung), www.anapatravel.ru.
›Kur'er‹ (Kurier), www.anapa-kurier.ru.
›Kurort-Service-Anapa‹, www.anapa-servis.ru.
›Lazurnyj Briz‹ (Lasurfarbene Brise), www.chts.ru.
›IVA‹, www.iva.anapanet.ru
Überall in der Stadt verkaufen auf Exkursionen spezialisierte Agenturen darüber hinaus Tickets für Ausflüge in die nähere und fernere Umgebung.
›Černomorskie Kurorty‹ (Schwarzmeerkurorte), Tel. 5 76 36, 918/3 71 14 00 (Oksana Ivanovna). Organisation von Exkursionen, Tauchsport mit Unterwasserfotos, Bootsfahrten, sehr gute Reiseleiter, auch fremdsprachige Betreuung.
›Sakvoyage‹, Tel. 4 68 92, 3 14 80, usb@anapanet.ru.
›Al'batros‹, ul. Krasnoarmejskaja 9, Tel. 4 02 84.
›Anapa-Turist‹, ul. Naberežnaja 3, Tel. 4 01 65.
›Bjuro Putešestvij i Ėkskursij‹ (Büro für Reisen und Exkursionen), ul. Taman'skaja 24, Tel. 5 45 10, 5 44 19, 5 02 69.
›Odisseja‹, ul. Parkovaja 64, Tel. 5 44 08.
›Centr Turizma i Otdycha‹ (Zentrum für Tourismus und Erholung), ul. Krasnoarmejskaja 13, Tel. 5 66 86.
›Sputnik‹, ul. Lenina 14, Tel. 4 60 48.
›Sindžika‹, ul. Lenina 4, Tel. 1 12 31.

Zentrum von Tuapse
Küste bei Taman'; An der Uferpromenade von Soči

Nördlich von Anapa

Gen Norden schließen sich die Strände von Anapa an, die den Ruhm des Kur- und Badeorts begründen. Sie bestehen aus zermahlenem Quarzgestein, das der Kuban in Jahrtausenden angeschwemmt hat. 50 Kilometer reichen die Strände, bis zum Kap Železnyj Rog (Eisernes Horn) an der Grenze des Schwarzen zum Azovschen Meer. Dieses Kap besteht stellenweise zu mehr als 30 Prozent aus Eisen, das noch bis in die 30er Jahre des 20. Jahrhunderts manuell abgebaut wurde. Es erhebt sich etwa 60 Meter über das Meer. Einige Reiseagenturen bieten Exkursionen zum Kap an.

An manchen Stellen sind die Strände bis zu 600 Meter breit. Die Wassertiefe sinkt allmählich. In der näheren Umgebung der Stadt ist ein Bad nur in den frühen Morgenstunden ein Vergnügen. Später paßt der eigene Leib kaum noch zwischen die der anderen eingeölten Sonnenhungrigen. Dementsprechend ist das Wasser. Je weiter von Anapa entfernt, desto ruhiger geht es zu.

Die Chaussee, die von Anapa nach Norden führt, heißt Pionerskij prospekt (Prospekt der Pioniere). Direkt am Strand reiht sich ein Kinderferienlager an das andere, so daß man kaum einen Zugang findet. Wer in einem der Orte, die am Prospekt ineinander übergehen, Bimljuk und Džemete (Бимлюк/Джемете), Quartier genommen hat, wird sich zeigen lassen müssen, wo man am besten baden kann.

Die erste eigenständige Siedlung hinter Anapa ist Vitjazevo (Витязево). Kurz vor dem Ort endet der Pionerskij prospekt. Benannt ist das von armenischen Umsiedlern gegründete Dorf nach einem Major, der sich Anfang des 19. Jahrhunderts durch seinen Heldenmut in einem der russisch-türkischen Kriege hervortat. In Vitjazevo befindet sich auch ein Zentrum der deutschen Kultur. Die meisten der Erholungsheime und Sanatorien befinden sich etwa 500 Meter, einige bis zu zwei Kilometer entfernt vom Strand, der hier bis zu 120 Meter breit und dennoch im Hochsommer übervölkert ist. Dutzende Bistros in Strandnähe versorgen die Urlauber. Zwischen Anapa und Vitjazevo verkehren Busse und maršrutki.

Blagoveščenskaja (Благовещенская) ist der nächste Kurort; sieben Kilometer phantastischer Strände, an denen sich die Erholungsheime befinden. Der Ort selbst liegt ein bis zwei Kilometer im Landesinnern.

Nur noch fünf bis zehn Kilometer bis zum ›Eisernen Horn‹ sind es vom Kurort Jantar' (Янтарь, Bernstein), der am Soljanoe ozero (Salzsee) liegt. Dieser ist Teil einer Landschaft aus Brackwasserseen, die einmal das gesamte Territorium

Bahnhof von Chosta
Blick vom Achun auf den Kaukasus

Die Küste südlich von Anapa

jenseits des Strandes im Landesinnern bedeckt haben. Als der Kuban' seinen Lauf änderte, versandeten sie teilweise. Der See mißt etwa 1500 Meter in der Länge, einen Kilometer in der Breite und ist nur etwa einen Meter tief. Bis 1952 wurden hier jährlich 20 000 Tonnen Salz gewonnen. Heute ist er ein wertvolles Reservoir für Heilschlamm, der für die Sanatorien von Anapa gefördert wird. Der Ort Jantar' gehört bereits zum Landkreis Temrjuk, der die Halbinsel Taman' erfaßt. In Jantar' befinden sich vor allem Ferienlager für Kinder. Der Strand ist phantastisch, vor allem in der Nähe des ›Eisernen Horns‹.

Zentrum der deutschen Kultur, Vitjazevo, ul. Černomorskaja/ul. Počtovaja, Tel. 8 61 33/7 35 76. Der Gründer und Direktor ist Vladimir Gossen.

Sukko

Anders als im Norden sind die Strände südlich von Anapa, die zu Füßen eines felsigen, zerklüfteten Plateaus liegen, steinig. Das hat den großen Vorteil, daß sie nicht so überlaufen sind wie die am Pionerskij prospekt. Die Ausläufer des

Kaukasus reichen bis ans Meer und bilden einige wunderschöne Täler mit interessanter Vegetation.

Sukko (Сукко) liegt an der Straße von Anapa nach Utriš. Auf dem Weg dorthin durchquert man den Ort Varvarovka (Варваровка), der nach einem russischen General benannt ist. Vor der Ortseinfahrt zweigt nach links ein Feldweg zu einer Quelle unter einigen Bäumen ab. Sie wurde 2003 geheiligt. Bis Ende der 40er Jahre des letzten Jahrhunderts waren die umliegenden Hügel bewaldet. Der Wald wurde abgeholzt, um Brennholz zu gewinnen und für neue Weinberge Platz zu schaffen.

Von Anapa bis Sukko sind es etwa 20 Kilometer. Das Dorf liegt in einem Tal. Hat man die Talsohle erreicht, befindet sich rechter Hand ein durchgängig geöffnetes Restaurant, das ›Gornyj‹. Es gehört einer Familie aus Georgien, und die Küche ist ebenso georgisch wie die sprichwörtliche Gastfreundschaft. Der Wirt Robert und seine Frau bereiten über 180 Gerichte zu. Man kann, wenn man in Sukko ankommt, für einen späteren Zeitpunkt ein Menü bestellen, das dann zum vereinbarten Zeitpunkt serviert wird.

Nach rechts geht es zum Strand von Sukko, der etwa einen Kilometer in der Länge mißt und aus Geröll besteht. Das Ufer fällt steil ab. Der adygeische Name des Ortes und des Flusses läßt verschiedene Übersetzungen zu: ›Wildschweintränke‹, ›Tal des Wassers‹, ›Sohn des Wassers‹, ›Kaltes Wasser‹ oder sogar ›Meerschwein‹. Die Russen nennen das Tal Golubaja Dolina (Himmelblaues Tal).

Die Straße in den Ort Sukko zweigt hinter dem Restaurant ›Gornyj‹ nach links ab. Für einen geringen Obolus findet man in einem der Häuser Unterkunft. Hat man den Ort fast durchquert, zweigt nach links ein Feldweg ab, auf dem man zum

See bei Sukko, Teil des Zentrums aktiver Erholung

›Zentrum aktiver Erholung‹ (Centr aktivnogo otdycha) gelangt. Das Zentrum ist noch sehr jung. Gepachtet hat das Gelände ein äußerst umgänglicher und dynamischer Biologe. Als das Meeresforschungszentrum in Utriš abgewickelt wurde, verlor er seinen Job und wagte mit dem Camp einen Neuanfang. Zum ›Zentrum aktiver Erholung‹ gehören ein Gestüt, ein Lehrpfad zur Flora und Fauna des Tals, ein kleiner Teich, in dem geangelt werden kann, Sportplätze für Fuß-, Basket- und Volleyball sowie ein kleines Zeltlager, in dem man im eigenen oder für ein paar Cent ausgeliehenen Zelt übernachten kann. Auf dem Gelände entsteht ein Hotel und Restaurant. Unterkünfte im Dorf werden vermittelt. Die Dienstleistungen kosten nur Kopeken. In einem Seitental befindet sich ein malerischer See, an dessen äußerstem Ende ein Hain von seltenen Sumpfzypressen direkt im Wasser steht. In naher Zukunft sollen Paddel- und Ruderboote ausgeliehen werden können.

Der Besitzer der Anlage ist einer jener Menschen, denen vor allem die Natur in ihrem ursprünglichen Zustand am Herzen liegt, und dementsprechend urwüchsig ist die Anlage.

Hinter Sukko passiert man einen von Kosaken bewachten Schlagbaum. Die Zufahrt zum Naturschutzgebiet von Utriš kostet umgerechnet weniger als drei Euro. Die Straße führt in Serpentinen entlang des Steilufers. An manchen Stellen wurden in den letzten Jahren neoklassizistische Pavillons errichtet, auf Initiative der Gesellschaft der Erben Lermontovs.

Sukko: ›Centr aktivnogo otdycha‹, Tel. 5 03 25, 918/ 4 82 94 93.

Sukko: Restaurant ›Gornyj‹, Tel. 9 31 35, 918/ 3 70 64 38; durchgängig geöffnet. Georgische Küche.

Die Landzunge von Utriš

Nun senkt sich die Straße zur Landzunge von Utriš. Zunächst passiert man die Einfahrt zum von bewaffneten Wachmännern behüteten ›Fort Utriš‹, einem noblen Fischrestaurant und Hotel mit eigenem Strand. Serviert wird im Freien oder in kleinen Pavillons auf dem Gelände; bei schlechtem Wetter im Innern des Gebäudes mit Blick aufs Meer. Zum Service gehört die Organisation von Exkursionen und Yachtausflügen.

Hinter dem Ort Bol'šoj Utriš (Большой Утриш/Großes Utriš) liegt die gleichnamige Landzunge, auf die man zu Fuß gelangt. Der Eintritt kostet 30 Cent. Auf dem Gelände befand sich bis in die 90er Jahre eine meeresbiologische Forschungseinrichtung, die aus Geldmangel geschlossen wurde. Dafür entstand ein Delphinarium unter freiem Himmel. Aus Anapa nach Utriš gelangt man nicht nur über die Straße, sondern auch mit dem Dampfer. Im Preis der Fahrt ist ein Besuch des Delphinariums in der Regel inbegriffen. Von Anapa nach Bol'šoj Utriš fahren auch Busse und maršrutki; mit dem Taxi kostet eine Fahrt sechs Euro.

Wacholderschonung

Auf dem Gelände der Landzunge sind in zwei Schuppen außerdem Aquarien mit Fischen des Schwarzen Meeres ausgestellt. Diese werden im Frühjahr gefangen und im Herbst freigelassen. Mit einigem Glück bekommt man hier den berühmten Belugastör oder einen Meerigel (morskoj ëžik) zu sehen. Der Meerigel ist ein extrem seltener Fisch, der hervorragend schmecken soll. Früher gingen den Fischern ganze Schwärme ins Netz, dann verschwand er für etwa 15 Jahre aus der Region und tauchte erst in den letzten Jahren wieder auf. Der Beluga steht unter Naturschutz. Für viele Fischer am Azovschen Meer ist er jedoch die wichtigste Einnahmequelle, weshalb das Fangverbot nicht überall beachtet wird. Ein weiteres seltenes Tier aus dem Roten Buch Rußlands ist die Schwarzmeerschildkröte, die eigentlich an der gesamten Küste beheimatet ist, aber durch den Tourismus zunehmend ihren Lebensraum verliert.

Hinter dem Leuchtturm befinden sich einige Gedenktafeln, für die Mannschaften der sowjetischen Schiffe, die hier während des Krieges versenkt wurden, für die Besatzungen zweier Flugzeuge, die über dem Meer zusammenstießen, und zwei neuere für Fischer, die auf dem Meer ums Leben kamen. Die Toilette zu Füßen des

Leuchtturms – das Bretterhäuschen – ist nur etwas für Hartgesottene. Auf der Landzunge befindet sich außerdem ein kleiner Hafen. Auf einem der Schiffe fahren täglich einige Männer aufs Meer, die nach Muscheln tauchen. Auch sie haben einstmals als Wissenschaftler am meeresbiologischen Institut gearbeitet.

Die Kulisse der kleinen Landzunge entstand vor Urzeiten durch einen gewaltigen Erdrutsch, der einen ganzen Berg gespalten hat. Der felsige Hang dieses Berges steigt hinter Utriš auf einer Länge von mehreren Kilometern 150 Meter steil an. Zu seinen Füßen liegt ein Wacholderhain, durch den ein Pfad führt. Zum Hain gelangt man auf dem Fahrweg rechts hinter dem kleinen Fischrestaurant am Eingang zum Gelände der Landzunge. Die Preise in diesem Lokal sind bedeutend niedriger als im ›Fort Utriš‹.

Nach wenigen Metern Fußweg erreicht man das umzäunte Gelände des Hains. Der Eintritt kostet einen Euro. Im Gebiet des Naturparks, von dem dieser Hain nur ein Teil ist, wachsen insgesamt 32 Pflanzen- und leben 16 Tierarten, die im Roten Buch der Russischen Föderation vermerkt sind. Eine der eigenartigsten und für den Menschen nicht ungefährlichen Pflanzen ist die Neopalimaja Kupina. Ihr ätherisches Feld ist so stark, daß es, ohne daß die Pflanze Schaden nimmt, verbrennt, kommt es mit offenem Feuer in Berührung. Das geschieht jedoch nur, wenn die Pflanze blüht, im späten Frühjahr.

Wendet man sich auf dem Naturpfad nach links in die Tiefe des Tals, gelangt man in eine Schonung aus Hagebuchen und teilweise bis zu 1000 Jahre altem Wacholder, der hier in drei Arten vorkommt. Um nicht den gleichen Weg zurückzugehen, kann man sich ein Loch im Zaun suchen und gelangt so zur Peripherie der Siedlung Bol'šoj Utriš. Hier entstehen einige Datschen, die irgendwann einmal vermietet werden. In einer der Touristenherbergen mit einfachstem Komfort verbringen seit einigen Jahren die Kinder von im Land verblieben Russen deutscher Abstammung ihre Ferien und lernen deutsch.

Direkt an der Straße befindet sich ein Gebäude aus weißen Ziegelsteinen, das Hotel ›Bol'šoj Utriš‹, das im Hochsommer immer ausgebucht ist. Hinter dem Hotel, etwa 200 Meter den Hang hinauf, stößt man auf weitere kleine Herbergen. Bei Nataša kostet die Übernachtung in einer Blockhütte pro Person sieben Euro in der Hochsaison. Etwas teurer, aber auch etwas komfortabler ist es einige Schritte weiter bergan im Minihotel ›Irina‹.

Reizvoll ist auch eine Strandwanderung. Eine halbe Stunde braucht man in südlicher Richtung bis zu einem Wasserfall direkt am Meer. Etwa zehn Kilometer sind es bis nach Malyj Utriš (Малый Утриш/Kleines Utriš), einem verlassenen Ort, von dem eine miserable Straße nach Novorossijsk führt. In Malyj Utriš trafen sich in den letzten Jahren Ende Juli/Anfang August jeweils etwa 150 Scouts aus Rußland, den USA, Argentinien, Polen und Deutschland zu einem internationalen Sommerlager.

Vorwahl: 8 16 33.

Bol'šoj Utriš: Hotel ›Bol'šoj Utriš‹; 4-Bett-Zimmer 10 Euro/Pers.

Herberge bei Nataša, Tel. 918/3 18 07 00; Blockhütte 2–7 Euro/Pers.

Minihotel ›Irina‹, Tel. 9 33 45, 918/4 68 28 55, 3 97 69 63; DZ 10–20 Euro/Pers. Zur Anlage gehört eine Sauna.

Im Sommer sehen es die Vermieter ungern, wenn man sich nur für eine oder wenige Übernachtungen einquartiert. In der Nachsaison ist ihnen jeder Gast willkommen.

Restaurant und Hotel ›Fort Utriš‹, Tel. 9 33 22 oder Reiseagentur ›Sakvoyage‹ in Anapa, Tel. 4 68 92, 3 14 80, usb@anapnet.ru; 100 g Fisch 3–10 Euro.

Scout-Sommerlager, Kontakt: Natalija Tagaeva, Tel. 918/4 97 29 18, rose_@bk.ru.

Delphinarium; Vorführungen tägl. 11 und 15 Uhr.

Ausflüge von Anapa

Überall in Anapa trifft man auf die an der gesamten Küste bekannten Stände mit Werbungen für Exkursionen in die nähere und fernere Umgebung.

Das Museum und Erholungszentrum Dobrodeja, ungefähr 20 Kilometer von Anapa entfernt, entstand auf Initiative Tatjana Čekurovas, die für das Projekt einige der talentiertesten Künstlerinnen, Künstler und Handwerker der Region gewinnen konnte. ›Dobrodeja‹ setzt sich zusammen aus ›dobr‹ und ›dej‹; das erste Wort bedeutet so viel wie ›gut‹, aus dem zweiten leiten sich das ›tätig sein‹ und die ›Tätigkeit‹ ab. Das Zentrum liegt am Hang eines Hügels inmitten eines wilden Parks. Ziel der Initiatorin und der ihr behilflichen Mitarbeiter ist es, die Besucher mit der Lebenswelt der Kosaken und ihren Traditionen bekanntzumachen. Außerdem werden Reittouren in die nähere Umgebung organisiert.

Ein Erlebnis nicht nur für Kinder ist der kleine Märchengarten. Mit viel Liebe wurden hier Figurengruppen aus den berühmtesten russischen Märchen nachgestellt. Eine Fee erzählt den Kindern Verse aus den Märchen, unterdessen treiben Waldgeister und Nymphen ihren Schabernack.

Fast jeden Abend finden in Dobrodeja Konzerte statt. In der eigenen Küche wird phantastisch gekocht. Die Zutaten stammen aus eigener Produktion. Und es gibt Selbstgebrannten (ukrainisch: gorilka), dazu Speck, eingelegte Tomaten sowie Brot aus dem eigenen Ofen.

Nach Dobrodeja gelangt man mit öffentlichen Verkehrsmitteln, am besten mit dem Taxi oder indem man sich einer Exkursion anschließt.

Das Kosakendorf Gostagaevskaja wurde vom ehemaligen Bürgermeister von Anapa, Michail Bojur, gegründet. Ebenso wie Dobrodeja ist dieses Zentrum der Kosakenkultur noch sehr jung. Spezialisiert ist es auf vor allem auf Ausritte und Reitsport.

Das Museum von Dobrodeja

In der Nähe des kleinen Ortes Saukdere in den Vorbergen des Kaukasus befindet sich in den Stollen eines ehemaligen Bergwerks ein unterirdisches Weinlager. Auf einer Länge von drei Kilometern und einer Tiefe von 23 Metern sind sie heute wieder eines der größten Weinlager Rußlands. Die Kollektion umfaßt 250 verschiedene Sorten, insgesamt 100 000 Flaschen.

Saukdere liegt 70 Kilometer von Anapa entfernt an der Straße zwischen Novorossijsk und Krymsk.

Erholungszentrum Dobrodeja, Tel. 8 61 33/3 35 76, 918/4 62 83 28, mloc@hotbox.ru., www.mloc.hotbox.ru (russ.).

Kosakendorf Gostagaevskaja, Tel. 918/4 59 01 00.

Weinlager Saukdere, Tel. 8 61 31/63 63-5, -3; Mo–Sa.

Die Halbinsel Taman'

Die Halbinsel mißt von Nord nach Süd über 40 Kilometer und von Ost nach West über 60 Kilometer und besteht zu mehr als der Hälfte aus Brackwasserseen und Sumpfgebieten. Noch vor 2000 Jahren befanden sich an Stelle der Halbinsel fünf Inseln, auf denen sich die Städte des Bosporusreiches verteilten. Diese Inseln wurden durch den Kuban' geschaffen. Mit der Versandung der Deltaarme und der allgemeinen Hebung des Gebiets verlagerte sich das Bett des Kuban' immer mehr nach Norden. Seinen letzten Durchbruch am Brackwassersee Kiziltaše verschütteten die Kosaken Ende des 19. Jahrhunderts, so daß der Kuban' jetzt ausschließlich ins Azovsche Meer mündet. Die Kosaken hatten sich reichere Fischgründe in den Seen erhofft, jedoch das Gegenteil erreicht. Durch den Verlust der Verbindung zum Meer verarmte die Fischfauna in den Seen.

Um auf die Halbinsel zu gelangen, fährt man zunächst von Anapa in Richtung Port Kavkaz. Die Landschaft ist leicht gewellt. Hier und da sieht man zur linken einen der Brackwasserseen, links und rechts Weinreben. Im Dorf Vinogradnyj (Weinrebe) befindet sich eine der besten Keltereien des Landes, mit dem Namen

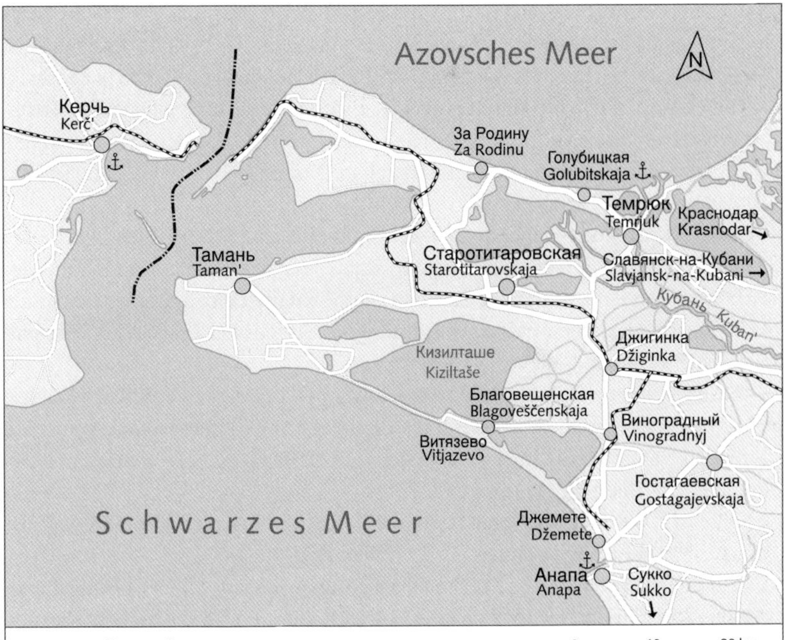

Die Halbinsel Taman'

Lenin. In der Gegend des Dorfes Džiginka hatte der Kuban' sein Bett, bevor er sich weiter nördlich seinen Lauf zum Azovschen Meer grub. Am Kreisverkehr von Džiginka biegt man nach links ab.

Nach einigen Kilometern durchfährt man Fanagorija, einst die bedeutendste Stadt des Bosporusreiches östlich der Krim. Im 9. Jahrhundert kürten die Bulgaren Fanagorija zur Hauptstadt ihres Reiches. Der einstmalige Ruhm der Stadt konzentriert sich heute in ihren Weinen. In einem Geschäft an der Straße, gegenüber der Stadtverwaltung, kann man die garantiert unverfälschten Weine der gleichnamigen Kelterei erwerben.

Hinter der Siedlung liegt der Meerbusen von Taman'. Seit dem Ende des 19. Jahrhunderts graben hier Archäologen nach Zeugnissen früherer Kulturen. Die meisten der ehemaligen Stadtteile aber liegen unter Wasser, dessen Spiegel seit Jahrtausenden unermüdlich steigt.

Taman'

Gegenüber Kerč' auf der Krim liegt einer der verlassendsten und faszinierendsten Städte am Azovschen Meer, Taman' (Тамань). Der antiken Welt war sie bekannt unter dem Namen Germonassa. Von den Hunnen zerstört, geriet die Stadt zunächst unter byzantinischen Einfluß, dann unter die Herrschaft der Chasaren, die ihr den Namen Tamartacha gaben. Im 10. Jahrhundert betrat eine neue Macht die Bühne der Geschichte, die Kiever Rus'. Eine Streitmacht Svjatoslavs des Kühnen vernichtete das Heer der Chasaren, die nun ihrerseits von der Bühne abtraten. So entstand das Fürstentum von Tmutarakan. Der erste Herrscher Tmutarakans war Mstyslav der Kühne.

Im 13. Jahrhundert gelangte die Stadt in den Besitz der Mongolen, wurde von den Kaufleuten aus Genua beherrscht, dann von den Türken, und Ende des 18. Jahrhunderts von den Russen erobert. Während der Feldzüge spielte einer der bekanntesten russischen Feldherren, Aleksandr Suvorov (1730–1800), eine entscheidende Rolle.

Der berühmteste Besucher Tamans war Michail Lermontov (1814–1841), den es 1837 hierher verschlug und der seine Eindrücke von diesem kurzen Aufenthalt literarisch verarbeitete. Im Ort befindet sich deshalb ein Lermontovmuseum, eines der schönsten im ganzen Land.

Während des Bürgerkrieges sammelte sich auf der Halbinsel Taman' die Tamaner Division, die von hier aus nach Süden zog.

Heute leben in Taman' 12000 Menschen, die sich vor allem von der Landwirtschaft ernähren. Am Ortseingang befinden sich die Reste der von Suvorov 1778 gegründeten Festung. Das Lermontovdenkmal in einem Park, aufgestellt

1984, ist das Zentrum des Ortes. Der Platz liegt an einem Steilufer über dem Strand. Von hier aus weitet sich der Blick in Richtung der Krim und der Nordostküste des Azovschen Meeres.

Rechter Hand, mit dem Blick aufs Meer, befindet sich das Lermontovmuseum.

Im Lermontovmuseum

In seinem Roman ›Ein Held unserer Zeit‹ beschreibt der Dichter den Ort: »Taman' ist das elendste aller russischen Hafenstädtchen. Ich wäre dort fast vor Hunger gestorben, außerdem wollte man mich zu allem übrigen dort noch ersäufen.« Die Stippvisite war eine notgedrungene. Nach Puškins Tod bei einem Duell im Januar 1837 schrieb der damals 22jährige ein Gedicht, das dem Zaren mißfiel. Lermontov wurde in den Kaukasus strafversetzt, und auf dem Weg zu seinem Regiment in Gelendžik wartete er in Taman' auf das Postschiff.

Während der Führung erfährt man neben Episoden aus seinem Leben auch Einzelheiten über das dramatische Ende des Dichters, der ebenfalls in einem Duell sein Leben verlor. Inspiriert von Puškin, Lord Byron und den Jugenddramen Schillers gehörte er zu den russischen Romantikern. Seine Erzählweise und psychologische Tiefe gelten als Wegbereiter des großen realistischen Romans der russischen Literatur im 19. Jahrhundert.

Auf dem Ušakovplatz, etwa 500 Meter vom Lermontovdenkmal in Richtung Westen, befindet sich ein Denkmal für die Kosaken, die in Taman' 1794 landeten und auf der Halbinsel ihre Wehrdörfer (stanica) gründeten. Aufgestellt 1911, überstand es alle Wirren des 20. Jahrhunderts. Während des Zweiten Weltkrieges litt nur eine der Schnurrbartspitzen des Atamans.

Einer der Nachfahren der Kosaken war bis vor kurzem Bürgermeister von Taman'. Er gehörte zu jenen Mutigen, die Ende der 90er Jahre gegen die Errichtung eines Hafenterminals für hochgefährliche chemische Substanzen in der Nähe von Port Kavkaz protestierten. Antiglobalisten, Umweltschützer und Kosakenorganisationen versuchten alles, um den Bau zu verhindern, der im Fall einer Havarie das ›Aus‹ für das Azovsche Meer bedeuten würde. Vergeblich. Aus Protest trat er zurück.

Ušakov, nach dem der Platz benannt ist, war ein russischer Flottenadmiral, von dem es heißt, daß er nicht eine Seeschlacht verloren habe.

Einige Schritte vom Platz entfernt befindet sich das Archäologische Museum von Taman', eine kleine mit Geschmack gestaltete Exposition in einem der griechischen Architektur nachgeahmten Haus.

Kosak und Badegäste

Die Ausstellung ist aufgebaut nach den verschiedenen Perioden der Besiedlung des Ortes und der Insel durch die Griechen, die Chasaren, die Kiever Rus, die Mongolen und Polovezer, die Genueser und Türken. Das Basrelief eines griechischen Kriegers, eine Athener Arbeit, ist eines der schönsten Exponate im Museum. Entdeckt wurde die Platte zufällig auf der Schwelle des Verwaltungsgebäudes eines landwirtschaftlichen Betriebes. Dort hatte sie Jahrzehnte unbeachtet gelegen.

Ein weiteres interessantes architektonisches Denkmal von Taman' ist der Türkische Brunnen, der selbst zu Zeiten größter Dürre immer Wasser enthielt. Er befindet sich auf dem Grund eines ausgetrockneten Brackwassersees. Lange Jahre war es ein Rätsel, wie das Wasser in den Brunnen geriet, denn es gab keine unterirdischen Quellen. Das Geheimnis liegt in den keramischen Röhren, die in einem Umfeld von mehreren Kilometern ein kompliziertes unterirdisches Netz bilden. Die feuchten Luftmassen vom Meer werden vom sandigen Boden absorbiert. An den Wänden der Röhren bildet sich Kondensat, das dann in den Brunnen läuft.

In der ul. Karla Marksa der Hauptstraße Tamans, befindet sich das Weinmuseum. Die Exposition wurde 2004 erneuert. Im gleichen Haus ist das einzige Hotel der Stadt untergebracht. Es heißt ›Ujut‹ (Gemütlichkeit). Sollten keine freien Plätze vorhanden sein, bemüht man sich um Ausweichquartiere.

Die Maria-Schutz-und-Fürbitte-Kirche entstand auf dem Fundament eines Tempels, in dem vielleicht schon der Apostel Andreas (Andrej Pervozvannyj) gepredigt hat. Dir Kirche von Taman' ist ein schönes Beispiel für den russischen Klassizismus. Eine der Ikonen gilt als wundertätig. Der abseits stehende Glockenturm kam erst 1865 zum Ensemble. Die Glocken sind aus Kanonen gegossen. Vom batjuška, dem Priester der Kirche, heißt es, er sei ein gestrenger Hausherr, der Frauen nur in Röcken und mit einem Kopftuch versehen in sein Gotteshaus läßt. Wer sein Kopftuch daheim vergessen hat, kann sich eins ausleihen.

Vorwahl: 8 61 48.

Hotel ›Ujut‹, ul. Karla Marksa; 6–10 Euro/Pers.

Lermontovmuseum; Di–So 9–17 Uhr.

Archäologisches Museum, ul. Karla Marksa, Tel. 3 13 27, 3 11 83; Di–So 9–17 Uhr.

Weinmuseum, ul. Karla Marksa 98.

Die Schlammvulkane

Für die antiken Griechen war das Land der Skythen, also die Halbinsel Taman' als ein Teil von ihr, eines der Tore zum Hades. Den Eingang zur Unterwelt könnte man sich durchaus in den geheimnisvollen Schlammlöchern überall auf der Insel vorstellen, die mitunter Dutzende von Metern hohe Fontänen ausstoßen. Die Gegend von Taman' ist seismisch aktiv. In Tiefen bis zu 10 000 Metern befinden sich ausgedehnte Wasserreservoirs. Zermahlenes und mit dem Wasser zu Schlamm gelöstes Felsgestein, das mit Gasen angereichert ist, bildet die Masse, die durch Methanexplosionen von Zeit zu Zeit aus dem Erdinnern herausgeschleudert wird. Jules Verne beschreibt in seinem Roman ›Keraban der Starrkopf‹ (1883) die nächtliche Kutschfahrt eines der Helden seines Buches, während der sich ein solcher Ausbruch ereignet.

Die Wahrscheinlichkeit, Zeuge eines Ausbruchs zu werden, ist jedoch äußerst gering. Seit 1794 wurden nicht viel mehr als 300 Eruptionen gezählt. Von den etwa 50 Schlammvulkanen ist nur etwa ein Drittel latent aktiv. Deshalb ist eine Wanderung durch die mondähnlichen Landschaften um die Vulkane ein fast ungefährliches Vergnügen. Bei Interesse sollte man sich an eine der Reiseagenturen in Anapa wenden oder aber an die Firma ›Pilot‹ in Temrjuk.

Aber nicht nur die Landschaft um die Vulkane ist äußerst reizvoll. Es ist der Schlamm selbst, der Zehntausende Touristen jährlich auf die Halbinsel zieht. Er gilt nicht nur als medizinisches Wundermittel; ein Bad im Krater ist darüber hinaus ein Vergnügen. Der bei den Urlaubern beliebteste Vulkan ist der ›Sinjaja Balka‹ (Blauer Krater). Von Taman' braucht man, in Richtung Temrjuk, bis zum Vulkan eine halbe Stunde. Auf dem Weg durchfährt man das kleine Dorf Kepy (griechisch: Gärten), in dem die Mutter des in der Antike berühmtesten griechischen Redners, Demosthenes, geboren wurde.

In dem langgestreckten Ort Za Rodinu (Für die Heimat) zweigt nach links ein Feldweg zum Vulkan ab. Er liegt in unmittelbarer Nähe des Strandes. Der Eintritt zur Anlage kostet einen Euro. Vor dem Schlammbad kann man sich in einer der primitiven Kabinen umkleiden. Die Kleidung läßt man mit einem Begleiter zurück, meist die Reiseführer. Man sollte alle seine Habseligkeiten, einschließlich der Schuhe, in einem gut verschlossenen Plastikbeutel unterbringen. Viele Besucher haben Plastikflaschen dabei, in die sie nach dem Bad den vom Körper

Nach dem Schlammbad geht es an den Strand

gekratzten Schlamm wischen – zur späteren Verwendung daheim. Offiziell ist das verboten, aber niemand hält sich daran.

Aus dem Krater des Vulkans schallt weithin Lachen und Jauchzen. Um ihn sind Holzgalerien angebracht, von denen kurze Leitern in sein Inneres führen. Zentimeter um Zentimeter schieben sich die Menschen vorwärts. An schönen Sommertagen tummeln sich hier Hunderte. Irgendwie schafft man es dann bis zur Leiter, hangelt sich hinab. Erst die Füße, dann die Beine, und zum Schluß versinkt der ganze Körper im Schlamm. Man spürt keinen Boden unter den Füßen. Furchtsame Naturen halten sich verzweifelt an den Balken der Leitern fest. Eine letzte mutige Bewegung – und der Schlamm trägt den Körper. Er schmiegt sich in einer dicken Schicht an die Haut. Man watet wie durch dicke Watte. Wer nicht aufpaßt, gerät in die Horizontale und nur unter Anspannung aller Kräfte zurück auf die Beine.

Man sollte nicht länger als 15 Minuten im Schlammloch verbleiben. Nicht nur weil die nächsten Gruppen nachrücken, sondern auch weil der Kreislauf beansprucht wird. Nach dem Schlammbad nimmt man den Weg zum Strand. Im Wasser liegt das Wrack eines Schiffes, das hier verrottet. So weit das Auge reicht, erstrecken sich die Badestrände zu Füßen eines Hochufers. Nach dem Bad im Meer fühlt die Haut sich weich und geschmeidig an.

Anders als an den meisten Stränden des Schwarzen Meeres verringert sich die Wassertiefe des Azovschen nur allmählich. Man muß weit hinauslaufen, um ein paar Schritte zu schwimmen. Wirklich erfrischend ist ein Bad nur bis Ende Juli. Das Azovsche Meer ist nach dem Marmormeer das kleinste. Die Ost-West-Ausdehnung mißt 360 Kilometer; der nördlichste ist vom südlichsten Punkt nur 170 Kilometer entfernt. Die maximale Wassertiefe beträgt 14 Meter. Das ist nicht viel, und deshalb erwärmt sich das Meer in heißen Sommern auf über 30 Grad, und das Wasser beginnt an manchen Stellen zu blühen.

Schlammbäder sind seit Menschengedenken ein wichtiges Heilmittel. Schon von den alten Ägyptern sind Kenntnisse von Schlammkuren überliefert. Antike und spätere Quellen berichten auch von der Nutzung der Schlammvulkane auf Taman'. Man unterscheidet biologisch aktiven (auf der Basis von Torf) und mineralischen Schlamm. Um letzteren handelt es sich auf Taman'. Er enthält Jod, Brom und Bor. Mit ihm lassen sich verschiedene Krankheiten behandeln: des Bewegungs- und Stützapparates, der Haut, des Nervensystems, der Gefäße und der Geschlechtsorgane. Einige Sanatorien von Anapa und Taman' sind auf Schlammkuren spezialisiert.

Ein einmaliges Bad reicht dazu jedoch nicht aus. Eine Behandlung besteht in der Regel aus mindestens zwölf Prozeduren unter ärztlicher Aufsicht. Insofern ist ein Besuch der ›Sinjaja Balka‹ zuallererst ein Vergnügen, allerdings kein ganz unbedenkliches, da der Schlamm keiner hygienischen Kontrolle unterliegt.

Temrjuk

Von dem Dorf Za Rodinu (За Родину) sind es nur noch etwa 15 Kilometer bis zum Verwaltungszentrum der Halbinsel Taman', Temrjuk (Темрюк). Auf dem Weg liegt der Ort Golubickaja (Голубицкая). Die gleichnamige Touristenherberge mit Campingplatz erfreut sich großer Popularität. Die Ausstattung ist spartanisch, aber die Nähe zum Meer und zu den bekanntesten Ausflugszielen gleichen das kleine Manko aus. Auf dem Gelände gibt es eine Sauna und Restaurants, in der Nähe einen Brackwassersee, in dem auch Schlammbäder genommen werden können.

Im Jahr 1239 gründeten die Tataro-Mongolen auf dem Territorium des heutigen Temrjuk die Stadt Tumnjev. Etwas mehr als 300 Jahre später erwachte das Interesse einiger kaukasischer Völker an einem Bündnis mit dem aufstrebenden Moskauer Fürstentum – als Gegengewicht zur Expansion der Türken und gegen die geschwächten Nachfahren der Goldenen Horde. Der kabardinische Fürst Temrjuk schickte 1556 eine Gesandtschaft zu Ivan IV., dem Schrecklichen. Der Zar heiratete die Tochter des Fürsten und schickte ihm einige Soldaten. Mit ihrer Hilfe eroberte Temrjuk die tataro-mongolische Festung und gab ihr seinen Namen. Nur 15 Jahre später wurde sie jedoch von den Türken eingenommen.

Ende des 18. Jahrhunderts eroberten russische Truppen die Festung. Auf ihren Grundmauern entstand eine Kosakenstanica, die 1860 das Stadtrecht erhielt. Die Einwohner ernähren sich traditionell von Fischfang, Landwirtschaft und Weinanbau. Während des Zweiten Weltkrieges verlief in der Nähe Temrjuks die ›blaue Linie‹ der Wehrmacht. Die Kämpfe um Temrjuk waren besonders schwer. Im Freilichtmuseum auf dem Berg Miska im Südosten der Stadt kann man sowjetisches und deutsches Kriegsgerät besichtigen. Von den Höhen des Berges hat man einen wunderbaren Blick auf die gesamte Halbinsel.

Zu den weiteren Sehenswürdigkeiten in und um Temrjuk gehören die Kurgane (Hügelgräber), von denen es auf der Halbinsel sehr viele gibt. In Temrjuk kann man dem historisch-archäologischen Museum einen Besuch abstatten oder an einer Weinverkostung teilnehmen.

Das Leben in Temrjuk ist für Touristen preislich sehr günstig.

Vorwahl: 8 61 48. Reiseagentur ›Pilot‹: ul. Lenina 29. Tel. 4 45 00, www.Tamaninfo.ru.

Touristenherberge ›Golubickaja‹; 2- oder 4-Bett-Zimmer 3 Euro/Pers.
Hotel ›Sokol‹ (Falke); 12 Euro/Pers. Das Hotel befindet sich 200 Meter entfernt vom Strand, Zimmer mit Klimaanlage, Fernseher, Kühlschrank.

Historisch-archäologisches Museum, ul. Lenina 28, Tel. 5 25 06; Di–So 9–17 Uhr.

Museum zur Geschichte des Kosakentums, im Dorf Starotitarovskaja, 30 Min. Fahrtzeit von Temrjuk, Tel. 5 25 06, 9 66 68. Auf Wunsch mit Programm: Brot und Salz, Selbstgebrannter (gorilka) und eingelegte Gurken, für die Kinder Kvas und Piroggen, Folkloreprogramm.

Weinverkostungen, ul. Lenina 48, Tel. 518 64; Di–So 10–16 Uhr, nur für Gruppen, 5–60 Pers.

Slavjansk-na-Kubani

Von Temrjuk sind es noch einmal ungefähr 50 Kilometer bis zur Kleinstadt Slavjansk-na-Kubani (Славянск-на-Кубани). Dieser auf der großen Weltkarte im Palazzo Vecchio in Florenz als Locopa verzeichnete Ort besitzt drei Sehenswürdigkeiten: die ausgedehntesten Obstgärten Rußlands, das größte Denkmal für die Tamaner Division ›Eisenwalze‹ am Ufer des Kuban' und den bedeutendsten Markt am Azovschen Meer. Dazu kommen zwei russisch-orthodoxe und eine armenische Kirche sowie ein Heimatmuseum.

Es gibt auf Taman' und an der Küste des Azovschen Meeres noch weitere bemerkenswerte, phantastisch schöne und einmalige Land- und Ortschaften. Dazu gehört zum Beispiel das Delta des Kuban' mit seiner reichen Vogelwelt.

Infos zu Slavjansk-na-Kubani über Roman Rogov, Tel. 8 61 46/2 54 99, roman.rogov@gmx.de, roman-rogov.aaanet.ru.

Naturschützer mit Kormoranen am Azovschen Meer

Krasnodar

Die heutige Hauptstadt des Kuban'-Gebietes kann auf eine über 200jährige Geschichte zurückblicken. Auf dem sie durchziehenden 45. Breitengrad befinden sich beispielsweise Venedig oder Montreal. Lange Jahre trug die Stadt aber den Namen Ekaterinodar, was sich mit ›Ekaterinas Geschenk‹ übersetzen läßt und die Geschichte der Stadtgründung auf den Punkt bringt. Im Jahr 1792 schenkte die

Blick auf Ekaterinodar, heute Krasnodar

Zarin Ekaterina die Große den hier siedelnden Kosaken die Ländereien, und man bedankte sich ein Jahr später mit der Wahl des Ortsnamens. Im Jahr 1920 erfolgte die Umbenennung in Krasnodar. Man wollte die Erinnerung an die Zaren im Ortsnamen tilgen und Krasnyj für Rot als Farbe der Revolution kam in der Zeit nach 1917 in Rußland stark in Mode.

Die Gründer des heutigen Krasnodar waren Schwarzmeerkosaken, die die neuen Eroberungen von 1874 für die russische Krone im Kaukasus sicherten. Den Ort hatte bereits Rußlands großer Feldherr Aleksandr Suvorov 1778 als günstigen Festungsort auf den Karten verzeichnet, und die Kosaken unter Führung ihres Atamans Zacharij Cepega setzten diese Idee nun ab 1793 auf dem Gelände des heutigen Stadtparks in die Tat um. Im erhöhten Bogen des Flusses Kuban' war der Ort von drei Seiten geschützt und vom Wachturm auf der Anhöhe bot sich ein hervorragender Blick auf die Weiten der Steppe. Insbesondere zwischen 1811 und 1819 wurde der Ausbau der Festung mit umfangreichen Ausbauten forciert. Das

Gelände erwies sich aber als sehr feucht, so daß die Sumpfgebiete für weitere Siedlungen trockengelegt werden mußten. Für lange Zeit blieb Ekaterinodar eine Stadt der Kosaken und des Militärs. Der fruchtbare Schwarzerdeboden ließ die Landwirtschaft in der Umgebung gedeihen. Langsam entwickelte sich der Handel und die Märkte der Stadt wurden zur bevorzugten Anlaufstelle für die Händler aus den Bergen des Kaukasus. Die Schiffahrt auf dem Fluß begann 1842.

Mit dem Ende des Krieges im Kaukasus wurde Ekaterinodar zum legislativen Zentrum der Region und erhielt neben seinem militärischen Status auch das bürgerliche Stadtrecht. Nach der Aufhebung der Leibeigenschaft 1861 begann die Stadt schnell zu wachsen. Der fruchtbare Boden lockte viele Umsiedler aus den zentralen Gouvernements Rußlands in den Süden. Der Bau der Eisenbahn von Rostov über Krasnodar bis an die Küste nach Novorossijsk erleichterte die Migration und brachte dem Handel neue Impulse. Mit knapp 50 000 Einwohnern war eine bedeutende Stadt entstanden. Im Jahr 1888 zählte man eine Kathedrale und 8 Kirchen, 7 Hotels, 110 Kneipen und Trinkhallen sowie 80 Fabriken, Druckereien und 250 Geschäfte.

Nach der bolschewistischen Revolution von 1917 war der Kuban' mit seiner Hauptstadt Ekaterinodar bis 1920 Schauplatz des Bürgerkrieges. Die Kosaken konnten mit der angekündigten ›Diktatur des Proletariates‹ wenig anfangen und leisteten erbitterten Widerstand. Die Kommunisten übernahmen zwar zunächst im März 1918 die Macht, verloren sie aber im August desselben Jahres wieder. Erst mit der endgültigen Niederlage der Denikin-Armee im März 1920 hielt die Sowjetmacht Einzug. Mit den neuen Gesetzen verloren die Kosaken überall in Rußland ihre Privilegien und Rechte und wurden nicht zuletzt wegen ihrer Parteinahme gegen die Sowjets verfolgt.

Die Fronten des Zweiten Weltkrieges haben ihre Spuren ebenfalls hinterlassen. Von August 1942 bis Februar 1943 war Krasnodar von der Nazi-Wehrmacht besetzt und wurde von den Kampfhandlungen stark in Mitleidenschaft gezogen. Beim Wiederaufbau folgte man im Zentrum der seinerzeit von den ersten Kosaken gesetzten, alten Gitterstruktur des Straßennetzes. Heute leben 630 000 Einwohner in Krasnodar. Es gibt seit 1992 eine Städtepartnerschaft mit Karlsruhe.

Sehenswürdigkeiten

Krasnodar liegt am rechten, nördlichen Ufer des Flusses Kuban', der in drei gewobenen Bögen die Stadt im Süden abschließt. Die Hauptstraße und populärste Flaniermeile von Krasnodar ist die ul. Krasnaja. Diesen historisch ersten Namen der Straße trägt sie wieder seit 1957. Er erwies sich als beständiger als die anderen Bezeichnungen, denen nach wenigen Jahren und neuen politischen Verhältnissen

Krasnodar

Legende

1 Hotel ›Intourist‹

2 Kino ›Avrora‹

stets die Rückbenennung folgte. So trug die Nord-Süd-Magistrale Krasnodars zwischen 1914 und 1917 den Namen des letzten Zaren Nikolaj und zwischen 1949 und 1957 den Namen Stalins. Diese Straße nimmt ihren südlichen Anfang unweit des Stadtparks, wo die Kosaken vor über 200 Jahren die erste Befestigungsanlage am Ufer des Kuban' erbauten. Heute verläuft am Ufer die Eisenbahnstrecke in Richtung Novorossijsk, die hier die im rechten Winkel zur ul. Krasnaja verlaufende ul. Postovaja überbrückt. Diese wird ostwärts zur Ausfallstraße in Richtung Stavropol' und führt an der Universität und anderen Fachschulen vorbei sowohl zum Stausee als auch zum Inselpark. In seiner ersten Serpentine bildet der Fluß Kuban' eine Insel, die zur Heimstatt eines bei den Krasnodarern sehr beliebten Parks samt Rummel wurde.

In der ulica Krasnaja

Das Denkmal der Zarin am Katharinaplatz (Ekaterinskij skver) wurde 1920 demontiert und eingeschmolzen. Heute ziert den Findling ein Relief mit dem Abbild des alten Denkmals, das vielleicht demnächst wiederersteht.

Klassizistische Fassaden prägen den Beginn der Straße. Die 1904 als erstes Museum der Stadt entstandene Gemäldegalerie zeigt neben russischer und sowjetischer Malerei auch Kunst aus Westeuropa und Südostasien.

Das Heimatkundemuseum befindet sich in einem interessanten Gebäude, das zwischen Klassizismus und Barock schwankt. Neben der Naturkundesektion zeigt die Geschichtssektion viele Exponate zur Historie der Region und des Kosakentums. Sonderausstellungen sind dem Bürgerkrieg nach der Revolution und dem Zweiten Weltkrieg gewidmet.

Weiter nördlich öffnet sich die ul. Krasnaja rechter Hand zum Platz der Oktoberrevolution (pl. Oktjabr'skoj revoljucii), an dem sich neben verschiedenen Verwaltungsgebäude auch das nach Maksim Gor'kij benannte, örtliche Schauspielhaus befindet. Ab hier verbreitert sich die Hauptstraße und erhält auf dem Mittelstreifen eine baumumrandete Promenade mit vielen Bänken und mehreren Straßencafés. Linker Hand befinden sich hinter dem Hotel ›Inturist‹ in der nächsten Querstraße der Zentralmarkt und der Zirkus, der hier, wie in vielen Städten Rußlands, ein ständiges Beton-Chapiteau hat.

Das Heimatkundemuseum

Das Filmtheater ›Avrora‹ bildet sozusagen den Abschluß der Bummelmeile und des Stadtzentrums. Genau an dieser Stelle befanden sich in den ersten Jahren Ekatherinodars der Kosakenposten, der die nördliche Stadtgrenze markierte. Der Name des modernsten Kinos von Krasnodar ist eine Reminiszenz an der gleichnamigen Panzerkreuzer, der 1917 den ›Startschuß‹ zur Oktoberrevolution abgab.

Vorwahl: 007/8612 aus Deutschland, 8/8612 innerhalb Rußlands, 22 innerhalb des Gebietes Krasnodar.
Auskunft: Tel. 09.
Informationen im Internet: www.kuban.info.ru, www.kuban.mp21.ru, www.krasnodar.online.ru (alle russ.)
Reisebüro ›Inturist‹ im gleichnamigen Hotel, 2. Etage.
›Kuban'turist‹, ul. Komsomol'skaja 70, Tel. 68 23 05.
Hauptpostamt: ul. Karasunskaja 68, Tel. 53 37 71.
Banken: Sberbank, ul. Gimnazičeskaja 65, Tel. 65 05 14.
Geldautomaten:
u.a. ul. Krasnaja 59, ul. Krasnaja 109, ul. Gimnazičeskaja 68.

Taxiruf, Tel. 55 00 90.

Krasnodar ist ein wichtiger Flughafen im Süden Ruß-

lands. Es gibt täglich mindestens 5 Flüge nach Moskau. Die meisten bedeutenden Städte Rußlands können mindestens 1 x wöchentlich per Direktflug erreicht werden. International gibt es wöchentlich je 2 Flüge nach Frankfurt/M. und Istanbul. Der Krasnodarer Flughafen, Tel. 37 34 55, befindet sich am östlichen Stadtrand ca. 14 km vom Zentrum entfernt an der Ausfallstraße in Richtung Kropotkin nördlich des Krasnodarer Stausees. Die Linien 4 (Autobus) sowie 15 (Trollejbus) verbinden den Flughafen mit der Stadt, wo die Endhaltestelle der Bahnhof ist.
Das Stadtbüro des Flughafens und der Ticketverkauf befinden sich ul. Krasnaja 129, Tel. 55 65 08.

Krasnodar ist ein wichtiger Eisenbahnknotenpunkt. Der Bahnhof Krasnodar I befindet sich am südöstlichen Rand des Stadtzentrums. Es gibt zwar auch noch den Bahnhof Krasnodar II, der aber keine Bedeutung hat (Privokzal'naja pl. 1, Tel. 55 22 73, 6 208 87) Eine zentralere Verkaufsstelle für Eisenbahnfahrkarten findet man in der ul. Stavropol'skaja 89 (Tel. 39 52 26).

Der Busbahnhof der Stadt befindet am Bahnhofsvorplatz (Privokzal'naja pl. 5, Tel. 62 42 71).

Hotel ›Inturist‹, ul. Krasnaja 109, Tel. 59 66 97 intour@mail.kuban.ru, www.kuban.ru/~inturist; DZ 2600 Rubel. Der Hotelklassiker in Krasnodar.

Vor allem entlang der Bummelmeile auf der ul. Krasnaja laden viele Straßencafés mit und ohne Zeltüberdachungen zum Verweilen ein. Daneben gibt es aber auch eine ganze Reihe empfehlenswerter Restaurants:
›Komil'fo‹, ul. Krasnaja 160, Tel. 55 09 39.
›Arlekino‹, ul. Krasnaja 174, Tel. 55 93 90.
›Central'nyj‹, ul. Krasnaja 25, Tel. 68 60 65. Bieder.
Café ›Korall‹, ul. Krasnaja 22, Tel. 52 92 49. Teuer.
Abseits der Hauptstraße sind beispielsweise das ›Astorija‹, ul. Babuškina 278/4, Tel. 55 94 78, oder das Fischrestaurant ›Rybacka Sonja‹, ul. Kommunarov 3, Tel. 68 35 27, einen Besuch wert.

Gemäldegalerie, ul. Krasnaja 13 und 15, Tel. 68 09 77.
Heimatkundemuseum, ul. Gimnazičeskaja 67, Tel. 57 01 53.
Literaturmuseum, ul. Postovaja 39/1, Tel. 68 58 78.

Operettentheater, ul. Krasnaja 44, Tel. 52 49 66.
Philharmonie, ul. Krasnaja 55, Tel. 52 29 76.
Puppentheater, ul. Krasnaja 31, Tel. 52 44 17.
Schauspielhaus, pl. Oktjabr'skoj Revoljucii 2, Tel. 57 43 57.
Zirkus, ul. Oktjabr'skaja/ ul. Golovatogo, Tel. 55 84 89.

Kleiner russischer Sprachführer

Das kyrillische Alphabet

	Aussprache	Transliteration	Transkription	engl. Transkription
а	›a‹ in ›Vater‹	a	a	a
б	›b‹ in ›Ball‹	b	b	b
в	›w‹ in ›Wasser‹	v	w	v
г	›g‹ in ›gut‹, in den Endungen -его und -ого ›w‹	g	g	g
д	›d‹ in ›dort‹	d	d	d
е	›je‹ in ›jeder‹	e	e	e
ё	›jo‹ in ›Joch‹, immer betont	ř	jo	yo
ж	›j‹ in ›Journal‹	ž	sch	zh
з	›s‹ in ›Rose‹ (stimmhaft)	z	s	z
и	›i‹ in ›Ritus‹	i	i	i
й	kurzes ›j‹	j	i	y
к	›k‹ in ›Kamm‹	k	k	k
л	›l‹ in ›Wall Street‹	l	l	l
м	›m‹ in ›Milch‹	m	m	m
н	›n‹ in ›Natur‹	n	n	n
о	›o‹ in betonten, ›a‹ in unbetonten Silben	o	o	o
п	›p‹ in ›Post‹	p	p	p
р	rollendes Zungenspitzen ›r‹	r	r	r
с	›s‹ in ›das‹ (stimmlos)	s	s	s
т	›t‹ in ›Tisch‹	t	t	t
у	›u‹ in ›gut‹	u	u	u
ф	›f‹ in ›falsch‹	f	f	f
х	vor a, o, u wie ›ch‹ in ›acht‹, vor i, e, ř, ja, ju wie ›ch‹ in ›ich‹	ch	ch	kh
ц	›z‹ in ›Zar‹	c	z	ts
ч	›tsch‹ in ›Tscheche‹	č	tsch	ch

ш	›sch‹ in ›Schule‹	š	sch	sh
щ	im vorderen Mundbereich ausgesprochener, etwas längergezogener ›sch‹ - Laut	šč	schtsch	shch
ъ	sog. ›hartes Zeichen‹, wird nicht ausgesprochen	-		
ы	dumpfer, im hinteren Mundbereich ausgesprochener ›i‹ -Laut, fast wie ›üi‹	y	y	y
ь	sog. ›weiches Zeichen‹, vorhergehender Konsonant wird im vorderen Mundbereich ausgesprochen	'		
э	›e‹ in ›Ernte‹	ė	e	e
ю	›ju‹ in ›Junge‹	ju	ju	yu
я	›ja‹ in ›Januar‹	ja	ja	ya

Allgemeines

deutsch
russisch [Transliteration]

Guten Tag!
Добрый день! [Dóbryj den']

Hallo!
Привет! [Privét]

Guten Morgen!
Доброе утро! [Dóbroe útro]

Guten Abend!
Добрый вечер! [Dóbryj véčer]

Gute Nacht!
Спокойной ночи! [Spokójnoj nóči]

Auf Wiedersehen!
До свидания! [Do svidánija]

Tschüß!
Пока [Poká]

Wie heißt du?/Wie heißen Sie?
Как тебя зовут?/Как Вас зовут?
[Kak tebjá zovút?/Kak Vas zovút?]

Ich heiße …
Меня зовут … [Menjá zovút …]

Wie geht's?
Как дела? [kak delá?]

gut
хорошо [chorošó]

schlecht
плохо [plócho]

Es geht.
Так себе [tak sebje]

Danke!
Спасибо! [spasíbo]

Bitte!
Пожалуйста! [požálujsta!]

ja
да [da]

nein
нет [net]

Entschuldigung!
Извините! [izviníte]

Macht nichts!
Ничего! [ničevó]

Sprechen Sie deutsch/englisch?
Говорите ли Вы по-немецки/по-английски?
[Govoríte li Vy po-nemécki/po-anglíjski?]

Ich verstehe nicht.
Я не понимаю. [Ja ne ponimáju.]

Ich spreche kein Russisch.
Я не говорю по-русски.
[ja ne govorju po-russki]

Sprechen Sie langsam, bitte!
Говорите Медленно пошалуйста!
[Govoríte médlenno pošalujsta!]

Schreiben Sie es bitte auf!
Запишите, пошалуйста!
[Zapišíte, požalujsta!]

Orientierung

Sagen Sie bitte, wo ist …?
Скажите пожалуйста, где находится … ?
[Skažíte požálujsta, gde nachóditsja …?]

Entschuldigen Sie, wie komme ich zu …?
Извините, как мне попасть к … ?
[Izviníte, kak mne popást' k …?]

Straße
улица [úlica]

Platz
площадь [plóščad']

Prospekt
проспект [prospékt]

Boulevard
бульвар [boul'vár]

Allee
аллея [alléja]

Chaussee
шоссе [šossé]

Gasse
переулок [pereúlok]

Uferstraße
набережная [naberežnaja]

Brücke
мост [most]

Berg
гора [gorá]

See
озеро [ózero]

Fluß
река [reká]

Badestrand
пляж [pljaž]

rechts, nach rechts
право, направо [právo, naprávo]

links, nach links
лево, налево [lévo, nalévo]

geradeaus
прямо [prjámo]

hier
здесь [zdes']

dort
там [tam]

nah
близко [blízko]

weit
далеко [dalekó]

Post
почта [póčta]

Geschäft
магазин [magazín]

Bank, Sparkasse
банк, сберкасса [bank, sberkássa]

Botschaft
посольство [posól'stvo]

Kloster
монастырь [monastýr']

Kirche
церковь [cérkov']

Museum
музей [muzéj]

Theater
театр [teatr]

Krankenhaus
больница [bol'níca]

Apotheke
аптека [aptéka]

Eingang
вход [vchod]

Ausgang
выход [východ]

Toilette
туалет [tualét]

Unterwegs

Bahnhof
вокзал [vokzál]

Haltestelle
остановка [ostanóvka]

Abfahrt
отправление [otpravlénie]

Ankunft
прибытие [pribýtie]

Bus
автобус [avtóbus]

Straßenbahn
трамвай [tramváj]

Wann fährt der Zug nach …?
Когда отправляется поезд в … ?
[Kogdá otpravljáetsja póezd v …?]

Von welchem Bahnsteig?
С какой платформы?
[S kakój platfórmy?]

Einen Fahrschein nach …, bitte!
Один билет в … , пожалуйста!
[Odín bilét v …, požálujsta!]

hin und zurück
туда и обратно [tydá i obrátno]

Wann muß ich aussteigen?
Когда мне выйти?
[Kogdá mne výjti?]

Verzeihung, steigen Sie jetzt aus?
Извините, Вы выходите?
[Izviníte, Vy vychódite?]

Unterkunft

Zimmer
комната [kómnata]

Hotelzimmer
номер [nómer]

Doppelzimmer
комната на двоих
[komnata na dvoích]

Zimmer mit Balkon
комната с балконом
[kómnata s balkónom]

Schlüssel
ключ [kluč]

Wieviel kostet das Zimmer?
Сколько стоит номер
[Skól'ko stóit nómer?]

Kann man hier zelten?
Можно здесь разбить палатку?
[Možno zdes' razbit' palatku?]

Einkäufe

Haben Sie?
У Вас есть? [u vas est']

Was kostet das?
Сколько это стоит?
[Skól'ko ėto stóit?]

Zeigen/Geben Sie mir bitte …!
Покажите/Дайте мне пожалуйста … !
[Pokažíte/Dájte mne požálujsta …!]

Im Restaurant/Café
Die Speisekarte bitte!
Меню, пожалуйста!
[Menju, požálujsta!]

Ich möchte zahlen.
Я хочу заплатить.
[Ja choču zaplatít'.]

Bringen Sie bitte ...!
Принесите, пожалуйста ... !
[Prinesíte, požálujsta ...!]

Aschenbecher
пепельница [pépel'nica]

Vorspeisen
закуски [zakúski]

Salat
салат [salát]

Erster Gang
первое [pérvoe]

Zweiter Gang
второе [vtoróe]

Suppe
суп [sup]

Nachspeise
десерт [desért]

Brot
хлеб [chleb]

Kartoffeln
картошка [kartóška

Fisch
рыба [rýba]

Fleisch
мясо [mjáso]

Rindfleisch
говядина [govjádina]

Schweinefleisch
свинина [svinína]

Huhn
курица [kúrica]

Gemüse
овощи [óvošči]

Käse
сыр [syr]

Obst
фрукты [frúkty]

Speiseeis
мороженое [moróženoe]

Kuchen
пирожное [piróžnoe]

Salz
соль [sol']

Pfeffer
перец [pérec]

Zucker
сахар [sáchar]

Mineralwasser
минеральная вода
[minerál'naja vodá]

Saft
сок [sok]

Rotwein
красное вино [krásnoe vinó]

Weißwein
белое вино [béloe vinó]

Bier
пиво [pívo]

Milch
молоко [molokó]

Tee mit Zitrone
чай с лимоном [čaj s limónom]

Kaffee mit Milch und Zucker
кофе с молоком и сахаром
[kófe s molokóm i sácharom]

Zahlen

eins
один [odín]

zwei
два [dva]

drei
три [tri]

vier
четыре [četýre]

fünf
пять [pjat']

sechs
шесть [šest']

sieben
семь [sem']

acht
восемь [vósem']

neun
девять [dévjat']

zehn
десять [désjat']

elf
одинадцать [odínadcat']

zwölf
двенадцать [dvenádcat']

dreizehn
тринадцать [trinádcat']

vierzehn
четырнадцать [četýrnadcat']

fünfzehn
пятнадцать [pjatnádcat']

sechzehn
шестнадцать [šestnádcat']

siebzehn
семнадцать [semnádcat']

achtzehn
восемнадцать [vosemnádcat']

neunzehn
девятьнадцать [devjatnádcat']

zwanzig
двадцать [dvádcat']

hundert
сто [sto]

tausend
тысяча [týsjača]

Zeit
Wie spät ist es?
Который час? [Kotóryj čas?]

heute
сегодня [segódnja]

gestern
вчера [včerá]

morgen
завтра [závtra]

Stunde
час [čas]

Tag
день [den']

Nacht
ночь [noč']

am Morgen
утром [útrom]

tagsüber, am Tag
днём [dnřm]

am Abend
вечером [véčerom]

Woche
неделя [nedélja]

Monat
месяц [mésjac]

Jahr
год [god]

Montag
понедельник [ponedél'nik]

Dienstag
вторник [vtórnik]

Mittwoch
среда [sredá]

Donnerstag
четверг [četvérg]

Freitag
пятница [pjátnica]

Sonnabend
суббота [subbóta]

Sonntag
воскресенье [voskresén'e]

Reisetips von A bis Z

Anreise mit der Bahn

Aus Moskau fahren täglich mehrere Züge nach Soči-Adler von drei Bahnhöfen: dem Kazaner, dem Pavelecker und dem Kursker. In den Sommermonaten ist es schwierig, Fahrkarten zu bekommen. Je nach Strecke (über Armavir oder Krasnodar) und Kategorie (kommerčeskij, gewöhnlich oder passažirskij, Bummelzug) braucht man für die 1600 Kilometer 26 bis über 40 Stunden. Für einen Platz im kommerčeskij-Zug vom Kazaner Bahnhof bezahlt man im Juli/August für eine Strecke knapp 100 Euro im Vierbettabteil; in der Vor- und Nachsaison 75 Euro. Die Preise steigen. Daß die Klimaanlage im Waggon funktioniert, ist möglich, aber nicht zwingend notwendig.

Auch aus St. Petersburg fahren durchgehende Züge bis Adler, meist über Moskau. Der schnellste von ihnen, der Expreß ›Severnaja Palmira‹, braucht 42 Stunden. Am besten kauft man in St. Petersburg Bahntickets im Zentralen Office in der ul. Kanal Griboedova 14, gegenüber der Kazaner Kathedrale. Im Hochsommer ist es ebenso schwierig wie in Moskau, Tickets zu bekommen.

Von Berlin nach Moskau fahren täglich Direktzüge. Man braucht ein weißrussisches Transitvisum. Direktzüge fahren auch nach St. Petersburg, ebenfalls über Weißrußland, jedoch nicht an allen Wochentagen. Ohne ein Transitvisum gelangt man mit Umsteigen in Warschau und Vilnius in die Stadt an der Neva, oder mit dem Flugzeug nach Tallinn und weiter mit dem Bus.

Nicht ganz korrekt, aber liebevoll dekoriert

Anreise mit dem Bus

Seit kurzem gibt es die Möglichkeit, von mehreren deutschen Städten mit dem Bus bis Krasnodar oder Soči zu fahren. Man ist zwei Tage unterwegs. Der Preis für eine Fahrt von Berlin bis Soči beläuft sich auf 120 Euro pro Person; hin und zurück 180 Euro. Dazu kommt der Preis für das zweimalige Transit-visum durch Weißrußland. Kontakt über die Firma ›Vektor‹, Tel./Fax 7/8612/601179.

Anreise mit dem Flugzeug

Aufgrund der großen Entfernungen ist das Flugzeug häufig die schnellste und manchmal auch die einzige Variante, um in Rußland ans Ziel zu gelangen. Das Schwarze Meer ist da keine Ausnahme, und im Sommer sind die Flüge früh ausgebucht. Der zentrale Flughafen ist Soči-Adler; internationale Flughäfen gibt es zudem in Krasnodar und Anapa. Das Problem für die Entwicklung des internationalen Tourismus an der Küste besteht vor allem darin, daß die Flugpreise exorbitant teuer sind.

Zu Sowjetzeiten war Aėroflot der Monopolist im Inland, heute gibt es viele private Airlines. Von gesamtrussischer Bedeutung sind die Fluggesellschaften Transaėro und Sibir Airlines, die sowohl Flüge von Deutschland nach Moskau als auch weiter nach Soči anbieten.

Aėroflot fliegt genauso wie Transaėro auf seinen internationalen Linien mit westlichen Maschinen (Airbus, Boeing). Sibir fliegt genau so wie die anderen Regionalgesellschaften fast ausschließlich mit Maschinen russischer Bauart, die Tupolev, Jakovlev, Antonov oder Il'jušin heißen. Der Ruf russischer Flugzeuge ist nicht der beste.

Der Park ist zwar überaltert, aber die Absturzquote liegt im internationalen Durchschnitt.

Der populärste Flieger zwischen Moskau und Soči ist die IL 86.

Das 1980 in Dienst gestellte Großraumflugzeug für 350 Passagiere hat mittlerweile mit der IL 96 ein Nachfolgemodell, das in Kürze auch im Linienverkehr eingesetzt werden soll. Der in Rußland am weitesten verbreitete Flugzeugtyp

Tupolev TU-154 am Flughafen Adler

ist die Tupolev TU-154, die von Moskau nach Soči und nach Krasnodar fliegt. Die 1972 erstmals in Dienst gestellten Maschinen sind an ihrem Hecktriebwerk mit drei Düsen zu erkennen. Sie kann zwischen 126 und 168 Passagiere aufnehmen und hat eine Reisegeschwindigkeit von 900 km/h. In den meisten Maschinen wurde in den letzten Jahre eine Business Class mit 12 oder 24 Plätzen etabliert. In der Economy Class ist der Sitzabstand enger als in westlichen Maschinen.
Daneben begegnet man zwischen Moskau und Krasnodar auch den Jakovlev-Jets. Die Jak 42 bietet Platz für 120 Passagiere. Gebuchte Sitze sind bei nicht ausgebuchten Flügen allerdings Nebensache. Aus ›Gleichgewichtsgründen‹ verteilt dann die Stewardeß die Passagiere nach ihrem Ermessen.
Im Sommer 2004 gab es erstmals wieder Direktflüge zwischen Adler und Deutschland. Im Juli flog Aėroflot zwischen Berlin und Soči, im August zwischen Baden-Baden und Soči. Ansonsten fliegt der Regionalgesellschaft Kuban' Airlines einmal wöchentlich zwischen Krasnodar und Frankfurt/Main.
Der dritte internationale Flughafen im Kuban'-Gebiet befindet sich bei Anapa.
Alternativen zu den Direktflügen sind mit Umsteigen in Moskau oder St. Petersburg verbunden, in der Regel ist dies billiger als ein Direktflug. Die Flughäfen in Moskau liegen sehr weit auseinander, was man bei der Buchung berücksichtigen sollte. In St. Petersburg ist es vom internationalen zum nationalen Flughafen nur ein ›Katzensprung‹. Mit dem Taxi braucht man nicht mehr als zehn Minuten und zahlt 15 Euro.
Eine weitere Möglichkeit ist ein Flug bis Moskau oder St. Petersburg und die Weiterfahrt mit der Bahn. Für diese Art des Reisens sollten sich aber nur diejenigen entscheiden, die entweder einen betreuten Aufenthalt einplanen, sich in den beiden Städten auskennen oder auf Abenteuer aus sind. Wer sich mehr als drei Tage in einer der beiden Hauptstädte aufhält, braucht eine Registrierung.

Anreise mit dem Schiff

Zwischen Trabson und Soči verkehren zweimal wöchentlich Fähren. Eine weitere Fähre sowie ein Tragflächenboot vom Typ ›Raketa‹ sind auch zwischen Soči und Georgien (Poti und Batumi) unterwegs. Weitere Informationen dazu im Internet oder über eine der Reiseagenturen.

Autofahren

Der Fahrstil ist in Rußland deutlich rücksichtsloser als hierzulande und gewöhnungsbedürftig. Die Relation zwischen russischen Modellen und Importfabrikaten hält sich etwa die Waage. Als Ausländer benötigt man einen internationalen Führerschein. Im September 2003 wurde in Rußland erstmals die KFZ-Haftpflichtversicherung eingeführt. Die Verkehrszeichen entsprechen

Auch mit diesen Verkehrsteilnehmern muß gerechnet werden

weitestgehend den bei uns gültigen. Innerhalb geschlossener Ortschaften sind 60, außerhalb 90 Stundenkilometer zulässig. Die Benzinversorgung hat sich in den letzten Jahren deutlich verbessert und ist stabil. Bleifreies Benzin ist jedoch unbekannt. Die Sorten unterscheiden sich in der Oktanzahl. Dem üblichen Super verbleit entspricht Benzin A 95 und mit einigen Abstrichen A 92 oder A 93. Normalbenzin heißt A 72 oder A 76.

Das Heer an Verkehrspolizisten, Straßenpatroullierdienst (DSP) genannt, beeindruckt sowohl in den Städten als auch an den Fernverkehrsstraßen. Die mit Maschinenpistolen bewaffneten Posten sehen furchteinflößend aus, sind es aber nicht. Insbesondere an den Ortseinfahrten großer Städte erreichen die Postengebäude häufig fast Festungscharakter. Die Kontrollposten sind immer im Schritttempo anzufahren. Oft werden Fahrzeuge herausgewunken, zur Kontrolle der Papiere. Bedenkt man die schwierige Sicherheitslage in Rußland, machen die häufigen Kontrollen Sinn. Russische Polizisten sind bekannt dafür, daß Preise verhandelbar sind. Der Bußgeldkatalog ist recht willkürlich und errechnet sich als prozentualer Anteil beziehungsweise als ein Vielfaches des offiziellen Mindestgehaltes. Dieses beläuft sich derzeit auf etwa 230 Rubel, Polizisten werden wie die meisten Staatsdiener der unteren hierarchischen Ebenen schlecht bezahlt. Bedenkt man dies, wundert man sich weniger über mitunter laut werdende Vorwürfe von Willkür und Machtmißbrauch. Selbst bei kleinen Unfällen muß die Miliz oder GAI (Verkehrspolizei) verständigt werden. Bis zu deren Erscheinen darf die Unfallsituation nicht verändert werden. Man darf also nicht an den Straßenrand fahren, so daß häufig Bagatellunfälle zu riesigen Staus führen.

Autokennzeichen

Die neuen russischen Autokennzeichen bestehen aus drei Buchstaben und vier Ziffern. Am

rechten Rand des Zeichens zeigt unter einer kleinen russischen Flagge eine zweistellige Zahl die Herkunft des Wagens an: 23–Krasnodarer Bezirk, 61–Rostover Gebiet, 01–Republik Adygeja, 77, 99–Moskau.
Weiße Kennzeichen sind Standard. Rote Kennzeichen sind Diplomatenautos. Gelbe Kennzeichen weisen auf Passagiertransporte (Bus oder Taxi) hin. Blaue Nummernschilder gehören der Polizei, und schwarze Schilder sind der Armee vorbehalten.

Baden
Die Badesaison beginnt Anfang Juni – für die verwöhnten Einheimischen etwas später –, und währt bis Ende Oktober. An den meisten städtischen Stränden kann man sich hölzerne Liegen, an manchen auch Sonnenschirme entleihen; es gibt jede Menge Beschäftigungsmöglichkeiten: tragbare Rutschen für Kinder, ›Bananen‹ – längliche, luftgefüllte Ballons, die von Motorbooten über das Meer gezogen werden –, Paraplaning über dem Meer und anderes mehr. Wer diese Art des Badens nicht schätzt, begibt sich etwas außerhalb der Massenstrände. Rettungsschwimmer konnten wir nicht ausmachen, auch keine Sturmbälle. Man ist also angehalten, selbst zu entscheiden, ob man sich ein Bad zutraut. Ebenfalls sollte man sich erkunden, wo man im Notfall Erste Hilfe erhalten kann. In der Regel sind die Einheimischen und russischen Urlauber äußerst hilfsbereit. Am sichersten, auch für Kinder, sind die Strände der Hotels und Sanatorien, die nicht nur bewacht, sondern auch am besten ausgerüstet sind. FKK ist nicht üblich, aber an einigen Stränden, zum Beispiel nördlich von Loo und am nördlichen Kap der Bucht von Gelendžik, mittlerweile quasi-offiziell. An den abgelegenen Orten an der Küste spielt mit oder ohne Textil keine Rolle.
Die Strände sind steinig, sie bestehen aus kleinerem und größerem, bis handtellergroßem Gestein. Es schmerzt zunächst ein wenig, auch Ballspiele werden zu einem heiklen Vergnügen. Aber man gewöhnt sich an die Steine schneller als man denkt. Und sie sind hygienischer, da die Brandung Mikroben und Ungeziefer von der glatten Oberfläche spült. Auch kleinere Glassplitter und ähnliches verschwinden schnell.
Die Sonne scheint sehr intensiv. Da vom Meer ständig eine kühle Brise weht, wird man nur allmählich gewahr, wie die Haut verbrennt. Die Russen scheinen in einem permanenten Wettbewerb befindlich, wer die schrecklichsten Verbrennungen ertragen kann. Bei Sonnenbrand kann man auf ein bewährtes russisches Hausmittel zurückgreifen: Kefir. Sonnencremes mit möglichst hohem UV-Schutz werden überall in Soči verkauft, ebenso alle andere Badeutensilien. Die von den Ärzten empfohlene Zeit für einen Aufenthalt

an der Sonne ist morgens bis um zehn und abends ab 16.30 Uhr.

Alte Ikarus-Busse sind noch häufig unterwegs

Bus
Busverbindungen spielen eine wichtige Rolle. In allen Orten entlang der Küste gibt es Busbahnhöfe. Auf den Überlandrouten dominieren nach wie vor die ungarischen Ikarus-Busse und uralte russische Fabrikate aus L'viv und Pskov. Die Fahrpläne der städtischen Verkehrsbetriebe wurden in den letzten Jahren stark ausgedünnt, da sich die Strecken rechnen müssen. Neben den städtischen Busgesellschaften bieten heute auch private Busunternehmer, in der Regel eine Ein-Bus-AG, ihre Dienste an. Hier kommen Kleinbusse zum Einsatz, und wenn sich am Busbahnhof genug Passagiere zusammengefunden haben, geht die Reise los. Auf den gefragten Routen kommt man so meist ans Ziel, nur im Vorfeld der Abfahrt muß man etwas mehr Zeit einplanen.

Diplomatische Vertretungen
Botschaften und Generalkonsulate Rußlands im Ausland

▸ Deutschland
Botschaft der Russischen Föderation
Unter den Linden 63–65
10117 Berlin
Tel. 030/2 29 11 10.
Visaabteilung
Behrenstr. 15
10117 Berlin
Tel. 01 90/77 33 14 (75 Cent/Min)
www.russische-botschaft.de.

Generalkonsulat Hamburg
Am Feenteich 20
22095 Hamburg
Tel. 040/2 27 63 80.

Generalkonsulat Leipzig
Kickerlingsberg 18
04105 Leipzig
Tel. 0341/5 96 18 76.

Generalkonsulat München
Seidlstr. 28
80335 München
Tel. 089/5 92 25 28.

▸ Österreich
Botschaft der Russischen Föderation
Reisnerstr. 45–47
1030 Wien
Tel. 01/7 12 12 29

Generalkonsulat Salzburg
Birgelsteinstr. 2

5020 Salzburg
Tel. 06 62/2 41 84.

▸ Schweiz
Botschaft der Russischen Föderation
Brunnaderstr. 53
3006 Bern
Tel. 031/3 52 05 67.

Generalkonsulat Genf
Rue Jean Schaub
1202 Genève
Tel. 022/7 34 79 55.

▸ Botschaften und Generalkonsulate in Moskau

Deutsche Botschaft
ul. Mosfil'movskaja 56
119285 Moskva
Tel. 095/9 56 10 80.

Konsular- und Visaabteilung
Leninskij pr. 95a
117393 Moskva
Tel. 095/9 36 24 10.

Österreichische Botschaft
Starokonjušenyj per. 1
119034 Moskva
Tel. 095/2 01 73 17.

Schweizer Botschaft
ul. Stopany 2/5, 107149 Moskva
Tel. 095/9 25 53 22.

Luxemburgische Botschaft
Kruševskij per. 3
119034 Moskva
Tel. 095/2 02 53 81.

Einkaufen

Im Einzelhandel haben flächendeckend westliche Verkaufsformen mit lokalem Kolorit durchsetzt Einzug gehalten. In größeren Geschäften kamen obligatorische, oft bewaffnete Securitymitarbeiter hinzu. Selbstbedienungsläden sind noch die Ausnahme, eigene Taschen müssen in ein Schließfach gelegt werden. Zumeist können die Verkäufer selbst kassieren.

Da internationale Kreditkarten am Schwarzen Meer nur in wenigen Fällen akzeptiert werden, ist beim Shopping ein entsprechender Barvorrat zu empfehlen.

Hinsichtlich verbraucherfreundlicher Öffnungszeiten macht Rußland Deutschland bereits seit Jahren etwas vor – es gibt keine gesetzlichen Regelungen über Ladenöffnungszeiten. Wochentags haben die meisten Geschäfte von 10 bis 19, 20 oder 21 Uhr geöffnet. Samstags haben die meisten Geschäfte bis 18 Uhr geöffnet. Große Lebensmittelgeschäfte und einige andere Läden haben auch sonntags bis 17 oder 18 Uhr geöffnet. In den Stadtzentren gibt es viele kleine Geschäfte, die rund um die Uhr geöffnet sind.

Da man sich in vielen Geschäften sehr stark am Dollarkurs orientiert und dieser de facto die Kalkulationsgrundlage ist, kam man nach dem gesetzlichen Verbot der Dollarzirkulation im Inland auf folgenden Dreh. Man erfand als neue Währung die ›Verrechnungseinheit‹ (Kurzform

Dorfladen in Aguj Šapsug

UE für uslovnaja edinica, bedingte Einheit) und schrieb die dann auf das Preisschild. Eine UE war zumeist ein US-Dollar und mit einem weiteren Aushang ›Bei uns ist eine UE soundsoviel Rubel‹ entsprach man den gesetzlichen Auflagen und mußte bei Kursschwankungen nicht ständig alle Preisschilder, sondern nur den Umrechnungskurs anpassen.
Wenn auch die meisten Restaurants und Hotels heute in Rubel auspreisen, ist das Phänomen ›UE‹ nach wie vor mitunter anzutreffen.

Einreise

In Rußland besteht Visumspflicht. Das russische Visum wird in den Paß geklebt, der bei der Beantragung mindestens noch sechs Monate gültig sein muß.
Visa für Privat- oder Geschäftsreisen werden von den Konsulaten Rußlands erteilt. Dafür ist entweder eine offizielle Einladung (Bearbeitungsfrist zwei Arbeitstage) eine Reise- oder Hotelbuchung (sechs Arbeitstage) oder eine vom örtlichen Meldeamt (OVIR) beglaubigte Privateinladung (sechs Arbeitstage) erforderlich. Bei Gruppenreisen kümmert sich der Reiseveranstalter um Visaangelegenheiten. Manche Reisebüros in Deutschland verfügen über einen Visaservice. Gegen einen entsprechenden Aufpreis zur Gebühr von 35 Euro für ein einmonatiges Privatvisum spart man

sich lange Schlangen vor den russischen Konsulaten. Um die Registrierung in Rußland hat man sich dann selbst zu kümmern.
Neu ist die sogenannte Migrationskarte, die bei der Einreise für Ein- und Ausreise auszufüllen ist und das alte Visaergänzungsblatt (v'ezd/vyezd) ersetzt. Die Abkopplung vom Visum ergibt sich daraus, daß jetzt für den Ausländer innerhalb Rußlands nicht mehr das Außenministerium, sondern das Innenministerium zuständig ist. Auf der Rückseite der Migrationskarte erfolgt mit entsprechenden Stempeln die Registrierung beim OVIR beziehungsweise durch die Hotels. Auch wenn mehrere Orte besucht werden, ist man bei der Ausreise mit einem Registrierungsstempel zufrieden.
Zur Registrierung ist man innerhalb von drei Arbeitstagen verpflichtet. Gegebenenfalls sollte man seine Reiseroute so erläutern können, daß man sich nirgends länger als drei Arbeitstage aufgehalten hat und deswegen die Registrierung fehlt.
Zum Nachweis sollte man datierte Fahrscheine unbedingt aufheben.
Umfangreiche Erläuterungen zur Visagesetzgebung mit entsprechenden Fallbeispielen findet man unter www.waytorussia.net (engl.).
Siehe auch ›Registrierung‹.

Eisenbahn
Die russische Staatsbahn verfügt über ein ausgedehntes Streckennetz und ist in Rußland angesichts eines dünnen Straßennetzes und der beträchtlichen Entfernungen im Land ein wichtiges Verkehrsmittel.
In den letzten Jahren wurden auch Anstrengungen deutlich, das Leistungsangebot zu verbessern. Allerdings verteuerten sich auch die Fahrkarten drastisch. Die letzte Erhöhung im Sommer 2003 brachte als echte Neuerung die Einführung von Preiskoeffizienten in Abhängigkeit von der Reisezeit und der saisonalen Nachfrage. So wurden Fahrkarten für den Zeitraum vom 10. Juni bis zum 10. Juli um 25 Prozent, vom 11. Juli bis zum 4. August um 30 Prozent und vom 5. August bis zum 31. August um 35 Prozent teurer. Ab September wird es dann wieder billiger, und richtig sparen kann man am 31. Dezember, da kommt nämlich der Koeffizient 0,65 zur Anwendung.
Um dem Schwarzhandel mit Tickets zu begegnen, muß man sich beim Kauf ausweisen. Der Name wird auf dem Ticket vermerkt, was beim Einsteigen meistens anhand des Passes kontrolliert wird.
Alle Intercityzüge bestehen als Schnellzüge in der Regel nur aus Schlafwagen. Bei den Schlafwagen gibt es drei Klassen: 1. Klasse oder Luxusklasse (Zwei-Personen-Abteile, zumeist nur ein Waggon pro Zug), 2. Klasse (Vier-Personen-Abteile, die zu empfehlende Standardvariante) und die weniger komfortablen, liegewagenähnlichen Platzkartenwaggons ohne

abgetrennte Abteile. Die Abteile haben mit 1,95 Metern Länge und 1,70 Metern Breite eine einheitliche Größe und unterscheiden sich nur dadurch, daß sie mit Einfach- beziehungsweise Doppelstockbetten ausgestattet sind. Die Maße der Betten betragen 1,75 Meter x 0,62 Meter. Bettwäsche gibt es gegen einen Obolus von etwa einem Euro bei der Zugbegleitung. Radiobeschallung ist obligatorisch; manche Züge haben auch Fernseher mit Videoprogrammen. Ein Waschraum/WC befindet sich an jedem Waggonende. Während der Durchfahrt durch Großstädte ist deren Benutzung nicht zulässig. Einige Schnellzüge haben jedoch bereits auf Biotoiletten umgerüstet, so daß diese Einschränkung wegfällt. Gepäckfächer gibt es unter den Betten und in einer Ablage über jeder Abteiltür. Alle Waggons haben Heizung und Klimaanlage, deren Feinabstimmung aber häufig zu wünschen übrig läßt.
Die Fahrpläne für alle Züge sind in Rußland unter http://www.poezda.net (russ., engl.) abrufbar. Auch die Reiseauskunft der Deutschen Bahn unter www.bahn.de bietet die meisten Fahrpläne Rußlands.

Ėlektrička

Die ėlektrička ist die ›Elektrische‹, ein Vorortzug, der zwischen Adler/Soči und Tuapse/BeloreČensk verkehrt. Im Juli und August wurde in den letzten Jahren der Probebetrieb von Expreß-ėlektrički mit erhöhtem Komfort (Klimaanlage, Video in den 1. Klasse-Wagen, Bar) aufgenommen. In den Monaten Juli und August fährt in der Regel auch einmal täglich eine durchgehende Expreß-ėlektrička zwischen Soči und Krasnodar. Die Waggons sind blau-weiß lackiert, im Gegensatz zu den gewöhnlich grünen Vorortzügen mit ihren hölzernen Sitzbänken. In den Morgen- und Abendstunden, vor allem in der Hauptsaison, sind die Züge oft überfüllt. Nach Einbruch der Dunkelheit kontrollieren Milizionäre mitunter Pässe und Gepäck. Die Preise sind nicht der Rede wert – vier Euro von Soči bis Tuapse.

Feiertage

In Rußland feiert man gern und viel. Ob religiöse oder weltliche Feste, ob man demokratischer oder revolutionärer Traditionen gedenkt – ein Anlaß zum Feiern findet sich immer.

▸ Offizielle Feiertage (arbeitsfrei):
1./2. Januar: Neujahrsfest.
7. Januar: russisch-orthodoxes Weihnachtsfest.
23. Februar: Tag der Vaterlandsverteidiger – so heißt er offiziell seit 1996. Früher war er entsprechend dem Gründungsdatum der Tag der Sowjetarmee und galt, als Pendant zum 8. März, als Männertag, an dem kleine Aufmerksamkeiten üblich sind. Seit 1999 ist er im Rahmen der Gleichberechtigung arbeitsfrei.

Gefeiert wird gerne – und überall

8. März: Internationaler Frauentag. Ein für die Frauen Rußlands sehr wichtiger Feiertag, der aber weder kämpferisch noch feministisch geprägt ist. Fehlende Blumen oder Aufmerksamkeiten werden den Männern beruflich wie privat sehr übel genommen.
1./2. Mai: Tag oder besser gesagt Tage der Arbeit.
9. Mai: Tag des Sieges. Der Tag des Sieges im hier ›Großer Vaterländischer Krieg‹ genannten Zweiten Weltkrieg weicht aufgrund des Zeitunterschiedes vom Jahrestag der Kapitulation Deutschlands ab. Bei der Unterzeichnung am 8. Mai 1945 um 23.45 Uhr war es in Moskau bereits zwei Stunden später und somit der 9. Mai.
12. Juni (arbeitsfrei): Tag der Unabhängigkeit. Der Tag der ersten freien Präsidentschaftswahlen, die Boris Jelzin zum Präsidenten werden ließen, war der 12. Juni 1993.
7. November: Tag der Aussöhnung. Ursprünglich war es der Jahrestag der Oktoberrevolution, dem zu Sowjetzeiten sogar zwei freie Tage (7. und 8. November) gewidmet waren. Zunächst wurde der 8. November gestrichen, und 1996 erhielt der Feiertag elegant eine neue Ausrichtung, in der sich Gegner und Anhänger der Oktoberrevolution wiederfinden sollen.
12. Dezember: Tag der Verfassung. Wenn offizielle Feiertage auf ein Wochenende fallen, ist generell der darauffolgende Montag ebenfalls ein arbeitsfreier Feiertag. Wenn zwischen Feiertag und Wochenende nur ein Arbeitstag liegt, gibt es manchmal offizielle Beschlüsse zur Verlegung dieses Arbeitstages auf einen anderen Samstag. Insbesondere die erste Januar- und die erste Maihälfte bieten sich hier an.

Da zu dieser Zeit auch viele Urlaub nehmen oder Betriebsferien verkünden, lästern böse Zungen, daß man in dieser Zeit Rußland eigentlich generell für jeweils zwei Wochen schließen könnte.

▸ Inoffizielle Feiertage (nicht arbeitsfrei):
13. Januar: altes Neues Jahr, das Neujahrsfest nach altrussischem Kalender.
25. Januar: Tatjanas Tag. Gründungstag der Moskauer Universität, der heute als Fest aller Studenten wachsende Popularität erlangt.

▸ Schwankende Feiertage:
Maslenica (Butterwoche)
In der letzten Karnevalswoche wird nochmals richtig gefeiert. Es gibt Straßen- und Dorffeste, aber keine Umzüge oder Kostümbälle. Am Montag gibt es das Begrüßungsritual. Der Sonntag ist der Tag der Vergebung. In Rußland fehlen auch die beiden letzten ›wilden Tage‹, so daß nicht erst am Aschermittwoch, sondern bereits am Sonntag alles vorbei ist. In erster Linie ist Maslenica aber – und daher auch der Name – ein kulinarischer Höhepunkt. Vor der großen Fastenzeit will man sich nochmals richtig, allerdings bereits ohne Fleisch, satt essen. Berühmt sind vor allem die Bliny, ursprünglich gab es diese Hefepfannkuchen nur in dieser Woche.
Außerdem gibt es noch Post, die Fastenzeit, Pascha (Ostern), das wichtigste religiöse Fest, und Troica (Pfingsten).
Daneben gibt es eine Vielzahl von Namenstagen und anderen religiösen Feiertagen.

Fernsehen
Es gibt heute zwei landesweite Programme für ganz Rußland: das staatsnahe, aber private Programm ORT, nach dem Moskauer Fernsehzentrum auch ›Ostankino‹ genannt, sowie das auch formal öffentlich-rechtliche Programm RTR (Rossija). Daneben gibt es mehrere örtliche Sender und Kabelprogramme. Die örtlichen Sender haben Kooperationsvereinbarungen mit den Moskauer Privatsendern NTV, STS und RenTV und übernehmen viele Programmblöcke. Die Moskauer Nachrichtenblöcke werden durch Fenster für lokale Neuigkeiten flankiert. Ausländische Filme sind häufig nicht synchronisiert. Eine oder mehrere Stimmen sprechen den russischen Text ein. Die meisten Regionalsender nerven durch eine ständig laufende Schriftzeile im unteren Bildteil, in welcher permanent Werbeanzeigen geschaltet sind. Das örtliche Musikprogramm heißt MuzTV. Der Regionalsender von Krasnodar besitzt ein Studio in Soči.

Fotografieren
In manchen Museen und Galerien ist Fotografieren gänzlich verboten, in anderen darf man nicht mit Blitzlicht knipsen, und in fast allen

muß man für eine Fotoerlaubnis bezahlen. In Kirchen sollte man sich zurückhalten. Die meisten allgemeinen Beschränkungen sind aufgehoben. Strategische Objekte darf man nicht fotografieren, obwohl hier viele Auslegungsmöglichkeiten bestehen. Militäranlagen und Uniformträger sollte man nicht ablichten. Im Zweifelsfalle sollte man durch Extrafilme oder kleine Taschenspielertricks – Filmentnahme nur im Dunkeln möglich, wobei in der gewickelten Jacke ein Ersatzfilm bereitliegt – entsprechende Vorbereitungen auf Überraschungen treffen. Ansonsten gehört es auch am Schwarzen Meer zum guten Ton, Leute auf der Straße um Erlaubnis zu fragen, bevor man sie ablichtet. Die Zustimmung ist aber eher als zurückhaltend einzuschätzen. Filme bekannter Marken (vor allem Kodak, Fuji, Konica) und Filmentwicklung in ein bis zwei Tagen sind mittlerweile kein Problem mehr. Häufig wird auch ein recht teurer Einstunden-Service angeboten. Diafilme gibt es nur in Soči zu kaufen, und auch die stehen in der Regel kurz vor oder gar nach dem Verfallsdatum. Zum Entwickeln werden die Filme nach Moskau geschickt. Das Procedere nimmt mindestens einen Monat in Anspruch.

Geld

Die Währungseinheit Rußlands heißt Rubel. Die Rubelscheine zeigen russische Stadtmotive: Novgorod (5 Rubel), Krasnojarsk (10 Rubel), St. Petersburg (50 Rubel), Moskau (100 Rubel), Archangel'sk (500 Rubel) sowie ein Kloster auf den Solovetskij-Inseln (1000 Rubel). Im Inland ist der Rubel problemlos konvertierbar. Die Bezahlung in Dollar oder Euro ist ungesetzlich und deshalb nur in den seltensten Fällen möglich. Man kann aber problemlos Rubel gegen Dollar sowie Euro und umgekehrt in allen Banken tauschen. Die Ein- und Ausfuhr von Rubel ist in begrenztem Umfang zulässig, 2004 belief sich dieser Betrag auf das Rubeläquivalent von 3000 US-Dollar.
Das Bankensystem hat in den letzten Jahren deutliche Fortschritte gemacht, auch wenn der Service manchmal, vor allem bei der ›Sparbank‹, noch etwas umständlich ist. Der Tausch von Bargeld in verschiedene gängige Währungen ist in den Großstädten kein Problem. Häufig werden abgenutzte Scheine oder Scheine mit Markierungen aber nicht akzeptiert. Zumeist muß beim Devisentausch der Paß bereitgehalten werden.
Die meisten großen Banken akzeptieren Reiseschecks sowohl in Dollar als auch in Euro. Barabhebungen auf Kreditkarte sind ebenfalls möglich, aber wie in anderen Ländern recht teuer. Alle größeren Banken verfügen über Geldautomaten. An den meisten kann man mit EC-Karte und Geheimzahl Bargeld, Rubel oder US-Dollar, abhe-

ben. Man muß darauf achten, daß das Cirrus-Symbol oder das Logo der entsprechenden Kreditkarte auf dem Geldautomaten klebt. Automaten mit ›Sbercard‹- und ›Zolotaja Korona‹-Symbolen akzeptieren keine ausländischen Karten. Bei der Menüführung kann zwischen Russisch und Englisch gewählt werden. Die Betragsobergrenze schwankt zwischen 7500 Rubel und 15 000 Rubel. Unter www.europay.com (engl.) und unter www.credcard.ru (russ., engl.) findet man in den Rubriken ›ATM-Locator‹/ ›Bankomat‹ Suchmaschinen, mit deren Hilfe man die Standorte von Geldautomaten ausfindig machen kann. Zunehmend findet man Geldautomaten auch auf Bahnhöfen, Flughäfen, in den großen Hotels und in der Umgebung der Einkaufszentren.

Ein Notnagel für die schnelle Geldversorgung ist das mittlerweile auch in Rußland weitverbreitete ›Western Union‹-System mit weltweiten Barüberweisungen. Partnerbanken vor Ort sind mit ausgewählten Filialen beispielsweise die ›Vneštorgbank‹, die ›Sberbank›, die ›Al'fa Bank‹ und die ›Guta Bank‹. In Deutschland kann man bei der Reisebank und bei ausgewählten Postbankfilialen Einzahlungen tätigen. Unter www.reisebank.de kann man die nächste Einzahlstelle in Europa und die Auszahlstelle an der Schwarzmeerküste finden.

Karten

Karten und Stadtpläne der russischen Schwarzmeerküste zu bekommen, ist schwierig, denn es gibt bislang einfach keine von deutschen oder internationalen Verlagen publizierten Karten. Russisches Kartenmaterial können nur wenige Geschäfte besorgen und nur wenige Publikationen sind (zumindest teilweise) zweisprachig.

Maršrutki

Die maršrutki verkehren auf den Buslinien. Es sind Kleinbusse für 10 bis 14 Personen. Jede maršrutka hat eine Nummer. Der Name leitet sich ab vom Wort ›maršrut‹ ab, Marschroute. Damit ist die Route gemeint, die der Kleinbus fährt, um von A nach B zu gelangen. Auf den Schildern an der Seite stehen auch die wichtigsten Straßen, Sanatorien und Institutionen, die er passiert. Der wichtigste Unterschied zu gewöhnlichen Bussen im Stadtverkehr besteht darin, daß die maršrutki alle paar Minuten, die Busse in weitaus größeren Intervallen fahren. Der andere ist, daß man eine maršrutka, wo immer man sich auch befindet, anhalten kann. Die Preise sind sehr gering. Das Geld bezahlt man meist, nachdem man einen Platz gefunden hat. Dann gibt man es zum Fahrer durch. Hat man den Betrag nicht passend, bekommt man das Wechselgeld auf gleichem Weg – ohne Fahrschein – zurück. Darüber, wo man aussteigen möchte, muß man den Fahrer rechtzeitig informieren.

Medizinische Hilfe

Eine medizinische Grundversorgung ist in den größeren Orten gewährleistet. Der Notarzt ist immer unter der Telefonnummer 03 zu erreichen. Neben den staatlichen Kliniken entstehen in den letzten Jahren zunehmend Privatpraxen. Bei medizinischen Leistungen ist Vorkasse zu zahlen. Der Abschluß einer

Apteka – Apotheke

Auslandskrankenversicherung ist Voraussetzung für die Visumserteilung. Für Erstattungsansprüche sollten ausführliche Rechnungen vorhanden sein, die der Arzt auf Anfrage von Hand (leserlich) schreibt. Es gibt wenig Erfahrungen, was die Versicherungen dabei akzeptieren und was nicht.
Das ›Handbuch Reisemedizin‹ gibt folgende Impfempfehlungen für alle Rußlandreisenden: Tetanus und Diphterie, Hepatitis A, Polio, bei Hygienemangel Typhus sowie für ›ländliche Gebiete, einfache Reisebedingungen, Langzeit, soziale/ sexuelle Kontakte‹ Hepatitis B, Japanische Enzephalitis, FSME, Tollwut. Daneben werden als beratungsrelevante Infektionsrisiken Darminfektionen, Hepatitis A, FSME und Tollwut genannt. Hier steht zweifelsohne eine Maximalabsicherung im Mittelpunkt. Da bei Reisen zum Schwarzen Meer die Parameter ›ländliche Gegend, einfache Reisebedingungen und soziale (!)/sexuelle (?) Kontakte‹ wahrscheinlich zutreffen, sollte der Impfschutz gegen Tetanus und Diphterie, Polio sowie Hepatitis A und B wirksam sein.
Wer länger als drei Monate nach Rußland einreisen möchte, muß einen AIDS-Test vorlegen.

Mietwagen

Was mittlerweile in Moskau oder St. Petersburg problemlos möglich ist, ist am Schwarzen Meer nach wie vor ein Problem – es gibt keine Mietwagenagenturen. In manchen Hotels werden hoteleigene Wagen mit Fahrer auf Stunden- oder Tagesbasis angeboten. Wenn man sich privat einen Wagen von Freunden ›mietet‹, benötigt man eine notariell beglaubigte Vollmacht.

Post

Die Post ist nach wie vor staatlich. Die Postämter bieten meist auch Faxservice; die Hauptpostämter auch

Internetservice. Die Zentrale zur Vermittlung von Ferngesprächen ist zumeist örtlich getrennt. Internationale Kurierdienste wie DHL und EMS Garantpost sind auch am Schwarzen Meer vertreten. Auf den Briefumschlägen und vielen Ansichtskarten ist bereits eine Briefmarke für den Inlandspostverkehr aufgedruckt. Aufgrund entsprechender Preisflexibilität weisen die Briefmarken aber keinen Nominalwert, sondern die Buchstaben A oder B für die Tarife ›Brief‹ oder ›Karte‹ aus. Bei Sendungen ins Ausland muß man gesondert Briefmarken kaufen. Eine Karte nach Westeuropa kostet knapp 15 Rubel, ein Brief 16 Rubel. Ein 1,5 Kilogramm-Päckchen kostete 135 Rubel, mit Luftpost 195 Rubel. Die Post nach Deutschland ist zwischen zwei und drei Wochen unterwegs.

Registrierung

▸ Groß-Soči: Wer sich länger als drei Tage in Soči aufhält, ist verpflichtet, sich polizeilich registrieren zu lassen, selbst wenn man bereits anderswo im Land registriert ist. Diese Registrierung ist ein Stempel auf der Einreisekarte (siehe auch ›Einreise‹). Die großen Hotels wie ›Žemčužina‹, die Radisson-Kette, ›Primorskaja‹, Moskva‹ und ›Magnolija‹ erledigen das von sich aus, ebenso die Sanatorien. Auch die meisten kleinen Privaten kümmern sich um ihre Gäste. Wer jedoch eine Wohnung mietet, der geht entweder das Risiko ein, sich und den Vermietern bürokratische Hürdenläufe anzutun oder bei jeder Kontrolle Unannehmlichkeiten auszustehen. Die Behörden in Soči sind streng.
Mit 100 Rubeln pro Person mag man sich aus der Affäre ziehen, was immer noch billiger ist als die Registrierung selbst, aber bei der Ausreise aus dem Land kann es teuer werden, wenn man nicht anderswo bereits registriert wurde.
Zur Prozedur der Registrierung: man wende sich an eine spezialisierte Agentur, zum Beispiel ›Alpha-Globus‹, die im Hotel ›Moskva‹ ihr Office besitzt, Zimmer 432, Tel. 60 81 61, sun@sochi-online.com. Man benötigt den Paß des Vermieters, den eigenen Paß und 45 Euro. Die dieserart beschaffte Registrierung ist zwei Wochen gültig, kann aber verlängert werden.

▸ Lazarevskoe: Das Problem der Registrierung ausländischer Bürger besteht auch in Lazarevskoe. Es sollen, so die Auskunft der Agentur ›Lazarevskij otdych‹, Wege gefunden werden, es zu lösen, ohne nach Soči-Stadt fahren zu müssen.

▸ Tuapse: Es genügt eine Registrierung in einem der Landkreise des Gebiets von Krasnodar. Diese Registrierung gilt dann im ganzen Gebiet von Krasnodar, egal wie lange man sich wo aufhält. Wer sich also in Krasnodar oder Anapa oder Gelendžik oder Soči einen entsprechenden Stempel beschafft hat, kann auch in Tuapse unbehelligt bleiben, bis die Frist des Visums oder der Registrierung abgelaufen ist. Im Gebiet von Tuapse sind nur wenige Hotels berechtigt, solche Registrierungen vorzunehmen, unter ihnen das ›Karavella‹ in Tuapse und das ›Molnija‹ in Nebug. Da die Behörden wenig Erfahrung im Umgang mit Ausländern besitzen, sollte man sich mit einer der drei Reiseagenturen in Tuapse in Verbindung setzen, um Mißverständnisse zu vermeiden. Die Polizei ist auf den Bahnhöfen und an den Straßen präsent. Die Wahrscheinlichkeit, in eine Kontrolle zu geraten, ist nicht groß, aber gegeben. Wer mit dem eigenen Auto unterwegs ist, wird sie nicht umgehen können.

▸ Gelendžik: Die Registrierung ist auch in Gelendžik Pflicht. Hilfe leisten die Agenturen.

▸ Anapa: Wer auf eigene Faust nach Anapa fährt und einen mehr als dreitägigen Aufenthalt einplant, kann sich im Hotel ›Anapa-Okean‹ registrieren lassen. Dazu bezahlt man eine Übernachtung und bekommt den Stempel auf der Einreisekarte. Wer in einem der anderen großen Hotels, dem ›Park-Hotel‹ zum Beispiel, absteigt oder in einem der Sanatorien, wird keine Probleme mit der Registrierung haben.

Behilflich bei der Registrierung sind auf jeden Fall die Reiseagenturen. Wer bereits anderswo in Rußland oder im Gebiet von Krasnodar registriert ist, kann ebenso frei reisen. Tauchen Probleme auf, ist die Stadtverwaltung, der Beauftragte für Tourismus, ein möglicher Ansprechpartner. Das Verwaltungsgebäude befindet sich an der ul. Krymskaja, auf Höhe der Kreuzung mit der ul. Gor'kogo.

Das moderne Gebäude ist nicht zu verfehlen.

▸ Krasnodar: Für die Region Krasnodar besteht eine eigene Registrierungspflicht, egal ob man bereits irgendwo in Rußland registriert ist oder nicht. Diese ist überall im Gebiet gültig, außer in Soči.

Reiseveranstalter

DERTOUR-Reisen
Emil-von-Behring-Str. 6
60424 Frankfurt/M.
Tel. 01805/3 37666
www.dertour.de.

Eberhardt Reiseagentur
Weltersmühle 14
50374 Erfstadt
Tel. 02235/69 29 89
www.eberhardt-tours.de.

GoEast Reisen
Bahrenfelder Chaussee 53
22761 Hamburg
Tel. 040/8 96 90 90
www.go-east.de.

GUS Reisen
Altenburgstr. 5
CH-5430 Wettingen
Tel. 056/4 26 54 30
www.sochi.ch.

Lernidee-Erlebnis-Reisen
Eisenacher Str. 11
10783 Berlin
Tel. 030/7 86 50 56
www.lernidee-reisen.de.

Merk Reisen GmbH
Halmhuber Str. 2
68219 Mannheim
Tel. 06 21/8 04 30 30
www.sotschi.de.

NABU (Naturschutzbund)
Kontakt über Vitalij Kovalëv
Tel. 030/28 49 84 44
Vitalij.Kovalev@nabu.de.
Naturwanderungen im Westkaukasus; kleine Gruppen mit speziellem naturkundlichen Programm zwischen Soči und Taman' sowie in der Adygeischen Autonomen Republik.

Olympia-Reisen
Siegburger Str. 49
53229 Bonn
Tel. 02 28/40 00 30
www.olympia-reisen.de.

Perelingua
Varziner Str. 5
12159 Berlin
Tel. 030/8 51 80 01
www.perelingua.de.

Raduga-Travel
Tel. 03361/312757
www.raduga-travel.de.

Reise- und Eventagentur
Natalia Mantel
Griestal 11
87733 Markt Rettenbach
Tel. 0 83 06/12 42
www.eventandbusiness.com.
Visabeschaffung, Vermittlung von Kuren, Unterkünften und Urlaubsaufenthalten an der gesamten Schwarzmeerküste zu jeder Jahreszeit sowie Beratung bei der Zusammenstellung touristischer Programme, inklusive Wanderungen und Extremsport. Auch Eventtourismus wie Sylvesterfeiern mit Feuerwerk am Meer ist im Angebot.

Roman Rogov
Weinbergstr. 3, 93096 Köfering,
Tel. 01 62/892 54 54;
in Rußland: ul. Kovtuha 102a,
353 560 Slavjansk-na-Kubani,
Tel. 007/861 46/254 99, 918/
131 62 42, roman.rogov@gmx.de,
roman-rogov.aaanet.ru.
Roman Rogov lebt in Deutschland und Rußland und organisiert Touren in Orte an der Küste und im Kaukasus nach individuellen Wünschen.

Schulz Aktivreisen
Görlitzer Str. 15
01099 Dresden
Tel. 03 51/26 62 55
www.schulz-aktiv-reisen.de.

Sputnik Travel GmbH
Stresemannstr. 107
10963 Berlin
Tel. 030/20 30 22 46
www.sputnik-travel-berlin.de.

Troika-Reisen
Venevskaj 1–36
RF-Moskau
Tel. 007/095/7164068
www.troikareisen.de.

Veto Travel GmbH
Bahnhofstr. 40
51143 Köln
Tel. 02203/591192
www.veto-travel.de.

Vostok Reisen
Ackerstr. 157
10115 Berlin
Tel. 030/30871022
www.vostok.de.

Sicherheit

Sicherheit und Kriminalität sind in Rußland ohne Zweifel ein Thema, aber keinesfalls eine solche Bedrohung, wie es die stark überzogene Berichterstattung in vielen deutschen Medien erscheinen läßt. Soči genießt als wichtigstes touristisches Zentrum des Landes in der Sicherheitspolitik eine sehr hohe Priorität. Die kriminelle Energie in und um Soči tendiert gen ›kaum merklich‹. Bezüglich Kleinkriminalität gilt wie überall in der Welt, daß Gelegenheit Diebe macht und die Beachtung der üblichen Vorsichtsregeln das Risiko entsprechend minimiert. Soči ist nicht nur ein Magnet für Erholungsuchende, sondern auch für das reisende Volk der Taschendiebe. Am Strand sollte man nichts unbeaufsichtigt zurücklassen. Das gleiche trifft auf Züge und Bahnhöfe zu. Ansonsten kann man sich im gesamten Küstengebiet sicher fühlen.
Bezüglich organisierter Kriminalität sind keine Fälle bekannt, bei denen Touristen betroffen waren. Die Nähe des Kaukasus und die dortigen Konflikte, insbesondere der Krieg in Tschetschenien, bewirken in der Kuban'-Region ein stärkeres Problembewußtsein als in anderen Landesteilen Rußlands. Einen dementsprechend hohen Stellenwert genießt das Thema ›Innere Sicherheit‹.
Die Grenze zwischen Rußland und Georgien wird streng bewacht, ebenso die drei einzigen Zufahrtsstraßen zur Schwarzmeerküste. Die Region Krasnodar hat keine direkte Grenze zum 800 Kilometer entfernten Tschetschenien oder zu den häufig vom Konflikt betroffenen Nachbarregionen Inguschetien und Dagestan beziehungsweise Nordossetien sowie dem Gebiet Stavropol'. Dennoch belegen die Erfahrungen der letzten Jahre, daß der eskalierende Terror tschetschenischer Extremisten neue Sicherheitsrisiken für ganz Rußland mit sich bringt; diese sind jedoch gegenwärtig an der Küste keinesfalls größer als anderswo in Rußland und vergleichbar mit den Risiken aus der Auseinandersetzung mit der ETA in Spanien.
Die Notrufnummer der Miliz (Polizei) ist landesweit die ›02‹.

Strom

Die Stromspannung beträgt im allgemeinen 220 Volt. Mit flachen Eurosteckern dürfte man keine Probleme haben, obwohl der Abstand der Ster Stecklöcher einige Millimeter breiter ist. Ein Universaladapter ist in Ausnahmefällen hilfreich. Insbesondere in ländlichen Gegenden im Gebirge kann es zu Spannungschwankungen kommen, die die Toleranzgrenzen westlicher Geräte auf eine harte Probe stellen.

Taxis

In Rußland ist so gut wie jeder Autobesitzer ein potentieller Taxifahrer. Deshalb braucht man, wenn man ein Taxi wünscht, nicht auf die speziell markierten Wagen zu achten. Die als solche gekennzeichneten Taxis sind in der Regel teurer als die privaten. In jedem Fall macht man vor Fahrtantritt einen Preis aus. Feilschen gehört bei manchen Fahrern zum Geschäft, bei anderen nicht. Dort, wo viele Touristen unterwegs sind, vor den Hotels oder am Bahnhof, warten oft mehrere Chauffeure. Sie verlangen in der Regel den doppelten bis dreifachen Preis.

Telefon

Ortsgespräche sind vielerorts durch die Grundgebühr abgedeckt und kostenlos. Ferngespräche und Auslandsgespräche sind in den großen Städten kein Problem. Wenn kein Anschluß zum Selbstwählverkehr besteht, muß das Gespräch über das Telefonamt bestellt werden. Verbindungen nach Moskau gehen meist sehr schnell, alles andere kann dauern.
In Telefonzellen sind nur Ortsgespräche möglich. Man muß dafür sogenannte Jetons erwerben, die an Zeitungskiosken verkauft werden. Seit 1997 halten auch Telefonkarten Einzug, die eine bestimmte Einheitenzahl, mindestens 25, enthalten. Ferngespräche sind meist nur auf Postämtern oder speziellen Telefonzentralen (Meždugorodnyj telefon) möglich. Dabei muß meist vorher eine bestimmte Minutenzahl bestellt und bezahlt werden. Geld zurück gibt es nur, wenn die Verbindung nicht zustandekommt. Hotels schlagen in der Regel noch eine Servicegebühr zwischen 25 und 50 Prozent auf. Meist existiert auch eine Mindestzeit von 3 oder 5 Minuten, die einen Anrufbeantworter am anderen Ende zu einem teuren Vergnügen werden läßt.
Im Selbstwählverfahren wählt man zunächst die 8. Danach wartet man auf einen Dauerton. Innerhalb Rußlands schließt sich dann die entsprechende Vorwahl (z. B. Moskau 095) und die gewünschte Nummer an. Bei Auslandsgesprächen ist nach 8 und Dauerton zunächst eine 10 als Zugang zum internationalen Selbstwählverkehr, dann die Landesvorwahl und die Städte-

Luxuriöse Blockhütten im Wald erfreuen sich zunehmender Beliebtheit

vorwahl (in Deutschland unter Weglassung der 0) zu wählen. Landesvorwahlen: Deutschland 49, Schweiz 41, Österreich 43. Wer beispielsweise aus Soči eine Verbindung nach Berlin benötigt, wählt 8-Dauerton-10-49-30-Teilnehmernummer.

Um aus Deutschland jemanden an der Schwarzmeerküste anzurufen, muß nach der Landesvorwahl 007 für Rußland die entsprechende Städtevorwahl (z.B. Soči 86 22) gewählt werden. Es gibt zwar auch besondere Vorwahlen für Handyanschlüsse, die zumeist dreistellig mit 91 beginnen, es setzt sich aber zunehmend durch, daß die Mobilfunknummern über die Ortsnetze arbeiten und ohne beziehungsweise mit der gleichen Festnetzvorwahl angewählt werden.

Das Roaming deutscher Handys funktioniert relativ flächendeckend. Wenn Sie in Rußland mit Ihrem deutschen Handy telefonieren, gelten die Regeln für Ferngespräche. Handygespräche – Gebühren fallen auch an, wenn Sie angerufen werden – sind auf jeden Fall ein teures Vergnügen, wobei die Preise stark schwanken. Wer länger in Rußland ist, sollte eine russische SIM-Karte nutzen. Die besten Netzbetreiber sind ›MTS‹ und ›Beeline‹.

Trinkgeld

Trinkgeld, das hier Teegeld (Čaevye) heißt, wird gern genommen.

In den meisten Gaststätten ist die Bedienung im Preis enthalten, es werden zwischen 5 und 10 Prozent des Rechnungsbetrages erwartet.

Überlandbusse

Von den Busbahnhöfen Soči-Stadt und Lazarevskoe verkehren Überlandbusse in verschiedene Städte an der Schwarzmeerküste und im Landesinnern: nach Tuapse, Gelendžik, Novorossijsk, Anapa, Majkop, Krasnodar, Rostov am Don, Stavropol' und andere. Die meisten Modelle stammen von ›Ikarus‹ aus Ungarn und sind nicht mehr die neuesten. Dafür kosten auch Überlandfahrten sehr wenig Geld, nach Krasnodar zum Beispiel fünf Euro.

Unterkunft

Es gibt an der russischen Schwarzmeerküste zwischen Soči und Anapa sechs verschiedene Varianten der Unterkunft. Die beste und teuerste sind die großen Hotels, die nach westlichem Standard drei oder vier Sterne aufweisen und Einzel-, Doppelzimmer und Suiten bieten. Das Frühstück ist meist im Preis inbegriffen.

Die zweite Variante sind Erholungsheime, die hier ›Pensionat‹ genannt werden. Dabei handelt es sich um die früheren Urlaubsheime der Gewerkschaft oder anderer Institutionen, die mittlerweile renoviert und teilweise privatisiert ihre Dienste anbieten. Hier ist meist auch Vollverpflegung im Preis enthalten. In der Regel bucht man seinen Aufenthalt im voraus für einen bestimmten Zeitraum (10 bis 18 Tage). Die An- und Abreise erfolgt an festgelegten Tagen. In den meisten Erholungsheimen werden kurmedizinische Dienstleistungen angeboten.

Daneben gibt es Sanatorien, die Heilkuren oder Wellnessangebote offerieren, wobei aber die medizinischen Indikationen im Mittelpunkt stehen. Viele dieser Sanatorien sind bezüglich Fachpersonal und Ausstattung auf erstaunlich hohem Niveau.

Sogenannte ›Minihotels‹ sind kleinere Hotels in privater Hand, die in den letzten Jahren wie Pilze aus dem Boden gewachsen sind. Sie versinnbildlichen am eindrucksvollsten die Wandlungen des letzten Jahrzehnts, den Erfindungsreichtum der Besitzer und das Streben des Mittelstands nach westlichem, aber bezahlbarem Komfort. Die Preise variieren.

Im Gegensatz zu den ehemals staatlichen ›Häusern‹ besitzen die

Viele Hotels und Sanatorien befinden sich inmitten prächtiger Parkanlagen

Halle des Hotels ›Molnija‹ in Nebug

privaten (noch) keinen eigenen Marketingverbund. Die meisten Besitzer bieten ihre Unterkunft über Agenturen oder die großen Moskauer Reisevermittler im Internet an oder werden über weitverzweigte persönliche Kontakte mit Gästen ›versorgt‹. Ferienanlagen, wie man sie aus vielen anderen südlichen Ländern kennt, sind hier noch kaum verbreitet. Die ersten Anlagen sind im Bau. In den entlegenen Dörfern gibt es noch Betriebsheime mit alten Spanplattenbungalows. Großer Popularität erfreut sich auch die Vermietung von Wohnungen oder Zimmern. In der Saison rücken die Bewohner zusammen, um die freien Zimmer an Urlauber vermieten. Neben den ›wilden‹ Angeboten, die sich am Bahnhof oder am Flughafen selbst vermarkten, gibt es Agenturen, die sich auf diesen Bereich spezialisiert haben.

Zeitungen und Zeitschriften

Deutsche Zeitungen und Zeitschriften sind am Schwarzen Meer schwer, um nicht zu sagen überhaupt nicht erhältlich. Es gibt auch keine fremdsprachigen Ausgaben örtlicher Zeitungen. Die populärsten lokalen Blätter sind die jeweiligen Lokalausgaben des ›Moskovskij Komsomolec‹. Die großen Moskauer Zeitungen sind selbst in den Großstädten nur an ausgewählten Kiosken erhältlich.

Die wichtigste lokale Zeitung ist die ›Černomorskaja Zdravnica‹ (Schwarzmeer-Kurbote).

Zoll

Bei der Einreise folgt nach der Paßkontrolle die Zollabfertigung, bei der Ausreise dementsprechend vor der Paßkontrolle. Sowohl bei der Ein- als auch bei der Ausreise mußte in der Vergangenheit immer eine Zolldeklaration ausgefüllt werden. Danach hat man die Wahl zwischen grünem (nichts zu deklarieren) und rotem (etwas zu deklarieren) Korridor. Seit Sommer 2003 muß man für den grünen Korridor keine Zollerklärung mehr ausfüllen. Gleichzeitig wurde der Betrag von 3000 US-Dollar (oder Äquivalent in anderen Währungen) als Obergrenze für die deklarierungfreie Ein- und Ausfuhr von Devisen eingeführt. Es ist aber zu beachten, daß sich in diesem Bereich die Vorschriften sehr häufig ändern.

Literaturempfehlungen

Sachbücher

Ascherson, Neal, Schwarzes Meer. Berlin 1996,
462 Seiten. Zwar ohne ein Kapitel zu Soči, aber als kulturhistorischer Überblick für die Schwarzmeerregion zu empfehlen.

Löwe, B., Kulturschock Rußland. Bielefeld 1997,
240 Seiten. Viele auch im Urlaub am Schwarzen Meer hilfreiche Informationen für die mentale Annäherung an Rußland.

Rußland verstehen. Starnberg, 2001.
Band 49 der generell sehr lesenswerten Reihe Sympathie-Magazin des Studienkreises für Tourismus und Entwicklung ist Rußland gewidmet und empfehlenswert. Mehr Informationen unter www.sympathiemagazin.de.

Reiseführer

Chuzišvili, Georgij, Kaukasische Schwarzmeerküste. Moskau 1980,
206 Seiten. Das in der Progress-Reiseführerreihe erschienene Buch ist sehr allgemein gehalten und ist heute nur eine Reminiszenz auf sowjetischen Urlaub an der Schwarzmeerküste in Rußland und Georgien.

Köck, Dagmar u.a., Die Krim entdecken. Berlin 2004,
342 Seiten. Der zu sowjetischer Zeit größte Konkurrent Sočis am Schwarzen Meer war die Krim, die heute zur Ukraine gehört.

Kusyj I., Mavljudov B., Reiseführer Kaukasische Schwarzmeerküste.
Band 1: Von Taman bis Tuapse, 248 Seiten,
Band 2: Von Tuapse bis Adler, 272 Seiten. Moskau, 2001 (russ.).
Der bislang umfassendste Reiseführer zu den aktuellen Gegebenheiten an der russischen Riviera.

Tolstoj, Sergej, Groß-Soči. Moskau 1968,
220 Seiten. Ein sehr umfassender Reiseführer, der bezüglich Natur und Geschichte über weite Strecken auch heute noch lesenswert ist.

Kvastiani, Thea u.a., Georgien entdecken. Berlin 2005.
Die südliche Fortsetzung der russischen Riviera gehört heute zu Georgien und ist mit diesem Buch zu entdecken.

Danksagung

Die Autoren und der Verlag bedanken sich bei den vielen Menschen, die zur Entstehung dieses Buches beigetragen haben. In Soči waren das die Mitglieder der Geographischen Gesellschaft, unter anderem Nadežda Didenko, Natalija Lonšakova (Chosta), Boris Tarčevskij, Vladimir Kostjannikov und Sergej Jagupov. Gennadij Poplavskij hat uns Dutzende Hinweise für Bergtouren um Soči gegeben. Von ihm und Alexander Duben stammen einige Naturaufnahmen in diesem Buch. In Chosta halfen uns außerdem Nadežda, Svetlana und Aleksandr Knjasev, in Adler Tamara und Petr Kabaruchin. Unschätzbar war die Unterstützung von Kolja Poljakov (Masterskaja priključenij), Svetlana Skladneva (Solochaul Jeeping Tour), Nikolaj Nikolajevič (Loo), Sergej Avdeev (Hotel ›Edel‹) sowie Jura Tkačenko (Lazarevskoe), die uns einige der spannendsten Ausflüge ermöglichten. Svetlana und Anja Čerkasova in Soči vielen Dank für die Unterkunft, ebenso Napso und Madžik in Aše. Beeindruckt waren wir von Tamara Polovinkina (Museum Lazarevskoe), Natalija Cygikalo (Uč-Dere), Ludmila Čačuch (Museum Tchagapš) und Anatolij Pogodaev (Mamedovschlucht). Im Zentrum der Kulturen in Lazarevskoe standen uns Grigorij Mazlumjan, Aslan Chejšcho, Tatjana Kundakčjan, Tatjana Krištal, Elena Grebenjuk, Anna Gnidenko, Leonid Litvinenko und Evgenija Titor zur Seite. In Šaumjan bedanken wir uns bei Tamara Bachdasarjan (Teeplantage).

Im Rajon Tuapse halfen uns vor allem Evgenij Vitiško (Černomorskije Kurorty) sowie die Mitarbeiter des Hotels ›Molnija‹, Jurij Dubonosov, Konstantin Ivanovič und vor allem Ol'ga Banduristova. Ebenfalls bedanken möchten wir uns bei der Verwaltung des Rajon Tuapse, Viktor Košel, Viktor Beresnev und Ljudmila Varvaštjan. Vielen Dank an den ›Nadežda‹-Kurkomplex, Grigorij Olšanskij und Elena Šelting. Behifllich waren auch die Mitarbeiter des ›Orbita‹-Kurkomplexes, Konstantin Evtušenko und Jurij Marušak, sowie des ›Zelënyj Gaj‹-Ferienheims, Nadežda Moiseeva. Für spannende Einblicke in die Natur des Vorkaukasus sorgte Jurij Rjasnenko (Agentur ›Stalker‹).

Dank den Mitarbeitern des Ferienlagers ›Orlënok‹, vor allem Aleksandr Deus (Direktor) und Aleksej Malkov. In Gelenžik genossen wir die Gastfreundschaft von Eduard Čërnyj und den Reiseleitern seiner Agentur ›Korvette-Tour‹ sowie von Elena Fëdorovna (Svetoč). Ein Dankeschön auch an Svetlana Pankova (Anapa), an Natalja Terpilovskaja (Administration Anapa), an Tatjana Čekurova (Kosakendorf Dobrodeja), Oksana Ivanovna (Černomorskije Kurorty), Vera Degtarenko (Anapa) und Elena Agafonova (Armavir).

Bei der Korrektur des Manuskripts unterstützten uns mit vielen Ratschlägen Natalia Mantel sowie Roman Rogov und Vitalij Kovalëv (Naturschutzbund Deutschland), die auch Fotos beisteuerten. Bei der Arbeit am Text halfen Darja Evdočuk, Regina Marics, Helga Strohfeldt, Julia Thöns und Silke Wartmann.

Über die Autoren

Andreas Sternfeldt studierte Ende der 80er Jahre in Moskau, lebt heute in Petersburg und Berlin als Filmemacher und Publizist zu den Themen Rußland, Kunst, Gender, Jugend. Er ist Coautor des Reiseführers ›Georgien entdecken‹ (Trescher Verlag, 3. Auflage 2005).

Andreas Sternfeldt und Bodo Thöns

Bodo Thöns studierte und promovierte in Moskau und Berlin. Er arbeitet im Firmenkundengeschäft der Commerzbank und lebt heute in Prag. Von ihm sind im Trescher Verlag bereits Reiseführer zu Sibirien, zur Transsibirischen Eisenbahn (Coautor), zum Baikalsee und zu Litauen erschienen.

Kartenregister

Ortsregister

Sach- und Personenregister

Bildnachweis

Alle Fotos Andreas Sternfeldt, außer:
Aleksandr Duben': 41.
Alice Gayler: 24, 306, 307.
Corinna Grulich: 26, 29, 33, 35, 46, 48, 49, 54, 132, 196, 199, 218, 254u., 256, 258, 368, 369, 371, 375, 388, 390.
Vitalij Kovalëv, Naturschutzbund (NABU): 318/319, 353.
Agentur ›Korvette Tour‹: 273, 284, 287, 288, 294, 299, 389.
Diana Kosaric: 55, 373, 382, 181.
Agentur ›Masterskaja priključenij‹: 184, 226.
Gennadij Poplavskij: 266u.
Hotel ›Radisson Peak‹: 144, 151, 153, 154.
Roman Rogov: 36, 38, 137.
Bodo Thöns: 60, 357, 358, 378.
Julia Thöns: 85.
Dietrich Wendler, Veto Travel: 81o.
Sanatorium ›Zelënyj Gaj‹: 235.

Titelfoto: Villa ›Nadežda‹ im Dendrarium in Soči
S. 14/15: Strandpromenade von Gelendžik
S. 52/53: Blick auf Soči
S. 134/135: Berglandschaft bei Krasnaja Poljana
S. 162/163: Bahnhof von Aše
S. 230/231: Küstenstraße nördlich von Tuapse
S. 318/319: Kormorane am Azovschen Meer

Trescher Verlag

Der Osteuropaspezialist

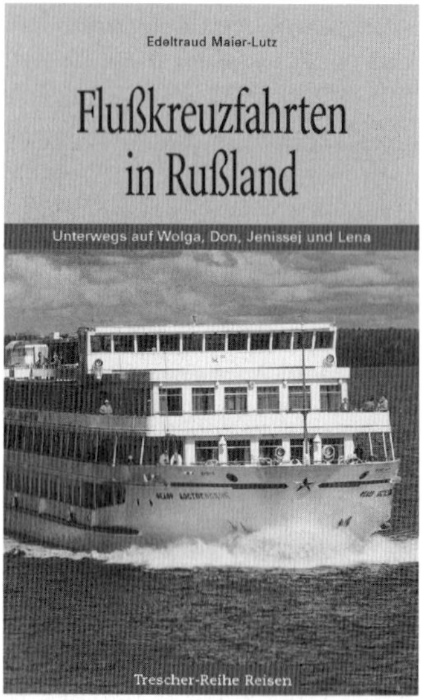

Armenien entdecken
3000 Jahre Kultur zwischen West und Ost, 19.95 €

Bosnien-Herzegowina entdecken
Unterwegs zwischen Save und Adria, 16.95 €

Breslau entdecken
Niederschlesien und seine tausendjährige Hauptstadt, 14.95 €

Bulgarien entdecken
Unterwegs zwischen Schwarzmeerküste, Balkan und Donau, 16.95 €

China-Handbuch
Erkundungen im Reich der Mitte, 17.95 €

Estland entdecken
Skandinavische Impressionen im nördlichen Baltikum, 16.95 €

Flußkreuzfahrten auf dem Dnepr
Unterwegs zwischen Kiev und der Krim, 13.95 €

Flußkreuzfahrten auf der Donau
Unterwegs zwischen Passau und Kalocsa, 9.95 €

Flußkreuzfahrten in Rußland
Unterwegs auf Wolga, Don, Jenissej und Lena, 14.95 €

Georgien entdecken
Unterwegs zwischen Kaukasus und Schwarzem Meer, 18.95 €

Istrien entdecken
Unterwegs zwischen Poreč, Pula und Opatija, 13.95 €

Kasachstan entdecken
Auf Nomadenwegen zwischen Kaspischem Meer und Altaj, 18.95 €

Kiev entdecken
Rundgänge durch die Metropole am Dnepr, 16.95 €

Trescher Verlag im Internet unter www.trescherverlag.de mit ausführlichen Infos über alle unsere Bücher und Onlineshop

Trescher Verlag

Der Osteuropaspezialist

Kirgistan entdecken
Zu den Gipfeln von Tien-Schan und Pamir, 14.95 €

Krakau entdecken
Unterwegs zwischen Weichsel und Hoher Tatra, 14.95 €

Die Krim entdecken
Unterwegs auf der Sonneninsel im Schwarzen Meer, 14.95 €

Kroatien entdecken
Unterwegs zwischen Istrien, Slawonien und Dalmatien, 14.95 €

Die Lausitz entdecken
Unterwegs zwischen Spreewald und Zittauer Gebirge, 14.95 €

Lemberg entdecken
Streifzüge durch das kulturelle Zentrum der Westukraine, 16.95 €

Litauen entdecken
Europas neuer Mittelpunkt im Baltikum, 14.95 €

Masuren entdecken
Unterwegs im Land der Seen und Wälder, 13.95 €

Montenegro entdecken
Zwischen Adria und Schwarzen Bergen, 14.95 €

Moskau und Goldener Ring
Altrussische Städte an Moskva, Oka und Volga, 19.95 €

Die Neumark entdecken
Durch die alte Kulturlandschaft östlich der Oder, 9.95 €

Ostseestädte entdecken
Erkundungen am Schnittpunkt europäischer Kulturen, 14.95 €

Die polnische Ostseeküste
Unterwegs zwischen Oder und Frischem Haff, 13.95 €

Trescher Verlag im Internet unter www.trescherverlag.de mit ausführlichen Infos über alle unsere Bücher und Onlineshop